Die Auflösung, die Übertragung und die Verschmelzung von Investmentfonds

Frankfurter wirtschaftsrechtliche Studien

Herausgegeben von
Theodor Baums, Andreas Cahn, Friedrich Kübler,
Hans-Joachim Mertens, Eckard Rehbinder, Gunther Teubne

Band 55

PETER LANG
Frankfurt am Main · Berlin · Bern · Bruxelles · New York · Oxford · Wien

Wilhelm Wilderink

Die Auflösung, die Übertragung und die Verschmelzung von Investmentfonds

PETER LANG
Europäischer Verlag der Wissenschaften

Bibliografische Information Der Deutschen Bibliothek
Die Deutsche Bibliothek verzeichnet diese Publikation in der Deutschen Nationalbibliografie; detaillierte bibliografische Daten sind im Internet über <http://dnb.ddb.de> abrufbar.

Zugl.: Frankfurt (Main), Univ., Diss., 2003

D 30
ISSN 0723-0427
ISBN 3-631-51183-3

www.peterlang.de

Vorwort

Die Arbeit wurde im Wintersemester 2002/2003 von der juristischen Fakultät der Johann Wolfgang Goethe-Universität in Frankfurt am Main als Dissertation angenommen.

Angeregt wurde das Thema von meinem Doktorvater Prof. Dr. Dr. h. c. Theodor Baums, dem auch der Dank für seine Betreuung sowie die Aufnahme in die vorliegende Reihe gilt. Einen erheblichen Anteil am Gelingen des Projekts hatten darüber hinaus die vielen Gesprächspartner aus der Investmentpraxis sowie beim Bundesverband deutscher Investmentgesellschaften, die mir zu allen relevanten Fragen Rede und Antwort gestanden haben. Von besonderer Bedeutung waren auch die zahlreichen Anregungen und Fachdiskussionen in meinem Freundes- und Bekanntenkreis. Besonders hervorheben möchte ich an dieser Stelle Frau Dr. Berenice Möller, Herrn Dr. Christian Boetzkes und Herrn Dr. Markus Roth, die wichtige Unterstützung bei der Erstellung des Manuskripts geleistet haben.

Mein besonderer Dank gilt meinen Eltern, die mich über die vergangenen Jahre in jeder Hinsicht unterstützt haben und Motivationslücken, die nach jeder der zwischenzeitlichen Gesetzesänderungen zwangsläufig eingetreten sind, zu überbrücken halfen.

Hamburg, im April 2003

Inhaltsverzeichnis

1. Teil: Das Sondervermögen als Instrument des Anlegerschutzes

§ 1 Einleitung

A. Überblick

Die herausragende volkswirtschaftliche Bedeutung der deutschen Investmentfonds steht in deutlichem Missverhältnis zu dem geringen Interesse der rechtswissenschaftlichen Diskussion an diesem Kapitalmarktsegment. Das Vermögen, das durch Kapitalanlagegesellschaften im Sinne des § 1 KAGG verwaltet wird, nähert sich der 1-Billion-Euro-Marke.[1] Aktuelle juristische Spezialliteratur bildet aber die Ausnahme.[2] Die älteren wissenschaftlichen Arbeiten zum Investmentrecht stellen meist die Dogmatik des KAGG in den Vordergrund.[3] Die wenigen jüngeren Beiträge beschäftigen sich in erster Linie mit dem Anlegerschutz während der laufenden Verwaltung des Sondervermögens.[4]

Der Auflösung von Investmentfonds ist bisher wenig Aufmerksamkeit geschenkt worden. Der Grund hierfür liegt im überragenden Erfolg, den die Anlageform des Investmentsparens in den letzten Jahrzehnten zu verzeichnen hatte. Der kontinuierliche Mittelzufluss hat zur Auflegung immer neuer und immer spezialisierterer Investmentprodukte geführt. Aber auch bei bestehenden Sondervermögen waren kaum dauerhafte Nettokapitalabflüsse zu verzeichnen. Das Bedürfnis zur Auflösung eines Fonds war daher bis in die jüngste Vergangenheit nur selten vorhanden.

---

1 Am 28. 2. 2003 belief sich das Volumen aller deutschen offenen Investmentfonds auf 851,2 Milliarden Euro; s. „6 Mrd. neue Mittel im Februar“, Pressemitteilungen des BVI 2/2003.

2 Der Mangel an Spezialliteratur ist wiederholt festgestellt worden; s. z. B. Gschoßmann, S. 2; Dürr, WM 1989, S. 933 Fn. 2.

3 Graulich, Die Rechtsverhältnisse der Sondervermögen nach dem Gesetz über Kapitalanlagegesellschaften im Vergleich zu den Rechtsverhältnissen anderer Sondervermögen; Wendt, Treuhandverhältnisse nach dem Gesetz über Kapitalanlagegesellschften; Ebner v. Eschenbach, Die Rechte des Anteilinhabers nach dem Gesetz über Kapitalanlagegesellschaften.

4 Siehe z. B. König, Anlegerschutz im Investmentrecht; Rao, Die Verbesserung des Anlegerschutzes im Investmentrecht durch die Bildung von Risikoklassen.

Vor allem in den Jahren des Aktienbooms hat die Suche nach Anlagealternativen zu einer „Aufblähung“ des Fondsangebotes geführt.[5] Die Hausse der 90er Jahre hat den Investmentmarkt in hohem Maß beeinflusst.[6] Dem Trend zu spekulativeren Anlagen haben sich auch die Anlagegesellschaften nicht verschlossen. Dadurch sind vielfältige Fondstypen entstanden, die sich in der Auswahl ihrer Märkte und damit ihrer Risikostruktur erheblich unterscheiden. Viele dieser Fonds können als Nischenprodukte angesehen werden, die eine kurzfristige Nachfrage beim Publikumsanleger bedienen sollten.[7] Ihr dauerhafter Erfolg am Markt kann bezweifelt werden. Insoweit ist es gerechtfertigt, von Modeerscheinungen zu sprechen.[8]

Die Abkühlung an den Börsen hat auch eine gewisse Konsolidierung des Investmentmarktes eingeleitet. In jedem Fall wäre eine solche Entwicklung aus Anlegersicht zu begrüßen[9]; denn die Zahl der Investmentfonds beträgt bereits mehr als 7700.[10] Der Anteil der offenen Publikumsfonds liegt bei etwa 2400.[11] Damit ist es für den Anleger einfacher, sich einen Überblick über sämtliche Standardwerte an den großen internationalen Börsen als über den deutschen Investmentmarkt zu verschaffen. Mit dem Bedürfnis nach Straffung des Angebotes wird auch das Interesse an den gesetzlichen Möglichkeiten wachsen, einzelne Fonds vom Markt zu nehmen.

B. Problemstellung und Gang der Untersuchung

Die vorliegende Arbeit untersucht den rechtlichen Rahmen, in den die Konsolidierung des Investmentmarktes eingebunden ist. Im Vordergrund stehen die ge-

5 „Wie Rankings und Ratings Fonds-Anlegern helfen können“, Financial Times Deutschland v. 12. 12.2000.

6 Rainer Zitelmann, Aktienanlagen hängen Immobilienfonds ab, in Die Welt v. 15. 5. 2000.

7 „In der Flut der Investmentfonds suchen die Anleger das rettende Ufer“, Frankfurter Rundschau v. 28. 12. 2000.

8 Als Beispiele könnten sich die Internet- oder auch die Logistikfonds erweisen, die in jüngerer Vergangenheit von vielen Kapitalanlagegesellschaften aufgelegt worden sind; hierzu „Das Angebot an Spezialitätenfonds nimmt weiter zu“, FAZ v. 12. 10. 2000.

9 König, Auflösung, S. 1; „Den Investment-Dschungel lichten“, Börsenzeitung v. 4. 1. 1997.

10 Siehe „Investmentbranche trotz schwierigem Umfeld mit dem Jahr 2002 zufrieden“, Pressemitteilungen des BVI 2/2003.

11 A. a. O.

setzlichen Instrumente, die für eine Straffung des Angebotes zur Verfügung stehen.

Das Gesetz enthält mehrere Wege zur Bereinigung des Marktes. Besondere Bedeutung hat die Auflösung eines Fonds gemäß §§ 13, 14 KAGG. Investmentprodukte, die nicht oder nicht mehr auf das notwendige Interesse beim Publikum stoßen, werden auf diese Weise aus dem Angebot genommen. Die Auflösung von Sondervermögen bildet daher einen Schwerpunkt der vorliegenden Untersuchung.

Auch die Übertragung von Fonds auf eine andere Verwaltungsgesellschaft gemäß § 14 Abs. 2 S. 2 KAGG kann einen Beitrag zur Straffung des Marktes leisten. Hierbei bleibt das Sondervermögen zwar in seiner bisherigen Form bestehen. Die verwaltende KAG wird jedoch ausgetauscht. Bei Ausscheiden eines Anbieters vom Markt[12] können dessen Fonds durch andere Investmentgesellschaften weitergeführt werden.

Außerdem kann es aus wirtschaftlicher Sicht sinnvoll sein, Sondervermögen zusammenzulegen. Hierdurch könnten Nachteile ausgeglichen werden, die in der Struktur eines einzelnen Fonds begründet liegen. Eine ausdrückliche gesetzliche Regelung besteht bisher nicht. Es wird daher im 4. Teil geprüft, ob eine Verschmelzung von Fonds de lege lata möglich ist. Darüber hinaus soll untersucht werden, in welchem Rahmen sich eine spezielle gesetzliche Regelung bewegen kann.

Bei der Untersuchung dieser Alternativen werden zwei Schwerpunkte gelegt. Einerseits ist die Frage von Interesse, wie der Anlegerschutz auch nach der Lösung des Investmentvertrages ausreichend gewahrt bleibt. Andererseits wird die Effizienz der gegenwärtigen Regelung im Hinblick auf die aktuellen Markterfordernisse analysiert.

Dem Anlegerschutz wird aus mehreren Gründen erhöhte Bedeutung beigemessen. Die Rechte der Anteilinhaber werden im deutschen Investmentrecht zugunsten eines unabhängigen Fondsmanagements weitgehend eingeschränkt. Aber gerade nach dem Ende der Fondsverwaltung können die Interessen von Anlegern und Treuhändern auseinanderfallen. Der Publikumsanleger hat jedoch auf Kündigung, Auflösung und Verteilung eines Fonds keinen Einfluss. Der Mangel an Rechtsprechung zu der vorliegenden Problematik unterstreicht die schwache Position des Anteilinhabers. Der Kleinanleger hat kaum Einblick in die Verwaltung des Sondervermögens. Es ist ihm daher nur im Ausnahmefall

12 Auch bei den Kapitalanlagegesellschaften könnte ein weiterer Konzentrationsprozess einsetzen; s. hierzu Strenger in Handelsblatt v. 17. 6. 1998, „Nur wenige Große können überleben“; Michael Dobson in FAZ v. 4. 11. 1999: „Es wird eine Konsolidierung geben, eine Hand voll großer Asset Manager wird das Geschäft dominieren“.

möglich, eventuelle Vermögensschäden durch mangelhafte Verwaltung überhaupt zu erkennen. Auch den Nachweis einer schuldhaften Pflichtverletzung kann er nur selten führen.

Dem Anlegerschutz kommt aus einem zweiten Grund gesteigerte Bedeutung zu. Die jüngeren Reformen des KAGG haben die Investmentfonds für neue Anlageformen geöffnet. Neben Immobiliensondervermögen sind heute auch Beteiligungssondervermögen und selbst Dachfonds möglich. Darüber hinaus dürfen Werpapierfonds annähernd alle modernen Kapitalmarktinstrumente enthalten. Auch Mischfonds sind erlaubt. Sonderregelungen für die Abwicklung und Übertragung dieser neuen Investmentprodukte sind aber nicht in das KAGG aufgenommen worden. Daher müssen Grundsätze entwickelt werden, wie diese neuen Fondstypen nach Beendigung der KAG-Verwaltung zu behandeln sind. Die gesetzliche Regelung der §§ 13, 14 KAGG stammt aus dem Jahre 1957 und ist auf einfache Wertpapierfonds zugeschnitten.

Die zweite Frage, die hier beantwortet werden soll, liegt bereits im Grenzbereich von Rechts- und Wirtschaftswissenschaft. Die Anlagegesellschaften haben von den Instrumenten des § 14 KAGG lange Zeit nur selten Gebrauch gemacht. Den Forderungen aus dem Bereich der Wirtschaftswissenschaft nach Bereinigung des Angebotes wurde de facto kaum entsprochen. Die Untersuchung soll daher auch prüfen, inwieweit die aktuelle Rechtslage eine Straffung des Marktes behindert. Neben privatrechtlichen werden auch verwaltungs- und steuerrechtliche Aspekte behandelt. Erst dieser weite Ansatz eröffnet die Möglichkeit, die untersuchten Rechtsinstitute abschließend zu beurteilen. Auch die Verwaltungspraxis der BaFin wird in die Untersuchung einbezogen. Auf dieser Grundlage kann die Frage beantwortet werden, welche gesetzlichen Änderungen notwendig sind, um der Konsolidierung des Investmentangebotes mehr Dynamik zu verleihen. Im Mittelpunkt dieser Diskussion stehen die Reformvorschläge des Referentenentwurfs zum 4. Finanzmarktförderungsgesetz.

Der erste Teil behandelt die Grundlagen des Investmentrechts. Den Ausgangspunkt dieser Analyse bildet der Begriff des Sondervermögens i. S. d. § 6 Abs. 1 KAGG. Diese Vorschrift unterwirft das eingezahlte Kapital besonderen gesetzlichen Bindungen. Bei der Auflösung wie auch bei der Verschmelzung eines Fonds kommt es entscheidend darauf an, unter welchen Voraussetzungen diese Bindungen aufgehoben werden können. Eine allgemeine gesetzliche Definition des Sondervermögens besteht aber nicht. Das einführende Kapitel untersucht daher seine Rechtsnatur.

Ein eigenes Kapitel ist den Spezialfonds gewidmet. Dogmatisch und systematisch bestehen kaum Besonderheiten bei den rechtlichen Grundlagen dieses Marktsegments. Aufgrund der speziellen wirtschaftlichen Interessenlage empfiehlt sich aber eine gesonderte Darstellung.

Die Untersuchung beschränkt sich auf offene Vermögensfonds i. S. d. KAGG. Im Bereich der geschlossenen Fonds hat sich zwar ebenfalls ein weitgefächertes Angebot auf dem Publikumsmarkt etabliert. Derartige Fonds unterliegen aber nicht dem Gesetz über Kapitalanlagegesellschaften. Sie können grundsätzlich den gesamten gesellschaftsrechtlichen Rahmen nutzen. Demzufolge sind ihre Erscheinungsformen vielfältig und nur schwer zu systematisieren.[13] Auch die Investmentaktiengesellschaft ist nicht in die Untersuchung aufgenommen worden. Diese neue Anlageform ist zwar im KAGG geregelt, weist aber im Vergleich zum herkömmlichen Investmentfonds grundlegende Unterschiede auf.[14] Die Anleger werden Aktionäre der Gesellschaft,[15] und ein Sondervermögen im Sinn des § 6 Abs. 1 KAGG wird nicht gebildet. Die Vorschriften über die Auflösung und Übertragung eines Fonds sind hier nicht anwendbar. Vielmehr kommt das Aktienrecht zum Zuge.

§ 2 Grundlagen

A. Systematik und Zielsetzung des Investmentrechts

Mit dem Investmentfonds hat der Gesetzgeber auf der Grundlage des Kapitalanlagegesetzes eine neue Anlageform geschaffen. Das KAGG von 1957 stellt zwei Ziele in den Vordergrund. Erstens soll Kleinanlegern die Teilnahme an den Kapitalmärkten ermöglicht werden.[16] Zweitens können Investmentfonds den Finanzmärkten bedeutende neue Quellen erschließen.[17] Demnach verfolgt das Gesetz sowohl einen sozial- als auch einen wirtschaftspolitischen Zweck.[18]

Durch die Zusammenfassung von Kleinkapital in Investmentfonds bieten sich dem Anleger mehrere Vorteile. Die kollektive Anlage ermöglicht es, ein be-

---

13 Baur, Einl. I Rn 32 ff.

14 Pötzsch, S. 960.

15 Baur in Hellner/Steuer, 9/262.

16 Neuburger in Siara/Tormann, S. 11.

17 Neuburger in Siara/Tormann, S. 9; Beine, S. 284, stellt vor allem dieses zweite Element in den Vordergrund; Obst/Hintner, S. 900, betonen die Kapitalmarktstabilisierung und die Verbesserung der Kapitalallokation durch den Investmentmarkt.

18 Schriftlicher Bericht des Ausschusses für Geld und Kredit über den von den Abgeordneten Neuburger, Häussler, Scharnberg und der Fraktion der CDU/CSU eingebrachten Entwurf eines Gesetzes über Kapitalanlagegesellschaften, BT-Drucksache 1585 S. 1, 2. Wahlperiode, 1953; Gschoßmann, S. 6; Neuburger in Siara/Tormann, S. 12, weist auf die hohe Bedeutung von Eigentumsbildung für die freiheitlich demokratische Grundordnung hin.

deutendes Fondsvolumen zu erzielen.[19] Dadurch kann die verwaltende KAG das Kapital optimal streuen[20] und das Risiko gegenüber der Direktanlage stark verringern.[21] Trotzdem profitiert der Anleger von den Chancen, die renditestarke Anlageformen wie die Aktie bieten. Aus der Größe des Anlagevolumens ergibt sich ein weiterer Vorteil. Die Geschäfte für Rechnung der Anleger profitieren von geringeren Transaktionskosten, sodass Umschichtungen im Portfolio im Vergleich zur Direktanlage erheblich günstiger durchzuführen sind. Darüber hinaus gewährleistet diese Anlageform die Verwaltung durch sachkundige Spezialisten.[22] Für den Kleinanleger entfällt der Aufwand, sich Wissen über die Kapitalmärkte anzueignen und die Marktentwicklung dauernd zu verfolgen.[23]

Investmentfonds verbessern im Ergebnis den Zugang zum Kapitalmarkt erheblich. Der Kleinanleger kann leichter an einer positiven Entwicklung der Volkswirtschaft teilhaben und Vermögensaufbau betreiben.[24]

Die genannten Vorteile ergeben sich bereits aus dem allgemeinen Konzept des Investmentfonds als Kollektivanlage, wie es in verschiedenen Ländern seit dem 19. Jahrhundert entwickelt worden ist.[25] Das KAGG gibt diesem Konzept eine adäquate Form. Im internationalen Vergleich betont das Gesetz die Sicherheit der Anlage.[26] Die psychologische Hemmschwelle gegenüber der Wertpapieranlage in Deutschland sollte auf diese Weise verringert werden.[27]

1. Der Anlegerschutz als Grundprinzip des KAGG

Der Gesetzgeber hat die Systematik des KAGG ganz auf den Schutz der Kleinanleger ausgelegt.[28] Zwar räumt das Gesetz der verwaltenden Anlagegesellschaft eine starke Stellung ein, sodass sie die laufende Verwaltung des eingelegten Geldes selbstständig und unabhängig betreiben kann. Die KAG wird aber zahlreichen Kontrollmechanismen unterworfen. Unmittelbarer Kontakt zu den Anla-

---

19 Canaris, Rn 2326; Köndgen in Schimansky, § 113 Rn 5.

20 Canaris, Rn 2326.

21 Allgemein zum Konzept der Diversifizierung und zur Eliminierung des sog. systematischen Risikos Köndgen in Schimansky, § 113 Rn 2, unter Hinweis auf Fischer/Jordan, Security Analysis and Portfolio Management, S. 89 ff.

22 Canaris, Rn 2336; zum Prinzip der Fremdverwaltung, Köndgen in Schimansky, § 113 Rn 3 ff.

23 Canaris, Rn 2326.

24 Baur, vor § 1 Rn 65.

25 Ausführlich Schäcker, S. 14 ff.; Barocka, S. 17 ff.

26 Zeyer, Das Netz der staatlichen Aufsicht ist eng gespannt, FAZ v. 18. 10. 1999.

27 Baur, vor § 1 Rn 65, mit Zitat Neuburger.

28 Köndgen in Schimansky, § 113 Rn 33; zum Anwendungsbereich des KAGG Hofmann-Riehm, S. 244 ff.

gegegenständen ist meist ausgeschlossen.[29] Das Gesetz etabliert ein System der „Gewaltenteilung“ zwischen KAG und Depotbank.

Das Sicherheitskonzept des KAGG beruht auf zwei organisatorischen Säulen. Zum einen bildet das eingezahlte Kapital gemäß § 6 Abs. 1 KAGG ein Sondervermögen. Es ist sowohl vom freien Vermögen der Investmentgesellschaft als auch vom Vermögen der Anleger streng zu trennen. Zahlreiche Spezialvorschriften schützen den Fonds. Hervorzuheben sind das Prinzip der Surrogation gemäß § 6 Abs. 2 KAGG und der Haftungsausschluss für Verbindlichkeiten der KAG gemäß § 10 Abs. 2 S. 1 KAGG. Das Sondervermögen hat jedoch keine eigene Rechtspersönlichkeit.[30] Der Gesetzgeber hat sich damit gegen die Gesellschaftsform und zugunsten der sogenannten Vertragsform entschieden.[31] Im Fall der Gesellschaftsform wird eine juristische Person zwischen die Anleger und das Vermögen geschaltet.[32] Die Anleger werden Teilhaber einer Gesellschaft, die ihrerseits Trägerin des Anlagevermögens ist. Die Gesellschaft kann sich selbst verpflichten und haftet grundsätzlich für eigene Verbindlichkeiten. Diese Nachteile können teilweise durch die Vertragsform ausgeschaltet werden. Im Gegensatz zur Gesellschaftsform bleiben die Anleger bzw. die KAG Eigentümer der Einzelgegenstände. Das Sondervermögen kann nicht Schuldner einer Leistung sein. Es ist daher auch nicht insolvenzfähig.[33] Außerdem wird durch die Vertragslösung vermieden, dass sich ein eigener Fondskurs ausbildet, der unabhängig vom Wert der Anlagegegenstände ist; denn jedes Anlagezertifikat repräsentiert immer nur einen Bruchteil des summierten Vermögenswertes. Hierdurch wird die Anlage von einem zusätzlichen Unsicherheitsfaktor befreit.[34]

Das KAGG teilt die Aufgaben der Vermögensverwaltung zwischen der Depotbank und der Anlagegesellschaft auf.[35] Hierin liegt der zweite bedeutende Mechanismus zur Sicherung der Anlage, weil sich Depotbank und Investmentgesellschaft gegenseitig kontrollieren müssen.[36] Grundsätzlich handeln beide unabhängig voneinander. Im Rahmen ihrer Verwaltungsaufgaben sind sie aus-

---

29 Siehe hierzu Baur, § 12a Rn 2.

30 Canaris, Rn 2394.

31 Die Gesellschaftsform wird auch als Satzungsform oder körperschaftsrechtliche Lösung bezeichnet; hierzu Baur, Investmentgesetze, Einl. I Rn 71.

32 Der Gesellschaftstyp ist zwar auch in Deutschland möglich, unterliegt in seinen herkömmlichen Formen aber nicht dem KAGG; s. Gschoßmann, S. 20. Erst die Investment-AG bietet die Möglichkeit, Anlagegesellschaften zu gründen, an denen der Anleger als Aktionär beteiligt ist und die dem weitreichenden Schutz des KAGG unterliegen.

33 Canaris, Rn 2450.

34 Canaris, Rn 2338.

35 Kümpel, S. 1561; Canaris, Rn 2335.

36 Siehe hierzu Köndgen in Schimansky, § 113 Rn 56.

schließlich den Interessen der Anleger verpflichtet. Aus dieser Aufteilung ergeben sich drei Rechtsverhältnisse: KAG-Depotbank, Anleger-KAG und Anleger-Depotbank. In ihrer Gesamtheit werden sie als Investment-Dreieck bezeichnet.[37] Der KAG obliegt die laufende Verwaltung. Sie hat die alleinige Befugnis, Rechtsgeschäfte für Rechnung des Sondervermögens vorzunehmen. Die Depotbank besorgt die Verwahrung der Wertpapiere. Bei Immobilien- und Beteiligungssondervermögen bewertet die Depotbank außerdem die einzelnen Anlagegegenstände. Dem Anleger stehen keine Verwaltungsbefugnisse zu, und alle Rechte aus dem Eigentum sind auf die KAG übertragen. Der Anteilinhaber kann sich aber jederzeit aus der Anlage lösen und seinen Anteil gemäß § 11 Abs. 2 S. 1 KAGG zurückgeben. Die KAG muss den Wert in diesem Fall zum Tageskurs auszahlen.

Diese besonderen organisatorischen Elemente des Anlegerschutzes werden durch die allgemeine Bankaufsicht flankiert. Die Bundesanstalt für Finanzdienstleistungsaufsicht ist gemäß § 6 Abs. 1 i. V. m. § 1 Abs. 1 KWG für die Überwachung der Kreditinstitute zuständig. Hierzu gehören gemäß § 1 Abs. 1 Nr. 6 KWG auch die Kapitalanlagegesellschaften. Aufsichtsrechtliche Befugnisse ergeben sich gemäß § 2 Abs. 1 KAGG sowohl aus dem KAGG als auch aus dem KWG.[38] Wichtig ist in diesem Zusammenhang die Genehmigung des Geschäftsbetriebes gemäß § 2 Abs. 2 KAGG. Grundsätzlich gelten auch die §§ 32-51 KWG über die Beaufsichtigung von Kreditinstituten. Zahlreiche Verwaltungsmaßnahmen von KAG und Depotbank setzen die Genehmigung durch die BaFin voraus.

Die Unabhängigkeit der KAG bei der Fondsverwaltung erfordert eine eigenständige Buchprüfung. Gemäß § 21 Abs. 3 KAGG hat die Anlagegesellschaft einen jährlichen Rechenschaftsbericht für jeden Fonds zu veröffentlichen. Die Buchprüfung hat sich gemäß § 24a Abs. 4 S. 2 KAGG auf die Rechtmäßigkeit der Verwaltung zu erstrecken. Neben den gesetzlichen Vorgaben ist gemäß § 24a Abs. 4 S. 2 KAGG auch die Einhaltung des Investmentvertrages in die Prüfung einzubeziehen.

2. Die Rechtsstellung der KAG

Kapitalanlagegesellschaften sind gemäß § 1 Abs. 1 S. 1 i. V. m. § 1 Abs. 1 S. 2 Nr. 6 KWG Kreditinstitute und unterliegen dem KWG. § 1 Abs. 1 KAGG definiert die Kapitalanlagegesellschaft durch die Beschreibung ihres Tätigkeitsbe-

37 Baur, § 12 Rn 1; zur entsprechenden Lage im schweizerischen Recht, s. Lusser, S. 19 ff.

38 Köndgen in Schimansky, § 113 Rn 35.

reichs. Das wichtigste Element besteht in der Anlage eingelegten Kapitals im eigenen Namen für gemeinschaftliche Rechnung der Anteilseigner. Hierbei ist der Grundsatz der Risikomischung zu beachten.[39] Zum Zweck der Verwaltung überträgt § 9 Abs. 1 S. 1 KAGG der Investmentgesellschaft die Befugnis, alle Rechte aus den Anlagegegenständen auszuüben. Die Anlagegesellschaft hat das alleinige Verfügungsrecht.

Die KAG kann aber weder das Sondervermögen noch die Anleger verpflichten; denn einerseits besitzt der Fonds keine Rechtspersönlichkeit und andererseits steht einem Geschäft im Namen der Anleger ausdrücklich § 10 Abs. 2 S. 2 KAGG entgegen. In dieser Vorschrift liegt ein umfassendes Stellvertretungsverbot.[40] Die Investmentgesellschaft muss daher jeden Vertrag, der der Verwaltung des Fonds dient, im eigenen Namen schließen. Aber auch die Haftung des Sondervermögens für derartige Geschäfte ist ausgeschlossen. Gemäß § 10 Abs. 2 S. 1 Hs. 2 KAGG gilt dies selbst dann, wenn die Gegenleistung kraft Surrogation direkt an das Sondervermögen gefallen ist. Die Anlagegesellschaft haftet demnach im Außenverhältnis allein. Nur im Innenverhältnis hat sie einen Aufwendungsersatzanspruch, den sie aus dem Sondervermögen befriedigen kann. Technisch kann die KAG die Depotbank aber gemäß § 12a Abs. 2 KAGG anweisen, die Gegenleistung direkt aus dem Sondervermögen an den Vertragspartner zu erbringen. Der Leistungsaustausch wird dadurch vereinfacht.

Der umfassenden Verfügungsbefugnis entspricht die Pflicht der Anlagegesellschaft, das Sondervermögen zu verwalten.[41] Gemäß § 10 Abs. 1 S. 1 KAGG hat die Investmentgesellschaft die Sorgfalt eines ordentlichen Kaufmanns anzuwenden.[42] Die Verwaltungspflicht wird als „Ausdruck einer vom Gesetzgeber gewollten Treuhänderstellung“[43] gesehen.

Innerhalb ihrer treuhänderischen Aufgaben handelt die KAG frei von Weisungen Dritter. Dies folgt zum einen aus § 10 Abs. 1 S. 2 KAGG. Hier wird die Unabhängigkeit von der Depotbank ausdrücklich angeordnet. Diese Vorschrift war erforderlich, um den Einfluss der Depotbank einzuschränken[44]; denn in der Praxis bestehen oft Kapitalverflechtungen bzw. Abhängigkeiten zwischen den beteiligten Kreditinstituten. Die KAG ist darüber hinaus bei der Verwaltung

---

39 Ausführlich zum Prinzip der Risikomischung Baur, § 1 Rn 15.

40 Canaris, Rn 2412.

41 Canaris, Rn 2417 ff., unterscheidet die Anlagepflicht, die Verwaltungspflicht, die Interessenwahrungspflicht und sonstige Pflichten.

42 Schäfer, S. 53 ff., versucht, aus dieser Vorschrift bestimmte Geschäftsverbote abzuleiten. Beispielsweise dürfe die technische Analyse von Wertpapieren nicht angewendet werden.

43 Baur, § 10 KAGG Rn 6.

44 Siehe hierzu Baur, § 10 Rn 30.

auch von Weisungen sonstiger Dritter unabhängig.[45] Dies ergibt sich mittelbar aus der Pflicht, ausschließlich im Interesse der Anleger zu handeln. Weisungen Dritter stehen dieser Verpflichtung entgegen.[46] Die Maßgabe des § 10 Abs. 1 S. 2 KAGG schließt gleichzeitig aus, dass die Anleger selbst Einfluss auf die Verwaltung nehmen. Besondere Gruppeninteressen dürfen nicht berücksichtigt werden. Sie könnten sich zum Nachteil der übrigen auswirken. Da ein einheitlicher Anlegerwille bei Publikumsfonds nicht feststellbar ist, muss die KAG sich an einem objektivierten Anlegerinteresse orientieren. Die Unabhängigkeit bei der Vermögensverwaltung ist einer der wichtigsten Grundsätze des investmentrechtlichen Anlegerschutzes.

Die KAG kann gemäß § 1 Abs. 3 S. 1 KAGG nur in der Rechtsform der Aktiengesellschaft oder der GmbH betrieben werden.[47] Die AG als Investmentgesellschaft ist jedoch die Ausnahme geblieben.[48]

3. Der Anlagevertrag

Die Treuhänderstellung der KAG wird durch den Investmentvertrag mit dem Anleger begründet. Es handelt sich nach herrschender Meinung[49] um einen Geschäftsbesorgungsdienstvertrag gemäß § 675 Abs. 1 Alt. 1 BGB. Die KAG verpflichtet sich zur Verwaltung des eingelegten Geldes und muss darüber hinaus dem Anleger seinen Anteilschein aushändigen.[50] Der Anleger hat den Beteiligungsbetrag bei der Depotbank einzulegen sowie den vereinbarten Ausgabeaufschlag zu leisten. Der Vertrag wird mit jedem einzelnen Anleger geschlossen.

Die Regelung des § 15 Abs. 3 KAGG stellt einen Katalog von Vereinbarungen auf, die der Investmentvertrag enthalten muss. Das KAGG gibt in diesen Fällen nur die Rahmenbedingungen vor. Besondere Bedeutung hat die Festlegung der Kapitalverwendung. Zwar enthält das KAGG für die einzelnen Typen von Sondervermögen bereits detaillierte Anlagegrenzen, die die zulässigen Anlagegegenstände bezeichnen und deren maximale Gewichtung im Sondervermögen definieren. Diese Vorschriften dienen dem Anlegerschutz und sind zwin-

---

45 Ohl, S. 46 f.

46 Baur, § 10 KAGG Rn 28.

47 Nach Ansicht von Glaser, S. 1278, sollen diese Gesellschaftsformen besondere Vertrauenswürdigkeit garantieren.

48 Beckmann/Scholtz, § 1 Rn 59; zum Normzweck ausführlich Gschoßmann, S. 64 ff.

49 Baur, § 15 KAGG Rn 5; Canaris, Rn 2352; a. A. Gschoßmann, S. 109 ff.; zweifelnd, im Ergebnis zustimmend, Köndgen, § 113 Rn 107.

50 Canaris, Rn 2359.

gendes Recht.[51] Der Investmentvertrag kann diesen Rahmen aber noch weiter einschränken. Ein mögliches Ziel besteht darin, die Anlage auf bestimmte Marktsegmente zu konzentrieren. Der Anlageschwerpunkt kann regional oder branchenspezifisch sein. In der Investmentpraxis hat sich hierfür der Begriff „Spezialitätenfonds" eingebürgert.[52] Beispiele sind Ostasien- oder Technologiefonds. Die Anlagen sind jedoch stärker korreliert und die Einschränkung des Anlagespektrums führt automatisch zu einer Verringerung der Streuungsmöglichkeiten. Diese Fonds wenden sich daher an risikobereite Anleger[53], die größere Volatilität der Anlage aufgrund eines höheren Wachstumspotentials in Kauf nehmen.

Weitere Vertragsklauseln können die Anlagestrategie oder den Einsatz von Derivaten betreffen. Auch die Ausschüttung der Erträge kann vertraglich geregelt werden.[54] Außerdem begründet der Investmentvertrag den Anspruch von KAG und Depotbank auf Vergütung[55] gemäß §§ 675, 611 BGB. Daneben besteht ein Anspruch auf Aufwendungsersatz gemäß §§ 675, 670 BGB.[56]

4. Die Rechtsstellung der Depotbank

Die Depotbank ergänzt die KAG bei ihrer Verwaltungstätigkeit. Die Anlagegesellschaft hat gemäß § 12 Abs. 1 S. 1 KAGG die gesetzliche Pflicht, eine Depotbank zu beauftragen.[57] Hierzu schließen die beiden Kreditinstitute nach h. M. einen gemischt-typischen Vertrag[58], der Elemente eines Geschäftsbesorgungsdienstvertrages, eines Girovertrages sowie eines Depotvertrages enthält. Das Gesetz bestimmt weitgehend den Inhalt der Depotbankpflichten. Im Fall von Wertpapierfonds obliegt der Depotbank die Verwahrung des Sondervermögens sowie

51 In der jüngeren Literatur werden Ansätze diskutiert, das bestehende System der Anlagevorschriften durch die Bildung von Risikoklassen zu ergänzen; s. z. B. Gerke/Rapp, S. 88, oder Rao.

52 Kritisch zum Konzept der Spezialitätenfonds, Köndgen in Schimansky, § 113 Rn 71.

53 Gödicke, Die Logistikbranche hat als Investment kräftig zugelegt, Die Welt v. 15. 3. 2001.

54 Gemäß § 16 KAGG ist für die Ausschüttung von Veräußerungsgewinnen immer eine vertragliche Regelung erforderlich.

55 Siehe § 15 Abs. 3e KAGG und Baur, § 15 KAGG Rn 27.

56 Gemäß § 670 BGB kommt es darauf an, ob die KAG die Aufwendungen für erforderlich halten darf; s. hierzu Canaris, Rn 2439 ff.

57 Die KAG hat die Pflicht zur sorgfältigen Auswahl der Depotbank; s. Canaris, Rn 2433.

58 Canaris, Rn 2355; Schäcker, S. 68; Reuter, S. 152; Köndgen in Schimansky, § 113 Rn 121, stimmt dieser Ansicht grundsätzlich zu und bewertet die Kontrollaufgaben der Depotbank als gesetzliche Vertragsbestandteile, die nicht vom Parteiwillen umfasst sein müssen.

die Führung der Konten. Zu diesem Zweck hat sie gemäß § 12a Abs. 1 KAGG Sperrdepots einzurichten. Jede unmittelbare Einwirkungsmöglichkeit der Investmentgesellschaft wird dadurch unterbunden.[59]

Außerdem hat die Depotbank vielfältige Aufgaben, die Geschäftsbesorgungscharakter haben. An erster Stelle ist die Pflicht zur technischen Abwicklung der Verwaltungsgeschäfte zu nennen. Gemäß § 12a Abs. 2 KAGG muss die Depotbank Zahlungen mit Mitteln des Sondervermögens durchführen, Anlagegegenstände entgegennehmen sowie zu diesem Zweck ein Sperrkonto einrichten.[60]

Die Depotbank hat darüber hinaus gemäß § 12 Abs. 1 S. 1 KAGG für die Ausgabe und Rücknahme der Anteilscheine zu sorgen. Außerdem hat sie weitreichende Kontrollpflichten.[61] Zahlreiche Verwaltungsmaßnahmen hängen von ihrer Genehmigung ab. Bei Immobilienfonds bedarf gemäß § 31 Abs. 2 S. 1 KAGG sogar jedes einzelne Grundstücksgeschäft der Zustimmung der Depotbank. Sie sorgt auch für die Auszahlung der Verwaltungsvergütung an die KAG. Ferner hat sie gemäß § 12c Abs. 2 Nr. 1 und 2 KAGG Ansprüche der Anteilseigner gegen die Investmentgesellschaft geltend zu machen.

Auch die Depotbank handelt gemäß § 12 Abs. 2 S. 1 KAGG unabhängig von der KAG und ausschließlich im Interesse der Anleger.[62] Im Gegensatz zur Investmentgesellschaft wird diese Handlungsfreiheit aber bereits in § 12 Abs. 2 S. 2 KAGG eingeschränkt. Die KAG ist weisungsbefugt, solange sie nicht gegen gesetzliche Vorschriften verstößt. Daraus folgt umgekehrt der Auftrag an die Depotbank, die Rechtmäßigkeit der Verwaltungshandlung zu prüfen.[63] Erfüllt die Weisung nicht die gesetzlichen und investmentvertraglichen Anforderungen, muss die Depotbank die Ausführung verweigern.[64] Die Zweckmäßigkeit einer Verwaltungsmaßnahme wird von diesem Kontrollrecht aber nicht umfasst.[65] Die Depotbank kann außerdem keine Geschäftsführungsakte der KAG veranlassen.[66] Soweit die Anlagegesellschaft ihren Pflichten nicht nachkommt, besteht nur die

59 Baur, § 12a Rn 2.

60 Canaris, Rn 2471.

61 Nach Ansicht von Canaris, Rn 2474, sind die verstreuten Kontrollelemente zu einer allgemeinen Kontrollpflicht zusammengezogen; ähnlich K. Müller, S. 485; Ohl, S. 62.

62 Siehe hierzu Hopt, S. 506.

63 Canaris, a. a. O, leitete die Kontrollpflicht aus § 12 Abs. 7 KAGG a. F. ab. Hiernach darf die Depotbank nur Aufwendungsersatzansprüche auszahlen, die der KAG zustehen. Dies impliziert die Prüfung der Rechtmäßigkeit des zugrunde liegenden Geschäfts.

64 Baur, § 12 Rn 33; OLG Frankfurt a. M. 1997 m. Anm. Zeller in WuB I G 8. –3.97.

65 Canaris, Rn 2474.

66 K. Müller, S. 488; Canaris, Rn 2475.

Möglichkeit, dass die Depotbank die Rechte der Anleger in gesetzlicher Prozessstandschaft gemäß 12c Abs. 2 Nr. 1 KAGG einklagt.[67]

5. Die Verbriefung der Anlegerrechte

Gemäß § 18 Abs. 1 S. 1 KAGG werden die Ansprüche der Anleger gegenüber der Depotbank verbrieft. Über den Wortlaut hinaus gilt die Vorschrift nach h. M. auch für die dinglichen Rechte am Sondervermögen.[68] Demnach umfasst die Verbriefung durch das Investmentzertifikat auch das Miteigentum des einzelnen Anlegers.[69] Die Anteilscheine sind Wertpapiere[70], sodass zur Ausübung der Anlegerrechte die Innehabung der Urkunde erforderlich ist. Es handelt sich nach h. M. aber nicht um Schuldverschreibungen i. S. d. 793 ff. BGB.[71] Dem steht die Verbriefung dinglicher Rechte entgegen. Die Anteilscheine sind vielmehr Wertpapiere eigener Art[72], die gemäß § 18 Abs. 1 S. 2 und 3 KAGG auf den Inhaber oder auf den Namen lauten können.

Der Ersterwerb des Anteilscheines vollzieht sich grundsätzlich parallel zum Abschluss des Investmentvertrages. Das Recht am Anlagezertifikat kommt aber erst durch einen zusätzlichen Begebungsvertrag zustande, der vom schuldrechtlichen Anlagevertrag zu unterscheiden ist.[73] Außerdem ist auch der Zweiterwerb der Anteilscheine möglich. Sowohl durch Einigung und Übergabe gemäß §§ 929 ff. BGB als auch durch Abtretung gemäß §§ 398, 413 BGB kann ein Inhaberanteilschein übertragen werden.[74]

Anteilscheine haben keinen Nennwert. Sie verbriefen einen relativen Anteil am Sondervermögen, der von der Zahl der übrigen Anleger abhängt.[75] Der relative Anteil kann demnach täglich wechseln.

6. Typologie der Fonds

Das KAGG teilt die Investmentfonds nach unterschiedlichen Kriterien ein, an die die Anwendbarkeit zahlreicher Spezialregeln anknüpft. Das Gesetz enthält

67 Canaris, Rn 2473; Gericke, S. 1277; Schäcker, S. 152.
68 Canaris, Rn 2372; Geßler, S. 25; Ohl, S. 30; Gschoßmann, S. 130; a. A. Ebner v. Eschenbach, S. 160; v. Caemmerer, S. 48.
69 Baur, § 18 Rn 2.
70 Baur, § 18 Rn 1; Gschoßmann, S. 126.
71 Canaris, Rn 2373; Baur, § 18 Rn 1 ff., m. w. N.
72 Baur, § 18 Rn 2; Köndgen in Schimansky, § 113 Rn 124.
73 Baur, § 18 Rn 6.
74 Zur Übertragung von Namensanteilscheinen ausführlich Baur, § 18 Rn 16.
75 Baur, § 18 Rn 28.

einen numerus clausus von Fondstypen, die jeweils nur in einem bestimmten Segment des Kapitalmarktes investieren dürfen.[76] Ursprünglich waren nur Wertpapier-Sondervermögen gemäß §§ 8 ff. KAGG zulässig. Seit In-Kraft-Treten des Gesetzes ist das Spektrum an Fondstypen erheblich erweitert worden. Neben Immobilienfonds können auch Geldmarkt- sowie Beteiligungs-Sondervermögen aufgelegt werden. Seit dem 3. Finanzmarktförderungsgesetz sind auch Investmentfondsanteilsondervermögen (Dachfonds) und Altersvorsorgesondervermögen zulässig.[77] Gemäß §§ 37a ff. KAGG sind erstmals auch gemischte Wertpapier- und Grundstückssondervermögen möglich. Diese historische Entwicklung hat zu unübersichtlichen Ergänzungen des KAGG geführt. Der dritte Abschnitt des Gesetzes enthält zwar fast alle grundlegenden Organisationsvorschriften wie die Aufgabenverteilung im Investment-Dreieck sowie die Auflösung und Übertragung von Fonds. Trotzdem ist dieser Abschnitt direkt nur auf Wertpapiersondervermögen anwendbar. Für die anderen Fondstypen gelten diese Regelungen nur aufgrund ausdrücklicher Verweise.

Darüber hinaus bestehen für jeden Fondstyp besondere Anlagevorschriften. Für die relative Gewichtung der Anlagen werden Höchst– und Mindestgrenzen vorgeschrieben. Außerdem gelten für Grundstücks- und Beteiligungssondervermögen spezielle Bewertungsvorschriften.

Eine weitere Unterteilung der Sondervermögen nimmt das Gesetz in § 1 Abs. 2 KAGG vor. Hier wird dem Publikumsfonds der Spezialfonds gegenübergestellt. Das Kriterium für die Einteilung ist in diesem Fall die Zahl der Anteilseigner. Spezialfonds dürfen nicht mehr als zehn Anleger haben, und natürliche Personen sind hier nicht als Anteilinhaber zugelassen.[78]

B. Die Rechtsnatur des Sondervermögens

Die Vorschrift des § 6 Abs. 1 S. 1 KAGG hat zentrale Bedeutung für das Investmentrecht. [79] Sie ordnet die Bildung eines Sondervermögens aus dem eingelegten Geld an. Im Gegensatz zur sogenannten gesellschaftsrechtlichen Lösung wird das eingezahlte Kapital einer strikten Trennung vom sonstigen Vermögen des Rechtsträgers unterworfen. Das KAGG bietet allerdings keine Definition des

76 Köndgen in Schimansky, § 113 Rn 51.

77 Bereits das 2. FMFG von 1994 hatte neue Anlagetypen wie den Geldmarktfonds zugelassen; s. hierzu Weber, S. 2858.

78 Ausführlich zum Spezialfonds Baur, Anh. § 1.

79 Siara/Tormann, § 6 I.

Begriffes „Sondervermögen". Die besonderen Rechtsverhältnisse an den Anlagegegenständen ergeben sich erst aus vielen verstreuten Vorschriften.[80]

Zunächst soll die Frage beantwortet werden, unter welchen Bedingungen ein Sondervermögen entsteht. Dieser Abschnitt erörtert außerdem, wann ein Anlagegegenstand in den Fondsverband eintritt und welchen gesetzlichen Bindungen er unterworfen wird. Hierzu dient auch der Vergleich mit anderen Sondervermögen des Zivilrechts. Erst auf dieser Grundlage lassen sich die Voraussetzungen für Auflösung und Verschmelzung von Investmentfonds bestimmen; denn in diesen Fällen sollen die besonderen Bindungen des Sondervermögensverbandes gerade aufgehoben werden.

1. Der Begriff des Sondervermögens im Zivilrecht

Das KAGG enthält keine Definition des Begriffes Sondervermögen. Es kommt aber in Betracht, Rückschlüsse aus einem allgemeinen und übergeordneten Sondervermögensbegriff des Zivilrechts zu ziehen.

Der Gesetzgeber hat in § 6 Abs. 1 KAGG an einen Begriff angeknüpft, der in Literatur und Wissenschaft bereits vor In-Kraft-Treten des KAGG anerkannt war.[81] In der Gesetzgebung wurde dieser Terminus demgegenüber kaum verwendet.[82] Die Literatur hat versucht, Kriterien zu entwickeln, unter welchen Voraussetzungen ein Sondervermögen vorliegt.[83] Graulich hat auf dieser Grundlage die folgende Definition formuliert[84]:

1. Aus dem Gesamtvermögen eines Subjekts wird ein gewisser unselbständiger Inbegriff von Vermögensrechten kraft Gesetzes ausgegliedert, der
2. bestimmten Zwecken dienen soll und deshalb
3. einer vom übrigen Vermögen des Rechtsträgers unterschiedlichen rechtlichen Behandlung unterworfen ist.

Diesen Kriterien genügt ein breites Spektrum von Rechtsinstituten des Zivilrechts. Ihnen gemeinsam ist, dass sie keine eigene Rechtspersönlichkeit besit-

80 Überblick bei Baur, § 6 KAGG Rn 2.
81 Graulich, S. 4.
82 A. a. O.
83 Enneccerus-Nipperdey, Allgemeiner Teil des bürgerlichen Rechts Bd. 1 § 132; Dilcher in Staudinger, Vorbem. zu §§ 90 ff. Rn 22; Mühl in Soergel, vor §§ 90 ff. Rn 12, 13; Graulich, S. 4.
84 Graulich, S. 4 ff.; Köndgen in Schimansky, § 113 Rn 52, schränkt diese Kriterien weiter ein und hebt die Bestandserhaltung und die Haftungssonderung hervor.

zen.[85] Das Sondervermögen kann entweder im Eigentum mehrerer oder nur eines Berechtigten stehen.[86] Die weite Definition lässt den Begriff inhaltsleer erscheinen.[87] Der Vergleich der wichtigsten Sondervermögen des BGB zeigt, wie unterschiedlich die jeweilige rechtliche Ausgestaltung ist.[88] Insbesondere der Grad der Trennung des Sondervermögens vom freien Vermögen des bzw. der Rechtsträger differiert erheblich.

Eine erste wichtige Fallgruppe bilden die klassischen Gesamthandsvermögen des BGB gemäß §§ 718, 719 Abs. 1, §§ 1416, 1419 Abs. 1 und §§ 2032, 2033 Abs. 2, 2040.[89] Ihr Charakter als Sondervermögen ergibt sich aus der gesetzlichen Verfügungsbeschränkung des einzelnen Gesamthänders. Die Eigentümer haben keinen ideellen Anteil am einzelnen Vermögensgegenstand, sondern können nur über ihren abstrakten Vermögensanteil als solchen verfügen.

Ein Sondervermögen kann aber auch dann bestehen, wenn nur eine Person alleiniger Rechtsträger ist. Das Gesetz beschränkt beispielsweise die Verfügungsmacht des Vorerben gemäß §§ 2112 ff. BGB bei bestimmten Geschäften, die für den Nacherben nachteilig sind. Zu dieser zweiten Gruppe gehört auch der Nachlass unter Nachlassverwaltung gemäß §§ 1984 Abs. 1 S. 1, 1985 BGB. Hier wird die Verfügungsmacht über die einzelnen Vermögensgegenstände auf den Nachlassverwalter übertragen. In beiden Fällen bleibt der Vermögensinhaber alleiniger Rechtsträger jedes einzelnen Vermögenswertes, der zum Sondervermögen gehört. Nur seine Verfügungsmacht ist auf Dritte übertragen oder beschränkt.[90] Hierin liegt die besondere gesetzliche Behandlung im Sinne der oben genannten Kriterien. Mit der herrschenden Meinung[91] ist selbst der Nachlass im Fall der vorläufigen Erbschaft als Sondervermögen anzuerkennen; denn erst die endgültige Ausschlagung bzw. Annahme gemäß §§ 1942 ff. BGB bestätigt bzw. beseitigt die vorläufige Zuordnung des Vermögens.[92]

---

85 Graulich, S. 7, unter Hinweis auf Zitelmann, S. 255.

86 Ennecerus-Nipperdey, Bd. 1 § 132.

87 Martin, AcP 102, S. 432 , spricht der Begriffsbildung aus diesem Grund sogar jeden besonderen Wert ab.

88 König, S. 12.

89 Dilcher in Staudinger, Vorbem. zu §§ 90 ff. Rn 22; Mühl in Soergel, vor §§ 90 ff. Rn 12, 13; Graulich, S. 9.

90 Graulich, S. 9.

91 Dilcher in Staudinger, vor §§ 90 ff. Rn 22; Graulich, S. 14.

92 Graulich, a. a. O., hebt vor allem die Sonderbehandlung in Bezug auf die Haftung hervor; weitere Beispiele für Sondervermögen sind das Sondergut und Vorbehaltgut bei der Gütergemeinschaft gemäß §§ 1417, 1418 ff. BGB, das Kindesvermögengemäß §§ 1638, 1639 BGB und die Insolvenzmasse gemäß §§ 35 ff. InsO; s. Dicher in Staudinger, vor §§ 90 ff. Rn 22.

Bereits dieser Überblick zeigt, wie unterschiedlich die rechtliche Gestaltung bei den einzelnen Sondervermögen ausfällt. Auch der gesetzliche Zweck der einzelnen Rechtsinstitute unterscheidet sich grundlegend. Versucht man Investmentfonds i. S. d. § 6 Abs. 1 KAGG in diese Liste einzuordnen, fällt auf, dass im Hinblick auf die gewählte Treuhandform zu differenzieren ist. Bei der Miteigentumslösung gemäß § 6 Abs. 1 S. 2 Alt. 2 KAGG entsteht ein Sondervermögen der Anleger und nicht der KAG. In diesem Fall bleiben die Anteilinhaber Rechts– und Vermögensträger. Sie verlieren nur die Verfügungsmacht. Bei der Treuhandlösung wird das Sondervermögen demgegenüber aus dem freien Vermögen der KAG ausgegliedert. Hier ist die Verwaltungsgesellschaft Rechtsträgerin. Die besondere rechtliche Behandlung ergibt sich nur aus Verfügungsbeschränkungen des KAGG und der Aussonderung aus der Haftungsmasse.[93]

Im Sinn der dargestellten Einteilung handelt es sich damit um verschiedene Formen von Sondervermögen. Trotzdem gelten für beide Treuhandformen die gleichen gesetzlichen Vorschriften. Die Ähnlichkeiten mit den übrigen beschriebenen Fällen sind demgegenüber nur formaler Natur. Vor allem der Zweck eines Investmentfonds i. S. d. § 6 KAGG hat keine Parallele. Im Allgemeinen ordnet das Gesetz die Bildung eines Sondervermögens an, um Dritten eine besondere Haftungsmasse zu erhalten. Bei der GbR soll das Sondervermögen außerdem den Gesellschaftszweck i. S. d. § 705 BGB fördern. Ein Sondervermögen i. S. d. § 6 Abs. 1 KAGG dient demgegenüber vor allem dem Schutz der Anleger. Die Substanz der Einlage soll vor Missbrauch gesichert werden. Die strikte physische Trennung des Sondervermögens vom freien Vermögen des Treuhänders hebt diese Unterschiede weiter hervor. Vergleichbare Regelungen gibt es für andere Sondervermögen nicht.

Die erheblichen Unterschiede zwischen den genannten Rechtsinstituten lassen kaum Spielraum, um gemeinsame Prinzipien zu erarbeiten. Nicht einmal die Surrogation ist Kennzeichen aller Sondervermögen.[94] Im vorliegenden Zusammenhang interessiert vor allem die Frage, ob übereinstimmende Grundsätze bei der Auflösung erkennbar sind. Übertragungen und Verschmelzungen sind hier weniger relevant, da kaum spezielle Regelungen für Sondervermögen außerhalb des KAGG existieren.[95] Als Vergleichspaar sollen das Gesellschaftsvermögen der GbR und die vorläufige Erbschaft dienen.

Das Gesamthandsvermögen der BGB-Gesellschaft wird durch Auseinandersetzung gemäß §§ 730 ff. BGB aufgelöst. Gemäß § 731 S. 2 BGB gelten hierfür

93 Graulich, S. 30 ff.

94 Wolf, Surrogation, S. 715 ff.; Wolf schlägt in diesem Punkt jedoch eine Analogie vor, soweit Sondervermögen gesetzlich vorgesehen sind.

95 Als Ausnahme kann der Erbschaftskauf gemäß §§ 2371 ff. BGB gesehen werden, da hier eine Haftungsbeschränkung gemäß § 2383 auch für den Erbschaftskäufer gilt.

weitgehend die Vorschriften über die Bruchteilsgemeinschaft, die gemäß §§ 753 und 754 BGB Teilung in Natur oder durch Verkauf vorsehen. Im Gegensatz dazu unterliegt die vorläufige Erbschaft nur einer Haftungsbeschränkung. Eine physische Auflösung ist hier nicht erforderlich. Die Annahme der Erbschaft gemäß § 1943 BGB wandelt den vorläufigen Erwerb des Sondervermögens in einen endgültigen um.[96] Der gesetzliche Zweck der Trennung ist erreicht. Allerdings unterliegt die Erbschaft auch noch nach der Annahme besonderen gesetzlichen Regeln, da gemäß §§ 1975 ff. weiterhin die Möglichkeit der Haftungsbeschränkung gegeben ist. Insoweit besteht das Sondervermögen in stark modifizierter Form weiter.

Dieser Vergleich zeigt exemplarisch, dass grundlegende Unterschiede bei der Auflösung der einzelnen Formen von Sondervermögen bestehen. Allgemeine Prinzipien, die für die Auflösung subsidiär gelten, können nicht hergeleitet werden.

Die Vorschrift des § 6 Abs. 1 KAGG stellt im Ergebnis nur klar, dass das eingelegte Geld besonderen Regeln unterliegt. Diese Bindungen des Vermögens sind gesetzlicher Natur. Hieraus folgt, dass auch die Lösung eines einzelnen Vermögenswertes aus dem Sondervermögensverband nur aufgrund einer speziellen Berechtigung erfolgen kann. Das gleiche gilt für Rechtsgeschäfte, die das Sondervermögen als Gesamtheit betreffen. Hierin liegt ein erster Hinweis, dass jede Verfügung, die in den Bestand des Fonds als Einheit eingreifen soll, eine besondere gesetzliche Befugnis verlangt.

2. Die Entstehung des Sondervermögens

Das eingelegte Geld bildet gemäß § 6 Abs. 1 S. 1 KAGG ein Sondervermögen. Die Entstehung des Sondervermögens kann aufgrund dieser Formulierung nur als gesetzliche Folge der Einzahlung gedeutet werden. Alle besonderen Bindungen, denen die Vermögensgegenstände unterworfen sind, gelten bereits für die Einlage des ersten Anlegers. Ein besonderer Rechtsakt ist nicht erforderlich[97], und es bedarf auch nicht eines auf Zuordnung zum Sondervermögen gerichteten Willens der KAG.[98]

Der Wortlaut des § 6 Abs. 1 S. 1 KAGG lässt zwei Alternativen zur Auflegung eines Sondervermögens zu:[99] die „appropriation method“ sowie die „cash method“. Im ersten Fall schafft die KAG Vermögensgegenstände an, um erst

96 Edenhofer in Palandt, § 1943 Rn 1.
97 Canaris, Rn 2400; Gschoßmann, S. 100.
98 Die Zuordnung zum Sondervermögen erfolgt sogar bei entgegenstehendem Willen der KAG; s. hierzu Canaris, Rn 2400 f.
99 Gschoßmann, S. 80; Baur, Anh. § 6 Rn 1.

jetzt die Anteilscheine zu platzieren. Bis zur Einlage durch den ersten Anleger bleiben die angeschafften Gegenstände im freien Vermögen der KAG.[100]

In der Praxis ist jedoch allein die sogenannte „cash method" relevant, die allein bei deutschen KAG Anwendung findet.[101] Bei dieser Form, einen Investmentfonds aufzulegen, werden die Anlagegegenstände erst mit dem Geld angeschafft, das die Anleger eingezahlt haben. Dadurch vermeidet die KAG das Kursrisiko vor Ausgabe der Anteilscheine.[102] Bereits die Einlage des ersten Anlegers fällt in das Sondervermögen.[103] Im Fall der Treuhandlösung wird die KAG unmittelbar Gläubigerin des Einzahlungsanspruchs bzw. Eigentümerin des eingelegten Betrages. Wenn die Miteigentumslösung vereinbart wurde, bleibt der erste Anleger zunächst alleiniger Eigentümer seiner Einlage. Das eingezahlte Geld bildet aber auch in diesem Fall bereits das Sondervermögen.[104]

Auch die Beteiligung eines Neuanlegers am Sondervermögen erfolgt kraft Gesetzes.[105] Entgegen der älteren Literatur[106] ist keine weitere rechtsgeschäftliche Übertragung von Beteiligungsrechten durch die KAG erforderlich, sodass der Miteigentumsanteil dem Neuanleger als gesetzliche Folge der Einlage zuwächst. Dieses Ergebnis setzt eine Umstrukturierung der Eigentumsverhältnisse an jedem einzelnen Vermögensgegenstand voraus.[107] Die Mitberechtigung ist unabhängig von der Begebung des Investmentzertifikats i. S. d. § 18 Abs. 1 S. 1 KAGG.[108]

3. Trennung des Sondervermögens vom freien Vermögen der KAG

Nach seiner Entstehung bleibt das Sondervermögen vom freien Vermögen der KAG streng getrennt. Dieser Grundsatz wird allgemein in § 6 S. 3 KAGG for-

100 Baur, Anh. § 6 Rn 6.
101 Baur, Anh. § 6 Rn 1.
102 Baur, a. a. O.
103 Klenk, S. 24; Baur, Anh. § 6 Rn 2; Gschoßmann, S. 103.
104 Nach einhelliger Meinung gehört schon der Anspruch auf Einzahlung zum Sondervermögen. Im Fall der Miteigentumslösung sind die Anleger Gläubiger dieser Forderung gegen einen neuen Anleger. Hieraus folgert Baur, dass auch der erste Anleger als alleiniger Inhaber des Sondervermögens einen Anspruch gegen sich selbst auf Einzahlung in das Sondervermögen habe. Dieses kuriose Ergebnis entsteht durch die strikte Trennung der Vermögensmassen, die auch ein Erlöschen dieses Anspruchs gegen sich selbst durch Konfusion verhindert; Baur, Anh. § 6 Rn 2, m. w. N.
105 Canaris, Rn 2378 f.; Baur, § 18 Rn 31; a. A. Schäcker, S. 80 ff.; Reuter, S. 117; Geßler, S. 25; Schuler, S. 1053.
106 Baur, 1. Aufl., Anh. zu § 6 S. 129; weitere Nachweise bei Canaris, Fn 33.
107 Canaris, Rn 2379.
108 Canaris, Rn 2378, m. w. N.

muliert. Das Gesetz konkretisiert diese Vorschrift zum einen durch die Anordnung von Haftungs- und Verfügungsbeschränkungen.[109] Zum anderen schreibt § 12 S. 1 KAGG vor, dass mit der Verwahrung ein anderes Kreditinstitut, die Depotbank, zu beauftragen ist.

Dadurch erhält das Sondervermögen eine gewisse Selbstständigkeit, ohne dass das Gesetz ihm eigene Rechtspersönlichkeit verleiht. Der Fonds wird niemals Träger selbstständiger Rechte und Pflichten[110] und kann aus diesem Grund auch nicht Schuldner eines Anspruchs Dritter werden.

Die Haftungsbeschränkung des Sondervermögens wird durch § 10 Abs. 2 S. 1 KAGG gewährleistet, der die Haftung für Verbindlichkeiten der KAG ausschließt. Sie gilt auch für Geschäfte, die die Verwaltungsgesellschaft für Rechnung der Anteilseigner eingeht.[111] Ein Gläubiger der KAG kann selbst dann nur auf das freie Vermögen der Gesellschaft zurückgreifen, wenn die von ihm veräußerten Gegenstände kraft dinglicher Surrogation direkt in das Sondervermögen gefallen sind.[112] Der Fonds haftet nur im Innenverhältnis zur KAG für Aufwendungsersatzansprüche aus § 10 Abs. 3 KAGG.[113] Der weitgehende Schutz des Sondervermögens wird jedoch dadurch relativiert, dass Gläubiger der KAG diese Aufwendungsersatzansprüche gemäß §§ 829, 835 ZPO pfänden und überweisen lassen können.[114]

Ergänzt wird die Schutzvorschrift des § 10 Abs. 2 S. 1 KAGG durch § 13 Abs. 3 S. 2 KAGG. Hiernach fällt das Sondervermögen auch im Fall der Treuhandlösung gemäß § 6 Abs. 1 S. 2 Alt. 1 KAGG nicht in die Insolvenzmasse der Anlagegesellschaft, obwohl diese Eigentümerin der Anlagegegenstände ist.

Die Haftungsbeschränkungen schützen das Sondervermögen vor dem Zugriff Dritter. Der Schutz vor Missbrauch durch die KAG erfolgt durch Beschränkungen der Verfügungsmacht. Im Vordergrund steht hier § 9 Abs. 3 S. 1 Hs. 1 KAGG. Die Vorschrift enthält ein umfassendes Verbot, Anlagegegenstände als Kreditsicherheit einzusetzen. § 9 Abs. 3 S. 1 Hs. 2 KAGG ordnet die relative Unwirksamkeit einer entsprechenden Verfügung gegenüber den Anlegern an.

109 Baur, § 6 KAGG Rn 18.

110 Ohl, S. 27; Baur, § 6 Rn 18.

111 Nach Ansicht von Canaris, Rn 2411, liegt hierin eine ausgesprochene Irregularität, sofern die Treuhandlösung vereinbart wurde.

112 Ausnahmen von diesem Grundsatz bilden § 9 Abs. 3 S. 2 KAGG und § 37 Abs. 3 KAGG. Immobilien eines Grundstückssondervermögens können zur Finanzierung belastet werden; ausführlich Ohl, S. 34 f.

113 Die Ansprüche der KAG bestehen gegen die Anleger. Nur die Haftung ist auf das Sondervermögen begrenzt; s. Canaris, Rn 2416.

114 Geßler, S. 19; Beckmann/Scholz, § 10 Rn 23; Baur, § 10 Rn 47; Köndgen in Schimansky, § 113 Rn 55.

Diese Rechtsfolge ist dem § 135 BGB nachgebildet.[115] Die Rechte der Anleger bei verbotswidriger Verfügung sind nach einhelliger Meinung von der Depotbank wahrzunehmen.[116] § 12c Abs. 2 KAGG gilt entsprechend.[117] Einen ähnlichen Schutzzweck wie § 9 Abs. 3 S. 1 KAGG verfolgt das Aufrechnungsverbot des § 9 Abs. 6 KAGG. Die KAG darf eigene Verbindlichkeiten, die Dritten gegenüber bestehen, nicht mit Forderungen des Sondervermögens aufrechnen.[118] Das Aufrechnungsverbot hat absolute Wirkung.[119]

Eine Besonderheit des KAGG ist die strikte physische Trennung des Treuhandvermögens vom freien Vermögen des Treuhänders.[120] Gemäß § 12 Abs. 1 S. 1 KAGG hat die KAG eine Depotbank mit der Verwahrung des Sondervermögens zu beauftragen. Wertpapiere sind gemäß § 12a Abs. 1 S. 1 KAGG in ein gesperrtes Depot zu legen, Geldbeträge sind gemäß § 12a Abs. 1 S. 3 KAGG auf Sperrkonten zu verbuchen.[121] Durch Einrichtung von Sperrdepots wird der KAG die Möglichkeit zur unmittelbaren Einflussnahme entzogen.[122] Bei Beteiligungs– und Immobiliensondervermögen ist der Grundsatz der physischen Trennung weniger stark ausgeprägt.[123] Grundstücke und Beteiligungen des Sondervermögens bleiben in der Obhut der KAG, da das KAGG aus praktischen Gesichtspunkten auf räumliche Trennung dieser Anlagegegenstände vom freien Vermögen der Investmentgesellschaft verzichtet. Dieses Kontrolldefizit wird durch andere Mitwirkungspflichten der Depotbank kompensiert. Gemäß §§ 25g Abs. 2 S. 1, 31 Abs. 2 S. 1 KAGG muss sie Verfügungen über Vermögensgegenstände zustimmen und hat gemäß §§ 25g Abs. 1 S. 1, 31 Abs. 1 KAGG außerdem die Pflicht, das Sondervermögen laufend zu überwachen und zu bewerten.

---

115 v. Pannwitz, S. 77; Siara/Tormann § 8 II; Baur, § 9 Rn 19.

116 Baur, § 9 Rn 21; v. Pannwitz, S. 100; Reuter, S. 142; zum Gutglaubensschutz Canaris, Rn 2407.

117 Das Prinzip des § 9 Abs. 3 S. 1 KAGG wird durch Satz 2 eingeschränkt. Kurzfristige Kredite, die die KAG für Rechnung des Sondervermögens gemäß § 9 Abs. 4 KAGG aufnehmen darf, und bestimmte Derivatgeschäfte dürfen ohne die Beschränkung aus Satz 1 getätigt werden. Schuldnerin der zugrunde liegenden Geschäfte bleibt wegen des Verbots des § 10 Abs. 2 S. 2 KAGG, Verbindlichkeiten im Namen der Anleger einzugehen, immer die KAG; s. a. Baur § 9 Rn 17.

118 Canaris, Rn 2415.

119 Baur, § 9 Rn 36, m. w. N.

120 Siehe auch Köndgen in Schimansky, § 113 Rn 53; Gschoßmann, S. 49, weist in diesem Zusammenhang zutreffend darauf hin, dass die Vermögenstrennung als Treuhänderpflicht und die Bildung des Sondervermögens kraft Gesetzes zwei voneinander zu unterscheidende Merkmale des Investmentfonds sind.

121 Beckmann/Scholtz, § 12 Rn 16 ff.; zur Drittverwahrung, Canaris, Rn 2468.

122 Baur, 12a Rn 2.

123 Siehe auch Beckmann/Scholtz, § 12 Rn 3.

Die Verwahrung bei der Depotbank hat keinen Einfluss auf die Zugehörigkeit des einzelnen Anlagegegenstandes zum Sondervermögen. Geld gehört auch dann noch zum Fonds, wenn es unter Verstoß gegen die Verwahrpflicht an die KAG ausgezahlt wird. Desgleichen fällt eine Einlage des Anlegers gemäß § 6 Abs. 1 KAGG selbst dann kraft Gesetzes an das Sondervermögen, wenn sie entgegen § 12a Abs. 1 S. 3 KAGG an die Anlagegesellschaft und nicht an die Depotbank gezahlt wird.[124] Die gesetzliche Maßgabe, das Sondervermögen durch die Depotbank verwahren zu lassen, ist nur eine schuldrechtlich wirkende Pflicht der KAG. Die Einzahlung an die Depotbank ist keine Voraussetzung für den Eintritt in den Sondervermögensverband.

4. Treuhand- und Miteigentumslösung

Gemäß § 6 Abs. 1 S. 2 KAGG kann im Investmentvertrag vereinbart werden, ob die Anlagegegenstände im Miteigentum der Anteilseigner oder im Eigentum der KAG stehen sollen. Ausnahmen ergeben sich aus praktischen Gründen gemäß §§ 25 f. und 30 KAGG für Grundstücks- und Beteiligungssondervermögen. Hier ist das Eigentum der KAG zwingend vorgeschrieben. Beide Alternativen unterscheiden sich erheblich in Bezug auf die rechtliche Konstruktion. Im ersten Fall wird nur das Verfügungsrecht auf die KAG übertragen. Jeder Anleger wird kraft Gesetzes Miteigentümer i. S. d. §§ 1008 ff. BGB.[125] Bei der Treuhandlösung steht das Sondervermögen demgegenüber im ungeteilten Eigentum der KAG. Der Sondervermögenscharakter ergibt sich nur aus den besonderen gesetzlichen Bindungen.

Aus dem Regelungszweck des Gesetzes ergibt sich außerdem, dass in beiden Fällen ein umfassend geregeltes Treuhandverhältnis vorliegt.[126] Insoweit ist die Bezeichnung Treuhandlösung allein für die erste Alternative des § 6 Abs. 2 KAGG verwirrend. In §§ 9 Abs. 1 S. 1 und 10 Abs. 1 S. 1 KAGG sind Verfügungsbefugnis und Verwaltungspflicht einheitlich für beide Alternativen geregelt. Die Treuhandlösung kann als besondere Form der Vollrechtstreuhand gedeutet werden.[127] Ein spezieller Schutz für den Anleger gegenüber der herkömmlichen Form dieses Rechtsinstituts ergibt sich aus der dinglichen Surroga-

---

124 Canaris, Rn 2400.

125 Canaris, Rn 2378; a. A. die ältere Lehre, die verschiedene rechtsgeschäftliche Möglichkeiten der Eigentumsübertragung diskutiert; vor allem Schäcker, S. 57, und Klenk, S. 18 ff.

126 Canaris, Rn 2395; Baur, § 6 Rn 11.

127 Canaris, Rn 2395.

tion gemäß § 6 Abs. 2 KAGG.[128] Bei der Miteigentumslösung liegt demgegenüber eine Ermächtigungstreuhand vor.[129] Eine Annäherung an die Treuhandlösung wird dadurch erreicht, dass die Verfügungsbefugnis der Eigentümer durch die gesetzliche Ermächtigung in § 9 Abs. 1 S. 1 KAGG verdrängt wird.

Ein Teil der Lehre ist der Ansicht, diese konsequente Trennung von dinglichem Recht und Verfügungsmacht sei nur schwer mit dem herkömmlichen Eigentumsbegriff des Zivilrechts vereinbar. In der Regelung des KAGG wird eine Denaturierung des Eigentums zu einem reinen Wertsubstanzrecht ohne Herrschaftscharakter gesehen.[130] Eine Extremposition markiert die Ansicht Roths, die Konstruktion des KAGG stelle eine Abkehr vom Eigentumsbegriff des BGB dar und widerspreche der Lehre vom dinglichen Recht.[131] Hiergegen bezieht Canaris mit dem zutreffenden Hinweis auf die Relativität der Abgrenzung zwischen dinglichen und obligatorischen Rechten Stellung.[132] Im Fall der Treuhandlösung seien die Ansprüche der Anteilinhaber zwar grundsätzlich schuldrechtlicher Natur. Die Regelung des KAGG habe jedoch zu einer „Verdinglichung" der Rechtsposition des Anlegers geführt, die die gleiche Sicherheit wie ein dingliches Recht biete. Umgekehrt werden den Miteigentümern eines Sondervermögens die grundlegenden Herrschaftsrechte aus dem Eigentum entzogen und so einem obligatorischen Recht auf Rückzahlung des Anteilwertes angenähert. Vergleichbare Beispiele einer Trennung von Eigentum und Verfügungsmacht finden sich nach Ansicht von Canaris bei der Testamentsvollstreckung und Konkursverwaltung.[133]

Trotz der Unterschiede in der rechtlichen Konstruktion sind beide Treuhandformen aus wirtschaftlicher Sicht gleich zu beurteilen. Sie gewährleisten nach übereinstimmender Meinung den gleichen hohen Sicherheitsgrad für die Anleger.[134] Vor allem die beschriebenen Haftungsbeschränkungen schließen den Zugriff Dritter auf das Sondervermögen in beiden Alternativen aus. Aber auch sonst war der Gesetzgeber des KAGG bei allen Vorschriften bemüht, die glei-

---

128 Nach Canaris, a. a. O., sind demgegenüber der Schutz des Treuguts vor Konkurs und Zwangsvollstreckung lange im deutschen Treuhandrecht verankert; s. a. Roth, S. 129 ff.

129 Canaris, Rn 2409; Coing, S. 24.

130 Zöllner, § 30 III 1 a. E.

131 Roth, S. 145 ff.

132 Canaris, Rn 2395 f.

133 A. a. O.

134 Baur, § 6 KAGG Rn 10, m. w. N.; nach Baur, § 6 KAGG Rn 9, ist die Treuhandlösung dann vorzuziehen, wenn ein Auseinanderfallen von Aktionärsstellung und Legitimation zu Verwaltungshürden führt; Canaris, Rn 2394; Beckmann/ Scholtz,§ 6 Rn 6, führen psychologische Gründe für die Bevorzugung der Miteigentumslösung an.

chen wirtschaftlichen Folgen eintreten zu lassen.[135] Aus diesem Grund werden die Eigentümerrechte im Fall der Miteigentumslösung weitgehend ausgeschlossen. Die Übertragung des Miteigentums ist beispielsweise gemäß § 18 Abs. 3 S. 1 KAGG an die Verfügung über den Anteilschein gebunden. Auch das Recht aus § 749 Abs. 1 BGB, die Aufhebung der Rechtsgemeinschaft zu verlangen, wird gemäß § 11 S. 1 KAGG ausgeschlossen.

Die Gleichbehandlung beider Alternativen kann als Grundsatz des KAGG betrachtet werden. Hieraus ergibt sich zwar kein zwingendes Prinzip. Das gesetzgeberische Ziel des Anlegerschutzes ist jedoch bei der Auslegung zu berücksichtigen. Die oft zufällige Wahl der Treuhandform darf zu keinen Benachteiligungen des Anteilinhabers führen.

5. Der Grundsatz der Surrogation

Der Schutz des Sondervermögens wäre ohne den Grundsatz der Surrogation unvollkommen. § 6 Abs. 2 KAGG sieht vor, unter welchen Voraussetzungen ein Vermögensgegenstand dem Sondervermögen zugeordnet wird. Die Surrogation ist für Sondervermögen typisch.[136] Im Treuhandrecht bildet sie jedoch die Ausnahme.[137] Um Missbrauch vorzubeugen, war es aber geboten, die Zugehörigkeit eines Anlagewertes zum Fonds kraft Gesetzes zu begründen.[138] Auf diese Weise soll einer Aushöhlung des Fonds vorgebeugt werden.

§ 6 Abs. 2 KAGG enthält drei Fälle, die zur dinglichen Surrogation führen.[139] Die erste Alternative ordnet dem Sondervermögen alle Vermögensgegenstände zu, die aufgrund eines bereits vorher zum Fonds gehörenden Rechts erworben werden. Hierher gehören sowohl unmittelbare als auch mittelbare Sach– und Rechtsfrüchte i. S. d. § 99 BGB, wie etwa Zinsen, Dividenden oder Mieteinnahmen.[140] Ergänzt wird diese Rechtserwerbsklausel durch die dritte Alternative des § 6 Abs. 2 KAGG, die sogenannte Ersatzklausel. Hiernach fällt alles, was an die Stelle eines Anlagegegenstandes tritt, an das Sondervermögen. Damit

---

135 Canaris, Rn 2394; der Autor sieht aber Unterschiede bei der Weite der gesetzlichen Verfügungsmacht. Da im Fall der Miteigentumslösung eine Ermächtigungstreuhand vorliege, bestehe diese nur soweit sie gemäß § 185 BGB erteilt ist. Die Vertragsbedingungen könnten konsequenterweise Beschränkungen vornehmen, Rn 2409.

136 Baur, § 6 Rn 19, unter Hinweis auf Scholtz/Steder; Köndgen in Schimansky, § 113 Rn 52.

137 Siehe hierzu Canaris, Rn 2403, der in § 6 KAGG eine Absage an das von der Rechtssprechung entwickelte Surrogationsverbot sieht.

138 Nach Canaris, Rn 2403, ist aufgrund der leichten Erkennbarkeit der rechtlichen Zuordnung zum Treuhandvermögen auch die Offenkundigkeit gewahrt.

139 Siehe auch Köndgen in Schimansky, § 113 Rn 54.

140 Baur, § 6 Rn 21; Heinrichs in Palandt, § 99 Rn 3.

werden vor allem Schadensersatzansprüche bei Verlust oder Beschädigung von Anlagegegenständen sowie Bereicherungsansprüche erfasst.[141] Die Ersatzklausel wird zusammen mit der Rechtserwerbsklausel als regelmäßige Klausel bezeichnet.[142] Sie gilt als Standardregelung für Sondervermögen.[143] Beide Alternativen reichen aus, um das Sondervermögen vor einer Verkleinerung durch Eingriffe Dritter zu schützen.

§ 6 Abs. 2 Alt. 2 KAGG soll demgegenüber verhindern, dass das Sondervermögen durch Verfügungen der KAG ausgehöhlt wird. Hiernach reicht der bloße Bezug eines Rechtsgeschäfts zum Fonds aus, um den erworbenen Anspruch oder Gegenstand dem Sondervermögen zuzuordnen. Damit liegt eine sogenannte Beziehungsklausel vor.[144] Sofern der Bezug objektiv ist, erfolgt die Surrogation unabhängig vom Willen der KAG.[145] Dies gilt immer dann, wenn die KAG eine typische Maßnahme der Verwaltung durchführen lässt, die sich ihrer Natur nach notwendigerweise auf die Vermögensmasse bezieht.[146] Als Schulfall kann der Erwerb eines Vermögensgegenstandes mit Mitteln des Sondervermögens gelten. Der objektive Bezug kann aber auch schon auf der Ebene des Verpflichtungsgeschäftes vorliegen. Dies trifft beispielsweise zu, wenn bestimmte Anlagegegenstände verkauft werden sollen. Die entsprechende Kaufpreisforderung zählt dann kraft Gesetzes zum Sondervermögen.

Schwieriger sind Geschäfte zu beurteilen, die nach objektiven Maßstäben sowohl ein Eigengeschäft als auch eine Verwaltungsmaßnahme für Rechnung des Sondervermögens sein können. Nach übereinstimmender Meinung ist dann auf den subjektiven Willen der KAG abzustellen.[147] Der Schutz durch dingliche Surrogation ist in diesem Stadium noch nicht zwingend, da das Sondervermögen nicht geschmälert wird.[148]

---

141 A. a. Ebner v. Eschenbach, S. 96.

142 Wolf, S. 713

143 A. a. O.

144 Wolf, S. 713.

145 Geßler, S. 15; Wendt, S. 47; Baur, § 6 Rn 24; Canaris, Rn 2402, m. w. N.

146 BGH NJW 68, 1824.

147 Baur, § 6 Rn 24 f.; Canaris, Rn 2402; Wolf, S. 714.

148 Wolf, S. 714; beispielsweise kann die Frage, ob die Forderung auf Übereignung eines Grundstückes aufgrund eines Kaufvertrages zum Treugut gehört oder nicht, vom Willen der KAG abhängen. Wenn demnach bereits die Forderung wegen des subjektiven Willens in das Sondervermögen fällt, vollzieht sich der Erwerb des Grundstücks aufgrund der Erfüllung einer zum Sondervermögen gehörenden Forderung nach § 6 Abs. 2 Alt. 1 KAGG. Erfolgt die Bezahlung mit Mitteln des Sondervermögens wird der objektive Bezug zum Sondervermögen hergestellt und das Grundstück fällt aufgrund § 6 Abs. 2 Alt. 2 KAGG in das Treugut. Bei Bezahlung mit Eigenmitteln der KAG entscheidet der bei der Übereignung maßgebende subjektive Wille über die Zuordnung zum Sondervermögen.

Im Fall der Miteigentumslösung führt die dingliche Surrogation zum direkten Eigentumserwerb der Anteilinhaber, ohne dass ein Durchgangserwerb der KAG stattfindet. Sofern die Treuhandlösung vereinbart wurde, wird die KAG Eigentümerin des Vermögensgegenstandes. Die Surrogation unterwirft den Vermögenswert in diesem Fall nur den gesetzlichen Bindungen des Sondervermögens.[149]

Das Prinzip der Surrogation gewährleistet einen hohen Grad an Sicherheit für die Investmentanlage.[150] Dem Sondervermögen wird eine gewisse Stabilität verliehen. Für die laufende Verwaltung hat die 2. Alternative des § 6 Abs. 2 KAGG überragende Bedeutung. Sie stellt sicher, dass bei jedem gegenseitigen Geschäft für Rechnung der Anleger die Gegenforderung bzw. der übereignete Vermögensgegenstand direkt in das Sondervermögen fällt. Das Ausscheiden eines Vermögenswertes durch Verfügung der KAG wird vollständig kompensiert, da gemäß § 12a Abs. 5 S. 1 KAGG die Veräußerung mindestens zum Tageskurs erfolgen muss.

Sofern die KAG gegen ihre vertraglichen und gesetzlichen Verpflichtungen verstößt, kommt § 6 Abs. 2 Alt. 3 KAGG zum Tragen. Die Vorschrift findet bei Verlust oder Beeinträchtigung von Vermögensgegenständen Anwendung. Sofern der Schaden von der KAG verschuldet ist, entsteht regelmäßig ein Anspruch der Anleger aus positiver Forderungsverletzung des Anlagevertrages. Dieser Anspruch wird direkt Bestandteil des Sondervermögen.[151] Dadurch wird sichergestellt, dass für jede Schädigung durch die KAG ein nominell gleichwertiger Anspruch in das Sondervermögen fällt.[152]

Das Zusammenspiel der drei Alternativen reduziert das Risiko eines Substanzverlustes erheblich. Eine dauerhafte Substanzminderung ohne Erwerb eines Ersatzanspruches wird auf zufälligen Untergang bzw. gutgläubigen Erwerb von Vermögensgegenständen durch Dritte beschränkt.[153] In Anbetracht der Kontrolldichte des KAGG sind diese Fälle nicht praxisrelevant.

149 Canaris, Rn 2403, hält es deshalb für zweifelhaft, ob man im strengen Sinn überhaupt von dinglicher Surrogation sprechen kann.
150 Ohl, S. 37.
151 Thiel, S. 165.
152 Dies muss auch dann gelten, wenn die Treuhandlösung vereinbart wurde; s. hierzu Graulich, S. 35 ff.
153 Beckmann/Scholz, § 6 Rn 11.

B. Das Rechtsverhältnis der Anleger untereinander

Das Rechtsverhältnis zwischen der KAG und den Anlegern bildet nach einhelliger Meinung ein umfassend geregeltes besonderes Treuhandverhältnis.[154] Demgegenüber bereitet die dogmatische Einordnung der Beziehung zwischen den Kapitalanlegern untereinander größere Schwierigkeiten. Diese Frage ist allerdings primär akademischer Natur. Im vorliegenden Zusammenhang erlangt sie aber ausnahmsweise praktische Bedeutung, da sich aus der Rechtsnatur der Anlegergemeinschaft subsidiäre Regeln für die Auflösung eines Fonds ergeben könnten.[155]

1. Meinungsstand

a) Die Miteigentumslösung

Für den Fall der Miteigentumslösung hat sich eine herrschende Meinung herausgebildet, die die Gesamtheit der Anteilseigner als Bruchteilsgemeinschaft gemäß §§ 741 ff. BGB ansieht.[156] Dieses Ergebnis folge aus der Rechtsnatur des Miteigentums, dessen Bildung in § 6 Abs. 1 S. 2 Alt. 2 KAGG ausdrücklich angeordnet wird. Außerdem setze § 11 Abs. 1 KAGG das Bestehen einer Bruchteilsgemeinschaft voraus. Diese Vorschrift schließt die Aufhebung der Gemeinschaft durch die Miteigentümer aus. Hieraus folge im Umkehrschluss, dass dieses Recht ohne die Spezialregelung bestehen würde. Ein gesetzliches Aufhebungsrecht gebe es typischerweise aber nur bei der Bruchteilsgemeinschaft und sei in § 749 Abs. 1 BGB verankert.[157]

Canaris[158] und Schulze-Osterloh [159] qualifizieren das Rechtsverhältnis der Anleger als Gesamthandsgemeinschaft.[160] Zwar erkennt Schulze-Osterloh ohne

---

154 Baur, § 6 Rn 11; s. a. Canaris, Rn 2395, m. w. N.

155 Siehe Baur, § 6 Rn 16.

156 Kümpel, S. 1591; Baur, § 6 Rn 12; Ohl, S. 30; Siara/Tormann, S. 32; Ebner v. Eschenbach, S. 53; Baum, S. 99; v. Pannwitz, S. 2 ff.; Reuter, 164; Köndgen in Schimansky, § 113 Rn 111, nimmt eine Zwischenform des gebundenen Bruchteilseigentums an; auch Schäcker, S. 129, spricht von Bruchteilsgemeinschaft besonderer Art.

157 § 11 Abs. 1 KAGG bildet aber keineswegs einen Systembruch, da das Aufhebungsrecht gemäß § 749 Abs. 2 BGB durch Vereinbarung auf Dauer ausgeschlossen werden kann. Dies gilt gemäß § 749 Abs. 3 BGB allerdings nicht für die Aufhebung aus wichtigem Grund.

158 Canaris, Rn 2397; zustimmend v. Gronau, S. 124 und Gschoßmann, S. 94 ff.

159 Schulze-Osterloh, S. 144.

weiteres an, dass der Gesetzgeber die Rechtsverhältnisse einer Bruchteilsgemeinschaft regeln wollte.[161] Er habe aber die Rechtsfolgen angeordnet, die ein Gesamthandsvermögen begründen.[162] Dieses Ergebnis folge insbesondere aus zwei wesentlichen Gesichtspunkten. Erstens ist den Anlegern das Verfügungsrecht über ihren Anteil am einzelnen Anlagegegenstand gemäß § 18 Abs. 3 KAGG entzogen.[163] Die Berechtigung des Anlegers umfasse lediglich einen Anteil am Gesamtvermögen des Fonds. Nur über diesen Anteil kann der Anleger verfügen. Damit weise das Sondervermögen das wichtigste Wesensmerkmal der gesamthänderischen Bindung auf. Zweitens werde bei jeder Einlage und jeder Rückzahlung des Anteils das Prinzip der Anwachsung verwirklicht.[164] Einzelne Übertragungsakte für die Herstellung der neuen Eigentümerstruktur bei Ein– und Austritt eines Anlegers sind nicht erforderlich. Hierin liege ebenfalls ein Hauptmerkmal der Gesamthand. Dieses zweite Element betont auch Gschoßmann.[165] Die Beteiligung am Sondervermögen erfolgt nach heute h. M. kraft Gesetzes.[166] Nach Ansicht von Gschoßmann kommt hierfür nur die Anwachsung entsprechend §§ 736, 738 BGB in Betracht.[167]

Trotzdem ist der ersten Meinung zu folgen. Der Gesetzgeber ging erkennbar davon aus, das Sondervermögen als Bruchteilsgemeinschaft zu gestalten. Die von der Gegenmeinung angeführten Modifizierungen sind ausschließlich auf praktische Erfordernisse zurückzuführen.[168] Das Gesetz macht dies besonders in der Formulierung des § 18 Abs. 3 S. 1 KAGG deutlich. Die Übertragung der Anteile an Gegenständen, die zum Sondervermögen gehören, wird zwar zwingend von der Übertragung des Anteilscheins abhängig gemacht. Derartige Eigentumsanteile gibt es im Fall eines Gesamthandsvermögens aber gerade nicht.[169]

---

160 Eine BGB-Gesellschaft kann ausgeschlossen werden, da die Vereinbarung eines gemeinsamen Zweckes fehlt; Schäcker, S. 128 mit Zitat RFH vom 11. 3. 1930; a. A. Barocka, S. 66-69.

161 Zwar räumt Schulze-Osterloh, S. 145, ein, dass das Recht zur Aufhebung des Rechtsverhältnisses im Gegensatz zur Bruchteilsgemeinschaft kein allgemeines Kennzeichen von Gesamthandsgemeinschaften sei. Dies zeige das Beispiel der Erbengemeinschaft (§2042 BGB). Insofern hätte es eines Ausschlusses dieses Rechtes nicht unbedingt bedurft.

162 A. a. O.

163 Schulze-Osterloh, S. 144; Canaris, Rn 2397.

164 Schulze-Osterloh, S. 146.

165 Gschoßmann, S. 100 ff.

166 Siehe oben 0, S. 32.

167 Gschoßmann, S. 100.

168 Schäcker, S. 126 ff.

169 Beckmann/Scholz, Rn 4; auch einem gesetzlichen Eigentumserwerb steht die Rechtsnatur der Bruchteilsgemeinschaft nicht entgegen. Allerdings findet keine

Bedenken gegen dieses Ergebnis ergeben sich daraus, dass auch an den Forderungen des Sondervermögens eine Bruchteilsberechtigung bestehen müsste. Ob eine Gemeinschaft i. S. d. §§ 741 ff. BGB an Geldforderungen bestehen kann, ist strittig.[170] Das Zivilrecht könnte hier eine automatische Teilung der Forderung unter den Gläubigern gemäß § 420 Alt. 2 BGB vorsehen.[171] Das BGB selbst regelt aber in § 754 den Verkauf gemeinschaftlicher Forderungen[172], und setzt damit ihre Existenz voraus.[173] Sofern das KAGG die Bildung von Miteigentum anordnet, muss auch die Mitberechtigung an Forderungen umfasst sein. Kraft Gesetzes werden somit neben dem Miteigentum auch Bruchteilsgemeinschaften an den Forderungen begründet.

b) Die Treuhandlösung

Problematisch ist die Frage, ob im Falle der Treuhandlösung ebenfalls eine Bruchteilsgemeinschaft besteht. Die KAG hat hier das volle Eigentum. Damit entfällt die Bildung von Miteigentum der Anleger als dem konstitutiven Element für die Entstehung einer Bruchteilsgemeinschaft. Trotzdem sieht die neuere Literatur auch hier die Gesamtheit der Anleger eines Investmentfonds als Gemeinschaft im Sinne der §§ 741 ff. BGB.[174]

Hierfür werden vor allem zwei Gründe angeführt: Einerseits verwende das Gesetz ausnahmslos den Begriff der Gemeinschaft, sofern von der Gesamtheit der Anleger die Rede ist. Es differenziere nicht zwischen der Miteigentums- und der Treuhandlösung.[175] Andererseits sei es das Ziel des KAGG, beide Alternativen so weit wie möglich anzugleichen.[176] Auch das Verhältnis der Anleger untereinander müsse daher gleich geregelt sein.

---

klassische Anwachsung wie im Fall der BGB-Gesellschaft statt. Jeder gesetzliche Eigentumserwerb betrifft das Miteigentum am Sondervermögen. Die Eigentumsbruchteile an jedem Anlagegegenstand ändern sich beim Eintritt oder Austritt eines Anlegers.

170 Reuter, S. 164.

171 v. Gamm in RGRK, § 741 Rn 8; s. Schäcker, Rn 192.

172 Ohl, S. 24.

173 Schäcker, S. 30; Barocka, S. 60 f. Rn 192; Baur, § 6 Rn 13, m. w. N.; Reuter, S. 162 ff.

174 Schäcker, S. 126; Reuter, S. 126 und S. 161 ff.; Baur, § 6 Rn 16; Geßler, S. 24; Canaris, Rn 2397, der aber einer Gesamthandsgemeinschaft auch bei der Treuhandlösung den Vorzug gibt.

175 Reuter, S. 164; Baur, § 6 Rn 5.

176 Reuter, S. 165; Schäcker, S. 126.

In der Literatur findet sich aber kaum ein Hinweis, an welchem Recht die Gemeinschaft überhaupt bestehen soll.[177] Der Abschluss des Investmentvertrages gibt dem Anleger im Fall der Treuhandlösung nur individuelle Ansprüche gegen die KAG aus einem Geschäftsbesorgungsdienstvertrag. Das Forderungsbündel umfasst neben dem Anspruch auf treuhänderische Verwaltung der Einlage vor allem die Rückzahlungsansprüche aus § 11 Abs. 2 S. 1 Hs. 1 und § 14 Abs. 2 S. 1 KAGG. Die Ansprüche der einzelnen Anleger sind gemäß § 18 Abs. 2 S. 2 KAGG zwar vollständig gleichartig. Sie könnten aber unabhängig nebeneinander bestehen.[178]

Das Gesetz spricht aber zumindest in § 11 Abs. 1 KAGG ohne Differenzierung zwischen den beiden Treuhandformen von der Gemeinschaft der Anleger. Dadurch wird den Anlegern auch bei der Treuhandlösung das Recht aberkannt, die Gemeinschaft aufzuheben. Diese Formulierung kann sich nur auf eine Rechtsgemeinschaft an den vertraglichen Rechten der Anleger beziehen, da andere Rechte des Anteilinhabers bei der Treuhandlösung nicht bestehen.

Auch der Grundsatz der Gleichbehandlung spricht für eine Bruchteilsgemeinschaft. Die praktische Handhabung beider Treuhandalternativen könnte durch diese Auslegung angeglichen werden, weil sich Schadensersatzansprüche gegen die KAG nur dann kraft Surrogation dem Sondervermögen zuordnen lassen, wenn sie allen Anlegern gemeinschaftlich zustehen. Die Depotbank hat gemäß § 12c Abs. 2 Nr. 1 KAGG die Pflicht, diesen Anspruch durchzusetzen. Lehnt man die Konstruktion einer Bruchteilsgemeinschaft ab, müsste die Depotbank eine Vielzahl von Einzelansprüchen geltend machen.[179]

Die Bildung der Bruchteilsgemeinschaft kann sich im Fall der Treuhandlösung aber nicht unmittelbar aus der Rechtsnatur des Miteigentums ergeben. Vielmehr liegt eine weitere gesetzliche Vorgabe für die Rechtsverhältnisse im Investment-Dreieck vor.[180]

2. Ergebnis

Das KAGG setzt sowohl für den Fall der Miteigentumslösung als auch für den Fall der Treuhandlösung das Bestehen einer Bruchteilsgemeinschaft voraus. Das Gesetz orientiert sich hierbei an der Bildung von Miteigentum gemäß

177 Nur Geßler, S. 24, geht auf die Tatsache ein, dass die Bruchteilsgemeinschaft nur an schuldrechtlichen Ansprüchen gegen die KAG besteht.

178 Wohl aus diesem Grund wird eine Anwendung der Gemeinschaftsregeln auf die Treuhandlösung von Klenk, S. 10, und Schulze-Osterloh, S. 143, ganz abgelehnt.

179 Siehe auch Canaris, Rn 2397.

180 Reuter, S. 165.

§§ 1008 ff. BGB. Dieser Rechtsgedanke wird auf das gesamte Rechtsverhältnis ausgedehnt.[181]

Die Regeln der Bruchteilsgemeinschaft gelten subsidiär für das Verhältnis der Anleger untereinander. Die Fülle der Spezialregelungen im KAGG verdrängt die §§ 741 ff. BGB allerdings fast vollständig. Eine Ausnahme sieht ein Teil der Literatur im Fall der Abwicklung des Sondervermögens gemäß § 14 Abs. 2 S. 1 KAGG.[182] Hier ist die Existenz einer speziellen Regelung umstritten. Daraus ergibt sich eine besondere Relevanz für den vorliegenden Themenkreis.[183]

§ 3 Die Auflösung und Übertragung von Investmentfonds im System des Anlegerschutzes

A. Die Aufhebung der gesetzlichen Bindungen

Das zweite Kapitel hat gezeigt, dass die Zuordnung eines Gegenstandes zum Fonds kraft Gesetzes erfolgt. Bei der Auflösung steht demgegenüber die Frage im Mittelpunkt, wie die besonderen Bindungen des Sondervermögens wieder gelöst werden können. § 14 Abs. 2 S. 1 KAGG sieht mit der Abwicklung und Verteilung des Fonds durch die Depotbank ein geordnetes Verfahren zur Auflösung des Sondervermögens vor. Hierfür müssen aber die engen Voraussetzungen des § 13 KAGG gegeben sein. Erst mit dem Erlöschen des Verwaltungsrechts geht das Sondervermögen gemäß § 14 Abs. 1 KAGG auf die Depotbank über. Es stellt sich somit die Frage, inwieweit diese komplizierte Regelung abschließend ist. Alternativ kommt es in Betracht, dass auch die Anlagegesellschaft das Sondervermögen in seiner Gesamtheit auflösen kann.

---

181 Die ältere Literatur diskutiert, inwieweit dieser rechtlichen Konstruktion eine eigene dogmatisch neue Qualität zukommt. Diese Frage hat keine praktische Bedeutung. Unter Hinweis auf die Verdrängung der §§ 741 ff. spricht Schäcker, S. 130, von einer Gemeinschaft besonderer Art. Ebner v. Eschenbach, S. 146, bestreitet sowohl die Existenz einer Bruchteilsgemeinschaft i. S. d. BGB als auch das Vorliegen einer Gesellschaft. Vielmehr handele es sich um eine bloß formelle Gemeinschaft.

182 So Baur, § 6 Rn 16.

183 Siehe unten 3. Teil § 6B, S. 100.

Möglich wäre es, dass die allgemeine Verwaltungsbefugnis des § 9 Abs. 1 KAGG auch die Auflösung des Fonds ermöglicht. In Betracht kommt eine Auflösung durch Einzelverfügungen.

Hierzu ist zunächst die Frage zu untersuchen, wie ein Einzelgegenstand aus dem Sondervermögen ausscheiden kann. Das Gesetz enthält hierzu keine ausdrückliche Vorschrift. § 6 Abs. 2 KAGG regelt nur die Zuordnung neuer Vermögensgegenstände zum Sondervermögen.

Als Anknüpfungspunkt kommt die Rechtsträgerschaft in Betracht; denn jeder Gegenstand des Sondervermögens muss gemäß § 6 Abs. 1 S. 2 KAGG im Eigentum der KAG bzw. im Miteigentum der Anleger stehen. Diese Zuordnung ist zwingend. Sobald ein Vermögenswert auf einen anderen Rechtsträger übergeht, fällt die Bindung an das Sondervermögen kraft Gesetzes weg. Daher erfordert das Ausscheiden eines Vermögensgegenstandes grundsätzlich eine Verfügung. Insoweit hat der Treuhänder aufgrund § 9 Abs. 1 KAGG die alleinige Befugnis zur Lösung einzelner Gegenstände aus dem Sondervermögen.[184]

Der Wechsel des Rechtsträgers setzt aber immer eine Verfügung voraus. Der Schutzzweck der Surrogation verbietet es, Vermögenswerte ohne weiteres aus dem Sondervermögen in das freie Vermögen zu verschieben.[185] Die Zugehörigkeit zum Sondervermögen entsteht kraft Gesetzes und unterliegt nicht dem Willen der KAG. Ausnahmen erfordern eine gesetzliche Grundlage, wie sie etwa gemäß § 12c Abs. 1 S. 1 KAGG für die Auszahlung der Verwaltungsvergütung besteht.

Die Befugnis aus § 9 KAGG umfasst somit nur das Recht, über einzelne Anlagegegenstände zu verfügen. Erst mit dem Wechsel des Rechtsträgers geht die Bindung an das Sondervermögen verloren. Die Investmentgesellschaft kann den Fonds auf diese Weise zwar aushöhlen. Ein Erlöschen des Fonds aufgrund derartiger Verfügungen ist aufgrund der Surrogation aber ausgeschlossen. Grundsätzlich fällt eine Gegenforderung in das Sondervermögen, und selbst wenn das Management treuwidrig handelt, wird dem Sondervermögen eine zumindest nominell gleichwertige Schadensersatzforderung zugeordnet.

---

184 Denkbar bleibt allerdings der gutgläubige Erwerb einzelner Vermögensgegenstände.

185 In Betracht kommt jedoch sowohl eine Vermögensverschiebung aus dem freien Vermögen in das Sondervermögen als auch zwischen den Sondervermögen. Im Fall der Treuhandlösung ist die KAG aber Rechtsträgerin beider Vermögen. Die Frage der Vermögensverschiebung ist daher dogmatisch sehr komplex und stark umstritten; s. hierzu ausführlich 4. Teil § 10C.1 S. 209.

2. Der Schutz vor überhöhten Ausschüttungen

Das Gesetz schützt die Anleger außerdem vor einer Aushöhlung des Fonds durch überhöhte Ausschüttungen. Veräußerungsgewinne dürfen gemäß § 16 KAGG nur ausgeschüttet werden, wenn dies im Investmentvertrag vorgesehen ist. Ohne diese Voraussetzung ist die Ausschüttung nichtig, da die KAG gegen ein gesetzliches Verbot gemäß § 134 BGB verstößt.[186] Einer vertraglichen Klausel, die überhöhte Ausschüttungen zulässt, wird die Genehmigung der BaFin gemäß § 15 Abs. 2 S. 1 KAGG versagt bleiben. Eine derartige Regelung würde ein falsches Bild von der Ertragslage des Sondervermögens geben.

3. Der Ausschluss der Auflösung nach allgemeinen Regeln des Privatrechts

Der Grundsatz der Surrogation schützt das Sondervermögen vor Eingriffen der Investmentgesellschaft und Dritter. Aber auch der Einfluss des einzelnen Anlegers auf den Bestand des Fonds soll ausgeschlossen werden.[187] Diesem Ziel dient vor allem § 11 Abs. 1 KAGG. Die Vorschrift nimmt dem Anleger den Anspruch, die Aufhebung der Gemeinschaft zu verlangen. Dieses Recht steht jedem Mitglied einer Bruchteilsgemeinschaft gemäß § 749 Abs. 1 BGB grundsätzlich zu. Ohne den Ausschluss könnte jeder Anleger die Auszahlung seines Anteils an jedem Einzelgegenstand verlangen.[188] Diese Konsequenz wäre für einen Vermögensfonds unsinnig.[189] Deshalb ist § 11 Abs. 1 S. 1 KAGG so auszulegen, dass der Aufhebungsanspruch auch bei Vorliegen eines wichtigen Grundes ausgeschlossen sein soll.[190] In dieser Hinsicht geht das KAGG über die Regelung des BGB hinaus.[191] § 749 Abs. 2 BGB steht hier dem vertraglichen Ausschluss des Aufhebungsrechts bei wichtigem Grund entgegen. Der Anleger kann sein Investment nur durch Rückgabe beenden, sodass die Rechte der anderen Anleger auf diese Weise nicht beeinträchtigt werden.

Eine ähnliche Absicht verfolgen die Vorschriften des § 11 Abs. 1 Hs. 2 KAGG. Auch sie dienen dazu, die Auflösung des Sondervermögens nach allgemeinen Regeln zu verhindern. Das Aufhebungsrecht von Pfandgläubiger, Pfän-

186 Baur, § 16 Rn 1.

187 Beckmann/Scholtz, § 11 Rn 3.

188 Nach Baur, § 11 Rn 3 mit Hinweis auf Martini, gewährt § 749 Abs. 1 BGB nicht das Recht, die Liquidierung der Gemeinschaft zu verlangen. Insoweit sei § 11 Abs. 1 1. Hs. KAGG nur deklaratorisch; s. a. Sprau in Palandt, § 749 BGB Rn 3.

189 Canaris, Rn 2442.

190 Siara/Tormann, § 10 I.

191 Siehe auch Beckmann/Scholtz, § 11 Rn 3.

dungspfandgläubiger und Insolvenzverwalter wird hier ausgeschlossen. Im Fall der vertraglichen Verpfändung des Investmentanteils gemäß § 1204 Abs. 1 BGB stünde dem Pfandgläubiger nach Eintritt der Verkaufsberechtigung ein Aufhebungsanspruch aus §§ 1273 Abs. 2, 1258 Abs. 2 S. 1 BGB zu. Auch der Pfändungspfandgläubiger könnte die Aufhebung aus § 751 S. 2 BGB verlangen. Der Insolvenzverwalter wird durch § 11 Abs. 1 KAGG gezwungen, den Rückgabeerlös zur Insolvenzmasse zu ziehen. Das Auseinandersetzungsverfahren des § 84 InsO findet keine Anwendung.

Die Vermögensverhältnisse der Mitanleger haben somit keinen Einfluss auf die Investmentanlage. Aber auch gegenüber den Gläubigern der Anleger ist die Regelung des § 11 Abs. 1 Hs. 2 KAGG interessengerecht. Die Verwertung des Anteilscheins durch Rückgabe ist jederzeit möglich und einfach durchzuführen.[192]

Im Ergebnis modifiziert § 11 Abs. 1 KAGG einige Besonderheiten der Bruchteilsgemeinschaft, die mit dem Zweck des KAGG nicht zu vereinbaren sind. Der einzelne Anleger kann nur seine eigene Anlage beenden, ohne dass die Investition der übrigen Anteilinhaber berührt wird.

4. Der Regelungskomplex der §§ 13, 14 KAGG

a) Einführung

Die KAG hat aufgrund ihres Verwaltungsrechts die alleinige Befugnis, Anlagegegenstände aus dem Sondervermögen herauszulösen.[193] Demgegenüber enthält das KAGG keine Regelung, die die Anlagegesellschaft zur Auflösung des Fonds als Einheit ermächtigt.[194] Dieses Recht ist gemäß § 14 Abs. 2 S. 1 KAGG der Depotbank vorbehalten. Eine Voraussetzung für die Auflösung besteht darin, dass das Verwaltungsrecht der KAG gemäß § 13 KAGG erloschen ist. Diese Vorschrift bündelt alle gesetzlichen Gründe, die zu einer Beendigung des Investmentvertrages führen.[195] Die Kündigung durch die KAG gemäß § 13 Abs. 1 KAGG hat besondere Bedeutung. Der dritte und der vierte Absatz enthalten Regelungen für den Fall von Insolvenz und Auflösung der Anlagegesellschaft. Das Sondervermögen geht dann gemäß § 14 Abs. 1 KAGG auf die Depotbank über, die es abwickeln und verteilen muss. Dieser Vorgang wird im

---

192 Zur Vollstreckung in Anteilscheine an Investmentfonds Kaiser, S. 47.

193 Siehe 0, S. 41.

194 Thiel, S. 160.

195 Beckmann/Scholtz, § 13 Rn 1.

Folgenden als „Auflösung“ bezeichnet. Alternativ kann das Sondervermögen gemäß § 14 Abs. 2 S. 2 KAGG auf eine andere KAG übertragen werden.

b) Unabhängigkeit des Sondervermögens von den Treuhändern

Die Abschnitte 1-3 dieses Kapitels haben gezeigt, dass die Auflösung eines Sondervermögens nach den allgemeinen Regeln des Privatrechts ausgeschlossen ist. Erst unter den engen Voraussetzungen des § 14 Abs. 2 S. 1 KAGG darf die Auflösung durchgeführt werden. § 13 KAGG stellt darüber hinaus sicher, dass der Fonds selbst bei Wegfall der KAG als Einheit erhalten bleibt. Denn die Auflösung der Anlagegesellschaft führt immer zum Übergang des Sondervermögens auf die Depotbank. Weder die Kündigung des Anlagevertrages noch die Auflösung der KAG haben direkten Einfluss auf seinen Fortbestand.

Die Bindung des Sondervermögens an die Depotbank ist noch weniger stark ausgeprägt. Die Bankaufsichtsbehörde kann der Anlagegesellschaft gemäß § 12 Abs. 4 KAGG sogar einen Wechsel der Depotbank auferlegen. Auf den Bestand des Sondervermögens ergeben sich keine Auswirkungen. Die KAG hat lediglich ihre Pflicht aus § 12 Abs. 1 S. 1 KAGG zu erfüllen und eine neue Depotbank zu beauftragen.

c) §§ 13, 14 KAGG als abschließende Regelung

Fraglich ist, inwieweit die Vorschriften der §§ 13, 14 KAGG eine abschließende Regelung bilden. Andere Formen der Zerschlagung des Sondervermögens als Abwicklung und Verteilung durch die Depotbank sind vorstellbar. Ähnliches gilt für die Übertragung eines Fonds gemäß § 14 Abs. 2 S. 2 KAGG.

(1) Alternativen zur Auflösung des Sondervermögens

Die Zerschlagung des Sondervermögens außerhalb der Regelung des § 14 Abs. 2 S. 1 KAGG ist jedoch auszuschließen. Die Zielsetzung, Kleinanlegern ein sichere Anlage zu garantieren, erfordert die Einhaltung größtmöglicher Verfahrenssicherheit. Der Bestand des Sondervermögens ist die Voraussetzung für die Wirksamkeit der meisten Anlegerschutzmechanismen. Dies gilt beispielsweise für die Aussonderung in der Insolvenz der KAG oder für die Haftungsbeschränkung des § 10 Abs. 2 KAGG. Das Sondervermögen darf deshalb nur unter den gesetzlichen Voraussetzungen aufgelöst werden. Die Investmentgesellschaft hat keine Befugnis, das Sondervermögen zu zerschlagen. Das Gesetz weist ihr nur die laufende Verwaltung zu. Im Ergebnis haben weder der Anleger noch die KAG Einfluss auf den Bestand des Sondervermögens.

Die einzige Ausnahme von diesem Grundsatz tritt bei Wegfall des gesamten Vermögens ein.[196] In diesem Fall erlischt das Sondervermögen ohne Beteiligung der Depotbank. Der Verlust aller Werte des Fonds kann grundsätzlich in zwei Fallkonstellationen eintreten. Zum einen müssten alle Anlagegegenstände durch Zufall oder Missmanagement der KAG wertlos werden. Diese Möglichkeit ist in Anbetracht der Surrogation und der vielfältigen Kontrollmechanismen rein theoretisch. Im zweiten Fall tritt die Auflösung des Sondervermögens durch Rückgabe aller Anteilscheine auf dem üblichen Weg des § 11 Abs. 2 S. 1 KAGG ein. Die vollständige Rückgabe ist bei Publikumsfonds ebenfalls nur die eher theoretische Ausnahme. Bei Spezialfonds hat sie dagegen erhebliche praktische Bedeutung.[197]

(2) Alternativen zur Übertragung des Sondervermögens

Die Übertragung eines Fonds auf eine andere KAG ist gemäß § 14 Abs. 2 S. 2 KAGG möglich. Im Hinblick auf den Anlegerschutz gelten die gleichen Überlegungen wie für die Auflösung des Fonds. Das Verfügungsrecht der KAG ist auf Geschäfte im Rahmen der laufenden Verwaltung beschränkt. Eine Verfügung über den Fonds als Ganzes ist ausgeschlossen. Nur die Spezialregelung des § 14 Abs. 2 S. 2 KAGG durchbricht diesen Grundsatz zugunsten der Depotbank. Ohne die besonderen Voraussetzungen dieser Vorschrift müsste eine Übertragung des Sondervermögens als Gesamtheit in einem Rechtsakt bereits am Bestimmtheitsgrundsatz scheitern.[198] Einzelverfügungen durch die KAG führen demgegenüber gemäß § 6 Abs. 2 KAGG immer zum Erwerb einer Gegen- oder Ersatzforderung, die in das Sondervermögen fällt.

(3) Ergänzungen zu § 13 KAGG

§ 14 KAGG hat abschließenden Charakter, um den Bestand des Sondervermögen zu garantieren. Dieser Grundsatz gilt jedoch nicht für § 13 KAGG. Hier sind die gesetzlichen Gründe gebündelt, die zum Erlöschen des Verwaltungsrechts aus § 9 Abs. 1 KAGG führen können. Gemäß § 14 Abs. 1 KAGG geht das Sondervermögen dann als zwingende Rechtsfolge auf die Depotbank über. Der Vermögensübergang stellt sicher, dass der Fonds intakt und auf diese Weise der gesetzliche Schutz der Anlage auch nach der Auflösung des Investmentvertrages

196 Zinkeisen, S. 501.
197 Siehe hierzu 3. Teil § 8B.6.
198 Wiegand in Staudinger, § 929 Rn 11.

erhalten bleibt. Daher sind weitere allgemeine Gründe denkbar, die zum Erlöschen des Verwaltungsrechtes i. S. d. § 13 KAGG führen können.

Nach den allgemeinen Regeln des Zivilrechts ließe sich der Anlagevertrag auch aus wichtigem Grund kündigen. Außerdem kommt ein Aufhebungsvertrag in Betracht. Beide Instrumente setzen grundsätzlich die Beteiligung aller Anleger voraus. Praktische Bedeutung können sie daher nur für Spezialfonds erlangen. Aus diesem Grund soll ihre Zulässigkeit in § 8 diskutiert werden. Die Frage, ob auch einzelnen Publikumsanlegern außerordentlich gekündigt werden kann, wird in § 4 beantwortet.

B. Fazit: Der Schutz des Sondervermögens

Das Sondervermögen ist das zentrale Element des deutschen Investmentrechtes. Es dient vornehmlich dem Schutz des Anlegers. Seinerseits wird es durch zahlreiche Vorschriften des KAGG geschützt. Das Zusammenspiel von Verfügungs– und Haftungsbeschränkungen in Verbindung mit dem Prinzip der Surrogation verhindert die missbräuchliche Zerschlagung durch den Treuhänder. Auch der Bestand des Sondervermögens als Ganzes wird durch das Gesetz gewährleistet.

Die Zuordnung eines Anlagewertes zum Sondervermögen erfolgt immer kraft Gesetzes. Die Einlage ist an die Voraussetzungen der §§ 6, 21 Abs. 1 KAGG gebunden. Im übrigen gilt § 6 Abs. 2 KAGG. Mit der Zugehörigkeit zum Sondervermögen wird der Anlagegegenstand einem Geflecht von gesetzlichen Beschränkungen unterworfen. Diese besonderen Regeln sind zum überwiegenden Teil schuldrechtlicher Natur und binden nur den Treuhänder. Zum Teil entfalten sie auch dingliche Wirkung. Eine Lösung aus diesen Bindungen erfolgt grundsätzlich nur durch Verfügung der KAG.

Die Gesamtschau der vielfältigen Regelungen des Rechtsinstitutes „Sondervermögen“ zeigt, dass Entscheidungen über den individuellen Bestand eines Fonds nicht von der Verwaltungsbefugnis der KAG umfasst werden. § 9 Abs. 1 S. 1 KAGG ermächtigt die Anlagegesellschaft zwar, über die Vermögensgegenstände zu verfügen, und § 10 Abs. 1 S. 1 KAGG enthält einen umfassenden Verwaltungsauftrag. Die Befugnis zu Auflösung und Übertragung ist aber als Ausnahme zur laufenden Verwaltung ausdrücklich der Depotbank zugewiesen und an enge Voraussetzungen geknüpft.[199] Hieraus kann im Interesse des Anlegerschutzes ein zwingendes Verbot für die KAG abgeleitet werden. Andernfalls wäre das differenzierte Gleichgewicht des Investment-Dreiecks gefährdet, und die gesetzlichen Bindungen könnten unterlaufen werden. Eine Auflösung des

199 Siehe auch Thiel, S. 160.

Sondervermögens durch die KAG ist weder durch einseitige Willenserklärung noch durch zwei– oder mehrseitigen Vertrag möglich. Die Anlagegesellschaft bleibt auf die Möglichkeit der Vertragsbeendigung gemäß § 13 Abs. 1 KAGG verwiesen.

2. Teil: Die gesetzlichen Voraussetzungen für die Auflösung und Übertragung des Sondervermögens

§ 4 Das Erlöschen des Verwaltungsrechts

§ 3 hat gezeigt, dass die §§ 13, 14 KAGG die Auflösung und Übertragung von Publikumsfonds abschließend regeln. Der Gesetzgeber war darauf bedacht, das komplizierte Rechtsverhältnis im Investment-Dreieck nur schrittweise zu lösen. Voraussetzung ist, dass die Investmentgesellschaft ihr Verwaltungsrecht am Sondervermögen verliert. Die Vorschrift des § 13 KAGG enthält einen Katalog der Gründe, die zum Erlöschen des Verwaltungsrechts führen. Das Gesetz unterscheidet zwischen der Kündigung durch die KAG gemäß § 13 Abs. 1 KAGG, der Insolvenz der Kapitalanlagegesellschaft i. S. d. § 13 Abs. 3 S. 1 KAGG sowie der Kündigung des Investmentvertrags durch die Depotbank. Im Anschluss fällt der Depotbank gemäß § 14 Abs. 2 S. 1 KAGG die entscheidende Aufgabe zu, das Fondsvermögen abzuwickeln und verteilen. Sie tritt für die Zeit der Auflösung gemäß § 14 Abs. 1 KAGG an die Stelle der Investmentgesellschaft.

Der Verlust des Verwaltungsrechts gemäß § 13 KAGG führt in allen Fällen auch zur Beendigung des Rechtsverhältnisses zwischen Anlegern und Investmentgesellschaft.[200] Die Insolvenz der KAG ist insoweit der Kündigung gleichgestellt. Dies folgt aus der Systematik des § 13 KAGG. Der Anlagevertrag soll nicht mit der Gesellschaft in Liquidation oder Insolvenz aufrechterhalten werden.[201]

§ 13 KAGG bündelt sehr unterschiedliche Gründe, die zum Erlöschen des Verwaltungsrecht der KAG führen. Der Anleger kann in keinem dieser Fälle Einfluss auf die Entwicklung nehmen, sodass er in diesem Stadium besonderen Schutz verdient. Der Gesetzgeber hat versucht der Verschiedenheit der relevanten Konstellationen gerecht zu werden. Hierzu hat er Tatbestandsgruppen gebildet, an die jeweils unterschiedliche Rechtsfolgen geknüpft werden. Dieses Kapitel untersucht, ob die gesetzliche Regelung zu einem Ausgleich zwischen den berechtigten Interessen der Investmentpartner führt.

200 Canaris, Rn 2457.
201 A. A. offenbar, Köndgen in Schimansky, § 113 Rn 131.

A. Die Kündigung durch die Investmentgesellschaft

In der Praxis wird der Anlagevertrag meist durch Kündigung der KAG beendet. Hierbei ergibt sich die Gefahr, dass die Interessen der Anleger keine Berücksichtigung finden. Weite Teile der Literatur verlangen deshalb, das Kündigungsrecht der KAG einzuschränken. Dieser Abschnitt untersucht die Frage, an welche Voraussetzungen eine Kündigung zu knüpfen ist.

I. Die ordentliche Kündigung durch die KAG

a) Wirtschaftliche Gründe für die Kündigung

§ 13 Abs. 1 KAGG räumt der Anlagegesellschaftgesellschaft das Recht ein, den Investmentvertrag mit den Publikumsanlegern zu kündigen. Hiermit wird der Möglichkeit Rechnung getragen, dass wirtschaftliche Gesichtspunkte der Fortführung eines Investmentfonds entgegenstehen. Die Anlagemärkte eines Fonds können in eine Krise geraten. Veränderungen des gesamtwirtschaftlichen Umfeldes können aber auch den Investmentmarkt als solchen negativ treffen. Der Kapitalzufluss verebbt und legt eine Kündigung nahe. Demzufolge kann eine ordentliche Kündigung sowohl im Interesse der Anleger als auch der KAG selbst liegen.

Eine dauerhafte Verschlechterung der Renditeaussichten auf dem Zielmarkt kann es im Anlegerinteresse empfehlenswert machen, den Fonds zu kündigen. Insbesondere Spezialitätenfonds können mit Marktentwicklungen konfrontiert werden, die zur Zeit der Auflegung nicht absehbar waren. Die gewählte Anlagestrategie kann dann durch externe Ereignisse durchkreuzt werden. Spezialitätenfonds konzentrieren ihre Mittel auf relativ enge, meist geographisch oder branchenspezifisch abgegrenzte Märkte.[202] Währungstechnische oder politische Turbulenzen können die langfristigen Erfolgsaussichten derartiger vermeintlicher Wachstumsmärkte zunichte machen. Die überdurchschnittliche Performance, die

202 Beispiele sind die Ostasien- oder Länderfonds der Anlagegesellschaften deutscher Großbanken; siehe hierzu auch Baur in Hellner/Steuer, 9/216. Eine neue Spielart der Branchenfonds bilden die Internet- und die Logistikfonds. Die hohen Mittelzuflüsse zwingen die KAG oft dazu, auf den asiatischen Markt auszuweichen. Eine mittelfristige Konsolidierung des Marktes ist wahrscheinlich; s. a. „Branchenfonds – ein Spiel mit hohem Risiko" in Die Welt v. 22. 3. 2000; eine extreme Form der Marktbeschränkung zeigen der Wasserfonds der Privatbank Pictet oder der Brennstoffzellenfonds der UBS, die allerdings nicht dem KAGG unterliegen; zur Zulässigkeit von „ethischen Fonds" s. Dürr, S. 286 ff. sowie Kuntze, S. 929.

bei Auflegung in Aussicht gestellt wurde, rückt dann in weite Ferne. Die Verwaltung bleibt aufgrund der investmentvertraglichen Bindung aber auf den engen Markt beschränkt.[203] Daraus resultieren höhere Anlagerisiken, weil die Streuungsmöglichkeiten keine optimale Diversifizierung des Portfolios zulassen.[204] Das erhöhte Risiko ist aber nach den Änderungen auf dem Zielmarkt nicht mehr zu rechtfertigen. Dies gilt umso mehr, als die Verwaltungs- und Researchkosten für die Anlage in „exotischen" Märkten oft deutlich über denen vergleichbarer Fonds liegen, die breiter streuen können.[205] Eine Kündigung liegt dann im Interesse der Anleger.

Die Beendigung des Investmentvertrages gemäß § 13 Abs. 1 KAGG kann aber auch ausschließlich im Interesse der KAG liegen.[206] Die ordentliche Kündigung stellt grundsätzlich die einzige Möglichkeit dar, den Anlagevertrag einseitig zu beenden. Kostengesichtspunkte stehen hierbei im Vordergrund.[207] Die Verwaltungsleistung der KAG führt zu hohem fixem Aufwand.[208] Die Analyse der Anlagemärkte beispielsweise muss unabhängig von der Größe des Fonds geleistet werden. Einnahmen erzielt die Anlagegesellschaft demgegenüber ausschließlich durch die Erhebung der Verwaltungsgebühren, die linear vom Fondsvolumen abhängig sind. Sofern ein neuer Fonds nicht auf das erhoffte Anlegerinteresse stößt oder das Volumen durch verstärkte Rückgabe der Anteilscheine sinkt, verringert sich automatisch die Rendite der KAG. Der hohe Verwaltungsaufwand ist u. U. nicht mehr gerechtfertigt.[209]

Ein verbindliches Kriterium für ein rentables Fondsvolumen lässt sich nicht angeben. Weil die Kosten der Marktanalyse wegfallen, verlangen Indexfonds eine erheblich geringere „kritische Masse" als aktiv verwaltete Fonds.[210] Auch die Verwaltungsgebühren differieren.[211] Eine Sonderstellung haben Immobilien-

---

203 „Auslese überstehen" in Wirtschaftswoche v. 10. 8. 2000; Andress, Großer Appetit auf Branchenfonds, in Die Welt v. 2. 2. 2001.

204 Siehe „Branchenfonds - ein Spiel mit hohem Risiko" in Die Welt v. 22. 3. 2000; hierzu auch König, Anlegerschutz, S. 33.

205 „exotische Fonds sind kostspielig" mit Hinweis auf eine Studie der Londoner Researchfirma „Fitzrovia", in Handelsblatt v. 10/11. 9. 1999.

206 A. A. König, Auflösung, S. 4.

207 Baur in Hellner/Steuer, 9/289.

208 König, Anlegerschutz, S. 42.

209 Ähnlich König, Auflösung, S. 4.

210 Zum Vergleich von aktivem und passivem Management Finsinger/Haas, S. 1060.

211 König, Auflösung, S. 5, unter Hinweis auf Zeyer, gibt einen Wert von 10 Mio. DM als Faustregel an; siehe hierzu Zeyer, Selbstständige Vermögensverwalter nutzen Fonds zur Profilierung, FAZ v. 21. 12. 1998, S. 32; andere Stimmen nennen ein Mindestvolumen von 20 Mio. DM; so z. B. Fischer, Kleine Fonds werden nur ungern aufgelöst, in Die Welt v. 7. 3. 1997. Trotzdem gibt es zahlreiche Fonds mit einem Volumen von weniger als 5 Mio. €.

fonds. Gemäß § 28 Abs. 1 KAGG muss das Sondervermögen aus mindestens zehn Grundstücken bestehen. Der Verwaltungsaufwand ist erheblich größer, da die Objekte vermietet und unterhalten werden müssen. Die Mindestgröße dieses Fondstyps liegt daher deutlich über derjenigen der übrigen Fonds.[212]

Trotz der wirtschaftlichen Gründe, die für eine Auflösung sprechen, besitzen Investmentgesellschaften die Tendenz, auch kleine Fonds „mitzuziehen". Einerseits sind hierfür Marketinggründe bedeutsam, da etwa Spezialitätenfonds die Fondspalette abrunden. Andererseits läuft die KAG Gefahr, Anleger als Kunden zu verlieren. Selbst wenn sie den aufschlagfreien Umtausch in andere Produkte anbietet, werden viele Anleger aus dem Investment aussteigen. [213]

b) Die Pflicht zur Kündigung

(1) Die Kündigungspflicht aus § 10 Abs. 1 S. 2 KAGG

Auch der vollständige Wegfall des Zielmarktes ist denkbar[214], wenn beispielsweise eine Revolution im Anlageland stattfindet oder ein Industriezweig verstaatlicht wird. In derartigen seltenen Konstellationen käme es nach allgemeinen Regeln zum Wegfall der Geschäftsgrundlage. Dieses Rechtsinstitut wird aber durch das Kündigungsrecht der KAG verdrängt. Der Anleger behält ohnehin die Möglichkeit, die Anteilscheine gemäß § 11 S. 2 Hs. 1 KAGG zurückzugeben und ist so ausreichend geschützt. Er kann das Vertragsverhältnis einseitig beenden. Das Recht der KAG aus § 13 Abs. 1 KAGG verstärkt sich in den beschriebenen Fällen zu einer Kündigungspflicht. Bei Wegfall des Zielmarktes ist eine renditeorientierte Anlage nicht mehr möglich, sodass die KAG ihrem Auftrag zur Kapitalanlage gemäß § 10 Abs. 1 S. 1 KAGG nicht mehr nachkommen kann. Das Anlegerinteresse, dem sie gemäß § 10 Abs. 1 S. 2 KAGG verpflichtet ist, kann daher nur durch Kündigung gewahrt werden. In Betracht kommt es, beim Zusammenbruch des Anlagemarktes eine fristlose Kündigung zuzulassen. Der Schutz der Anleger verlangt aber auch in den beschriebenen Fällen die Einhaltung der strengen Form- und Fristregelung des § 13 Abs. 1 KAGG.[215]

Hieraus kann aber nicht gefolgert werden, dass die KAG den Investmentvertrag bei jeder dauerhaften Verschlechterung der Renditeaussichten kündigen muss. Die Festlegung auf bestimmte Anlagemärkte ist Bestandteil des Anlagevertrages. Hierin liegt die Grundlage für die ursprüngliche Anlageentscheidung

---

212 Für Immobilienspezialfonds nennt Kandlbinder, S. 112, einen Wert von 100 Mio. DM.

213 Siehe Fischer, Kleine Fonds werden nur ungern aufgelöst, in Die Welt v. 7. 3. 1997.

214 König, Auflösung, S. 6.

215 Allgemein zur Frage der Risikoverteilung s. § 4 A 2 b.

des Anteilinhabers. Bei einer Neubewertung des Zielmarktes kann der Anleger seine Anteile jederzeit zurückgeben. Die KAG hat zwar die Pflicht zur bestmöglichen Anlage der investierten Mittel.[216] Der vertragliche Rahmen bildet hierfür aber die äußere Grenze. Die sich aus § 10 Abs. 1 S. 2 KAGG ergebende Pflicht, das Interesse der Anleger zu wahren, wird ausdrücklich auf den Aufgabenbereich der KAG begrenzt. Die Entscheidung, in einem Krisenmarkt engagiert zu bleiben, kann die Anlagegesellschaft dem Anleger nicht abnehmen. Ausnahmen von diesem Grundsatz kommen nur in Betracht, wenn die Krise des Zielmarktes dem Wegfall gleichkommt und die Anlagegesellschaft aufgrund ihres Informationsvorsprungs Risiken erheblich besser als der Kleinanleger überblicken kann.

(2) Die Kündigungspflicht bei Selbstauflösung

Als Selbstverständlichkeit erscheint die Kündigungspflicht einer KAG, die sich selbst auflösen möchte. Eine gesetzliche Regelung enthält das KAGG aber nur mittelbar. Gemäß § 13 Abs. 2 KAGG kann eine Kapitalanlagegesellschaft ihre Auflösung erst für den Zeitpunkt beschließen, zu dem ihr Recht zur Verwaltung des Sondervermögen erlischt.[217] Besitzt die KAG die Rechtsform einer Aktiengesellschaft, erfolgt die Auflösung durch Beschluss der Hauptversammlung gemäß § 262 Abs. 1 Nr. 2 AktG. Eine fondsverwaltende GmbH kann sich gemäß § 60 Abs. 1 Nr. 2 GmbHG durch Beschluss der Gesellschafterversammlung auflösen.

Für beide Rechtsformen stellt § 13 Abs. 2 KAGG ein gesetzliches Wirksamkeitserfordernis dar.[218] Hierauf weist bereits der Wortlaut des § 13 Abs. 2 KAGG („kann nicht") hin. Der Auflösungsbeschluss kann erst auf den Zeitpunkt gerichtet sein, an dem das Verwaltungsrecht für den letzten Fonds erlischt. Das Erlöschen ist dann Rechtsbedingung für die Wirksamkeit der Auflösung.

Darüber hinaus ist Geßler und Schäcker zuzustimmen, dass ein Auflösungsbeschluss nichtig ist, wenn er das Kündigungserfordernis nicht beachtet.[219] Gemäß § 241 Abs. 1 Nr. 3 Alt. 2 AktG[220] tritt Nichtigkeit eines Hauptversammlungsbeschlusses ein, wenn er Vorschriften verletzt, die ausschließlich oder

216 Ausführlich Baur, § 10 Rn 3 ff.

217 Köndgen in Schimansky, § 113 Rn 131, folgert hieraus einen gesetzlichen Auflösungsgrund. Hierfür gibt der Wortlaut des § 13 Abs. 2 KAGG keinen Anhaltspunkt. Die Vorschrift will vielmehr zum Schutz der Anleger die vorherige ordentliche Kündigung erzwingen.

218 Baur, § 13 KAGG Rn 6; Beckmann/Scholtz, § 13 Rn 4.

219 Geßler, S. 15; Schäcker, S. 64.

220 Die Nichtigkeitsgründe unterliegen gemäß § 241 AktG einem numerus clausus; s. Hüffer in Geßler, Hefermehl, Eckardt, Kropff, § 241 Rn 24.

überwiegend dem Schutz der Gläubiger der Gesellschaft dienen.[221] § 13 Abs. 2 KAGG hat vornehmlich den Zweck, die ungeordnete Auflösung des Fondsvermögens zu vermeiden.[222] Die Publikumsanleger sind Gläubiger des korrespondierenden Anspruchs auf ordnungsgemäße Verwaltung und Abwicklung ihrer Anlage. Die Vorschrift dient daher ausschließlich ihrem Schutz.

§ 241 Abs. 1 Nr. 3 Alt. 2 AktG ist auf eine GmbH, die als KAG fungiert, entsprechend anzuwenden.[223] Damit ist auch ein Auflösungsbeschluss einer GmbH, der § 13 Abs. 2 KAGG nicht beachtet, nichtig. Der maßgebliche Zeitpunkt, für den die Auflösung wirksam beschlossen werden kann, ist das Erlöschen des Verwaltungsrechts. Die Kündigungsfrist des § 13 Abs. 1 KAGG ist daher in jedem Fall einzuhalten.

Die Regelung des § 13 Abs. 2 KAGG stellt im Ergebnis sicher, dass der Selbstauflösung einer Kapitalanlagegesellschaft immer eine fristwahrende Kündigung des Investmentvertrages vorauszugehen hat. Umgekehrt wird in der Literatur der Verlust des Verwaltungsrechts als Rechtsfolge des Auflösungsbeschlusses bezeichnet.[224] Hieran wird die m. E. eher akademische Frage geknüpft, ob das Verwaltungsrecht an dem Vermögen automatisch auf die KAG zurückübertragen wird, wenn die Fortsetzung der Investmentgesellschaft beschlossen wird. Ein solcher Beschluss ist gemäß § 274 Abs. 1 AktG grundsätzlich zulässig und auch für die GmbH anerkannt.[225] Wie oben gezeigt, kann der Auflösungsbeschluss aber frühestens gleichzeitig mit der Kündigung wirksam werden. In diesem Moment erlischt jedoch auch das Verwaltungsrecht. Der Fortsetzungsbeschluss kann daher nur an diese Rechtslage anknüpfen. Auf das Erlöschen des Verwaltungsrechts als Rechtsfolge der Kündigung hat er keinen Einfluss mehr[226], sodass für eine Rückübertragung auf die alte KAG jede Grundlage fehlt.

---

221 Geßler zu § 195 Nr. 3 AktG a. F. in WM 1957, 4. Sonderbeilage zu Teil IV B Nr. 20 S. 15; s. aber auch Hüffer in Geßler, Hefermehl, Eckardt, Kropff, § 241 Rn 43 f.; der Autor will den Anwendungsbereichs der Norm auf das AktG und seine Nebengesetze beschränken; K. Schmidt in Großkommentar zum Aktienrecht, § 241 Rn 61 ff.

222 Schäcker, S. 64.

223 Raiser in Hachenburg, Anh. § 47 Rn 3 unter Hinweis auf BGHZ 11, 231, 236 = NJW 1954, 385; 36, 207, 210 f; s. a. Ulmer in Hachenburg, § 60 Rn 37.

224 Baur, § 13 KAGG Rn 6; Schäcker, S. 64.

225 Ulmer in Hachenburg, § 60 Rn 84 ff.; auch Schulze-Osterloh in Baumbach/Hueck, § 60 Rn 52 ff.

226 Baur, § 13 Rn 6, und Schäcker, S. 64, kommen zu dem gleichen Ergebnis.

c) Einschränkungen des Kündigungsrechts

Ziel des Kündigungsrechts ist es einerseits, berechtigte wirtschaftliche Interessen der KAG zu wahren. Andererseits soll die Auflösung von Investmentfonds ermöglicht werden, deren Fortführung nicht mehr die angestrebten Renditen verspricht. § 13 Abs. 1 KAGG enthält jedoch keine Begrenzung des Kündigungsrechts auf diese Zwecke. Die Anlagegesellschaft kann den Anlagevertrag nach dem Wortlaut der Vorschrift jederzeit unter Wahrung der Form und Frist einseitig beenden. Das Interesse der Anleger hätte sie bei dieser Auslegung nicht zu berücksichtigen. Die KAG könnte die Kündigung uneingeschränkt mit den eigenen betrieblichen Zielen abstimmen. Dieses Ergebnis steht im Widerspruch zum Interesse der Publikumsanleger, die beim Erwerb der Anteile von einer potentiell unbegrenzten Anlage ausgehen. Daher ist es denkbar, dass das Kündigungsrecht aus § 13 Abs. 1 KAGG Einschränkungen unterworfen ist.

(1) § 10 Abs. 1 S. 2 KAGG

Eine Begrenzung des Kündigungsrechts könnte sich aus § 10 Abs. 1 S. 2 KAGG ergeben.[227] Hiernach hat die Kapitalanlagegesellschaft bei der Wahrnehmung ihrer Aufgaben ausschließlich im Interesse der Anteilinhaber zu handeln. Die Norm bildet eine der zentralen Schutzvorschriften des KAGG. In ihrer aktuellen Fassung stellt sie eine Verschärfung der Vorgängerregelung dar.[228] Geschäftliche Interessen der KAG und ihrer Gesellschafter haben hinter das Anlegerinteresse zurückzutreten. Hieraus könnte zu folgern sein, dass auch eine Kündigung des Investmentvertrages lediglich aus Gründen optimaler Vermögensverwaltung in Betracht kommt.[229]

§ 10 Abs. 1 S. 2 KAGG bezieht sich aber ausdrücklich nur auf die Aufgaben der KAG. Hierin nimmt das Gesetz Bezug auf die besonderen Pflichten des Treuhänders.[230] Diese beschränken sich auf die Verwaltung des Sondervermö-

227 So König, Auflösung, S. 4.

228 Baur, § 10 KAGG Rn 27; die KAG muss heute „ausschließlich" im Interesse der Anleger handeln. Hierin liegt die Klarstellung, dass das Interesse der KAG bei Interessenkollision zurückzutreten habe.

229 König, Auflösung S. 4, will die Kündigung daher nur im Interesse der Anleger zulassen. Das geschäftliche Interesse der KAG-Gesellschafter dürfe keinen Einfluss haben.

230 Grundmann, S. 170 ff., definiert für den Kernbereich eines Treuhandverhältnisses eine Interessenwahrungspflicht „stricto sensu", die keiner Abwägung mit Interessen des Treuhänders unterworfen sei. Hierin liege ein typisches Merkmal des Treuhandvertrages. § 10 Abs. 1 S. 2 KAGG kann m. E. als ausdrückliche gesetzliche Fassung dieser besonderen Interessenwahrungspflicht aufgefasst werden.

gens als Treugut und damit auf die Pflichten aus dem Investmentvertrag.[231] Das gesetzliche Recht aus § 13 Abs. 1 KAGG zur Kündigung eben dieses Vertrages berührt § 10 Abs. 1 S. 2 KAGG nicht. Hier wird vielmehr die Möglichkeit begründet, die zeitlich unbegrenzte Verwaltungspflicht zu beenden. Das besondere unternehmerische Risiko eines Dauerschuldverhältnisses soll auf diese Weise begrenzt werden.

(2) § 242 BGB

Jenseits der besonderen Bindung des Treuhänders aus § 10 Abs. 1 S. 2 KAGG ist die KAG nur den allgemeinen Beschränkungen des Privatrechts unterworfen. Derartige Pflichten können sich vor allem aus der Natur des Investmentvertrages als Dauerschuldverhältnis i. V. m. § 242 BGB ergeben. Es bestehen besondere Treuepflichten der Investmentpartner.[232] Die spezielle Zielsetzung des KAGG ist bei der Konkretisierung dieser Pflichten zu berücksichtigen.[233] Die KAG darf daher auch bei der Kündigung die Anlegerinteressen nicht aus dem Auge verlieren. Anders als im Fall der besonderen Interessenwahrungspflicht aus § 10 Abs. 1 S. 2 KAGG darf die Anlagegesellschaft ihre eigenen betrieblichen Erfordernisse aber über das Interesse der Anleger stellen. Bereits Frist und Form der ordentlichen Kündigung gemäß § 13 Abs. 1 KAGG dienen dem Anlegerschutz in ausreichender Weise. Aus diesem Grund stehen die allgemeinen Treupflichten aus § 242 BGB einer ordentlichen Kündigung nur entgegen, wenn besondere Umstände hinzutreten. Eine gesetzliche Kontrolle der Kündigung ist deshalb auch nicht vorgesehen. Die BaFin verlangt in ihrer Allgemeinverfügung vom 18.7.1990 in Nr. 5c[234] lediglich, die Kündigung eines Fonds durch die KAG mitzuteilen.

Der Schutz des Anlegers aus § 242 BGB vor einer unberechtigten Kündigung des Sondervermögens kann bei kurzen Anlagezeiträumen praktisch relevant werden. Die Anlagegesellschaft darf bei Ausgabe der Anteilscheine gemäß § 21 Abs. 2 S. 1 KAGG einen Ausgabeaufschlag auf den Anteilwert erheben, der gemäß § 21 Abs. 1 S. 2 KAGG nicht an das Sondervermögen fällt. Nach heutiger Praxis dient er vor allem dazu, die Vertriebskosten zu decken.[235] Begünstigte

231 Ausführlich zu den Aufgaben der KAG, Baur, § 10 Rn 3 ff.

232 J. Schmidt in Staudinger, § 242 Rn 874, sieht die Herstellung und Aufrechterhaltung eines besonderen Vertrauensverhältnisses als charakteristischen Leistungsinhalt.

233 Martinek in Staudinger, § 675 Rn 90 f, weist auf die überragende Bedeutung von Treu und Glauben im Recht der Geschäftsbesorgung hin.

234 Baur, S. 297.

235 Baur, § 21 Rn 12.

ist daher oft das Mutterinstitut der KAG. Die Höhe kann bis zu 8 % des Investments erreichen, sodass der Ausgabeaufschlag insbesondere bei kurzfristigen Anlagen erhebliche Auswirkungen auf die Gesamtrendite hat. Der Anleger erwirbt keinen besonderen Anspruch für die Dauer der Anlage, sondern vergütet indirekt nur einmalige Verkaufskosten. Grundsätzlich trägt er das Risiko, dass der gezahlte Ausgabeaufschlag verfällt, wenn die KAG das Sondervermögen nach kurzer Anlage kündigt.[236] Aus diesem Grund ist die Ausgabe weiterer Anteilscheine treuwidrig, wenn eine Kündigung absehbar ist. Ausreichend ist hierfür bereits eine gewisse Wahrscheinlichkeit. Die KAG muss die Ausgabe weiterer Anteilscheine daher spätestens nach dem Kündigungsbeschluss aussetzen.[237] Die BaFin verlangt auch im Fall einer solchen Aussetzung eine Anzeige.[238]

(3) Pflichtgemäßes Ermessen gemäß § 315 BGB

Demgegenüber will Beckmann[239] den Rechtsgedanken des § 315 BGB heranziehen. § 13 Abs. 1 KAGG gewähre der Anlagegesellschaft ein einseitiges Gestaltungsrecht, von dem sie nicht nach Belieben Gebrauch machen dürfe. Die KAG könne nur aufgrund billigen Ermessens kündigen.[240] Folgt man dieser Ansicht, unterliegt das Recht aus § 13 Abs. 1 KAGG einer Einschränkung, die erheblich über die Bindung an Treu und Glauben hinaus geht.

§ 315 BGB ordnet an, dass die vertraglich vereinbarte Leistungsbestimmung durch eine Partei nach billigem Ermessen zu treffen ist. Das Erfordernis vertraglicher Bestimmtheit kann so auf Fälle bloßer Bestimmbarkeit ausgedehnt werden.[241] Die Vorschrift soll nach weit verbreiteter Meinung auch dem Schutz des wirtschaftlich Schwächeren dienen. Sie enthalte einen allgemeinen Rechtsgedanken, der weit über den Wortlaut hinaus eine Schranke gegen den Missbrauch privatautonomer Gestaltungsmacht konstituiere.[242] Der stärkere Vertragspartner unterliege einer Billigkeitskontrolle, wenn er von seinem vertraglichen Gestaltungsrecht Gebrauch macht.[243]

Auf den Fall der ordentlichen Kündigung eines Investmentfonds passt dieser Rechtsgedanke jedoch nicht. Richtig ist zwar, dass das KAGG den Publikum-

236 Hierzu auch König, Auflösung, S. 3 f.
237 König, Auflösung, S. 4.
238 Allgemeinverfügung des BAKred vom 18. 7.1990 (V 1/03-1/73) 5.a), abgedruckt in Baur, S. 297.
239 Beckmann/Scholtz, § 13 Rn 3.
240 A. a. O.
241 Siehe hierzu Mader in Staudinger, § 315 Rn 11 ff.
242 Heinrichs in Palandt, § 315 Rn 2, m. w. N.
243 Kronke, AcP 183 S. 128.

sanleger als den wirtschaftlich Schwächeren schützen will. Dieser Schutz ist im KAGG jedoch bereits umfassend normiert. Die Investmentgesellschaft ist demgegenüber ohne Befristung verpflichtet, das eingelegte Geld zu verwalten. Das Kündigungsrecht aus § 13 Abs. 1 KAGG bildet hierzu den wirtschaftlichen Ausgleich. Die Anlagegesellschaft soll sich einseitig aus den weitreichenden vertraglichen Pflichten lösen können.[244] Auf diese Weise wird das erhöhte unternehmerische Risiko eines unbefristeten Dauerschuldverhältnisses kalkulierbar. Soweit im Einzelfall ein besonderer Schutz des Anlegers aufgrund besonderer Umstände erforderlich ist, lässt er sich aus § 242 BGB herleiten.

Außerdem soll die analoge Anwendung des § 315 BGB, die in der Literatur diskutiert wird, nur den Missbrauch privatautonomer Gestaltungsmacht begrenzen. Der ordentlichen Kündigung liegt aber ein gesetzliches Recht zugrunde. Dem Anleger wird in keiner Weise eine vertragliche Regelung aufgedrängt, die seinen Interessen widerspricht.

Drittens kann sich § 315 BGB nur auf die Bestimmung von Leistungsinhalten beziehen.[245] § 13 Abs. 1 KAGG hat aber die Kündigung des Investmentvertrages zum Gegenstand. Konkrete Leistungsinhalte werden hier nicht in das Ermessen der KAG gestellt.

(4) Die Position der BaFin

Auch die BaFin versucht die Kündigung eines Publikumsfonds an Bedingungen zu knüpfen. Sie verlangt regelmäßig von der KAG, jedem Anleger den aufschlagfreien Umtausch seiner Anteilscheine gegen Anteile eines Schwesterfonds anzubieten. Der Anleger kann so seine Anlage ohne Nachteile aus der Abwicklung fortsetzen. Eine spezielle Rechtsgrundlage für eine derartige verbindliche Auflage existiert jedoch nicht.[246] Auch aus dem Anlegerschutzgedanken des KAGG lässt sich kein allgemeiner Grundsatz herleiten, dass ein Umtausch angeboten werden muss. Außerdem sind nicht immer vergleichbare Produkte vorhanden. Sofern die Investmentgesellschaften der Aufforderung der BaFin folgen, geschieht dies wohl meist auch aus eigenem Interesse; denn auch die KAG profitiert vom Umtausch der Anteilscheine. Hierin liegt letztlich ein Marketinginstrument zur Bindung der Anleger. Eine Pflicht, den Umtausch anzubieten, besteht aber nicht.[247]

---

244 Ähnlich v. Berge und Herrendorf, S. 88.
245 Heinrichs in Palandt, § 315 Rn 4.
246 König, Auflösung, S. 8.
247 König, Auflösung, S. 8.

Der Umtausch kann allerdings nicht auf direktem Wege gegen Ausgabe neuer Anteilscheine an einem anderen Fonds erfolgen. Dem steht das Sacheinlagenverbot des § 21 Abs. 1 S. 3 KAGG entgegen. Der Anleger muss seine Anteile daher gemäß § 11 Abs. 2 S. 1 KAGG zurückgeben, um dann aufschlagfrei in ein anderes Sondervermögen zu investieren. Alternativ ist ein echter Tausch gegen Anteilscheine möglich, die sich im freien Vermögen der KAG befinden.

(5) Ergebnis

Das gesetzliche Kündigungsrecht der KAG unterliegt nur den allgemeinen Beschränkungen aus Treu und Glauben. Keine der weitergehenden Bindungen, die in Literatur und Praxis konstruiert werden, findet eine Grundlage im Gesetz. Der Grund hierfür liegt in der wirtschaftlichen Interessenlage der Investmentpartner. Der Anleger ist bereits durch zwingende Bestimmungen des KAGG umfassend geschützt. Zum Ausgleich hat der Gesetzgeber die Möglichkeit für die Investmentgesellschaft geschaffen, sich einseitig von ihrer unbefristeten Verpflichtung zu lösen. Dies kann nur unter den strengen formellen Voraussetzungen des § 13 KAGG erfolgen. Auf diese Weise wird ein sinnvoller Interessenausgleich herbeigeführt, der letztlich der Belebung des Investmentmarktes dient.

d) Die Einheitlichkeit der Kündigung gemäß § 13 Abs. 1 KAGG

Die Kündigung gemäß § 13 Abs. 1 KAGG kann nur allen Anlegern gegenüber gemeinsam erfolgen und muss sich auf das gesamte Vermögen beziehen. Dies folgt aus dem Gebot der einheitlichen Behandlung der Anleger, das nach einhelliger Meinung als Grundprinzip für das gesamte Investmentrecht gilt.[248] Dieses Gebot ist im Gesetz zwar nicht ausdrücklich erwähnt. Aber bereits das Gemeinschaftsverhältnis als solches begründet nach Ansicht von Canaris die Pflicht zur Gleichbehandlung.[249] Dieser allgemeine Gedanke ist insbesondere in § 18 Abs. 2 S. 2 KAGG konkretisiert worden[250], der die Verbriefung von Vorzugsrechten verbietet.

Das Verbot einer ordentlichen Teilkündigung folgt außerdem aus der systematischen Stellung des § 13 KAGG. Diese Vorschrift bündelt alle Gründe, die zur Beendigung des Anlagevertrages führen. Die einheitliche Rechtsfolge besteht im Übergang des Sondervermögens auf die Depotbank gemäß § 14 Abs. 1

248 Canaris, Rn 2430; Baur, § 13 Rn 4, Schödermeier/Baltzer in Brinkhaus/Scherer, § 13 Abs. 1 KAGG.

249 Canaris, a. a. O., unter Bezugnahme auf G. Hueck, Der Grund der gleichmäßigen Behandlung im Privatrecht, 1958, S. 222 ff.; Beckmann/Scholtz, § 10 Rn 11.

250 Canaris, a. a. O.; Baur, Rn 4.

KAGG. Dessen Wortlaut nimmt nur auf den ungeteilten Fonds Bezug. Eine Teilung des Sondervermögens ist nicht vorgesehen.

2. *Die außerordentliche Kündigung*

a) Zulässigkeit

Im Gegensatz zu vielen anderen gesetzlichen Regelungen von Dauerschuldverhältnissen enthält das KAGG keine selbständige Regelung eines außerordentlichen Kündigungsrechts.[251] Die h. L. gestand der Anlagegesellschaft aber bereits vor der Geltung des § 314 BGB n. F. neben § 13 Abs. 1 KAGG ein Recht zur fristlosen Kündigung aus wichtigem Grund zu. Dieses ergebe sich direkt aus §§ 675, 626 BGB, da der Investmentvertrag ein Geschäftsbesorgungsdienstvertrag sei.[252] Im übrigen habe sich ein Recht zur außerordentlichen Kündigung bereits aus dem Charakter des Anlagevertrages als Dauerschuldverhältnis herleiten lassen.[253] Nach Ansicht von Canaris[254] wäre der Ausschluss des fristlosen Kündigungsrechts ein Systembruch, für den kein hinreichender Grund bestehe. Demgegenüber vertritt Schäcker die Ansicht, dass § 13 Abs. 1 KAGG als lex specialis die Regelung des § 626 BGB verdränge.[255]

Im Ergebnis ist der h. L. zuzustimmen. Das KAGG enthält keine eigene Wertung. § 13 KAGG hat das Ziel, diejenigen Gründe für die Auflösung des Anlagevertrages zusammenzufassen, die aus der Sphäre der Anlagegesellschaft stammen. Zum Schutz der Anleger besteht ihre gemeinsame Rechtsfolge im gesetzlichen Vermögensübergang gemäß § 14 Abs. 1 KAGG. Andere Gründe zur Beendigung des Anlagevertrages sind daneben möglich. Auch der Anlegerschutz wird durch eine fristlose Kündigung aus wichtigem Grund nicht wesentlich beeinträchtigt. Die Regeln des KAGG gewährleisten auch in diesem Fall, dass eventuelle Vermögensnachteile für die Anleger vermieden werden.

b) Die außerordentliche Kündigung gegenüber der Gesamtheit der Anleger

Im Gegensatz zur herrschenden Lehre ist aber zu differenzieren, ob die KAG mit Wirkung gegen alle oder nur gegenüber einzelnen Anlegern aus wichtigem Grund kündigen will. Der erste Fall ist für Publikumsfonds praktisch kaum

251 Siehe §§ 554a, 626, 723 BGB.
252 Schödermeier/Baltzer in Brinkhaus/Scherer, § 13 KAGG Rn 6.
253 Baur, § 13 Rn 3; Canaris, Rn 2453; s. a. Heinrichs in Palandt, Einl. vor § 241 Rn 18.
254 Canaris, a. a. O.
255 Schäcker, S. 63.

denkbar. Erst mit der Auflegung von Spezialfonds hat er eine gewisse Relevanz erlangt.[256] Zur Kündigung des gesamten Sondervermögens wäre aus praktischen Gründen die Form des § 13 Abs. 1 KAGG einzuhalten, weil die individuelle Kündigung nicht durchführbar ist.[257]

Bereits ein wichtiger Grund als Voraussetzung der außerordentlichen Kündigung ist im Fall eines Publikumsfonds nur schwer vorstellbar. Es müssten Tatsachen vorliegen, die das Festhalten am Vertrag unter Berücksichtigung aller Umstände und Abwägung der gegenseitigen Interessen für den Kündigenden unzumutbar machen.[258] Ein solcher Grund, der aus der Sphäre der Anleger stammt, ist kaum denkbar. Das Verhalten einzelner meist anonymer Publikumsanleger kann das Festhalten an der Verwaltung eines Sondervermögens nicht unzumutbar machen. Außerdem darf dieser Grund nicht auf die anderen Anleger „durchschlagen“, da die einzelne Anlage gerade von den persönlichen Verhältnissen der übrigen Anteilinhaber unabhängig sein soll.[259] Demzufolge müsste ein wichtiger Grund bei jedem Anleger vorliegen. Auch „objektive“ Tatsachen, die weder in der Sphäre der KAG noch der Anleger liegen, kommen kaum in Betracht. Das wirtschaftliche Risiko wird in einem solchen Fall mit Blick auf den Anlegerschutz meist bei der Anlagegesellschaft liegen. Umstände, die die Geschäftssituation der KAG erheblich verschlechtern, können nur in seltenen Ausnahmefällen die Unzumutbarkeit der Verwaltung begründen. Eine ordentliche Kündigung ist in diesen Fällen interessengerecht. Die Möglichkeit, aus wichtigem Grund zu kündigen, soll der KAG nicht das allgemeine Unternehmerrisiko abnehmen.[260]

c) Die außerordentliche Kündigung gegenüber einzelnen Anlegern

Nach übereinstimmender Meinung soll auch für die Kündigung aus wichtigem Grund die Beschränkung gelten, dass sie nur allen Anlegern gegenüber gemeinsam ausgesprochen werden kann. Keiner der Autoren differenziert zwischen or

256 Baur in Hellner/Steuer, 9/290.

257 Insoweit gelten die gleichen Gründe, wie für die ordentliche Kündigung, s. u. 0, S. 67.

258 Heinrichs in Palandt, Einl. 241 Rn 18, unter Hinweis auf BGH 41, 108, NJW 81, 1264, 89, 1483.

259 Diesem Ziel dient der Ausschluss aller individuellen Aufhebungsansprüche in § 11 Abs. 1 KAGG.

260 So zum Dienstvertrag, Preis in Staudinger, § 626 Rn 230 f.; ein objektiver wichtiger Grund wäre etwa bei Entziehung der Betriebserlaubnis durch die BAFin denkbar; in diesem Fall ist die analoge Anwendung von § 13 Abs. 4 Alt. 1 KAGG aber sachgerechter, s. 0.

dentlicher und außerordentlicher Kündigung.[261] Das Gebot, nur einheitlich zu kündigen, gilt jedoch nicht, wenn ein wichtiger Grund vorliegt. Im Gegensatz zur Regelung des § 13 Abs. 1 KAGG ist die Kündigung eines einzelnen Anlegers gemäß § 626 BGB sehr wohl möglich. Die Grundlage des Rechtsverhältnisses zwischen KAG und Anleger bildet ein zweiseitiger Geschäftbesorgungsdienstvertrag, der ein Dauerschuldverhältnis begründet. Wenn das Vertrauensverhältnis durch einen Anleger in unzumutbarer Weise belastet wird, gilt das Kündigungsrecht zunächst nur im Verhältnis KAG-Anleger. Das Gleichbehandlungsgebot findet keine Anwendung, da ein wichtiger Grund auch eine Differenzierung innerhalb der Anleger zulässt.

Die herrschende Lehre begründet das Verbot der Einzelkündigung außerdem damit, dass § 14 Abs. 1 KAGG nur den Übergang des gesamten Sondervermögens zulasse.[262] Diese Folgerung wäre richtig, wenn das Verwaltungsrecht am Sondervermögen tatsächlich durch die außerordentliche Kündigung erlöschen würde. Kündigt die KAG aber nur einzelnen Anlegern gemäß § 626 BGB, hat dies keinen Einfluss auf ihr Recht, das Sondervermögen zu verwalten. Dieses Recht besteht bis auf weiteres auch noch für den Anteil des gekündigten Anlegers. Erst die Auszahlung löst die gesetzliche Bindung an den Fonds und hebt damit das Verwaltungsrecht auf. Die Kündigung hat demgegenüber nur schuldrechtliche Wirkung und verändert nicht die Zugehörigkeit des einzelnen „gekündigten" Anteils zum Sondervermögen. Daher geht der Fonds auch nicht teilweise auf die Depotbank über. Der Übergang setzt gemäß § 14 Abs. 1 KAGG das Erlöschen des Verwaltungsrechts und nicht, wie von der herrschenden Lehre suggeriert, den Bestand des individuellen Anlagevertrages voraus.

Außerdem bestehen individuelle Auszahlungsansprüche auch in anderen Fällen. Gesetzlich geregelt ist nur der Anspruch nach Rückgabe des Anlagezertifikats gemäß § 11 Abs. 2 S. 1 KAGG. Auch hier wird der einzelne Investmentvertrag aufgelöst. Es liegt somit das Spiegelbild zur außerordentlichen Kündigung durch die KAG vor. Mit der Rückgabe des Anteilscheines entsteht ein Anspruch auf Auszahlung des Fondsanteils. Auch in diesem Fall kommt es nicht zu einem teilweisen Übergang auf die Depotbank. § 11 Abs. 2 S. 1 KAGG zeigt vielmehr, dass ein Anspruch eines einzelnen Anlegers auf Auszahlung seines Anteils direkt aus dem Sondervermögen möglich ist.

Nach allgemeinen Regeln können sich weitere Auszahlungsansprüche des Einzelanlegers gegen die KAG ergeben. Beispielsweise muss ein bereicherungsrechtlicher Rückzahlungsanspruch des Anlegers entstehen, wenn der Anlagevertrag nichtig oder wirksam angefochten worden ist, die Einlage dem Sonderver-

261 Schäcker, S. 63; Canaris, Rn 2454; Baur, § 13 Rn 4; Ebner v. Eschenbach, S. 113.
262 S. 63.

mögen aber bereits zugeführt wurde. Wie bei der außerordentlichen Kündigung bzw. der Rückgabe des Anteilscheines hat die KAG dann den Anteil des Anlegers auszuzahlen. Von einem Übergang auf die Depotbank gemäß § 14 Abs.1 KAGG ist keine Rede, da das Verwaltungsrecht an dem Anteil nicht erlischt.

Im Gegensatz zur Rückgabe des Anteilscheines enthält das KAGG aber weder für die Erfüllung des Bereicherungsanspruches noch für die Auszahlung bei einer Kündigung aus wichtigem Grund eine ausdrückliche Rechtsgrundlage. Die Befugnis zur Auszahlung ergibt sich aber aus der umfassenden Verfügungsmacht der KAG. Im Innenverhältnis zu den übrigen Anlegern wird die Auszahlung durch die allgemeine Verwaltungspflicht des § 10 Abs. 1 S. 1 KAGG gedeckt, weil die Erfüllung von Ansprüchen einzelner Anleger gegen die Gemeinschaft zur laufenden Verwaltung des Sondervermögens gehört.

Umgekehrt bleibt dem Anleger eine außerordentliche Kündigung versagt. Sie wird durch das Rückgaberecht ersetzt.[263] Der Anleger kann seine Interessen auf diese Weise besser wahren, da die Rückabwicklung seiner Anlage vermieden wird.

3. *Form und Frist der Kündigung*

Die Beendigung des Investmentvertrages gemäß § 13 Abs. 1 KAGG setzt eine Kündigung voraus. Die Kündigung verlangt grundsätzlich eine einseitige empfangsbedürftige Willenserklärung[264], die mit Zugang gemäß § 130 Abs. 1 S. 1 BGB wirksam wird.[265] Die Besonderheiten der Anlegerstruktur bei Publikumsfonds zwangen den Gesetzgeber jedoch dazu, das Zugangserfordernis erheblich zu modifizieren.[266] Zum einen ist die hohe Zahl von Anlegern in einem Publikumsfonds zu berücksichtigen. Zum anderen macht die übliche Ausgestaltung der Anteilscheine als Inhaberpapier eine Registrierung aller Anteilseigner unmöglich. Ein Fondsanteil kann wie eine bewegliche Sache gemäß §§ 929 ff. BGB durch Einigung und Übergabe des Investmentzertifikats oder durch Abtretung gemäß §§ 398, 413 BGB übertragen werden.[267] Aus diesem Grund ersetzt die öffentliche Bekanntmachung der Kündigung den Zugang i. S. d. §§ 130 ff. BGB bei den einzelnen Anlegern. Die Bekanntmachung hat sowohl im Bundesanzeiger als auch im Rechenschaftsbericht oder Halbjahresbericht zu

263 Ebner v. Eschenbach, S. 113, bezeichnet allerdings auch die Rückgabe des Anteilscheins als Kündigung.

264 Schödermeier/Baltzer in Brinkhaus/Scherer, § 13 KAGG Rn 5; Voelskow in Münchener Kommentar, § 564 Rn 14.

265 Putzo in Palandt, § 564 Rn 8.

266 Siehe auch König, Auflösung, S. 6.

267 Baur, § 18 Rn 9, m. w. N.

erfolgen.[268] Für die KAG ergibt sich hieraus eine deutliche Vereinfachung der Verwaltung.[269]

Die Veröffentlichung der Kündigung im Rechenschafts- oder Halbjahresbericht wurde erst durch das erste Finanzmarktförderungsgesetz[270] in das KAGG aufgenommen. Hierdurch soll die bessere Unterrichtung der Anteilseigner sichergestellt werden.[271] Die Veröffentlichung ist Tatbestandsvoraussetzung der Kündigung.[272] Sie dient neben dem Zweck der Vereinfachung auch dem Anlegerschutz. Die Form der Kündigung ist daher zwingendes Recht und kann nicht durch den Investmentvertrag modifiziert werden.[273]

Das Gleiche gilt für eine Verkürzung der dreimonatigen Kündigungsfrist.[274] Demgegenüber steht es der KAG gemäß § 13 Abs. 1 S. 2 ausdrücklich frei, im Investmentvertrag eine Verlängerung der Kündigungsfrist zu vereinbaren.

Die Dreimonatsfrist beginnt erst, wenn die Berichte den Anlegern zugänglich gemacht werden.[275] Der Anteilinhaber muss hierzu die Möglichkeit zur Kenntnisnahme haben. Zu diesem Zweck reicht es aus, die Berichte in den Geschäftsstellen auszulegen bzw. zu versenden.[276] Eine Bekanntmachung im Bundesanzeiger allein genügt insoweit nicht, den Fristlauf in Gang zu setzen. Die Wirksamkeit der Kündigung verzögert sich daher immer um die verbleibende Zeit bis zum nächsten Rechenschafts- bzw. Halbjahresbericht.[277]

Als Kreditinstitut unterliegt eine KAG gemäß § 6 Abs. 1 KWG i. V. m. § 2 Abs. 1 KAGG der Kontrolle durch das Bundesaufsichtsamt für das Kreditwesen. In ihrer Allgemeinverfügung vom 18. 7. 1990[278] in Nr. 5c verlangt die Behörde von einer KAG, den Kündigungsbeschluss der BaFin und der zuständigen LZB schriftlich bekannt zu geben.[279] Die BaFin will präventiven Anlegerschutz leisten, indem potentiell anlagegefährdende Beschlüsse auf diese Weise

---

268 Beckmann/Scholz, § 13 Rn 4 bis Erglfg IV, bezeichnen dies als eine Art öffentlicher Zustellung; Carl/Förster, Das Recht der Investmentfonds, S. 93.

269 Ohne diese Regelung müsste das umständliche Verfahren einer Zustellung nach ZPO-Normen durchgeführt werden, da die Anleger oft nicht bekannt sind; s. hierzu Baur, § 13 Rn 1.

270 Baur, § 13 Rn 2.

271 Begründung zum Entwurf des 1. FMFG, Besonderer Teil, zu Nr. 11 (§ 13), BT-Drucksache 11/5411, abgedruckt bei Beckmann/Scholtz Nr. 582.

272 Beckmann/Scholz, § 13 Rn 4.

273 Baur, § 13 Rn 2; Beckmann/Scholz, § 13 Rn 3.

274 Beckmann/Scholtz, § 13 Rn 3.

275 Baur, § 13 Rn 2.

276 König, Auflösung, S. 7.

277 König, a. a. O.

278 Abgedruckt bei Baur, S. 297.

279 Siehe auch Beckmann/Scholtz, § 13 Rn 4; Schödermeier/Baltzer in Brinkhaus/Scherer, § 13 KAGG Rn 5.

überwacht werden.[280] Die Anzeige des Kündigungsbeschlusses hat unverzüglich, d. h. vor seiner Veröffentlichung, zu erfolgen. Rechtsgrundlage dieser Verfügung ist § 44 Abs. 1 S. 1 KWG, der dem Bundesaufsichtsamt ein Auskunftsrecht einräumt.[281] Das Auskunftsverlangen ist ein einfacher Verwaltungsakt gemäß § 35 Abs. 1 VwVfG, sodass die Erteilung der Auskunft keine Wirksamkeitsvoraussetzung für die Kündigung ist. Die Unterlassung einer Anzeige kann allerdings zu Ansprüchen der Anleger auf Schadenersatz führen, weil die KAG in diesem Fall gegen ihre vertragliche Verwaltungs– und Sorgfaltspflicht verstößt, die auch die Beachtung öffentlich-rechtlicher Normen umfasst.[282]

Für die Form der außerordentlichen Kündigung des Sondervermögens ist § 13 Abs. 1 KAGG analog anzuwenden.[283] Der Schutz der Anleger gebietet auch hier die öffentliche Bekanntmachung.

4. Besonderheiten bei Altersvorsorge-Sondervermögen

Das dritte Finanzmarktförderungsgesetz hat mit dem Altersvorsorge-Sondervermögen einen neuen Fondstyp geschaffen. Eine erste Besonderheit liegt in der Erweiterung des Anlagespektrums. Das Portfolio darf neben Wertpapieren auch Grundstücke und stille Beteiligungen enthalten. Der entscheidende Unterschied zu klassischen Sondervermögen des KAGG ergibt sich aber aus dem speziellen Zweck des Fonds. Es handelt sich um einen sogenannten Zielfonds.[284] Der Gesetzgeber hat auf diese Weise ein neues Instrument der Alterssicherung geschaffen und sich dabei der bewährten Form des Investmentfonds bedient. Maßgeblich hierfür waren die Erfolge des amerikanischen Vorbildes der privaten Altersvorsorge.[285]

Das Ziel der Alterssicherung verlangt eine langfristige Bindung der Beteiligten.[286] Aus diesem Grund sieht § 37m KAGG die Kopplung des Investment an einen Altersvorsorge-Sparplan vor. Dieser besteht aus einem individuellen

---

280 So ausdrücklich die Begründung im Schreiben des BAKred vom 8. 6. 1977, hier noch in Bezug auf die der genannten Verfügung vorausgehende Anordnung vom 5. 12 1973.

281 Weitergehende Anordnungen können auf dieser Rechtsgrundlage nicht getroffen werden.

282 Baur, § 10 Rn 14.

283 Canaris, Rn 2453.

284 Begründung des Gesetzentwurfs des 3. FMFG, BT-Drucksache 13/8933, II zu §§ 37h bis 37m, abgedruckt bei Beckmann/Scholtz, Nr. 582, S. 328; Laux, Zur Zukunft der Altersvorsorge, S. 1256.

285 Laux, Die AS-Investmentrente, S. 3.

286 Die Auflegung von Altersvorsorge-Laufzeitfonds ist gemäß § 37k Abs. 3 KAGG ausgeschlossen. Hierzu Scheurle, Investmentfonds, S. 1103.

schuldrechtlichen Vertrag, durch den sich der Anleger verpflichtet, in regelmäßigem Abstand Geld in das Sondervermögen einzulegen (§ 37m Abs. 1 S. 1 KAGG). Der Abschluss des Sparplans ist aber unabhängig von einer Beteiligung am Sondervermögen, die keine dauernde Zahlungsverpflichtung voraussetzt.[287] Die Mindestlaufzeit beträgt 18 Jahre. Der Anleger hat unter den Voraussetzungen des § 37m Abs. 2 S. 1 KAGG das Recht, seine Anteile in die eines Fonds der gleichen Anlagegesellschaft umzutauschen. Der Fonds unterliegt in vollem Umfang den Regeln des KAGG.

Trotz der besonderen Bindung enthalten die §§ 37h ff. KAGG keine Modifizierung des Kündigungsrechts aus § 13 KAGG. Nur die Kündigung des Sparplans ist in §§ 37m Abs. 3, 4 KAGG geregelt. Auf den Bestand des Sondervermögens haben diese Vorschriften aber keinen direkten Einfluss. Auch bei Kündigung des Sparplans aus wichtigem Grund gemäß § 37m Abs. 4 KAGG bleibt der Anleger Anteilinhaber des Fonds, soweit er bisher seine Beiträge geleistet hat.

Die Bindung an die Sparpläne schränkt aber auch das Kündigungsrecht aus § 13 Abs. 1 KAGG ein. Die Investmentgesellschaft hat sich hier zur Verwaltung eines ganz bestimmten Fonds für die Laufzeit des Vertrages verpflichtet. Eine ordentliche Kündigung des Sondervermögens ist daher ausgeschlossen, solange noch Sparpläne laufen. § 37m KAGG gewährt nur den Anlegern das Recht zwischen zwei Schwesterfonds zu wechseln. Die KAG kann nicht darüber entscheiden in welchen Fonds das eingelegte Geld investiert werden soll. Die Mustervertragsbedingungen für Altersvorsorge-Sondervermögen tragen dieser Interessenlage Rechnung. Gemäß § 15 Nr. 1 kann das Sondervermögen nur aus wichtigem Grund gekündigt werden.[288] § 13 Abs. 1 KAGG wird damit ausgeschlossen. Für das Vorliegen eines wichtigen Grundes gelten jedoch grundsätzlich die gleichen hohen Anforderungen wie für die übrigen Sondervermögen. Das wirtschaftliche Risiko der langfristigen Bindung kann die KAG nicht abwälzen. Ein wichtiger Grund kann nur als seltene Ausnahme in Betracht kommen.

---

287 Begründung des Gesetzentwurfs des 3. FMFG, BT-Drucksache 13/8933, II zu § 37m KAGG, abgedruckt bei Beckmann/Scholtz Nr. 582 S. 331.

288 Mustervertragsbedingungen für Altersvorsorge - Sondervermögen § 15, abgedruckt bei Beckmann/Scholtz, Nr. 425 Anhang 5 zu § 15 S. 5.

Der Gesetzgeber hat die Insolvenz der Kapitalanlagegesellschaft als besonders sensibles Problem erkannt.[289] Innerhalb der Systematik des § 13 KAGG wurde sie aus den übrigen Gründen, die zur Beendigung des Investmentvertrages führen, ausgegliedert. Vor allem die Unabhängigkeit des Sondervermögens wird betont. Zu diesem Zweck ordnet § 13 Abs. 3 S. 2 KAGG die strikte Trennung von Insolvenzmasse und Sondervermögen an. Hierdurch soll der Publikumsanleger vor einem Totalverlust seiner Anlage bewahrt werden. Dieses Risiko, das viele Kleinanleger von einer Fondsanlage abhalten könnte, wird durch die Bildung eines aussonderungsfähigen Sondervermögens beseitigt.[290] Alle Rechte am Sondervermögen sind im Fall der Insolvenz von der Depotbank wahrzunehmen. Insbesondere hat sie die Aussonderung zu betreiben.[291]

Der Anlegerschutz wird durch § 13 Abs. 3 S. 1 KAGG ergänzt. Diese Norm ordnet das Erlöschen des Verwaltungsrechts der KAG an, wenn das Insolvenzverfahren eröffnet wird. Die Anlagegesellschaft scheidet kraft Gesetzes aus dem Investment-Dreieck aus. Hierin liegt der strengste Eingriff in den Investmentvertrag innerhalb der Systematik des § 13 KAGG, da eine Kündigung im Gegensatz zu allen anderen Fällen nicht erforderlich ist. Die Vorschrift des § 13 Abs. 3 S. 1 KAGG enthält zwei Alternativen. Sowohl die Eröffnung des Insolvenzverfahren als auch dessen Ablehnung mangels Masse führen zum Verlust des Verwaltungsrechts.

Aber bereits vor der Insolvenz der KAG greifen die Anlegerschutzmechanismen des allgemeinen Bankrechts.[292] Gemäß §§ 46, 46a KWG erhält die BaFin weitreichende Befugnisse bei drohender Zahlungsunfähigkeit. Aus dem Maßnahmenkatalog kommt § 46a Abs. 1 Nr. 1 KWG im Investmentrecht besondere Bedeutung zu. Auf dieser Rechtsgrundlage kann die BaFin ein Veräußerungs– und Zahlungsverbot erlassen, das im Ergebnis die Einstellung der Verwaltungstätigkeit bewirkt. Der Anlagevertrag kann zu diesem Zeitpunkt aber nur durch Kündigung zum Erlöschen gebracht werden.

289 Mit der Einführung der Insolvenzordnung, EGInsO v. 5. 10. 1994 = BGBL I 2911, 2929, zum 1. 1. 1999 ist § 13 Abs. 3 S. 1 KAGG der neuen Rechtslage angepasst worden. Die Eröffnung des Konkursverfahrens bzw. dessen gerichtliche Ablehnung mangels Masse sind durch die Eröffnung des Insolvenzverfahrens bzw. dessen Ablehnung ersetzt worden. Auch die Kapitalanlagegesellschaft ist nunmehr dem weiteren und flexibleren Insolvenzrecht unterworfen. Siehe hierzu allgemein Obermüller/Hess, 1. Aufl., Rn 38.

290 Beckmann/Scholz, § 13 Rn 8.

291 Ohl, S. 35 f.

292 Baur, § 13 KAGG Rn 7.

Neben der Insolvenz der KAG wäre die Insolvenz des Fondsvermögens grundsätzlich vorstellbar. Dessen Rechtsnatur steht dem nicht entgegen, da auch andere Sondervermögen wie das Gesamthandsvermögen bei Gütergemeinschaft gemäß § 11 Abs. 2 Nr. 2 InsO insolvenzfähig sind.[293] Das Vermögen von Investmentfonds wurde aber nicht in die abschließende Liste der insolvenzfähigen Subjekte gemäß § 11 InsO aufgenommen.[294] Die Zahlungsunfähigkeit wird bereits dadurch vermieden, dass das Sondervermögen gemäß § 10 Abs. 2 S. 2 KAGG Dritten gegenüber nicht haftet. Schützenswerte Drittgläubiger gibt es damit gar nicht. Die KAG kann demgegenüber ihre Ansprüche auf Aufwendungsersatz selbst durch Weisung an die Depotbank befriedigen.[295]

Die Eröffnung des Insolvenzverfahrens erfolgt durch Eröffnungsbeschluss des Insolvenzgerichtes. Dessen Zuständigkeit bestimmt sich gemäß §§ 2, 3 InsO. Die Antragsberechtigung richtet sich nach der Spezialregelung des § 46b KWG. Demnach kann nur die BaFin den Antrag auf Eröffnung des Insolvenzverfahrens stellen. Als Grund hierfür kommen gemäß § 46b S. 3 KWG nur Zahlungsunfähigkeit und Überschuldung in Betracht.[296]

Die zweite Alternative des § 13 Abs. 3 KAGG bildet die notwendige Ergänzung zur Eröffnung des Insolvenzverfahrens. Die Abweisung der Verfahrenseröffnung mangels Masse gemäß § 26 InsO führt ebenfalls zum Erlöschen des Verwaltungsrechts der KAG.

Das Sondervermögen geht nach dem Erlöschen des Verwaltungsrechts gemäß § 14 Abs. 1 KAGG auf die Depotbank über. Das Gesetz stellt auf diese Weise sicher, dass das Fondsmanagement nicht einmal übergangsweise durch die Insolvenzverwaltung ausgeübt wird. Unruhe bei den Anlegern soll vorgebeugt werden. Im übrigen gewährleisten die gesetzlichen Vorschriften eine aus-

---

293 Canaris, Rn 2450.

294 Auch eine Analogie zur Insolvenz des Nachlasses ist nicht möglich; s. Canaris, Rn 2450.

295 Canaris, Rn 2450, hält es für möglich, dass das Sondermögen aufgrund wirtschaftlicher Schwierigkeiten, in Zahlungsprobleme gegenüber den Anlegern gerät. Einzelne Anleger könnten dann von ihrem Rückzahlungsrecht Gebrauch machen und die KAG zu Notverkäufen zwingen. Dadurch entstünde eine der Konkursreife vergleichbare Lage. Um die Gleichbehandlung aller Anleger zu garantieren, müsse die KAG das Sondervermögen in einer solchen Krise aus wichtigem Grund fristlos kündigen. Nach Einführung des § 11 Abs. 2 S. 2 KAGG kann die Investmentgesellschaft heute die Rückgabe der Anteilscheine aussetzen. Bei einer Liquiditätskrise liegt der erforderliche wichtige Grund vor. Sofern die Zahlungsschwierigkeiten vorübergehend sind, besteht keine Pflicht zur Kündigung.

296 Beck in Samm, § 46b Rn 10 ff.

geprägte strukturelle Krisenfestigkeit der KAG.[297] Einerseits muss das eingezahlte Nennkapital gemäß § 2 Abs. 2 Buchst. a KAGG mindestens 2,5 Mio. € betragen. Andererseits verlangt die Tätigkeit als Dienstleister in der Vermögensverwaltung keine hohe Kapitalbindung. Die Vorschrift des § 13 Abs. 3 KAGG hat daher zwar hohe psychologische Bedeutung, aber nur untergeordnete praktische Relevanz.

C. Das gesetzliche Kündigungsrecht der Depotbank

Unter den Voraussetzungen des § 13 Abs. 4 KAGG kann die Depotbank den Anlagevertrag kündigen. Im Gegensatz zu § 13 Abs. 1 KAGG dient diese Vorschrift allein dem Anlegerinteresse.[298] Die Depotbank kann auf diese Weise den Investmentvertrag beenden, wenn besondere Umstände die pflichtgemäße Verwaltung des Sondervermögens gefährden.[299] Sie vertritt hier die Interessen der Anleger gegenüber der KAG.[300] Hierin liegt eine besondere Ausprägung der Aufgabe aus § 12c Abs. 2 Nr. 1 KAGG, die Ansprüche der Anteilinhaber gegen die KAG geltend zu machen. Während die Insolvenz zwingend zur Auflösung des Investmentvertrages führt, enthält § 13 Abs. 4 KAGG den weniger starken Eingriff in das Vertragsverhältnis. Die Depotbank soll abwägen können, ob die Kündigung wirklich im Interesse der Anleger liegt.

1. Das Kündigungsrecht der Depotbank bei Auflösung der KAG

Die erste Alternative des § 13 Abs. 4 KAGG begründet ein Kündigungsrecht der Depotbank für den Fall, dass die KAG aus einem anderen Grund als durch Gesellschafterbeschluss aufgelöst wird. Hierunter fallen in erster Linie die Auflösungsgründe des Gesellschaftsrechts:[301]

1. §§ 262 Abs. 1 Nr. 1 AktG bzw. 60 Abs. 1 Nr. 1 GmbHG: Der Gesellschaftsvertrag kann einen verbindlichen Auflösungszeitpunkt bestimmen.

---

297 Bisher hat es kein Konkurs– oder Insolvenzverfahren von Kapitalanlagegesellschaften gegeben; Carl/Förster, S. 90.
298 v. Berge und Herrendorf, S. 89, bezeichnet das Kündigungsrecht als Notbehelf für die Fälle, in denen die KAG nicht mehr die Gewähr für ordnungsgemäße Verwaltung bietet.
299 Ebner v. Eschenbach, S. 114.
300 Podewils, S. 90.
301 Baur, § 13 KAGG Rn 10; Beckmann/Scholtz, § 13 Rn 9; Schäcker, S. 65.

2. § 396 Abs. 1 AktG bzw. § 60 Abs. 1 Nr. 3 i. V. m. § 62 GmbHG: Die Gesellschaft kann durch Gerichtsbeschluss aufgelöst werden, wenn das Allgemeinwohl durch rechtswidriges Handeln der Gesellschaftsorgane gefährdet ist. Hierfür ist es erforderlich, dass die Interessen eines weiten Kreises der Öffentlichkeit in schwerwiegender Weise bedroht sind.[302]

3. § 60 Abs. 1 Nr. 3 i. V. m. § 61 GmbHG: Eine GmbH kann durch Urteil aufgelöst werden, wenn die Erreichung des Gesellschaftszwecks unmöglich geworden ist oder ein anderer wichtiger Grund vorliegt. Die Auflösung erfolgt mit der Rechtskraft des Gestaltungsurteils.[303]

4. § 262 Abs. 1 Nr. 5 AktG bzw. § 60 Abs. 1 Nr. 6 1. Alt jeweils i. V. m. § 144a ff. FGG: Gemäß § 144a Abs. 2 ff. FGG kann das zuständige Registergericht durch Verfügung wesentliche Mängel des Gesellschaftsvertrages einer AG feststellen. Diese Vorschrift gilt gemäß § 144a Abs. 4 ff. FGG für die GmbH entsprechend. Die Verfügung setzt voraus, dass einer der nach § 23 Abs. 3 1, 4, 5, 6 AktG notwendigen Satzungsinhalte fehlt oder nichtig ist. Die Auflösung der Gesellschaft tritt gemäß §§ 262 Abs. 1 Nr. 5 AktG, 60 Abs. 1 Nr. 5 GmbHG mit Rechtskraft der Verfügung ein.[304]

5. § 60 Abs. 1 Nr. 6 Alt. 2: Als Sanktion für die Nichteinhaltung der Verpflichtungen aus § 19 Abs. 4 GmbHG kann das Registergericht die KAG durch Verfügung auflösen. Das Registergericht hat die Verfügung von Amts wegen[305] unter Einhaltung des Verfahrens des § 144b FGG zu treffen, wenn ein Alleingesellschafter seinen Pflichten aus § 19 Abs. 4 GmbHG nicht nachkommt.

6. § 262 Abs. 1 Nr. 6 AktG, § 60 Abs. 1 Nr. 7 GmbHG: Diese annähernd gleichlautenden Vorschriften ordnen die Auflösung einer AG bzw. GmbH als Rechtsfolge einer Löschung gemäß § 141a FGG an.[306] Erforderlich für eine Löschung ist die völlige Vermögenslosigkeit der Gesellschaft.[307]

---

302 Kropff in Geßler/Hefermehl/Eckardt/Kropff, § 396 Rn 8; im Fall einer KAG wären diese Voraussetzungen wohl nur bei einem außerordentlich großen Geschäftsvolumen denkbar, wenn das Management versucht, Anteile in Betrugsabsicht in großem Stil beim Publikum zu platzieren. Verstöße gegen vertragliche Pflichten gegenüber den Anteilseignern können demgegenüber nicht ausreichen. Eine praktische Bedeutung dieses Auflösungsgrundes ist aber ohnehin nicht gegeben; s. Kropff, a. a. O., Rn 7; Ulmer in Hachenburg, § 62 Rn 2.

303 Rasner in Rohwedder, § 61 Rn 13.

304 Ulmer in Hachenburg, § 60 Rn 42.

305 Rasner in Rohwedder, § 60 Rn 28.

306 § 141a FGG ersetzt den inhaltlich entsprechenden § 2 des Löschungsgesetzes; s. Lutter/Hommelhoff, § 60 Rn 14.

307 Lutter/Hommelhoff, § 60 Rn 15.

7. § 60 Abs. 2 GmbHG: Im Aktienrecht können keine Auflösungsgründe vereinbart werden, die über § 262 Abs. 1 Nr. 1 AktG hinausgehen.[308] Die Gesellschafter einer als GmbH geführten KAG können weitere Auflösungsgründe in der Satzung verankern. Beispielsweise kann der Fortbestand der Gesellschaft von der Gesellschafterstruktur abhängig gemacht werden. Den Gesellschaftern kann auch ein satzungsmäßiges Kündigungsrecht zustehen. Im Hinblick auf den Schutz Dritter müssen diese Regelungen ausreichend bestimmt sein.[309]

Die genannten Auflösungsgründe wurzeln alle im allgemeinen Gesellschaftsrecht. Ihre Anwendbarkeit hängt von der Rechtsform der KAG ab. Mit Ausnahme des anlegerschützenden § 60 Abs. 1 Nr. 6 Alt. 2 GmbHG dienen sie dem Schutz der Öffentlichkeit oder sind Ausdruck privatautonomer Satzungsregelungen. Die praktische Relevanz dieser Vorschriften für das Investmentgeschäft ist äußerst gering. Einerseits kann frühzeitiges Eingreifen der BaFin den Schutz der Öffentlichkeit besser und differenzierter gewährleisten als die zwangsweise Auflösung. Andererseits stehen gesellschaftsvertragliche Befristungen meist dem Unternehmenszweck einer KAG entgegen, die auf langfristigen Erfolg ausgerichtet ist.

2. § 13 Abs. 4 Alt. 2 KAGG a. F.

Durch das EGInsO ist § 13 Abs. 4 Alt. 2 KAGG a. F. ebenso wie die Vergleichsordnung ersatzlos gestrichen worden. Diese Vorschrift gab der Depotbank das Recht, bei Eröffnung des Vergleichsverfahrens den Investmentvertrag fristlos zu kündigen. Alternativ konnte sie den Ausgang des Verfahrens abwarten. In ähnlichen Fällen besteht heute diese Wahlmöglichkeit nicht mehr. Das neue universale Instrument des Insolvenzplanes[310] soll zwar ebenfalls zur Rettung eines Unternehmens beitragen, das in Zahlungsschwierigkeiten steckt. Ein Insolvenzplan setzt jedoch die Eröffnung des Insolvenzverfahrens voraus. Gemäß § 13 Abs. 3 1. Alt KAGG führt dies zwangsläufig zum Erlöschen des Verwaltungsrechtes der KAG. Insoweit schränkt die neue Regelung die Entscheidungsfreiheit der Depotbank ein. Sie ist im Hinblick auf die Psychologie der Publikumsanleger aber dennoch zu begrüßen, da das Sondervermögen auf diese Weise in jedem Fall aus den Zahlungsschwierigkeiten der KAG herausgehalten wird.

308 Hüffer in Geßler/Hefermehl/Eckardt/Kropff, § 262 Rn 74.
309 Rasner in Rohwedder, § 60 Rn 33.
310 Haarmeyer/Wutzke/Förster, § 5 Rn 360.

3. Das allgemeine Verfügungsverbot gemäß § 13 Abs. 4 Alt. 2 (Alt. 3 a. F.)

§ 13 Abs. 4 Alt. 1 KAGG wird durch die Alt. 2 ergänzt. Hiernach kann die Depotbank das Sondervermögen auch dann kündigen, wenn ein allgemeines Verfügungsverbot gegen die KAG erlassen wird. In diesen Fällen wird die Handlungsfähigkeit der KAG ebenfalls stark beschränkt, und somit die Verwaltung des Sondervermögens in Frage gestellt.

Gemäß § 13 Abs. 4 Alt. 2 KAGG muss das Verfügungsverbot gegen die Anlagegesellschaft erlassen worden sein. Der Anwendungsbereich wird damit auf Anordnungen von Behörden und Gerichten beschränkt. Verbotsgesetzte i. S. d. § 134 BGB und gesetzliche Verfügungsverbote gemäß § 135 BGB werden vom Wortlaut nicht erfasst. Zu denken ist daher vor allem an behördliche Verbote i. S. d. § 136 BGB.[311] Die wichtigsten Fälle bildeten bis zu ihrer Aufhebung durch das EGInsO die §§ 12 und 59 VerglO. Diese beiden Veräußerungsverbote[312] konnten durch gerichtlichen Beschluss zum Schutz der Gesellschaftsgläubiger erlassen werden, um mit relativer Wirkung die Veräußerung von Gesellschaftsvermögen zu verhindern.

Andere Fälle des § 136 BGB lassen sich nicht unter § 13 Abs. 4 Alt. 2 KAGG subsumieren. Sie führen meist nicht zu allgemeinen, sondern nur zu besonderen Verfügungsbeschränkungen.[313]

§ 13 Abs. 4 Alt. 2 KAGG ist heute wohl nur noch im Fall einer Anordnung gemäß § 21 Abs. 2 Nr. 2 InsO von Bedeutung.[314] Das Insolvenzgericht kann auf dieser Rechtsgrundlage ein Verfügungsverbot zum Schutz der Gläubiger verhängen. Ein Fall des § 136 BGB liegt dann allerdings nicht vor.[315] Die Geltung des § 13 Abs. 4 Alt. 2 KAGG muss aber auf Verfügungsverbote ausgedehnt werden, die nicht unter § 136 BGB subsumierbar sind. Entscheidend ist, dass die Handlungsfreiheit der KAG durch die gerichtliche Maßnahme erheblich reduziert und die Verwaltungsaufgabe der KAG beeinträchtigt wird. Im Interesse der Anleger kann die Depotbank den Anlagevertrag in diesem Fall kündigen.

---

311 Baur, § 13 Rn 12.

312 Hierzu Heinrichs in Palandt, 136 Rn 4.

313 Dies gilt beispielsweise für Forderungspfändungen gemäß §§ 829, 857 ZPO oder § 111c Abs. 5 StPO; s. Kohler in Staudinger § 136 BGB Rn 9.

314 Siehe auch Beckmann/Scholtz, § 13 Rn 10; Sch ödermeier/Baltzer in Brinkhaus/Scherer, § 13 KAGG Rn 10.

315 Die relative Wirksamkeit der Verfügung als Rechtsfolge des § 135 BGB wird von § 24 Abs. 1 i. V. m. § 81 Abs. 1 S. 1 InsO verdrängt, der absolute Unwirksamkeit anordnet. Aus diesem Grunde ist mit Heinrichs, Palandt, § 136 Rn 2, in § 21 Abs. 2 Nr. 2 InsO kein Fall des § 136 BGB zu sehen; a. A. Kohler in Staudinger, § 136 Rn 12.

4. Aufsichtsrechtliche Beschränkungen der Verwaltung

§ 13 Abs. 4 KAGG ermöglicht die Kündigung, wenn die ordnungsgemäße Verwaltung des Sondervermögens nicht mehr gewährleistet ist. Die Auflösung der Anlagegesellschaft sowie ein Verfügungsverbot machen die Beendigung des Anlagevertrages erforderlich. Aber auch aufsichtsrechtliche Maßnahmen können die Verwaltung behindern. Die BaFin hat die Befugnis, die Betriebserlaubnis bei Mängeln der Geschäftsführung zu entziehen. Als ultima ratio kann die Aufsichtsbehörde sogar die Auflösung der KAG gemäß § 38 Abs. 1 S. 1, 2 KWG herbeiführen. In Betracht kommt es, in diesen Fällen § 13 Abs. 4 KAGG analog anzuwenden.

a) Die Entziehung der Betriebserlaubnis gemäß § 35 Abs. 2 KWG

Die BaFin kann einer KAG die Erlaubnis zum Betrieb von Bankgeschäften i. S. d. § 32 KWG wieder entziehen.[316] § 35 Abs. 2 KWG nennt katalogartig die Voraussetzungen und stellt die Entscheidung in das Ermessen der Bankaufsichtsbehörde.[317] Eine KAG verliert dann das Recht, Investmentgeschäfte i. S. d. § 1 KAGG zu betreiben.[318] Von den in § 35 Abs. 2 KWG aufgeführten Gründen, die zur Entziehung der Betriebserlaubnis führen können, ist für Kapitalanlagegesellschaften vor allem § 35 Abs. 2 Nr. 3 KWG relevant. Die Vorschrift verweist auf § 33 Abs. 1 S. 1 Nr. 1-7, Abs. 3 Nr. 1-3 KWG. Unter den hier genannten Voraussetzungen kann die Betriebserlaubnis versagt werden. Hervorzuheben sind mangelnde Zuverlässigkeit bzw. fachliche Qualifikation der Geschäftsführung, die Unterschreitung des Grundkapitals von 2,5 Mio. €, Mängel in der Verwaltung sowie Abhängigkeiten der KAG von unzuverlässigen Gesellschaftern. § 35 Abs. 2 Nr. 6 KWG bildet die Rechtsgrundlage, um die Betriebserlaubnis wegen nachhaltigen Verstoßes gegen das Wertpapierhandelsgesetz zu entziehen.

Der Verlust der Betriebserlaubnis gemäß § 35 Abs. 2 KWG ist jedoch nicht unter § 13 Abs. 4 KAGG subsumierbar. Die KAG wird weder aufgelöst noch liegt ein Fall eines allgemeinen Verfügungsverbot i S. d. § 13 Abs. 4 Alt. 2 KAGG vor; denn die Geschäfte der Gesellschaft bleiben wirksam.

Die Entziehung der Betriebserlaubnis ist somit nicht in § 13 KAGG geregelt.[319] Trotzdem besteht ein starkes Bedürfnis, auch in diesem Fall die Kündi-

316 Beckmann/Scholtz, § 2 Rn 36.
317 Haug in Szagunn, KWG § 35 Rn 6.
318 Haug in Szagunn, KWG § 35 Rn 32.
319 Beckmann/Scholtz, § 13 Rn 11.

gung des Investmentvertrages zu ermöglichen. Die KAG kann ihre vertragliche Verwaltungspflicht nicht mehr erfüllen, sodass der Depotbank analog § 13 Abs. 4 KAGG das Recht zur fristlosen Kündigung eingeräumt werden muss.[320]

b) Widerruf und Rücknahme der Betriebserlaubnis

Die BaFin kann die Betriebserlaubnis außerdem auf der Rechtsgrundlage der §§ 48, 49 KAGG entziehen. Die Vorschrift des § 35 Abs. 2 KWG lässt die allgemeinen Befugnisse des VwVfG ausdrücklich bestehen.[321] Das Aufsichtsamt hat daher das Recht eine rechtswidrig erteilte Genehmigung gemäß § 48 VwVfG zurückzunehmen und eine rechtmäßige Betriebserlaubnis gemäß § 49 VwVfG zu widerrufen. Eine erhöhte Bedeutung kommt § 49 Abs. 2 Nr. 2 VwVfG zu. Wenn die KAG eine Auflage i. S. d. § 32 Abs. 2 S. 1 KWG nicht erfüllt, kann die Genehmigung widerrufen werden.

Auch die Aufhebung der Betriebserlaubnis gemäß §§ 48, 49 VwVfG ist nicht unter § 13 Abs. 4 KAGG subsumierbar. Die Interessenlage entspricht aber dem oben erörterten Fall der Entziehung nach § 35 Abs. 2 KWG. Der Schutz der Anteilinhaber macht es erforderlich, dass die Depotbank als Vertreterin der Anlegerinteressen auch hier den Investmentvertrag kündigen kann. § 13 Abs. 4 KAGG ist aus diesem Grund analog anzuwenden.

c) Die Anordnung der Abwicklung gemäß § 38 KWG

Die Vorschrift des § 38 KWG gibt der Bankaufsicht die Befugnis, die Abwicklung eines Kreditinstitutes anzuordnen. Hierin liegt die stärkste aufsichtsrechtliche Sanktionsmöglichkeit. Auch diese Entscheidung steht im Ermessen der BaFin. Die Anordnung gemäß § 38 KWG setzt entweder das Erlöschen der Betriebserlaubnis nach § 35 Abs. 1 KWG oder die Entziehung durch das Bundesaufsichtsamt gemäß § 35 Abs. 2 KWG voraus.

Gemäß § 38 Abs. 1 S. 2 KWG hat die Anordnung, das Kreditinstitut abzuwickeln, die Wirkungen eines Auflösungsbeschlusses. Hieraus folgt, dass die Abwicklungsanordnung den oben besprochenen Fällen des § 13 Abs. 4 Alt. 1 KAGG gleichzustellen ist.[322] Das Kündigungsrecht entsteht mit der Bestandskraft der Anordnung.

---

320 Beckmann/Scholtz, § 13 Rn 11, will diesen Fall offenbar direkt § 13 Abs. 3 KAGG gleichstellen. Das Verwaltungsrecht erlischt dann kraft Gesetzes. Die Entziehung der Betriebserlaubnis entspricht jedoch eher § 13 Abs. 4 KAGG.

321 Wortlaut: „außer nach den Vorschriften des Verwaltungsverfahrensgesetzes".

322 Ohl, S. 74, Fn 29.

5. Das außerordentliche Kündigungsrecht der Depotbank

Die Depotbank kann den Investmentvertrag immer dann kündigen, wenn die KAG ihre Handlungsfähigkeit verliert. Die Literatur diskutiert darüber hinaus ein allgemeines außerordentliches Kündigungsrecht der Depotbank.[323] In Analogie zu § 13 Abs. 4 Alt. 1 KAGG könnte der Investmentvertrag auch dann gekündigt werden, wenn die vertragskonforme Verwaltung durch die KAG aus wichtigem Grund in Frage gestellt ist.[324] Ein Indiz für entsprechende Missstände kann darin liegen, dass die BaFin aufsichtsrechtliche Maßnahmen ergreift. Ein Beispiel für solche Eingriffe ist die Abberufung von Geschäftsleitern, die gegen gesetzliche Vorschriften verstoßen.[325] Ein Kündigungsrecht käme etwa bei Unterschlagung durch das KAG-Management in Betracht.

Eine solche Analogie wird jedoch zu Recht abgelehnt. § 13 Abs. 4 KAGG bildet eine eng auszulegende Ausnahmevorschrift.[326] Im Gegensatz zu § 13 Abs. 1 KAGG räumt § 13 Abs. 4 KAGG der Depotbank kein ordentliches Kündigungsrecht ein. Die Norm regelt lediglich zwei besondere Kündigungsgründe, die nach allgemeinen Regeln eine Kündigung aus wichtigem Grund zulassen würden. Hieraus ergibt sich ihr Ausnahmecharakter. Im Umkehrschluss ist eine Kündigung aus anderen Gründen unzulässig.

Eine Analogie ist nur dann gerechtfertigt, wenn die KAG ihre Handlungsfähigkeit vollständig verliert.[327] Sofern die Interessen der Anleger gefährdet sind, kann die BaFin geeignete Maßnahmen ergreifen.[328] Als ultima ratio kann die Bankaufsicht die Betriebserlaubnis entziehen. Damit kann sie ein Kündigungsrecht der Depotbank erzwingen.

6. Die Ausübung des Kündigungsrechts

Beide Alternativen des § 13 Abs. 4 KAGG geben der Depotbank das Recht, den Investmentvertrag fristlos zu kündigen. Hiermit soll der Möglichkeit Rechnung getragen werden, dass die Fondsverwaltung in absehbarer Zukunft uneingeschränkt fortgesetzt werden kann. Das Sondervermögen kann dann wieder durch das alte Management betreut werden. Die Depotbank muss Vor- und Nachteile der Kündigung abwägen. Einerseits schränkt der Kündigungsgrund die Effizienz

323 Wendt, S. 93.
324 Beckmann/Scholtz, § 13 Rn 12.
325 Beckmann/Scholtz, § 2 Rn 49 ff.
326 Beckmann/Scholtz, § 13 Rn 12; Wendt, S. 94; Schödermeier/Baltzer in Brinkhaus/Scherer, § 13 KAGG Rn 10.
327 Siehe 0, S. 77.
328 Beckmann/Scholtz, § 13 Rn 12.

der Fondsverwaltung vorübergehend ein. Andererseits kann durch Verzicht auf die Kündigung mittelfristig eine kontinuierliche Anlagepolitik gewährleistet werden.

7. Folgerungen

Die gegenwärtige Regelung ist nicht interessengerecht. Seit Einführung der Insolvenzordnung ist die Kündigung durch die Depotbank ohnehin ein eher theoretischer Fall. Sofern § 13 Abs. 4 KAGG dennoch Anwendung findet, ist die Beendigung des Investmentvertrages immer vorzugswürdig. Das Wahlrecht der Depotbank führt zu einem Interessenkonflikt. Gemäß § 12 Abs. 2 S. 1 KAGG muss sie ausschließlich zugunsten der Anleger handeln. Die Depotbank ist aber grundsätzlich an der Fortsetzung des Vertrages interessiert und auch konzerninterne Ziele könnten ein Grund sein, eine Kündigung zu verzögern. Sofern die Depotbank Mutterinstitut der KAG ist, wird sie bemüht sein, Interessen ihrer Tochter nicht zuwider zu handeln. Im Fall drohender Insolvenz beispielsweise besteht die Gefahr, dass die Sanierung der KAG durch den Verzicht auf eine Kündigung flankiert werden soll.

In der Praxis ist die Wahlmöglichkeit der Depotbank auf einige wenige Fälle beschränkt. Durch Streichung des § 13 Abs. 4 Alt. 2 a. F. KAGG und des § 12 VerglO sind die bisher wichtigsten Fälle des § 13 Abs. 4 KAGG entfallen. Das Kündigungsrecht war geradezu auf diese Regelungen zugeschnitten; denn bei Eröffnung eines Vergleichsverfahrens konnte es dem Anlegerinteresse entsprechen, den Vergleich abzuwarten.

Demgegenüber ist das Wahlrecht der Depotbank im Fall der ersten Alternative des § 13 Abs. 4 KAGG de facto ausgeschlossen. Die Auflösung der Gesellschaft durch Hoheitsakt oder aufgrund einer Satzungsregelung führt zur gleichen Interessenlage wie die Auflösung durch Gesellschafterbeschluss i. S. d. § 13 Abs. 2 KAGG. Die ordnungsgemäße Verwaltung des Sondervermögens nach der Auflösung ist unmöglich. Ein Wahlrecht der Depotbank ist unzweckmäßig. Nur die Kündigung kann die rasche Übertragung des Sondervermögens sicherstellen. Auf diese Weise können Renditeverluste der Anleger minimiert werden. Die Depotbank ist sogar verpflichtet, das Kündigungsrecht frühzeitig auszuüben, da nur die schnelle Trennung von der aufzulösenden KAG dem Anlegerinteresse entspricht. Sollte sich die Depotbank trotzdem gegen eine Kündigung entscheiden, würde der Vertrag zwischen Anlegern und der Liquidationsgesellschaft i. S. d. §§ 264 ff. AktG bzw. 65 ff. GmbHG fortbestehen.[329]

---

329 Schäcker, S. 66.

Wenn der Auflösungsgrund aus der Sphäre der KAG stammt, sollte § 13 Abs. 2 KAGG daher analog gelten. Der Anlagevertrag ist zu kündigen, bevor die Auflösung wirksam werden kann. Die Schutzwürdigkeit der Kleinanleger, die regelmäßig keine Kenntnis von der Satzung der KAG haben, überwiegt hier das Interesse der KAG-Gesellschafter an privatautonomer Regelung. Folgt man dieser Ansicht, ist eine Kündigung durch die Depotbank gar nicht mehr erforderlich. Die KAG wäre ihrerseits verpflichtet, den Anlagevertrag rechtzeitig zu kündigen.

Auch bei Entziehung der Betriebserlaubnis gemäß § 35 KWG bzw. §§ 48, 49 VwVfG ist das Wahlrecht der Depotbank eingeschränkt. Ohne Betriebserlaubnis darf die KAG keine Investmentgeschäfte mehr tätigen, sodass das Fondsvermögen nicht mehr verwaltet werden kann. Die Depotbank ist wegen § 12 Abs. 2 S. 1 KAGG im Interesse der Anleger verpflichtet, den Investmentvertrag unverzüglich zu kündigen.

Ein echtes Wahlrecht der Depotbank kommt nur im Fall eines allgemeinen Verfügungsverbotes i. S. d. § 13 Abs. 4 Alt. 2 KAGG in Betracht. Hier kann es u. U. sinnvoll sein, dessen Aufhebung abzuwarten. Von Bedeutung ist nur § 21 Abs. 2 Nr. 2 Alt. 1 InsO. Die Depotbank kann abwägen, ob sie bereits vor Eröffnung des Insolvenzverfahrens den Investmentvertrag kündigen sollte oder nicht.

Aber auch bei Verhängung eines Verfügungsverbotes gemäß § 21 Abs. 2 Nr. 2 Alt. 1 InsO ist fraglich, ob ein Kündigungsrecht wirklich zweckmäßig ist. Bereits im Stadium der drohenden Zahlungsunfähigkeit ist das Vertrauen der Anleger in die KAG erschüttert. Demzufolge stellt die Kündigung des Anlagevertrages die bessere Lösung dar. Einer Panik unter den Anlegern, die zu massiver Rückgabe der Anteilscheine führen könnte, wird auf diese Weise vorgebeugt. Zweckmäßig wäre es daher, bereits die Verhängung eines Verfügungsverbotes i. S. d. § 13 Abs. 4 Alt. 2 KAGG, der Insolvenzeröffnung gleichzustellen. Hierdurch kann zudem der Konflikt zwischen Anleger– und Konzerninteresse vermieden werden.

8. Ergebnis

In Anbetracht der jüngeren Gesetzesänderungen ist § 13 Abs. 4 KAGG inhaltlich überholt. Bei Auflösung der KAG hat ein echtes Kündigungswahlrecht nie bestanden. Mit Einführung der Insolvenzordnung sind die wichtigsten Fälle des § 13 Abs. 4 KAGG weggefallen.

Aus diesen Gründen wäre es sinnvoll, den § 13 Abs. 4 KAGG zu streichen. Das besondere Kündigungsrecht kompliziert die Systematik des § 13 KAGG unnötig. Die einzelnen Gründe, die eine Vertragsauflösung vorsehen, sollten auf die Absätze 2 und 3 aufgeteilt werden. Sofern sie in der Satzung der KAG wurzeln, sind sie Absatz 2 zuzuordnen. Andernfalls können sie als gesetzliche Erlöschensgründe in § 13 Abs. 3 KAGG Eingang finden.

9. Die Form der Kündigung gemäß § 13 Abs. 4 KAGG

Die Form der Kündigung durch die Depotbank ist gesetzlich nicht geregelt. Baur favorisiert eine Analogie zu § 13 Abs. 1 S. 1 KAGG.[330] Die Depotbank hätte die Kündigung im Bundesanzeiger bekannt zu machen und im Rechenschafts- oder Halbjahresbericht zu veröffentlichen.[331] Erst zu diesem Zeitpunkt träte ihre Wirksamkeit ein. Die komplizierte Form des § 13 Abs. 1 KAGG dient jedoch dazu, den unverhältnismäßig aufwendigeren Weg einer Kündigung nach den Zustellungsregeln der ZPO zu ersetzen. Entscheidend ist hierbei, dass die Willenserklärung jedem Anleger gegenüber wirksam werden muss. Die Dauer des Verfahrens führt faktisch zu einer Verlängerung der Kündigungsfrist. Unter dem Gesichtspunkt des Anlegerschutzes ist dies bei einer Kündigung durch die KAG zu begrüßen. Im Falle einer Kündigung durch die Depotbank dreht sich diese Interessenlage aber um. Die Kündigung gemäß § 13 Abs. 4 KAGG erfolgt vornehmlich zugunsten der Anleger, die durch die Depotbank repräsentiert werden. Das Anlegerinteresse verlangt es, den Anlagevertrag schnellstmöglich zu beenden.

Außerdem ist die KAG einziger Adressat der Willenserklärung, sodass die Kündigung ohne weiteres durch Zugang wirksam werden kann. Die allgemeinen Regeln des Zivilrechts sind ausreichend. Zwar haben auch die Anleger ein Bedürfnis, von der Kündigung zu erfahren. Hierzu ist es aber nicht erforderlich, die Wirksamkeit von der Veröffentlichung abhängig zu machen. Die Verfügungsmacht sollte vielmehr so schnell wie möglich und nicht erst mit dem Erscheinen von Bundesanzeiger und Rechenschaftsbericht auf die Depotbank übergehen. Die Depotbank kann sich dann um eine neue KAG bemühen oder die Auflösung des Fonds einleiten. Diese Überlegungen werden durch die gesetzliche Fristenregelung bestätigt. Die Kündigung durch die KAG gemäß § 13 Abs. 4 KAGG wird mit Zugang der Willenserklärung wirksam. Dadurch erkennt das Gesetz das Anlegerinteresse zu unverzüglichem Übergang des Sondervermögens an. Aus diesen Gründen ist die Analogie zu § 13 Abs. 1 KAGG abzulehnen. Eine besondere Form der Kündigung ist aus § 13 Abs. 4 KAGG nicht herzuleiten. Die Be-

330 Baur, § 13 Rn 13; Schödermeier/Baltzer in Brinkhaus/Scherer, § 13 KAGG Rn 8.

331 Beckmann/Scholtz, § 13 Rn 9, verlangen nur eine Pflicht zur Veröffentlichung analog § 13 Abs. 1 KAGG. Es bleibt offen, ob hierin eine Wirksamkeitsvoraussetzung liegen soll.

kanntmachung der Kündigung im Bundesanzeiger und den Rechenschaftsberichten ergibt sich als Nebenpflicht der Depotbank aus dem Depotvertrag.

§ 5 Der Übergang des Sondervermögen auf die Depotbank

Mit dem Erlöschen des Verwaltungsrechts scheidet die KAG aus dem Investmentdreieck aus. Der Depotbank fällt die Aufgabe zu, die Verwaltung des Sondervermögens übergangsweise zu besorgen. Der Investmentvertrag besteht aber nur zwischen den Anlegern und der Anlagegesellschaft. Daher stellt sich die Frage, auf welche Grundlage sich Ansprüche der Anteilinhaber gegen die Depotbank stützen. Außerdem wird in diesem Kapitel untersucht, inwieweit die Depotbank an die Schutzvorschriften des KAGG gebunden ist. Auf dieser Grundlage können ihre genauen Befugnisse bei Abwicklung und Übertragung eines Fonds bestimmt werden. Daraus ergibt sich der gesetzliche Handlungsrahmen im Außenverhältnis.

A. Systematik und Zweck des § 14 Abs. 1 KAGG

Die Vorschrift des § 13 KAGG fasst die gesetzlichen Gründe zusammen, die zur Auflösung des Investmentvertrages führen können. Das Verwaltungsrecht der KAG erlischt. § 14 Abs. 1 KAGG bestimmt als Rechtsfolge den Übergang des Sondervermögens auf die Depotbank. Hierin kommt das Bemühen des Gesetzgebers zum Ausdruck im Fall einer Krise bzw. einer unvorhergesehenen Entwicklung, ein geordnetes und einheitliches Verfahren zu ermöglichen. Trotz der inhaltlichen Spannweite der Auflösungsgründe ist ihnen gemeinsam, dass der Anleger von der Entwicklung überrascht wird. Bei seiner Investitionsentscheidung musste er die Auflösung seines Fonds zwar ins Kalkül ziehen; der Anleger durfte grundsätzlich aber von einer langfristigen und potentiell sogar unbegrenzten Anlagemöglichkeit ausgehen. Die überprüfbare Verwertung des Sondervermögens ist wichtiger Bestandteil des Anlegerschutzes. Aus diesem Grund ist der Übergang des Sondervermögens auf die Depotbank gemäß § 14 Abs. 1 KAGG zwingendes Recht.[332]

332 Demnach ist es auch konsequent, den durch § 15 Abs. 3 Buchst. k) neu in das KAGG aufgenommenen Laufzeitfonds bereits durch seine systematische Stellung auszugliedern und nicht der unflexiblen Rechtsfolge des § 14 zu unterwerfen; s. hierzu 3. Teil § 6I, S. 137 ff.

Der Übergang des Sondervermögens setzt voraus, dass das Verwaltungsrecht der KAG erlischt. Der Wortlaut „Erlöschen“ knüpft an § 13 Abs. 3 S. 1 KAGG an. Diese Vorschrift nimmt ihrerseits mit dem Wortlaut „erlischt ferner“ auf die Absätze 1 und 2 Bezug.[333] Hieraus folgt, dass das Verwaltungsrecht auch mit Wirksamkeit der ordentlichen Kündigung i. S. d. § 13 Abs. 1 KAGG erlischt. Aus dem Zusammenhang ergibt sich die gleiche Rechtsfolge für die Kündigung durch die Depotbank gemäß § 13 Abs. 4 KAGG. Die Beendigung des Anlagevertrages und das Erlöschen des Verwaltungsrechtes fallen daher zwangsläufig zusammen.[334] Der Übergang des Sondervermögens erfolgt kraft Gesetzes zu dem Zeitpunkt, zu dem die Kündigung wirksam bzw. der zugrunde liegende gerichtliche Beschluss rechtskräftig wird.

Die Vorschrift des § 14 Abs. 1 KAGG differenziert danach, ob im Investmentvertrag die Miteigentumslösung oder die Treuhandlösung vereinbart war. In beiden Fällen tritt die Depotbank an die Stelle der KAG und erhält das Verfügungsrecht aus § 9 Abs. 1 S. 1 KAGG. Bei der Treuhandlösung wird sie auch Eigentümerin der Vermögensgegenstände. Im Fall der Miteigentumslösung ändert sich die Rechtsstellung der Anleger nicht. Sie bilden weiter eine Miteigentümergemeinschaft. Die KAG kann keine wirksamen Verfügungen mehr vornehmen.[335]

B. Die Rechtsstellung der Depotbank nach dem Vermögensübergang

An den Übergang des Sondervermögens knüpfen weitere Rechtsfolgen an. Die wichtigsten ergeben sich aus § 14 Abs. 2 S. 1 KAGG. Diese Norm verpflichtet die Depotbank, die laufenden Geschäfte zu beenden und das Sondervermögen abzuwickeln und zu verteilen. Da die KAG aus dem Investment-Dreieck ausscheidet, vereinigt die Depotbank alle Treuhänderrechte und -pflichten auf sich.

Während der laufenden Verwaltung durch die KAG beschränkt sich der Aufgabenbereich der Depotbank auf die Verwahrung und Überwachung des Son-

---

333 Siara/Tormann, § 12 I.

334 A. A. offenbar Köndgen in Schimansky, § 113 Rn 131.

335 Ein gutgläubiger Erwerb gemäß § 932 ff. BGB ist zwar grundsätzlich bei Wertpapieren möglich. Da aber die Depotbank unmittelbare Besitzerin der Vermögensgegenstände ist, fehlt einer Verfügung der nichtberechtigten KAG der erforderliche Rechtsschein, sodass ein gutgläubiger Erwerb kaum denkbar ist. Das zugehörige Verpflichtungsgeschäft bindet ohnehin nur die KAG. Ein Anspruch auf Aufwendungsersatz gegen die Anteilinhaber scheidet auch aus, da ein solcher gemäß § 675, 670 BGB nur für Geschäfte gewährt wird, die die KAG als Geschäftsführerin für nötig halten durfte.

dervermögens. Eine unmittelbare vertragliche Beziehung besteht nur im Verhältnis zwischen KAG und Anleger einerseits sowie KAG und Depotbank andererseits. Das Rechtsverhältnis zwischen Anlegern und Depotbank ist zu diesem Zeitpunkt der am wenigsten wichtige Bestandteil des Investment-Dreiecks. Mit dem Übergang des Sondervermögens vervielfachen sich die Aufgaben der Depotbank aber und werden erheblich komplexer. Dieses Rechtsverhältnis wird somit kraft Gesetzes zur tragenden Säule der Anlage. Zwischen Anlegern und Depotbank besteht jedoch nach h. M. kein unmittelbarer Vertrag. Die Rechtsnatur der gegenseitigen Ansprüche ist nicht eindeutig und wird in der Literatur kontrovers diskutiert.[336] Die Besonderheiten der Abwicklungsphase werden bisher allerdings nur von Ohl[337] problematisiert.

1. Meinungsstand

a) Depotvertrag zugunsten der Anleger

Die ältere Lehre[338] leitet die gegenseitigen Ansprüche von Depotbank und Anlegern aus dem Depotbankvertrag i. V. m. § 328 BGB her.[339] Demnach müssten KAG und Depotbank einen Vertrag zugunsten der Anteilinhaber schließen.[340] Der Anleger hätte einen direkten vertraglichen Anspruch gegen die Depotbank auf Verwahrung des Sondervermögens. Nach dem Ausscheiden der KAG ändert sich nur der Inhalt des Anspruches. Der Anteilinhaber kann jetzt die Abwicklung bzw. die Übertragung des Fonds verlangen. Gemäß § 328 Abs. 1 BGB können die Anleger diese Ansprüche selbstständig geltend machen. Dieser Tatsache käme nach dem Ausscheiden der Anlagegesellschaft erhöhte Bedeutung zu, da die KAG die Interessen der Anteilinhaber gegenüber der Depotbank nicht mehr vertreten kann.

Das Ausscheiden der KAG aus dem Investment-Dreieck i. S. d. § 13 KAGG führt aber nicht nur zur Beendigung des Investmentvertrages. Auch der Depotbankvertrag wird aufgelöst, weil die Verwaltung des Sondervermögens die Geschäftsgrundlage für den Vertrag zwischen KAG und Depotbank bildet.[341] Das Ausscheiden der KAG aus dem Investment-Dreieck gibt der Depotbank das

---

336 Baur, § 12 Rn 15, m. w. N.

337 Ohl, S. 110 ff.

338 Geßler, S. 22; Tegethoff, S. 114; Baum, S. 143; Reuter, S. 152; Hopt, S. 506; s. a. Canaris, Rn 2461ff. und Fn 56.

339 In der neueren Literatur vertritt nur König, S. 151 ff., diese Position.

340 Baur, § 14 Rn 15.

341 Schäcker, S. 71.

Recht, den Vertrag zu kündigen.[342] Die Kündigung erfordert keine besondere Form und erfolgt spätestens bei Übernahme des Sondervermögens.[343] Der Depotbankvertrag ist daher regelmäßig bereits erloschen, wenn die Depotbank mit der Auflösung des Sondervermögens beginnt. Die Aufgaben der Depotbank i. S. v. § 14 KAGG könnten ihrer Rechtsnatur nach nur nachvertragliche Pflichten zugunsten der Anleger sein.

b) Vertrag zwischen Depotbank und Anlegern

Nach einer Gegenansicht liegt auch dem Rechtsverhältnis zwischen Depotbank und Anleger ein gesonderter Geschäftsbesorgungsvertrag zugrunde.[344] Er soll Grundlage aller Ansprüche der Anleger gegen die Depotbank sein. Dieser Vertrag werde bei Ausgabe der Anteilscheine abgeschlossen. Als Hauptargument führen die Verfechter dieser Theorie an, die Depotbank müsse gemäß § 18 Abs. 1 S. 3 KAGG den Anteilschein unterschreiben. Hierin soll offenbar das Angebot zum Vertragschluss liegen. Mit der Ausgabe der Anteilscheine werde es konkludent durch die Anleger angenommen. Dieser Vertrag bliebe auch nach Erlöschen des eigentlichen Depotbankvertrages bestehen. Er müsste alle gesetzlich vorgeschriebenen Schutz-, Kontroll- und Verwaltungspflichten der Depotbank umfassen.

c) Gesetzliches Schuldverhältnis

Die neuere, heute wohl herrschende Lehre sieht in der Rechtsbeziehung zwischen Anlegern und Depotbank ein gesetzliches Schuldverhältnis. Die Rechtsstellung der Depotbank ergebe sich durch die tatsächliche Übernahme der Depotverwaltung. Ohl geht noch einen Schritt weiter. Seiner Ansicht nach werden Rechte und Pflichten der KAG direkt durch das KAGG zugewiesen. Die KAG habe eine „originäre" Rechtsstellung.[345]

---

342 A. a. O.

343 Das Muster eines Depotbankvertrages, abgedruckt bei Baur in Hellner/Stürner 9/123, sieht unter „V" eine ordentliche Kündigungsfrist von 6 Monaten vor. Ein außerordentliches Kündigungsrecht ist jedoch ausdrücklich anerkannt.

344 Baur, § 12 Rn 15.

345 Ohl, S. 83.

(1) Die Ansicht Ohls

Ohl[346] wertet das Verhältnis zwischen KAG und Depotbank grundsätzlich neu. Er sieht in beiden Treuhändern zwei prinzipiell gleichwertige und gleichberechtigte Teile des Investment-Dreiecks.[347] Mit dieser Position sei ein Unterordnungsverhältnis, wie es durch einen Geschäftsbesorgungsdienstvertrag geschaffen werde, nicht vereinbar. Die Beauftragung der Depotbank i. S. d. § 12 Abs. 1 S. 1 KAGG erfolgt nach Ansicht Ohls durch Bildung einer BGB-Innengesellschaft gleichberechtigter Partner.[348] Der gemeinsame Zweck dieser Vereinbarung bestehe im Betreiben des Investmentgeschäfts. Konkrete Pflichten der Depotbank würden aber nicht aus dem Gesellschaftsvertrag begründet, sondern beruhten ausschließlich auf gesetzlicher Zuweisung. Ansprüche der Anleger gegen die Depotbank ergeben sich nach dieser Ansicht direkt aus dem Gesetz,[349] ohne einen besonderen Vertrag zugunsten der Anleger vorauszusetzen.

Zweifel an der Auffassung Ohls ergeben sich bereits aus dem Wortlaut des § 12 Abs. 1 S. 1 KAGG, der die „Beauftragung" der Depotbank vorsieht. Der Abschluss eines Gesellschaftsvertrages impliziert grundsätzlich die Gleichstellung der Beteiligten und lässt sich kaum als „Beauftragen" deuten.[350] Die Neufassung von § 12 Abs. 2 KAGG hat außerdem die Unterordnung der Depotbank ausdrücklich bestätigt. Satz 2 dieser Vorschrift ordnet ihre Weisungsabhängigkeit an. Der Depotbank steht bei Verstößen der KAG gegen Anlagevorschriften nur ein Beanstandungsrecht zu.[351] Mit der Stellung eines Gesellschafters ist ein solches Weisungsrecht nicht vereinbar[352], sodass die Ansicht Ohls als überholt gelten kann.[353]

346 Ohl, S. 64 ff.
347 Ohl, S. 67 f.
348 Ohl, S. 90 ff, zum Kriterium der Gleichberechtigung König, S. 150; Klenk, S. 15.
349 Ohl, S. 99 f.
350 Ohl, S. 75, suggeriert, die Depotbank habe das Recht, ihrerseits gemäß § 14 Abs. 2 S. 2 KAGG eine neue KAG mit der Verwaltung zu beauftragen. Hierin liege ein Rollentausch, der die gleichberechtigte Stellung von KAG und Depotbank unterstreiche. § 14 Abs. 2 S. 2 enthält aber nur den Begriff „Übertragung". Die Vorschrift erlaubt der Depotbank somit nur die Übertragung des übergangsweise erhaltenen Verwaltungsrechts zu den im alten Depotbankvertrag festgesetzten Bedingungen. Von Beauftragung ist in § 14 Abs. 2 S. 2 KAGG keine Rede.
351 Baur, § 12 KAGG Rn 34; K. Müller, S. 487.
352 Ähnlich König, S. 150, mit Hinweis auf § 675 BGB.
353 Kritisch auch Köndgen in Schimansky, § 113 Rn 121.

(2) Begründung der Depotbankstellung durch rechtsgeschäftlichen Kontakt

Auch Canaris und Müller halten die Pflichten der Depotbank für außervertraglich.[354] Einzeln betrachtet bilden die gesetzlichen Vorgaben nach dieser Ansicht einfache Schutzgesetze i. S. d. § 823 Abs. 2 BGB. Darüber hinaus habe das KAGG die Gesamtheit der Anlegerschutzvorschriften zu einem gesetzlichen Schuldverhältnis zusammengezogen.[355] Die Rechtsfigur des gesetzlichen Schuldverhältnisses sei durch die moderne Schuldrechtsdogmatik entwickelt worden. Zu dessen Begründung sei es erforderlich, dass sich die Beteiligten in „rechtsgeschäftlichem Kontakt" und nicht nur als „unverbundene Rechtsgenossen" gegenüberstehen.[356] Hierin liege auch das Abgrenzungskriterium zu rein deliktsrechtlichen Beziehungen. Der rechtsgeschäftliche Kontakt entstehe im Investmentgeschäft bereits durch die gesteigerte Einwirkungsmöglichkeit der Depotbank auf die Rechtsgüter der Anleger. Beide Autoren wollen mit dieser Lehre die Unzulänglichkeiten der oben genannten „vertraglichen Theorien" umgehen. Der Anlegerschutz lasse sich auf diese Weise verbessern.[357]

Gschoßmann plädiert ebenfalls für die rein gesetzliche Natur der Depotbankpflichten.[358] Die Qualifizierung als Depotbank ergebe sich durch die Auswahl im Sinne von § 12 Abs. 3 S. 1 KAGG. Hierin soll sogar ein spezielles Rechtsinstitut des KAGG liegen.[359]

2. Stellungnahme

Die Vertreter der Theorie eines gesetzlichen Schuldverhältnisses weisen an erster Stelle auf besondere Erfordernisse im Anlegerschutz hin. Bei Unwirksamkeit des Depotbankvertrages könnten die Rechte der Anleger gefährdet werden. Zwar sei ein Depotbankvertrag, der Ansprüche Dritter in Anlehnung an die gesetzlichen Vorgaben begründe, dogmatisch unproblematisch.[360] Einwendungen gegen vertragliche Leistungen können gemäß § 334 BGB aber auch gegenüber dem Be-

---

354 So auch Köndgen in Schimansky, § 113 Rn 122, der darauf hinweist, dass das gesetzliche Schuldverhältnis eine Ausprägung erfahre, die im allgemeinen Schuldrecht ohne Vorbild ist. Eine primäre Leistungspflicht fehle sonst; s. a. Kümpel, S. 1591.

355 Canaris, Rn 2464; der Autor stellt das Rechtsverhältnis Depotbank-Anleger auf eine Ebene mit dem Rechtsinstitut der cic.

356 Canaris, Rn 2464.

357 Canaris, Rn 2464; K. Müller, S. 487.

358 Gschoßmann, S. 174 ff.

359 Gschoßmann, S. 183.

360 K. Müller, S. 487.

günstigten geltend gemacht werden. In der Konsequenz gilt dieses Recht auch im Verhältnis zwischen Depotbank und Anlegern.

Der Begriff der Einwendung ist hier weit auszulegen[361] und umfasst insbesondere auch die Nichtigkeit und die Anfechtbarkeit des Vertrages. Im Fall einer Krise in den vertraglichen Beziehungen zwischen KAG und Depotbank wäre der Anlegerschutz in Frage gestellt. Aber gerade zu diesem Zeitpunkt ist er am nötigsten.[362] Diese Problematik könnte gerade nach dem Übergang des Sondervermögens auf die Depotbank erhebliche Konsequenzen haben. Im Extremfall führt die Nichtigkeit des Depotbankvertrages dazu, dass die Depotbank ganz wegfällt,[363] sodass weder der Übergang noch eine geordnete Abwicklung des Sondervermögens möglich wären.

Die Vertragslösung ist auch aus grundsätzlichen Erwägungen abzulehnen. Der Anlegerschutz sollte dem Dispositionsbereich von KAG und Depotbank entzogen werden. Die Anleger haben nicht die Möglichkeit, auf den Depotbankvertrag Einfluss zu nehmen.[364] Dies gilt umso mehr, als enge Verknüpfungen von KAG und Depotbank erlaubt und üblich sind.[365]

Auch die Existenz eines dritten Vertragsverhältnisses ist mit den Vertretern der neueren Lehre zu verneinen. Müller stellt bereits die Möglichkeit eines selbstständigen Vertrages zwischen Depotbank und Anlegern in Frage. Die Unterschrift der Depotbank und die Ausgabe der Zertifikate an die Anleger reichen seiner Ansicht nach nicht aus.[366] Canaris räumt diese Möglichkeit zwar ein. Er verweist aber zutreffend darauf[367], dass Einzelverträge vorliegen müssten, deren Wirksamkeit sich für jeden Anleger getrennt beurteilt. Der Abschluss individueller Verträge zwischen Depotbank und dem einzelnen Anleger ist sehr zweifelhaft. Ein solcher Vertrag kann nur bei Ausgabe der Anteilscheine zustande kommen. In erster Linie wollen KAG und Anleger zu diesem Zeitpunkt den

361 Heinrichs in Palandt, § 334 Rn 3.

362 K. Müller, S. 487.

363 Siehe Gschoßmann, S. 181, der die Rechtsfolgen bei Wegfall der Depotbank durchspielt.

364 Canaris, Rn 2462.

365 Der Depotbankvertrag ist als „wesentlicher Vertrag in Bezug auf Sondervermögen" der BAFin vorzulegen (Allgemeinverfügung des BAKred v. 18. 7. 1990). Die Kontrolle beschränkt sich aber auf investmentspezifische Inhalte und nicht die allgemeine Wirksamkeit des Vertrages. Trotzdem wird man davon ausgehen können, dass Einwendungen i. S. d. § 334 BGB einerseits selten vorkommen und andererseits die Depotbank nur äußerst vorsichtig von ihnen Gebrauch machen wird, um einen Reputationsverlust zu vermeiden.

366 Nach Ansicht von K. Müller, S. 487, ist diese Konstruktion „dogmatisch kaum machbar".

367 Canaris, Rn 2463.

Anlagevertrag schließen. Der Anleger wird nur selten mit dem Erklärungsbewusstsein handeln, auch noch das Angebot der Depotbank zu einem zweiten Vertrag anzunehmen.[368] Ein geschäftlicher Kontakt hat bei Ausgabe der Zertifikate noch gar nicht stattgefunden. Regelmäßig will der Anleger nur mit der von ihm ausgewählten KAG ins Geschäft kommen. Außerdem ist fraglich, ob die Depotbank mit Rechtsbindungswillen handelt, wenn sie die Anteilscheine unterschreibt.[369] Hierin kommt eher der Wille zum Ausdruck, die gesetzlichen Pflichten aus dem Depotvertrag i. V. m. dem KAGG anzuerkennen. Auch für Willensfiktionen ist kaum Raum.[370] Die Gültigkeit eines Vertragsschlusses hinge vom Einzelfall ab. Hierin liegt ein grundsätzlicher Widerspruch zum Schutzzweck des KAGG, weil der Anlegerschutz alle Publikumsanleger umfassen soll.

Das gesetzliche Schuldverhältnis setzt demgegenüber nur voraus, dass die Depotbank ihre Tätigkeit tatsächlich aufnimmt und das Sondervermögen verwahrt. Allein dieser rechtsgeschäftliche Kontakt reicht aus, die gesetzlichen Pflichten zu begründen. Die Übernahme des Sondervermögens gemäß § 14 Abs. 1 KAGG ist dann in jedem Fall gewährleistet. Diese gesetzliche Aufgabe wird erst mit der vollständigen Abwicklung bzw. Übertragung des Sondervermögens beendet.

Im Ergebnis entspricht die Theorie eines gesetzlichen Schuldverhältnisses am besten dem Schutzzweck des KAGG. Auch nach Erlöschen des Verwaltungsrechts gemäß § 13 KAGG führt diese Lösung zu interessengerechten Ergebnissen. Der Anleger kann darauf vertrauen, dass die Depotbank unabhängig von dem eigentlichen Depotbankvertrag ihre Treuhänderfunktion wahrnimmt.

Das gesetzliche Schuldverhältnis ist aber nur ein Minimalstandard für die Rechte der Anteilinhaber. Der Depotbankvertrag kann diese Rechte ausbauen und konkretisieren. Er überlagert dann das gesetzliche Schuldverhältnis zugunsten der Anleger.[371] Außerdem wird durch den Depotbankvertrag i. V. m. § 335 BGB auch ein eigenes Recht der KAG gegen die Depotbank begründet. Dieses Forderungsrecht tritt neben die Ansprüche der Anleger.[372] Soweit zusätzliche Ansprüche im Depotbankvertrag vereinbart wurden, stehen der Depotbank allerdings alle Einwendungen gegen die Anleger und gegen die KAG zu. Das unbedingte Schutzinteresse der Anleger findet in den gesetzlichen Schutzvorschriften seine Grenze.[373]

---

368 Kümpel, S. 1586; Canaris, a. a. O.

369 Canaris, a. a. O.

370 Canaris, a. a. O.

371 So auch Baur, § 12 Rn 15.

372 Gemäß § 12c Abs. 3 S. 1 KAGG kann die KAG alle Ansprüche der Anleger in gesetzlicher Prozessstandschaft geltend machen.

373 Baur, § 12 Rn 15.

Die Ausführungen von Gschoßmann überzeugen dagegen nicht. Offenbar soll der rechtsgeschäftliche Kontakt im Sinne von Canaris durch die „Auswahl" der Depotbank ersetzt werden. Diese Auswahl verlange eine Annahme.[374] Damit legt Gschoßmann doch wieder rechtsgeschäftliche Maßstäbe an, weil sich Auswahl und Annahme kaum als spezielles Rechtsinstitut des KAGG deuten lassen. Wenn beide aber einfache Willenserklärungen sind, führt die Konstruktion von Gschoßmann zu den gleichen Nachteilen wie die Vertragslösungen.

3. Ergebnis

Die Pflichten der Depotbank entstehen durch gesetzliche Zuweisung. Hierfür ist allerdings ein rechtsgeschäftlicher Kontakt mit den Anlegern erforderlich, der durch den Vertragsschluss mit der KAG vermittelt wird. Die gesetzliche Stellung der Depotbank besteht über die Beendigung des Anlagevertrages gemäß § 13 KAGG hinaus. Dadurch wird die Auflösung bzw. Übertragung des Sondervermögens unabhängig vom Bestand des Depotbankvertrages gewährleistet. In diesem Vertrag zwischen Depotbank und KAG können weitere Ansprüche der Anleger i. S. v. § 328 BGB begründet werden.

Das Verhältnis von Depotbank und Anteilinhabern ist ebenfalls als Treuhand zugunsten der Anleger zu qualifizieren.[375] Auch die Depotbank handelt ausschließlich im Interesse der Anleger.

C. Der Umfang des Vermögensübergangs

Eigentum im Fall der Treuhandlösung und Verfügungsrecht gehen nach übereinstimmender Ansicht kraft Gesetzes auf die Depotbank über. Für eine vertragliche Ausgestaltung ist hier kein Raum. Einzelne Übertragungsakte sind nicht erforderlich.[376] Weder die Depotbank noch die KAG können den Übergang zu diesem Zeitpunkt verhindern. Der Übergang betrifft aber nur das Sondervermögen. Verbindlichkeiten der KAG aus Geschäften für Rechnung des Sondervermögens werden nach dem klaren Wortlaut des § 14 Abs. 1 KAGG nicht vom Vermögensübergang erfasst.[377] Verbindlichkeiten des Sondervermögens selbst können wegen § 10 Abs. 2 S. 2 KAGG gar nicht bestehen.[378]

374 Gschoßmann, S. 183 ff.
375 Canaris, Rn 2465; Roth, S. 158, m. w. N.
376 Canaris, Rn 2476; Baur, § 14 Rn 1.
377 Baur, § 14 Rn 1.
378 A. a. O.

1. Die Ansprüche der Investmentgesellschaft

Da die Depotbank nicht die Schulden der Investmentgesellschaft übernimmt, bleiben konsequenterweise auch die Aufwendungsersatzansprüche der KAG bestehen. Die Forderung richtet sich auch weiterhin gegen die Gemeinschaft der Anteilinhaber. An der Haftungsbegrenzung auf das Sondervermögen ändert sich nichts.[379] Wenn die Anlagegesellschaft aufgelöst wird, sind diese Zahlungen an die Liquidationsgesellschaft zu leisten.[380]

2. Der Übergang des Verfügungsrechts

a) Die Theorie der Gesamtrechtsnachfolge

§ 14 Abs. 1 KAGG differenziert in Abhängigkeit von der gewählten Treuhandlösung. Entweder geht das volle Eigentum oder nur das Verfügungsrecht aus § 9 Abs. 1 KAGG auf die Depotbank über.

Der Wortlaut des § 14 Abs. 1 KAGG ist jedoch zu eng. Auch die Übergangsverwaltung durch die Depotbank muss den umfangreichen Beschränkungen des KAGG und gegebenenfalls des Anlagevertrages unterworfen bleiben.[381] Außerdem müssen die laufenden Geschäfte, die im Vorfeld der Verwertung des Sondervermögens anfallen, fortgeführt werden können. § 14 Abs. 1 KAGG enthält hierzu keine ausdrückliche Regelung. Es liegt aber nahe, der Depotbank grundsätzlich die gleiche Rechtsstellung wie der KAG einzuräumen. Dem entspricht die Pflicht der Depotbank zur ordnungsgemäßen Übergangsverwaltung des Sondervermögens. Aus diesem Grund deutet die h. M. den Vermögensübergang als Gesamtrechtsnachfolge.[382] Nach Ansicht von Canaris soll die Depotbank in die Position der KAG einrücken.[383] Neben den dinglichen Rechten sollen auch schuldrechtliche Pflichten der KAG gegenüber den Anlegern auf die Depotbank übergehen. Über die gesetzlichen Ansprüche hinaus hebt Canaris die Fortgeltung von Ansprüchen aus dem Investmentvertrag hervor.[384]

---

379 Canaris, Rn 2478.

380 Nach Ansicht von Canaris, Rn 2478, wäre der Übergang der KAG - Verbindlichkeiten auf die Depotbank grob unbillig. Die gesetzliche Regelung müsse die Depotbank von der Haftung für KAG - Verbindlichkeiten freistellen (Rn 2478).

381 Canaris, Rn 2477.

382 Baur, § 14 Rn 1; Canaris, Rn 2476; G. Müller, S. 128; Schödermeier/Baltzer in Brinkhaus/Scherer, § 13 KAGG Rn 3; Roth, S. 158, spricht von Einrücken in die Rechtsstellung der Depotbank; ähnlich Wendt, S. 138.

383 Canaris, Rn 2477.

384 Canaris, Rn 2479; der Autor stellt hier auf die Fortgeltung einer investmentvertraglichen Regelung während der Abwicklung ab.

b) Die Ansicht Ohls

Ohl lehnt die Qualifizierung des Vermögensüberganges als umfassende Gesamtrechtsnachfolge ab.[385] Der Übergang des formalen Eigentums und des Verfügungsrechts sei enger zu deuten. Die Depotbank erhalte durch den Vermögensübergang keine abgeleitete, sondern eine eigenständige Stellung, die durch das KAGG zugewiesen werde.[386] Lediglich einzelne Rechte und Pflichten der KAG seien während der Abwicklungsphase auch von der Depotbank wahrzunehmen. Ohls Vorschlag bildet das Korrelat zu seiner Theorie einer BGB-Gesellschaft zwischen KAG und Depotbank. Die Depotbank behält nach dieser Ansicht ihre bisherige Rechtsstellung und erweitert lediglich ihren Aufgabenbereich kraft Gesetzes.[387]

Ohl lehnt die herrschende Lehre wegen der grundlegenden Funktionsunterschiede zwischen KAG und Depotbank ab.[388] Der Übergang des Sondervermögens gemäß § 14 Abs. 1 KAGG erfolge nur zu dem Zweck, das Vermögen aufzulösen oder zu übertragen. Gemeinsamkeiten mit der ursprünglichen Verwaltungsaufgabe der KAG ergäben sich hieraus nicht.[389] Von einem Einrücken in die Rechtsstellung könne daher nicht gesprochen werden.[390]

c) Stellungnahme

In seinem Bemühen, die Selbstständigkeit der Depotbank hervorzuheben, missdeutet Ohl das Anliegen der herrschenden Lehre. Die Gesamtrechtsnachfolge dient ausschließlich dem Ziel, den Anlegerschutz auch nach Erlöschen des Investmentvertrages aufrechtzuerhalten.[391] Sie unterwirft die Depotbank den gleichen gesetzlichen und vertraglichen Beschränkungen, an die vorher die KAG gebunden war. Keineswegs will die h. L. eine vollständige Funktionsgleichheit zwischen KAG und Depotbank konstruieren. Richtig ist, dass die Depotbank

385 Ohl, S. 107.

386 Ohl, S. 67 ff. und S. 109.

387 Ohl, S. 110.

388 Ohl, S. 107.

389 Ohl, S. 114.

390 A. a. O; außerdem führt Ohl organisationsrechtliche Bedenken gegen die Gesamtrechtsnachfolge an. Im Gegensatz zur KAG gelte für die Depotbank primär das KWG und nicht das KAGG. Daraus ergebe sich, dass die organisatorischen Anforderungen der §§ 1-4 KAGG durch die Depotbank nicht erfüllt werden könnten. Hieraus folgert Ohl, dass auch die Rechtstellung der Depotbank nicht der Position der KAG entsprechen könne. Demgegenüber behalte die Depotbank ihre Verwahrungsaufgaben. Ihr alter Aufgabenkreis werde durch § 14 KAGG nur ergänzt.

391 Siehe auch Canaris, Rn 2477.

nicht allen Anforderungen an eine Anlagegesellschaft entspricht. Für die befristete Periode der Auflösung werden diese Defizite aber in Kauf genommen.

Eine Gesamtrechtsnachfolge im Sinne der h. L. ist nur unter strikter Beschränkung auf Rechte und Pflichten aus dem Investmentvertrag denkbar. Jeder weitere gesetzliche Rechtsübergang kann mit dem Wortlaut des § 14 Abs. 1 KAGG nicht vereinbart werden. Die Rechtsnachfolge der Depotbank steht aber nicht im Widerspruch zu den besonderen Aufgaben der Abwicklung und Übertragung. Diese Pflicht aus § 14 Abs. 2 KAGG bestimmt letztlich nur, wie die Depotbank ihre Rechte aus § 14 Abs. 1 KAGG im Innenverhältnis zu gebrauchen hat.

Demgegenüber führt die Theorie der Gesamtrechtsnachfolge zu einer interessengerechten Beschränkung des Verfügungsrechts. Sie garantiert die Fortgeltung wichtiger Vorschriften des Anlegerschutzes. Die Verfügungsbeschränkungen und die dingliche Surrogation gelten weiter. Folgt man der Ansicht Ohls, könnte dieses Ergebnis nur im Wege einer Analogie erreicht werden, da § 14 KAGG keine eigenständige Regelung enthält.

Trotzdem berührt Ohls Kritik im Kern einen Schwachpunkt der herrschenden Lehre. Viele der gesetzlichen Vorgaben betreffen die laufende Verwaltung durch die KAG und sind nach dem Vermögensübergang nicht mehr sachgerecht. Dieser Teil der Vorschriften passt nicht auf die spezielle Aufgabe, das Sondervermögen zu übertragen oder abzuwickeln. Ein Beispiel sind die differenzierten Anlagevorschriften der §§ 8 ff. KAGG, die bei Auflösung des Sondervermögens keinen Sinn mehr haben.

Aus diesem Grund soll die Gesamtrechtsnachfolge beschränkt sein. Canaris fordert, dass die Depotbank „möglichst weitgehend" in die Stellung der KAG eintrete.[392] Eine Norm soll nur dann auch nach dem Übergang des Sondervermögens fortgelten, wenn es der Schutz der Anleger erfordere.[393] Die genaue Bestimmung, welche Vorschriften auch nach dem Übergang gelten, bleibt auch die h. L. schuldig.

Es ist zweckmäßig, die Vorschriften, die die Tätigkeit der KAG regeln, zu systematisieren. Auf dieser Grundlage kann bestimmt werden, welche Rechte und Pflichten zusammen mit dem Verfügungsrecht ipso iure auf die Depotbank übergehen. Eine Einteilung der wichtigsten Bestimmungen kann nach folgenden Kriterien vorgenommen werden:

---

392 Canaris, Rn 2477.

393 Canaris, a. a. O.

(1) Die gesetzlichen Verwaltungsrechte der KAG

Der Wortlaut des § 14 Abs. 1 KAGG erwähnt nur den Übergang des Verfügungsrechts. Darüber hinaus benötigt die Depotbank alle Verwaltungsrechte der KAG i. S. d. § 9 Abs. 1 KAGG, um ihre Aufgaben effizient zu erfüllen. Der Vermögensübergang umfasst daher auch die Stimmrechtsausübung im Fall von Wertpapier-Sondervermögen. Außerdem steht der Depotbank die Prozessführungsbefugnis zugunsten des Sondervermögens zu.[394]

(2) Verwaltungsbeschränkungen mit dinglicher Wirkung

Der Sondervermögensverband wird durch den Übergang nicht angetastet. § 6 Abs. 1 KAGG muss uneingeschränkt wirksam bleiben.[395] Zahlreiche Verwaltungsgeschäfte der KAG haben besondere gesetzliche Folgen. Wichtigster Fall ist die dingliche Surrogation gemäß § 6 Abs. 2 KAGG. Dieses Prinzip behält auch nach dem Vermögensübergang Gültigkeit. In den gleichen Zusammenhang ist die Insolvenz der Depotbank zu stellen. Das Sondervermögen muss von der Insolvenzmasse des Gesellschaftsvermögens strikt getrennt bleiben, sodass § 13 Abs. 3 S. 2 KAGG anwendbar bleibt.[396]

Außerdem sind der KAG bestimmte Rechtsgeschäfte mit dinglicher Wirkung untersagt. Diese Vorschriften dienen ausschließlich dem Anlegerschutz und müssen auch nach dem Vermögensübergang gelten. Verbote mit dinglicher Wirkung sind im KAGG selten. Der Gesetzgeber hielt diese Konstruktion nur dann für notwendig, wenn der Anlegerschutz durch Eigeninteressen der KAG besonders stark gefährdet schien. Zwei Fälle sind auch für die Depotbank von Bedeutung. Erstens bleibt das Aufrechnungsverbot gemäß § 9 Abs. 6 KAGG bestehen. Zweitens darf gemäß § 9 Abs. 3 KAGG auch die Depotbank keine Sondervermögensgegenstände als Sicherung einsetzen.

(3) Verwaltungsbeschränkungen und -pflichten mit schuldrechtlicher Wirkung

Die gesetzlichen Verwaltungsbeschränkungen mit schuldrechtlicher Wirkung dienen ebenfalls dem Schutz der Anleger. Ein Teil dieser Vorschriften regelt aber nur die laufende Verwaltung durch die Anlagegesellschaft. Dies gilt insbe-

---

394 Schäcker, S. 101; Baur, § 9 Rn 5.

395 Canaris, Rn 2477.

396 Baur, § 14 Rn 2, m. w. N.; § 13 Abs. 3 S. 2 KAGG erfüllt u. a. den Zweck, die Aussonderung von Treugut zu ermöglichen, das nicht unmittelbar, sondern durch Rechtsgeschäft in das Treuhandeigentum gelangt ist; s. RGZ 133, 87; BGH NJW 1959, 1223. Die Vorschrift muss daher auch für die Depotbank gelten.

sondere für die Anlagebeschränkungen der §§ 8 ff. KAGG, deren Anwendung auf die Abwicklung unsinnig wäre. Demgegenüber gelten andere Pflichten auch für die Depotbank. Gemäß § 6 Abs. 1 S. 3 KAGG muss sie das Sondervermögen von ihrem freien Vermögen getrennt halten. Die Begrenzung der Kreditaufnahme gemäß § 9 Abs. 4 KAGG hat die Depotbank ebenfalls zu beachten, sofern solche Geschäfte überhaupt noch in Betracht kommen. Auch § 10 KAGG gilt in vollem Umfang weiter. Die Depotbank hat die Verwaltung nach den Regeln eines ordentlichen Kaufmannes zu erfüllen. Außerdem bleibt die Haftung der Anleger gemäß § 10 Abs. 2 KAGG auch nach dem Vermögensübergang auf das Sondervermögen beschränkt.

(4) Folgerung

Diese Analyse zeigt, dass der weitaus überwiegende Teil des KAGG auch in der Abwicklungsphase anzuwenden ist. Die weitreichenden gesetzlichen Befugnisse des Treuhänders bleiben nach dem Vermögensübergang den gleichen Beschränkungen unterworfen, die auch schon vorher bestanden. Ausnahmen dürfen sich nur ergeben, wenn der Zweck der Vorschrift den besonderen Aufgaben aus § 14 Abs. 2 KAGG entgegensteht.

Die Gesamtrechtsnachfolge bietet die überzeugendste Lösung. Das Schutzsystem des KAGG kann auf diese Weise lückenlos übernommen werden. Die Depotbank tritt demnach die umfassende Rechtsnachfolge der KAG an, soweit ein Bezug zum Sondervermögen besteht. Das Gleiche gilt für Verpflichtungen gegenüber den Anlegern. Der gesetzliche Eintritt in Rechte und Pflichten der KAG gegenüber Dritten ist jedoch ausgeschlossen.

Die Gesamtrechtsnachfolge wird auch nicht durch die besonderen Aufgaben der Auflösung beschränkt. Sie ist vielmehr sowohl in Bezug auf die vertraglichen als auch die gesetzlichen Rechtspositionen umfassend. Dies gilt prinzipiell auch für Vorschriften, die nach dem Übergang nicht mehr interessengerecht sind. In einem solchen Fall verdrängt § 14 Abs. 2 KAGG die allgemeinen Normen als lex specialis. Als Beispiel kann die Aufhebung der Anlagebindung aus den §§ 8 ff. KAGG gelten. Grundsätzlich sind diese Vorschriften aufgrund der Rechtsnachfolge auch auf die Depotbank anzuwenden. Solange sie das Sondervermögen nicht abwickelt, etwa weil sie eine neue KAG sucht, muss sie die gesetzlichen Anlagegrenzen beachten. Nach Beginn der Abwicklung gilt § 14 Abs. 2 S. 1 KAGG als Sonderregelung, die die Depotbank dann von den allgemeinen Regeln entbindet.

D. Die Ansprüche der Depotbank

Das KAGG enthält keine Regelung, wie die Abwicklungstätigkeit zu vergüten ist. Ein Anspruch aus § 12c Abs. 1 S. 2 KAGG wegen Verwahrung des Sondervermögens besteht zwar weiter; er umfasst aber nicht die neuen Aufgaben. § 15 Nr. 2 der allgemeinen Vertragsbedingungen für Wertpapierfonds sieht daher vor, dass die Depotbank für die Zeit der Abwicklung zusätzlich die Vergütung der KAG erhalten soll.[397] Daneben bestehen Ansprüche auf Aufwendungsersatz gemäß §§ 675, 670 BGB.[398] § 12c Abs. 1 S. 1 KAGG regelt die Auszahlung. Die Depotbank hat jetzt das Recht zur selbstständigen Entnahme der Verwaltungsvergütung, da die KAG ausgeschieden ist.

---

397 Siehe Mustervertragsbedingungen für Wertpapierfonds, abgedruckt bei Hellner/Steuer, 9/394.

398 Baur in Hellner/Steuer, 9/398; allgemein zu den Vergütungsansprüchen der KAG und der Depotbank Canaris, Rn 2439.

3. Teil: Die gesetzlichen Instrumente für eine Konsolidierung des Investmentmarktes

§ 6 Die Auflösung von Publikumsfonds

A. Einleitung

Die Depotbank wird durch den Eintritt in die Rechtsposition der KAG mit einer grundlegend neuen Aufgabe betraut. Vor der Beendigung des Investmentvertrages bestand ihre Tätigkeit darin, die Wertpapiere zu verwahren sowie die Anlagegeschäfte weisungsabhängig auszuführen. In diesem Geschäftsbereich obliegt der Depotbank auch die Kontrolle der KAG. Mit dem Ausscheiden der Kapitalanlagegesellschaft wird die Depotbank die alleinige Trägerin der Vermögensverwaltung und erhält weitreichende Entscheidungskompetenzen. Sie kann das Sondervermögen auflösen oder übertragen. Der Weg, den sie zu beschreiten hat, ist durch das KAGG nur ansatzweise geregelt.[399] Während die Tätigkeit der KAG durch Anlagegrenzen und Verbote detailliert umschrieben wird, hält der Gesetzestext zur Regelung der Vermögensauflösung nur einen kurzen Satz bereit.[400]

§ 14 Abs. 2 S. 1 KAGG verlangt, das Sondervermögen abzuwickeln und zu verteilen. Der Schwerpunkt dieser Aufgabe liegt in der Abwicklung. Dieser Begriff umschreibt alle rechtserheblichen Vorgänge zwischen dem Übergang des Sondervermögens und der Befriedigung der Anlegeransprüche durch Verteilung des Erlöses.[401] Der konkrete Inhalt der „Abwicklung" wird in der Literatur kontrovers diskutiert. Das folgende Kapitel soll der Klärung dieses Begriffes dienen.

Die Rechtsnachfolge des § 14 Abs. 1 KAGG bestimmt die Befugnisse der Depotbank im Außenverhältnis. Aus § 14 Abs. 2 KAGG ergeben sich demgegenüber die treuhänderischen Rechte und Pflichten im Innenverhältnis zu den Anlegern.[402] Der Handlungsrahmen wird so auf die besonderen Aufgaben der

399 Ohl, S. 106; Beckmann/Scholtz, § 14 Rn 3; zur Rechtslage in der Schweiz Mätzener, S. 49 ff.

400 Siehe auch König, Auflösung, S. 8.

401 Die Ansicht, kleine Fonds könnten nur unter Angebot eines kostenlosen Anteilumtausches abgewickelt werden, findet im geltenden Recht keine Grundlage. Siehe hierzu König, Auflösung, S. 8.

402 Wendt, S. 138.

Abwicklung zugeschnitten. Mehr noch als im Rest der Arbeit steht in diesem Kapitel der Anlegerschutz im Vordergrund, da die Depotbank zusätzlich die Kompetenzen der KAG erhält. Bereits hieraus wird deutlich, dass die Abwicklung engen Grenzen unterliegen muss.

Dieses Kapital untersucht zunächst die praktischen Konsequenzen, die sich aus den unterschiedlichen Ansätzen in der Literatur ergeben würden. Der folgende Abschnitt analysiert die speziellen Risiken, denen die Anlage in der Auflösungsphase unterworfen ist. Auf dieser Grundlage lässt sich der Handlungsrahmen der Depotbank abstrakt herausarbeiten. Zur konkreten Bestimmung der Pflichten ist anschließend nach Fondstypen zu differenzieren. Die Natur der einzelnen Vermögensgegenstände hat erheblichen Einfluss auf die Art und Dauer der Abwicklung.

Ergänzend werden prozessuale Fragen erörtert, da sich durch den Übergang des Sondervermögens auch der Rechtsschutz der Anleger verschlechtert. Ein eigener Abschnitt ist dem Laufzeitfonds gewidmet. Hier soll untersucht werden, inwieweit systematische Unterschiede zum herkömmlichen Open-end-Fonds bestehen.

B. Die gesetzlichen Vorgaben für die Abwicklung

I. Die Abwicklung in Anlehnung an das Aktienrecht

Aufgrund der knappen Formulierung des § 14 Abs. 2 S. 1 KAGG liegt es nahe, hierin einen Verweis auf eine andere umfassende gesetzliche Regelung zu sehen. Die h. L. will einen Investmentfonds deshalb wie eine Aktiengesellschaft bzw. GmbH auflösen.[403] Wesentliches Argument für diese Ansicht ist der Wortlaut des § 14 Abs. 2 S. 1 KAGG. Der Gesetzgeber habe durch die Wortwahl auf den „gesetzestechnischen“ Begriff der Abwicklung i. S. d. §§ 264 ff. AktG sowie i. S. d. §§ 70 ff. GmbHG Bezug nehmen wollen. Damit sollte die „Abwicklung“ i. S. d. § 14 Abs. 2 S. 2 KAGG einen klar definierten Inhalt bekommen. Diese These wird nach Ansicht von Beckmann durch die Tatsache erhärtet, dass der Begriff dem Recht der Bruchteilsgemeinschaft fremd sei.[404]

Die Anwendung des Aktien– bzw. GmbH–Rechts würde es ermöglichen, das scheinbare Regelungsdefizit des § 14 Abs. 2 S. 1 KAGG zu beheben. Vor allem

---

403 Siehe Baur, 1. Aufl., § 14 Rn 3; Ohl, S. 111; einschränkend Wendt S. 138; Schäkker, S. 66; begründet scheint diese Theorie von Siara/Tormann zu sein, § 14 Abs. 2; Beckmann/Scholz, § 14 Rn 3.

404 Beckmann/Scholtz, § 14 Rn 3.

Siara[405] scheint davon auszugehen, dass § 14 Abs. 2 S. 1 KAGG einen direkten Verweis auf das AktG enthält. Er bezeichnet den Begriff der Abwicklung als „gesetzestechnisch". Die übrigen Autoren schlagen vor, das Aktien– und GmbH-Recht entsprechend anzuwenden.

2. Abwicklung gemäß §§ 752 ff. BGB

Die wichtigste Gegenmeinung will das Sondervermögen wie eine Bruchteilsgemeinschaft auflösen.[406] Da jedes Vermögensrecht den Anlegern nach Bruchteilen zustehe, müsse auch auf die §§ 752 ff. BGB zurückgegriffen werden.[407] Hierin liege die sachnähere Lösung.[408] § 14 Abs. 2 S. 1 KAGG enthalte keinen Verweis auf das Aktienrecht. Deshalb liege auch keine Spezialregelung vor. Weil das Recht der Bruchteilsgemeinschaft subsidiär für das Sondervermögen gilt[409], seien die §§ 752 ff. BGB anzuwenden. Aus dieser Sicht besteht weder eine Gesetzeslücke noch ein Regelungsdefizit.

3. Abwicklung nach Vereinsrecht gemäß §§ 47 ff. BGB

Eine dritte, bisher wenig beachtete Meinung vertritt Ebner v. Eschenbach.[410] Die beiden anderen Lösungswege lehnt er ab. Nach seiner Auffassung soll das Vereinsrecht der §§ 47 ff. BGB zum Zuge kommen.

4. Stellungnahme

a) Wortlaut und Systematik

Die ältere Meinung[411] will die §§ 264 ff. AktG bzw. §§ 70 ff. GmbHG vor allem aufgrund der Verwendung des Begriffes „abwickeln" in § 14 Abs. 2 S. 1 KAGG entsprechend anwenden. Auffällig an dieser Position ist bereits der undifferenzierte Verweis auf das AktG und das GmbHG. Eine Anwendung in Abhängigkeit von der Rechtsform der KAG kann hiermit wohl nicht gemeint sein. Im Aktienrecht stellt die "Abwicklung" das zentrale Element der Auflösung einer AG

405 Siara/Tormann, § 13.
406 König, Auflösung, S. 8; Canaris, Rn 2479, Baur in Hellner/Steuer, 9/293; v. Gronau, S. 128; Schödermeier/Baltzer in Brinkhaus/Scherer, § 14 KAGG Rn 6.
407 Reuter, S. 126.
408 Canaris, Rn 2479; Baur in Hellner/Steuer, 9/293.
409 Siehe 1. Teil § 2C, S.31.
410 Ebner v. Eschenbach, S. 139.
411 Siehe Fn 403.

dar. Demgegenüber sieht das GmbHG grundsätzlich die „Liquidation“ der Gesellschaft vor, sofern eine GmbH aufzulösen ist. Die Verfahren ähneln sich sehr stark. Sie sind aber keineswegs identisch und auf die jeweiligen Bedürfnisse zugeschnitten. Der Begriff „Abwicklung“ ist im GmbHG nur in § 77 Abs. 1 enthalten. Hier bezeichnet er die Auflösung im besonderen Fall der nichtigen Gesellschaft. Der Begriff wird daher für zwei unterschiedliche Verfahren verwendet, die in ebenso unterschiedlichen Ausgangslagen relevant werden. Von echter und eindeutiger „Gesetzestechnizität“ kann keine Rede sein.[412]

Auch außerhalb des Gesellschaftsrechts finden sich Beispiele für die Verwendung des Begriffes „Abwicklung“. Die Landesjustizverwaltung etwa kann nach dem Tod eines Rechtsanwalts einen Abwickler für eine Rechtsanwaltskanzlei gemäß § 55 Abs. 1 BRAO bestellen. Und selbst das Grundgesetz enthält den Begriff. Art. 130 Abs. 1 S. 2 GG erteilt der Bundesregierung die Befugnis zur Abwicklung bestimmter Körperschaften des öffentlichen Rechts. In beiden Fällen kommt eine Anwendung des Gesellschaftsrechts nicht in Betracht. § 55 Abs. 2 BRAO enthält sogar eigenständige Verfahrensvorschriften. Die Beispiele zeigen wie wenig klar die Konturen des Begriffes sind.

Demgegenüber ergibt sich die größere Sachnähe der §§ 752 ff. BGB bereits aus der Tatsache, dass dem Sondervermögen eine körperschaftliche Struktur fehlt. Die Anleger sind an jedem einzelnen Vermögensgegenstand mitberechtigt. Die Gesellschafter und Aktionäre einer GmbH bzw. AG haben nur einen Anspruch auf Auszahlung eines abstrakten Vermögensanteils.

b) Teleologische Auslegung

Diese Argumente bleiben letztlich auf einer formalen Ebene. Wortlaut und Systematik sind nicht eindeutig und lassen grundsätzlich beide Ansichten vertretbar erscheinen. Entscheidend für die Auslegung des Begriffes „Abwicklung“ sollte daher die Praxistauglichkeit der jeweiligen Regelung sein. Anlegerschutz und Effizienz des Verfahrens entsprechen am besten den Zielen des KAGG.

Bereits ein erster Blick auf das Abwicklungsrecht des Aktiengesetzes zeigt, dass der Großteil der Vorschriften in erster Linie die Rechtsstellung der Abwickler (§§ 265 f., 269 AktG) oder den Gläubigerschutz (§§ 267, 272 AktG) im Auge hat. Die Rechtsstellung der Depotbank ergibt sich jedoch bereits aus § 14 Abs. 1 KAGG und außenstehende Gläubiger des Sondervermögens kann es überhaupt nicht geben.[413] Auch eine Fortsetzung des Fonds analog § 274 AktG

412 ähnlich Reuter, S. 126.

413 Aus dem gleichen ist § 268 Abs. 4 AktG nicht analogiefähig. Auch bei neuen Geschäften in der Abwicklungsphase handelt die Depotbank wie zuvor die KAG im

ist ausgeschlossen, weil ein Organ der Anteilseigner, das der Gesellschafterversammlung vergleichbar wäre, fehlt.[414] § 271 Abs. 1 AktG regelt die Verteilung des Abwicklungserlöses, die in § 14 Abs. 2 S. 1 KAGG ohnehin vorgesehen ist. Von Interesse sind somit nur die Bestimmungen des § 268 Abs. 1, 2 AktG. Eine umfassende Analogie zum Aktienrecht entpuppt sich als vergleichsweise inhaltsleer.

Ein ähnliches Bild ergibt sich, wenn man das Recht der Bruchteilsgemeinschaft anwendet. Die Vorschriften der §§ 754-757 BGB regeln nur das Verhältnis der Berechtigten untereinander. Dieses Verhältnis spielt im Bereich der anonymen Publikumsfonds eine untergeordnete Rolle. Inhaltliche Tragweite hat nur § 752 BGB. Dieser Vorschrift zufolge ist bei der Auflösung der Bruchteilsgemeinschaft zunächst die Teilung in Natur zu versuchen. Eine entsprechende Norm fehlt im Aktienrecht.

Die Diskussion, welcher Regelung der Vorzug zu geben ist, spitzt sich daher auf die Frage zu, ob eine Naturalteilung möglich sein soll oder nicht. Die Anwendbarkeit des § 752 S. 1 BGB steht im Vordergrund. Daneben ist von Interesse, inwieweit die Depotbank als Abwicklerin analog § 268 Abs. 1 S. 2 AktG neue Geschäfte eingehen darf. Hierfür enthält das Recht der Bruchteilsgemeinschaft keine ausdrückliche Regelung.

(1) Die Naturalauskehrung gemäß § 752 S. 1 BGB

Sowohl Baur[415] als auch Canaris[416] vertreten die Auffassung, die Depotbank müsse grundsätzlich versuchen, das Sondervermögen in Natur zu teilen. Dies folge aus § 752 S. 1 BGB. Diese Vorschrift schreibt die Naturalauskehr vor, wenn die Zerlegung in gleichartige Teile möglich ist.

Die Teilbarkeit des Sondervermögens ist jedoch zweifelhaft. Grundsätzlich besteht eine Bruchteilsgemeinschaft an jedem Anlagegegenstand[417], sodass die Anwendung von § 752 BGB von vornherein ausgeschlossen wäre. Dieses Problem soll durch eine weite Auslegung umgangen werden können.[418] Hiernach

---

eigenen Namen. Ähnliches gilt für §§ 273, 274 AktG. § 273 regelt v. a. die Löschung der Handelsregistereintragung und die Hinterlegung der Bücher.

414 Grundsätzlich möglich erscheint eine Analogie zu § 270 Abs. 1 AktG, d. h. zur Aufstellung einer Eröffnungsbilanz. Hierbei kann aber nur das „Ob" zur Diskussion stehen, da sich die Bilanzierungsvorschriften des 24a KAGG selbstverständlich besser eignen.

415 Baur in Hellner/Steuer, 9/293; Schödermeier/Baltzer in Brinkhaus/Scherer, § 13 KAGG Rn 6.

416 Canaris, Rn 2479.

417 Reuter, S. 128.

418 Reuter, S. 128, unter Hinweis auf Gramm in Palandt, 24. Aufl., § 752 Anm. 2a.

lässt sich der Begriff der Bruchteilsgemeinschaft wirtschaftlich deuten und auf das ganze Sondervermögen ausdehnen. Übertragen auf den Fall eines Wertpapierfonds ist es somit nur erforderlich, die einzelnen Arten von Wertpapieren auf die Anleger zu verteilen.

Klenk[419] erhebt gegen eine solche direkte Anwendung des § 752 S. 1 BGB den Einwand, jede Gruppe von Wertpapieren müsste ohne Rest auf die einzelnen Anleger aufteilbar sein. Dies sei nur in seltenen Ausnahmefällen vollständig möglich. Der Wortlaut des § 752 S. 1 BGB „in gleichartige Teile zerlegen" legt diese Beschränkung nahe. § 752 BGB dient jedoch einem angemessenen Interessenausgleich bei Auflösung einer Bruchteilsgemeinschaft. Daher muss es möglich sein, einen fast zwangsläufig verbleibenden Rest zu verkaufen und den Erlös zu verteilen.[420]

Im Ergebnis ließe § 752 BGB die Teilung des Sondervermögens in Natur grundsätzlich zu. Die Frage, ob sich die §§ 752 ff. BGB zur Abwicklung eines Sondervermögens im Interesse der Anleger eignen, ist damit aber noch nicht beantwortet. Erstens ist die praktische Umsetzung äußerst schwierig.[421] Die Depotbank müsste eine große Zahl von Wertpapierkonten für jeden einzelnen Anleger bilden. Dieser Aufwand wäre wirtschaftlich von den Anlegern zu tragen. Allein hierin liegt schon eine gewisse Diskrepanz zum Sinn des Gesetzes, Kleinanlegern eine kostengünstige Vermögensverwaltung zu ermöglichen. Weiter widerspricht es dem Prinzip des Anlegerschutzes, Wertpapierzuteilungen zu hinterlegen, sofern der Anteilinhaber anonym ist. Während Bargeld die Stabilität des Wertes garantiert, sollten Wertpapiere nicht ohne sachkundiges Management ihrem Schicksal überlassen werden.

Canaris[422] wertet es jedoch als Vorteil für den Anleger, wenn er Wertpapiere anstelle von Geld erhält. In ähnliche Richtung zielt die Argumentation Reuters[423], der Anleger habe sich für eine Wertpapieranlage entschieden und ziehe daher deren direkte Verteilung vor. Das Gegenteil ist der Fall. Der klassische Fondsanleger investiert in Investmentzertifikate, weil ihm die erforderlichen Kenntnisse über den Kapitalmarkt oder die Zeit für ein effizientes Management

---

419 Klenk, S. 111.

420 Langhein in Staudinger, § 752 Rn 11; im Ergebnis auch Reuter, der eine weitergehende wirtschaftliche Betrachtungsweise fordert, die lediglich eine rechnerische Gleichheit der Anteile innerhalb einer Wertpapierart verlangt. Dieser weiterführenden Ansicht kann in Zeiten hochspezialisierter Portfolioanalyse nicht zugestimmt werden, da bei der Verteilung der Wertpapiere zwischen marktengen Risikowerten mit hohem Kurspotential und defensiven Standardwerten keine Gleichartigkeit i. S. d. § 752 S. 1 BGB bestehen kann.

421 Schäcker, S. 66.

422 Canaris, Rn 2479.

423 Reuter, S. 129.

fehlen. Dafür ist er bereit, erhebliche Verwaltungskosten mitzutragen. Eine Verteilung des Wertpapierbestandes würde den Anleger mit einem stark diversifizierten Aktienportfolio konfrontieren, das er gerade nicht erwerben wollte. Die effiziente Anpassung an veränderte Marktbedingungen kann er nicht leisten. Dies gilt umso mehr, als der Anleger jetzt nicht mehr in den Genuss der Mengenvorteile des KAG-Managements kommt. Sein Anlagehorizont stimmt meist nicht mit der Auflösung des Fonds überein, die aus seiner Sicht überraschend erfolgt. Der Anleger ist daher gezwungen, die zugeteilten Aktien selbst zu verkaufen und wiederum in einen Aktienfonds zu investieren. Die Verkaufsgebühren hat er selbst zu tragen. Canaris argumentiert[424], der Verkauf großer Aktienpakete könne den Kurs drücken. Angesichts der großen börsentäglichen Umsätze und der ebenso großen Diversifizierung der Fonds ist dieses Problem aber eher sekundär. Lediglich bei marktengen Papieren und sehr großen Sondervermögen kann es zu spürbaren Preisabschlägen kommen. Nach der hier vertretenen Ansicht können diese Probleme durch einen zeitlich gestreckten Verkauf gemildert werden.[425]

(2) Die §§ 753, 754 BGB

Die konsequente Anwendung der §§ 752 ff. BGB führt zu weiteren Ungereimtheiten. Bereits § 754 BGB ist nicht sachgerecht. Hiernach darf eine gemeinschaftliche Forderung nur verkauft werden, wenn sie noch nicht eingezogen werden kann. Bei fälligen Forderungen, deren Einziehung auf tatsächliche Schwierigkeiten stößt, soll diese Verkaufsvoraussetzung ebenfalls fehlen.[426] Der Verkauf kann aber sinnvoll sein, wenn die Einziehung zu Verzögerungen der Abwicklung führt. Eine Einengung des geschäftlichen Spielraums der Depotbank schadet außerdem dem Ziel, das Sondervermögen effizient zu verwerten.

§ 753 Abs. 1 S. 1 BGB regelt den Verkauf von gemeinschaftlichen Gegenständen. Die Vorschrift kommt zur Anwendung, wenn weder Teilung in Natur noch Einziehung möglich ist. Die Verwertung erfolgt grundsätzlich durch Pfandverkauf. Grundstücke werden nach den Regeln der Zwangsversteigerung in Geld umgesetzt. Bereits im Fall von Wertpapiersondervermögen erscheint die Anwendung der Vorschriften des Pfandverkaufs befremdlich, weil die Depotbank die bestmögliche Verwertung des Sondervermögens anzustreben hat. Gemäß §§ 1235 Abs. 2, 1221 BGB bliebe der Verkauf an der Börse aber möglich. Anders verhält es sich im Fall der Abwicklung eines Immobilienfonds. Hier

424 Canaris, a. a. O.
425 Siehe unten, S. 117.
426 Langhein in Staudinger, § 754 Rn 6.

müsste eine Verwertung durch Zwangsversteigerung gemäß §§ 180 ff. ZVG erfolgen. Dieses unflexible Verfahren ist für die Abwicklung eines Immobiliensondervermögens inakzeptabel.

Im Ergebnis bietet das Recht der Bruchteilsgemeinschaft kein sachgerechtes Verfahren zur Abwicklung eines Investmentfonds.

(3) § 268 Abs. 1 S. 1 AktG

Es stellt sich somit die Frage, ob die Bestimmungen des § 268 Abs. 1 AktG besser zur Abwicklung eines Fonds geeignet sind. Die Teilung in Natur ist im Aktienrecht ausgeschlossen und die Abwickler haben das gesamte Gesellschaftsvermögen in Geld umzusetzen. Jede andere gesetzliche Lösung müsste an den komplexen Vermögensverhältnissen eines Großunternehmens scheitern. Investmentfonds bieten heute eine vergleichbare Ausgangslage. Die Reformen durch die Finanzmarktförderungsgesetze haben das Anlagespektrum eines Fonds erheblich erweitert. In der Anfangsphase des Investmentgeschäftes bestanden die Sondervermögen im wesentlichen aus Aktien und Obligationen. Heute steht dem Fondsmanager die breite Palette fast aller modernen Kapitalmarktinstrumente zur Verfügung. Im Bereich der Immobilienfonds haben sich eigene Strukturen herausgebildet. Die Durchführung von baulichen Großprojekten kann den Rahmen eines mittleren Unternehmens sprengen. Die Bedingungen bei der Auflösung eines Sondervermögens haben sich damit zumindest tendenziell denen der Abwicklung einer AG angenähert. Aus diesen Gründen ist es sachgerecht grundsätzlich das ganze Sondervermögen i. S. d. § 268 Abs. 1 S. 1 AktG zu verkaufen. § 268 Abs. 1 S. 1 AktG enthält außerdem keine Beschränkung i. S. d. § 754 BGB. Zwar verlangt auch das Aktienrecht prinzipiell alle Forderungen einzuziehen; im Gegensatz zu § 754 BGB wird dadurch aber eine andere sinnvollere Verwertungsmöglichkeit nicht ausgeschlossen.[427]

(4) Neue Geschäfte durch den Abwickler gemäß § 268 Abs. 1 S. 2 AktG

§ 268 Abs. 1 S. 1 AktG wird durch Satz 2 ergänzt. Die Abwickler einer AG haben hiernach das Recht, auch neue Geschäfte einzugehen. Diese neue Bestimmung erweitert den Handlungsrahmen der Abwickler erheblich.[428] Ihr liegt die Erkenntnis zugrunde, dass die bedingungslose Zerschlagung des Gesellschaftsvermögens nicht interessengerecht ist. Die Abwicklung wird heute vielmehr als unternehmerische Aufgabe mit dem Ziel verstanden, die Vermögensmasse zu

427 Hüffer in Geßler/Hefermehl/Eckardt/Kropff, § 268 Rn 17, m. w. N.
428 A. a. O, Rn 1 und 3.

vergrößern.[429] Vergleichbare Regelungen enthalten die §§ 752 ff. BGB nicht. Ebenso ist die Abwicklung eines Publikumsfonds als unternehmerischer Prozess zu sehen. Letztlich dient er dem einzigen Ziel, die Rendite des investierten Kapitals zu sichern und zu optimieren. Dazu ist es erforderlich, der Depotbank wie den Abwicklern einer AG einen gewissen Spielraum zu geben. Kurzfristige Wertpapierleihen könnten beispielsweise auch noch in der Abwicklungsphase die Rendite verbessern. Diese Geschäfte müssen mit Rücksicht auf die Abwicklungsaufgabe auf Einzelgeschäfte beschränkt bleiben. Die eigenständige Fortführung der Verwaltung durch die Depotbank scheidet demgegenüber aus.

Für Immobilienfonds gelten diese Argumente in besonderem Maße. Eine Verwertung nach den Regeln der Zwangsversteigerung gemäß § 753 BGB muss ausgeschlossen sein. Die Anlagen eines Immobilienfonds binden das Kapital grundsätzlich langfristig, und ein schneller Ausstieg aus den Projekten kann zu erheblichen Renditeeinbußen führen. Der Depotbank muss daher das Recht zugestanden werden, Bauprojekte abzuschließen. Aber selbst mit dieser Möglichkeit gestaltet sich die Verwertung des Sondervermögens durch Verkauf sehr schwierig, da ein der Börse vergleichbarer Markt fehlt. Die Depotbank benötigt deshalb das Recht, weitere Bauaufträge zu vergeben und Mietverträge abzuschließen. Eine Analogie zu § 268 Abs. 1 S. 2 AktG ist auch aus diesem Grunde sachgerecht.

(5) Die Ansicht Ebner v. Eschenbachs

Die Position Ebner v. Eschenbachs überzeugt nicht. Der Autor schlägt die Anwendung des Vereinrechts für die Abwicklung eines Investmentfonds vor. Dies ist bereits deshalb überraschend, weil für diese Analogie weder die rechtssystematische Stellung des Sondervermögens noch das Wortlautargument sprechen. Der rechtsfähige Verein liegt als juristische Person systematisch weit von der BGB-Bruchteilsgemeinschaft entfernt und ähnelt insoweit eher der AG. Parallelen zum Investmentfonds, etwa die Unabhängigkeit vom Bestand der Mitglieder, sind rein formal. Außerdem sieht der Wortlaut der §§ 47 ff. BGB die Auflösung durch Liquidatoren und nicht durch Abwickler vor. Analogiefähig ist nur § 49 BGB. § 49 Abs. 1 S. 1, 2 BGB entspricht § 268 Abs. 1 S. 1, 2 AktG. Inhaltlich führt diese Meinung zu keiner Verbesserung gegenüber einer Analogie zum Aktienrecht.

429 A. a. O., Rn 3.

(6) Folgerungen

Die §§ 752 ff. BGB sind zur Abwicklung gemäß § 14 Abs. 2 S. 1 KAGG nicht geeignet. Sowohl ein obligatorischer Teilungsversuch als auch die Verwertungsvorschriften des § 753 BGB bieten keine interessengerechte Lösung. Hieran ändert auch das Argument nichts, die §§ 752 ff. BGB stellten die „sachnächste" Regelung zur Auflösung eines Vermögensfonds dar. Aber auch der Normkomplex der §§ 264 ff. AktG eignet sich nur sehr eingeschränkt zu einer analogen Anwendung. Nur § 268 Abs. 1 AktG kann eine Richtschnur für die Abwicklungstätigkeit der Depotbank bieten. Ihr wichtigster Inhalt ist die Berechtigung, im Rahmen der Abwicklung neue Geschäfte eingehen zu können. Die Vermögensstruktur eines Investmentfonds hat sich seit In-Kraft-Treten des KAGG der einer AG angenähert. Die Abwicklung erfordert daher auch erhöhte Flexibilität, die das starre Recht der Bruchteilsgemeinschaft nicht bietet.

Die Vorschrift des § 14 Abs. 2 S. 1 KAGG verweist im Ergebnis weder auf das Aktienrecht noch auf die §§ 752 ff BGB. § 14 Abs. 2 S. 1 KAGG enthält vielmehr eine selbstständige Regelung,[430] die durch vorsichtige Analogie zum Aktienrecht ergänzt werden kann.

Der wesentliche Inhalt des § 14 Abs. 2 KAGG lässt sich bereits aus der natürlichen Bedeutung des Begriffes „abwickeln" herleiten. Im allgemeinen Sprachgebrauch bezeichnet die Formulierung einen u. U. komplizierten Vorgang, der aktiv gesteuert wird. Die verschiedenen gesetzlichen Abwicklungsverfahren stimmen in dieser Hinsicht überein. Sie regeln die schrittweise Auflösung einer rechtlichen Einheit. Die Beendigung erfolgt hierbei nicht statisch und abrupt, sondern als Prozess. Der Abwickler rückt in die Position des alten Leitungsorgans und kann die Abwicklung nach freiem Ermessen durchführen. Es handelt sich um einen dynamischen, frei zu gestaltenden Vorgang. In der Betonung dieses Elementes liegt der eigentliche Sinn des Begriffes „Abwicklung". Hiermit wird eine Differenzierung gegenüber Formulierungen wie „Einstellung der Geschäftstätigkeit" o. ä. angestrebt. Die Abwicklung gemäß § 14 Abs. 2 S. 1 KAGG steht daher gleichberechtigt und unabhängig neben den entsprechenden Verfahren des Privatrechts.

So verstanden war die Formulierung aus der Sicht des Gesetzgebers ausreichend. Ein Wertpapiersondervermögen aus Obligationen und Aktien war ohne weiteres in kurzer Zeit zu verkaufen und zu verteilen. Eine Analogie zu § 268 Abs. 1 S. 1 KAGG war daher nicht erforderlich. Die Depotbank hat während der Auflösungsphase die gleiche Rechtsstellung wie die KAG. Aufgrund

430 Im Ergebnis ähnlich Wendt, S. 139.

der Gesamtrechtsnachfolge kann sie im Rahmen der gesetzlichen und vertraglichen Bindungen weisungsunabhängig handeln.

Erst die Vergrößerung des Anlagespektrums verlangt es, diese Regelung zu modifizieren. Vor allem die Abwicklung von Immobiliensondervermögen erfordert die Erweiterung der Handlungsspielräume. Zur renditewahrenden Verwertung des Sondervermögens kann es notwendig sein, neue Geschäfte einzugehen. Hierzu ist der Rechtsgedanke des § 268 Abs. 1 S. 2 AktG heranzuziehen. Die Berechtigung, neue Geschäfte abzuschließen, ist im Begriff „abwickeln“ nicht ohne weiteres enthalten. Ursprünglich sollte die selbstständige Fortführung des Sondervermögens kategorisch ausgeschlossen bleiben. Insoweit ist durch die jüngere Entwicklung eine Regelungslücke entstanden, die geschlossen werden muss. § 268 Abs. 1 S. 2 KAGG gilt daher für die Abwicklung analog.

C. Der Umfang der Abwicklungsgeschäfte

Die Pflicht zur Abwicklung begrenzt das Verfügungsrecht der Depotbank im Innenverhältnis. Folgt man der oben dargestellten Auslegung, bestehen aber gewisse Gestaltungsspielräume. Selbst neue Geschäfte sind analog § 268 Abs. 1 S. 2 AktG grundsätzlich möglich, ohne dass hiermit die langfristige Fortführung der Anlage gemeint wäre. Dieser Abschnitt versucht den Rahmen zu bestimmen, den die Depotbank bei der Abwicklung einhalten muss. Im Vordergrund stehen die Fragen, wie lange die Abwicklung dauern darf, und welche Geschäfte die Depotbank noch für Rechnung des Sondervermögens schließen kann.

Wie die Investmentgesellschaft ist auch die Depotbank nur an das Interesse der Anleger gebunden. Sie ist keinerlei Weisungen mehr unterworfen. Dies betrifft etwa die Fragen nach dem Zeitpunkt des Verkaufs der Anlagegegenstände oder der Wahl der Geschäftspartner. Dem steht ein Anspruch der Anleger auf sorgfältige und fachgerechte Ausführung der Verwaltung gegenüber.[431] Der Entscheidungsspielraum der Depotbank wird gemäß § 10 Abs. 1 S. 1 KAGG nur durch die „Sorgfalt eines ordentlichen Kaufmanns“ begrenzt. Eine Pflicht zu konkreten Einzelhandlungen lässt sich hieraus lediglich im Ausnahmefall ableiten.[432]

Die hier vertretene Ansicht betrachtet die Abwicklung als unternehmerische Aufgabe. Bei der Übergangsverwaltung des Sondervermögens hat die Depotbank daher grundsätzlich dieselben Kriterien wie die KAG zu berücksichtigen. Einerseits ist das Anlegerinteresse primär auf die Sicherung der erzielten Rendite

431 Zur Verwaltungspflicht der KAG allgemein Baur, § 10 Rn 4.

432 Baur, § 10 Rn 23.

gerichtet. Darüber hinaus kann der Abwicklungszeitraum u. U. zur Erwirtschaftung neuer Erträge dienen. Andererseits ist bei jeder Verwaltungsmaßnahme grundsätzlich das Risiko gering zu halten.

Ein weiter Handlungsspielraum der Depotbank bei neuen Geschäften könnte somit eine Renditeoptimierung ermöglichen. Gegen diese Auslegung sprechen aber die besonderen Umstände während der Auflösung, aus denen sich potentielle Lücken im Anlegerschutz ergeben. Das Ausscheiden der KAG aus dem Investment-Dreieck führt zu einer Umverteilung der Befugnisse. Dieses Kapitel untersucht daher zunächst mögliche Missbrauchsrisiken während der Abwicklungsphase. Im Anschluss sollen die technischen Aspekte bei der Veräußerung kurz dargestellt werden. Die Dauer der Abwicklung wird wesentlich durch die Natur der Anlagegegenstände bestimmt, die das jeweilige Sondervermögen umfasst. Aus diesem Grund ist die Analyse nach Sondervermögenstypen zu differenzieren. An erster Stelle steht jeweils die Frage, wie schnell sich ein Sondervermögen in Geld umsetzen lässt. Im Anschluss soll bestimmt werden, ob neue Geschäfte i. S. d. § 268 Abs. 1 S. 2 AktG Renditevorteile bringen können. Abschließend werden die spezifischen Risiken der Auflösungsphase gegen Vorteile einer Flexibilisierung abgewogen.

1. Lücken im Anlegerschutz

a) Mangel an Spezialisierung

Das Abwicklungsgebot trägt der Tatsache Rechnung, dass die Depotbank keine Spezialisierung für das Investmentgeschäft aufweist. Die Kompetenz zur Anlageverwaltung kann ihr fehlen. Die Depotbank soll vor dem Ausscheiden der KAG nur das Sondervermögen verwahren und die KAG kontrollieren, ohne weitreichende Finanzanalyse zu leisten. Daran ändert sich auch nach dem Vermögensübergang nichts, da ihre Aufgabe zeitlich begrenzt ist und keine strategischen Entscheidungen mehr erfordert. Deshalb ist die Betreuung durch Anlagespezialisten nach dem Vermögensübergang nicht mehr gewährleistet. Diese Tatsache spricht dafür, die Abwicklung im Anlegerinteresse sowohl zeitlich als auch im Umfang der Geschäfte zu begrenzen; denn Maßstab für die Renditeerwartungen der Anleger sind ihre Opportunitätskosten. Die Wiederanlage ihrer Investition würde ein rationaler Anleger bei einer spezialisierten KAG vornehmen. Die Depotbank hat dieses Interesse zu berücksichtigen. Jede Verlängerung der Abwicklung steht dem Anlegerinteresse unter diesem besonderen Gesichtspunkt entgegen.

b) Der Wegfall der „Gewaltenteilung“

Das Ausscheiden der KAG lässt das ausgefeilte System der „checks and balances“ zusammenbrechen, das dem Investment-Dreieck zugrunde liegt. Gleichzeitig kumuliert die Depotbank ein Maximum an Befugnissen: Erstens erhält sie die Verfügungsmacht der KAG. Zweitens sorgt sie weiter für die Verwahrung des Sondervermögens. Drittens führt sie alle Geschäfte selbstständig aus, da auch hier die Weisungsbefugnis der KAG entfällt. Viertens trägt die Depotbank allein die Verantwortung, Veröffentlichungen i. S. d. § 24a KAGG vorzunehmen. Die „Gewaltenteilung“ des KAGG ist damit aufgehoben. Das Prinzip der Trennung von Vermögen und Verfügungsmacht in § 6 KAGG wird zugunsten der Depotbank beseitigt. Hier liegt die Achillesferse des Anlegerschutzes.

Diese Tatsache wiegt besonders schwer, weil die KAG auch als Kontrollinstanz der Depotbank wegfällt. Umgekehrt kann auch keine wirksame ex-ante-Überprüfung der Verwaltungsaufgaben mehr erfolgen, da diese von der Depotbank jetzt selbst wahrgenommen werden.[433] Die folgenden Kontrollmechanismen werden durch den Vermögensübergang aufgehoben:

1.Die Depotbank hat die Aufgabe, die Rechtmäßigkeit jeder Verwaltungsmaßnahme der KAG zu überprüfen.[434]

2.Die Depotbank muss bestimmten Geschäften der KAG zustimmen. Hierin liegt dann ein Wirksamkeitserfordernis. Im Falle von Immobilien- und Beteiligungssondervermögen erfordert jede Verfügung die Zustimmung der Depotbank.

3.Die KAG muss gemäß § 12c Abs. 1 KAGG zustimmen, wenn die Depotbank Entnahmen aus dem Sondervermögen vornehmen will. Vor dem Vermögensübergang wird die Verwahrtätigkeit durch die Entnahme vergütet. Die Zustimmung ist auch hier ein Wirksamkeitserfordernis. Dadurch unterliegen Entnahmen der strengsten Form gegenseitiger Kontrolle. Nach dem Vermögensübergang entfällt mit dem Ausscheiden der KAG auch das Zustimmungserfordernis. Die Depotbank erhält jetzt aber auch noch die Vergütung der KAG.[435]

433 Canaris, Rn 2474, zieht die vielfältigen Kontrollaufgaben der Depotbank vor dem Vermögensübergang sogar zu einer allgemeinen Kontrollpflicht zusammen.

434 Siehe 1 Teil § 2A.4, S. 14.

435 Zwar handelt es sich bei einer Entnahme aus dem Sondervermögen um ein Insichgeschäft im Sinne des § 181 BGB, da auch die Entnahme von Treuhandeigentum der Depotbank aus dem Sondervermögen als Verfügungsgeschäft zu sehen ist. Es liegt aber die Erfüllung einer Verbindlichkeit aus dem Investmentvertrag vor (§ 181 2. Hs. BGB), sodass das Geschäft wirksam ist.

4. § 12c Abs. 2 und 3 KAGG sind vor dem Vermögensübergang wichtiger Bestandteil des Anlegerschutzes. Hierdurch wird die Prozessstandschaft von KAG bzw. Depotbank für Ansprüche der Anleger gegen den jeweils anderen Investmentpartner begründet. Mit Vereinigung aller Aufgaben bei der Depotbank werden beide Vorschriften gegenstandslos.

Diese Zusammenstellung zeigt, dass die Depotbank nicht nur bei der Verwaltung des Sondervermögens freie Hand bekommt. Auch die Entnahme von Sondervermögenswerten ist ex ante nicht kontrollierbar. Das Risiko überhöhter Vergütungen steigt erheblich. Der Anleger ist nach dem Vermögensübergang bei der Durchsetzung seiner Ansprüche auf sich allein gestellt. Damit tritt eine Lage ein, die der Konzeption des KAGG in jeder Hinsicht zuwiderläuft. Der Kleinanleger, der gerade keine Kenntnisse im Anlagegeschäft hat, muss seine Ansprüche ohne Sachwalter selbst durchsetzen. Darüber hinaus muss er Pflichtverstöße nachweisen, sofern seinem Anspruch schuldhaftes Handeln der Depotbank zugrunde liegt. Bereits aus dieser Sicht ist die gesetzliche Regelung nicht ausreichend.

c) Der Wegfall des Aufsichtsrats

Die Rolle des Aufsichtsrats nach dem Übergang des Sondervermögens ist gesetzlich nicht geregelt. Seine rechtliche Stellung ist durch einen abschließenden Verweis auf das Aktienrecht bestimmt.[436] Während der laufenden KAG-Verwaltung soll der Aufsichtsrat gemäß § 4 Abs. 1 KAGG die Interessen der Anleger wahren.[437] Die Vorschrift begründet auf diese Weise eine besondere Verantwortung gegenüber den Anteilinhabern.[438] Geßler[439] sieht in der Existenz des Aufsichtsrats sogar einen Ersatz für den Mangel an Mitspracherechten der Anleger.

Aufgabe des Aufsichtsrats ist es gemäß § 3 S. 2 i. V. m. 111 Abs. 1 AktG, die Geschäftsführung durch die KAG zu überwachen. Diese Funktion erstreckt sich in vollem Umfang auf das Anlagegeschäft.[440] Ziel der §§ 3 ff. KAGG ist es, eine zusätzliche interne Kontrollinstanz zu schaffen, die letztlich vor allem der Vertrauensbildung auf Anlegerseite dienen soll. Die Anlegerschutzfunktion kann als Besonderheit des KAG-Aufsichtsrats gelten. Primär dient er nicht dem

436 Ausführlich König, Anlegerschutz, S. 111 ff.; Baur, § 3 KAGG.
437 Köndgen in Schimansky, § 113 Rn 48; Köster, S. 117.
438 Beckmann/Scholtz, § 3 Rn 4; a. A. Reuter, S. 150.
439 Geßler, S. 13.
440 Thiel, S. 162 ff.

Schutz der Gesellschafter und Aktionäre der Investmentgesellschaft, sondern dem der Kunden.[441]

Die §§ 3 ff. KAGG enthalten aber keinen Hinweis auf die Einsetzung und die Funktion des Aufsichtsrates nach dem Vermögensübergang. Zwar hat der Aufsichtsrat gemäß § 3 KAGG i. V. m. § 268 Abs. 2 S. 2 AktG die Abwicklung der AG zu überwachen. Dieser Vorgang umfasst aber nicht die Auflösung eines Sondervermögens, das von der KAG verwaltet wurde. Die Abwicklung eines Fonds ist unabhängig vom Bestand der Investmentgesellschaft. Ein Organ der KAG kann nach der Auflösung des Anlagevertrages nicht zur Überwachung der Depotbank verpflichtet bleiben.

In Betracht kommt es, analog § 3 KAGG den Aufsichtsrat der Depotbank zur Überwachung der Abwicklung zu verpflichten. Hierfür spricht die Stellung der Depotbank als Gesamtrechtsnachfolgerin. Üblicherweise ist die Depotbank aber eine Großbank. Mit der Aufgabe, die Abwicklung von Sondervermögen zu überwachen, ist der Aufsichtsrat schlicht überfordert. Außerdem kann die besondere Stellung, die die §§ 3 ff. KAGG begründen, nur schwer auf einen anderen Aufsichtsrat übertragen werden. In erster Linie ist der Aufsichtsrat der Depotbank der Gesellschaft als Ganzes verpflichtet. Ein Vorrang der Anleger des abzuwickelnden Fonds besteht nicht.

d) Sonstige Kontrollmechanismen

Die verbleibenden Kontrollmechanismen sind nur allgemeiner Natur. Die Abwicklung wird analog § 24a KAGG geprüft. Daneben hat die BaFin die Aufgabe, die Depotbank zu überwachen. Hierzu hat sie aber nur die Befugnisse der allgemeinen Bankenaufsicht. In der Praxis bemüht sich die BaFin, die dargestellten Kontrolldefizite abzuschwächen. Auf der Rechtsgrundlage des § 44 Abs. 1 KWG verlangt die Bankaufsicht regelmäßig detaillierte Informationen über den Stand der Abwicklung.

441 Zu den Aufgaben des Aufsichtsrats s. Baums, Der Aufsichtsrat – Aufgaben und Reformfragen, S. 11 ff.; der Autor betont, dass im deutschen Recht sowohl Vorstand als auch Aufsichtsrat nicht nur den Aktionären, sondern dem Unternehmensinteresse verpflichtet seien. Die Kontrollfunktion des Aufsichtsrates dient demnach auch bereits nach dem herkömmlichen Modell - wenn auch nicht primär - den Interessen der Gläubiger und Mitarbeiter; allgemein zum Begriff der Unternehmensleitung Mertens in Kölner Kommentar, § 76 Rn 4 ff.

e) Zwischenergebnis

Eine effiziente Ex-ante-Kontrolle der Abwicklung ist nicht gewährleistet. Durch den Wegfall der KAG ist der Anleger außerdem zur Durchsetzung seiner Ansprüche gegen die Depotbank auf sich allein gestellt. Auch der Aufsichtsrat der Depotbank kann keine umfassende Überwachung sicherstellen.

2. Missbrauchsrisiken

König[442] hat die Missbrauchsrisiken aufgezeigt, die sich aus gesellschaftsrechtlichen Abhängigkeiten zwischen KAG und Depotbank ergeben. Auf die Abwicklung des Sondervermögens durch die Depotbank ist diese Analyse aber nur mit starken Einschränkungen übertragbar. Die Abwicklungsphase ist relativ kurz. Strategische Ziele der Depotbank im Wertpapiergeschäft lassen sich daher kaum unterstützen. Kurspflege durch Einsatz von Mitteln des Sondervermögens[443] ist nicht möglich. Auch die Ausübung der Stimmrechte[444] wäre ein schwacher Grund, die Abwicklung des Sondervermögens hinauszuzögern.

Eine andere Perspektive ergibt sich im Hinblick auf die Vergütung der Abwicklungstätigkeit. Als „Churning“[445] wird die Gebührenschneiderei bezeichnet, die im Anlagegeschäft durch unnötiges Umschichten des Wertpapierdepots erfolgen kann. Ein ähnlicher Missbrauch der Treuhänderposition kommt in Betracht, wenn die Depotbank die Abwicklung unnötig verlängert. Nach dem Übergang des Sondervermögens kann die Depotbank drei verschiedene Tätigkeiten in Rechnung stellen. Erstens erhält sie weiterhin die Vergütung für die Verwahrung der Wertpapiere.[446] Zweitens gehen die Ansprüche der KAG auf Verwaltungsvergütung gemäß § 15 Nr. 2 S. 2 der allgemeinen Vertragsbedingungen für den Zeitraum der Abwicklung auf sie über. Drittens muss das Sondervermögen die Gebühren für die technische Ausführung der Geschäfte tragen. Für die Depotbank stellt sich die Abwicklung eines Fonds daher als die lukrativste Phase während ihrer Treuhändertätigkeit dar. Insbesondere die alte Vergü-

---

442 König, Anlegerschutz, S. 64 ff.

443 A. a. O., S. 79.

444 A. a. O., S. 91; zum tatsächlichen Einfluss der Banken und ihrer KAG – Töchter in den Hauptversammlungen der 100 größten deutschen Unternehmen in Streubesitz Baums/Fraune, S. 101 ff; zur Gefahr der Kurspflege mit Hilfe einer abhängigen KAG, s. die empirische Untersuchung von Baums/Theissen, S. 127 ff.

445 Siehe hierzu König, Anlegerschutz, S. 92, mit Hinweis auf Rössner/Arendts, WM 1996, S. 1517.

446 § 16 Nr. 2 BVB - Wertpapierfonds a. F.; s. a. Baustein 14 der besonderen Vertragsbedingungen in der aktuellen Fassung, abgedruckt bei Beckmann/Scholtz, 425 Anh. 2 zu § 15.

tung der KAG schlägt verstärkt zu Buche. Als Gegenleistung muss die Depotbank kaum mehr als den Verkauf der Anlagegegenstände organisieren. Eigene Marktanalysen muss sie nicht durchführen. Die Höhe der Vergütung ist aus diesem Grund bedenklich. Die Abwicklung besteht im wesentlichen aus Standardgeschäften.

Neben diesen versteckten Missbrauchsmöglichkeiten steigt auch das Risiko überhöhter Abrechnungen. Die Entnahme aus dem Sondervermögen wird im Vorhinein nicht kontrolliert. Die Führung von Sperrkonten hat nur noch formelle Bedeutung, da die Depotbank als einzige die Zugriffsbefugnis hat.

3. Die Kontrolle durch den Markt

Zwischen der laufenden Verwaltung durch die KAG und der Abwicklung durch die Depotbank besteht noch ein weiterer erheblicher Unterschied. Depotbank und Investmentgesellschaft unterliegen unterschiedlichen Marktbedingungen. Zwar führen auch die umfangreichen Befugnisse der KAG zu erheblichen Missbrauchsrisiken, etwa durch Churning oder Kurspflege auf Weisung des Mutterinstitutes.[447] Hieraus ergeben sich aber Renditeeinbußen, die durch den Markt wahrgenommen werden können. Die „Performance" des Fonds ist das wichtigste Auswahlkriterium für die Anleger, sodass sich die KAG einen renditemindernden Missbrauch ihrer Befugnisse kaum leisten kann. Ähnliches gilt für das Churning. Der Anleger kann sehr wohl die Verwaltungskosten verschiedener Anlagegesellschaften vergleichen. Der Investmentmarkt ist sehr umkämpft, mit der Folge, dass die Bedingungen echter Konkurrenz vorliegen. Langfristig wird der Missbrauch der Befugnisse die Entwicklung des gesamten Investmentgeschäftes einer KAG negativ beeinflussen.

Dieser Kontrolle durch den Markt ist die Depotbank nicht ausgesetzt. Dies gilt in doppelter Hinsicht. Einerseits bietet die Depotbank ihre Dienstleistung nicht auf dem Publikumsmarkt an. Sie wird von der KAG „ausgewählt", die im Regelfall ihr Mutterinstitut bevorzugen wird. Bei der Anlageentscheidung der Publikumsanleger steht die Depotbank nur im Hintergrund. Der Anleger nimmt sie im Zweifel gar nicht wahr, da der Vertragsschluss nur mit der KAG erfolgt. Aus diesem Grund belasten schlechte Ergebnisse während der Abwicklungsphase auch nur sehr mittelbar das Geschäft der Depotbank. Andererseits fehlt für das Abwicklungsergebnis jeder Vergleichsmaßstab und eine „Performancemessung" ist nicht möglich. Auf diesem Markt herrscht aufgrund der vielfachen Abhängigkeiten der Anlagegesellschaften von Großbanken keine echte Konkurrenz. Eine effiziente Leistungskontrolle durch den Publikumsmarkt erfolgt nicht.

---

447 König, Anlegerschutz, S. 86.

4. Die Defizite im Anlegerschutz als Folge der Erweiterung des Anlagespektrums

Das anlegerschützende System der „Checks and balances" während der laufenden Geschäftstätigkeit steht in scharfem Gegensatz zu den rudimentären Schutzvorschriften für die Abwicklungsphase. Die wesentlichen Instrumente des Anlegerschutzes fallen ersatzlos weg. Verständlich wird diese Gesetzeslage erst aus der Sicht des Gesetzgebers von 1957. Das Portfolio des Sondervermögens durfte nach In-Kraft-Treten des KAGG gemäß § 8 a. F. nur börsengehandelte Wertpapiere umfassen, sodass sich die Abwicklung durch Verkauf der Einzelanlagen zügig umsetzen ließ. Die Veräußerung war jederzeit ohne Renditeminderungen möglich. Für ein reines Wertpapiersondervermögen bestehen keine anlagetaktischen Spielräume, und der Vorgang ist eher technischer Natur. Die Prüfung der Rechnungslegung ist in diesem Fall zur Kontrolle der Depotbank ausreichend. Das Verbot, Wertpapiere unter Tageskurs zu verkaufen (§ 12a Abs. 5 KAGG), stellte die Wahrung der Anlegerinteressen weitgehend sicher. Erst nach Einführung von Immobiliensondervermögen wurde die Abwicklung erheblich komplizierter. Später hat die Erweiterung des Anlagespektrums für Wertpapiere diesen Trend verstärkt. Das Sondervermögen kann jetzt Anlagegegenstände umfassen, für die kein organisierter Markt besteht. Um den veränderten Risiken Rechnung zu tragen, wurden neue Instrumente des Anlegerschutzes für die laufende KAG-Verwaltung eingeführt.[448] Eine Anpassung des Abwicklungsrechtes hat demgegenüber nicht stattgefunden.

5. Zwischenergebnis

Der Anlegerschutz wird nach dem Übergang des Sondervermögens erheblich eingeschränkt. Dieses Ergebnis enthält einen deutlichen Anhaltspunkt dafür, dass alle Fondstypen nach dem Vorbild der alten Wertpapiersondervermögen zügig abzuwickeln sind. § 14 Abs. 2 S. 1 KAGG ist grundsätzlich eng auszulegen. Aus diesem Grund sind auch selbstständige Verwaltungsmaßnahmen der Depotbank streng zu begrenzen. Zwar sind neue Geschäfte analog § 268 Abs. 1 S. 2 AktG auch nach dem Vermögensübergang erlaubt. Dies entspricht der Forderung, die Abwicklung als unternehmerische Aufgabe zu sehen. Derartige selbstständige Verwaltungsmaßnahmen dürfen die Abwicklung aber nicht ver-

448 An erster Stelle ist hier der Sachverständigenausschuss gemäß § 32 KAGG zu nennen, dem die Bewertung von Immobilien des Sondervermögens obliegt. Hierdurch soll die fehlende Bildung eines Börsenpreises soweit wie möglich ersetzt werden; s. hierzu Baur, § 32 Rn 1, sowie BT-Drucksache V 4414 S. 6. Dasselbe gilt für Beteiligungssondervermögen gemäß § 25d Abs. 2 KAGG.

längern. Im Zweifel ist eine schnelle Veräußerung der Gewinnoptimierung vorzuziehen.

Auch der Vergleich mit dem Aktienrecht spricht nicht zwingend für eine weite Auslegung. Der Abwickler einer AG ist gemäß § 265 Abs. 1, 2 AktG üblicherweise ein ehemaliges Vorstandsmitglied oder ein unabhängiger Dritter. Die Überwachung obliegt weiterhin dem Aufsichtsrat. Auch die Hauptversammlung der Aktionäre bleibt als Organ der Anteilseigner bestehen. Defizite bei der Überwachung oder durch den Einsatz fachfremder Abwickler ergeben sich somit nicht. Hieraus folgt, dass § 268 Abs. 1 AktG auf eine andere Sachlage zugeschnitten ist. Eine Analogie zu § 268 Abs. 1 S. 2 AktG ist auf risikofreie Geschäfte der Depotbank zu begrenzen.

6. Die einzelnen Sondervermögenstypen

Form und Dauer der Abwicklung hängen wesentlich von der Natur der zu veräußernden Anlagegenstände ab. Die einzelnen Sondervermögenstypen unterscheiden sich in diesem Punkt erheblich. Bei der Bestimmung des Handlungsrahmens der Depotbank sind diese Besonderheiten zu berücksichtigen.

a) Wertpapierfonds

(1) Verkauf der Anlagegegenstände

Von besonderem Interesse sind die Wertpapiersondervermögen i. S. d. dritten Abschnittes des KAGG. Sie haben in der Praxis die größte Bedeutung. Nach den weitreichenden Änderungen durch das dritte Finanzmarktförderungsgesetz 1998 lassen sich die Anlagemöglichkeiten wie folgt einteilen:

1. börsennotierte Wertpapiere gemäß § 8 Abs. 1 KAGG
2. nicht zum amtlichen Handel zugelassene oder in einen organisierten Markt einbezogene Wertpapiere gemäß § 8 Abs. 2 Nr. 1 KAGG
3. Schuldscheindarlehen gemäß § 8 Abs. 2 Nr. 2 KAGG
4. Geldmarktinstrumente gemäß § 8 Abs. 3 KAGG[449]
5. Anteile an anderen Sondervermögen gemäß § 8 Abs. 3a KAGG
6. Wertpapier- und Wertpapierindex – Optionsrechte gemäß § 8d Abs. 1 Nr. 1, 3 KAGG

449 Diese Anlagemöglichkeit bildet nur einen Unterfall der Gruppen 1-3. Voraussetzung ist gemäß § 7a Abs. 2, dass die Restlaufzeit höchstens 12 Monate beträgt oder die Verzinsung jährlich angepasst wird.

7. Finanz - und Devisenterminkontrakte gemäß § 8d Abs. 1 Nr. 2, 4 KAGG
8. Swaps gemäß 8d Nr. 5 KAGG
9. Wertpapierdarlehen gemäß § 9a KAGG und Wertpapierpensionsgeschäfte gemäß § 9e KAGG

Die meisten der Wertpapiere sind an der Börse handelbar und lassen sich schnell veräußern. Soweit keine Börsennotierung von Anlagegegenständen aus dem OTC-Geschäft besteht, ist der Verkauf grundsätzlich schwieriger. Gemäß § 8e Abs. 2 KAGG dürfen Finanzinstrumente aber nur zu standardisierten Rahmenbedingungen erworben werden. Dadurch wird die Handelbarkeit erhöht, sodass auch in diesen Fällen von einer schnellen Umsetzung in Geld ausgegangen werden kann.[450]

Schuldscheindarlehen zählen nicht zu den börsengehandelten Wertpapieren, sondern sind Teildarlehen gemäß § 607 ff. BGB. Die hierüber ausgestellten Schuldscheine sind nur Beweisurkunden gemäß § 952 Abs. 1 BGB.[451] Die Übertragung der Forderung erfolgt durch Abtretung gemäß § 398 BGB. Aufgrund ihrer vertraglichen Ausgestaltung sind sie in der Regel gut handelbar und lassen sich ebenfalls zügig absetzen. Auch Investmentanteile im Portfolio bereiten wenig Schwierigkeiten. Für ein Wertpapiersondervermögen dürfen unter den engen Voraussetzungen des § 8 Abs. 3a und des § 8b KAGG Anteile an anderen Vermögensfonds erworben werden. In diesem Fall muss aber das Recht zur jederzeitigen Rückgabe gemäß § 11 Abs. 2 S. 1 KAGG gewährleistet sein. Ein solches Recht muss nach § 8b Abs. 1 S. 2 KAGG auch bei der Anlage in ausländischen Investmentfonds bestehen.

Probleme können sich jedoch bei den aus Sicht des Investmentrechts jüngeren Anlageformen ergeben. Bei Swaps und Termingeschäften gehen die Vertragspartner kurz– und mittelfristig terminierte Positionen ein. Im Fall eines Swaps werden laufende Zahlungsverpflichtungen getauscht. Wie auch bei Termingeschäften sind individuelle Gestaltungen möglich, sodass das Sondervermögen grundsätzlich bis zum Auslaufen des Vertrages gebunden bleibt. Das Gleiche gilt für das Wertpapierdarlehen. In diesem Fall werden einem Vertragspartner Wertpapiere aus dem Sondervermögen übertragen. Dem Geschäft liegt ein Darlehensvertrag i. S. d. § 607 BGB zugrunde.[452] Während der Vertragslaufzeit[453] können die Wertpapiere nicht verkauft werden.[454] Sofern die Möglichkeit

450 Paul/Päsler, Einführung Rn 43.
451 Baur, § 8 Rn 53.
452 Baur, § 9a Rn 18.
453 Derzeit ist die Laufzeit gemäß § 9a Abs. 2 S. 2 KAGG noch auf maximal 30 Tage begrenzt.
454 Baur, § 9a Rn 1.

besteht, derartige Verträge vorzeitig zu beenden, müssen aus dem Sondervermögen Ausgleichszahlungen geleistet werden. Die Auflösung dieser Verträge ist daher unwirtschaftlich.

(2) Zeitraum der Abwicklung

Im Ergebnis kann ein Wertpapiersondervermögen trotz der jüngsten Erweiterungen des Anlagespektrum relativ zügig abgewickelt werden. Die bedingungslose Auflösung aller Positionen ist allerdings nicht zu empfehlen. Zeitlich gebundene Anlagen können zu Ende geführt werden, sofern ihre Auflösung zu unverhältnismäßigen Kosten führt.

Eine Verlängerung der Abwicklung, die diesen Rahmen überschreitet, ist demgegenüber ausgeschlossen. In Betracht käme es allenfalls, eine Anlagestrategie zu Ende zu führen. Die Reform des KAGG hat mit der Erweiterung der Anlageoptionen auch neue Möglichkeiten der Kombination eröffnet. Hierin liegt gerade einer der großen Vorteile der Liberalisierung.[455] Es kann unter Umständen sinnvoll sein, bestimmte Positionen durch den Einsatz von Finanzmarktinstrumenten zu sichern. Die schnellstmögliche Zerschlagung des Sondervermögens lässt solche Strategien hinfällig werden und Risikozuschläge wären aus wirtschaftlicher Sicht verloren.

Das Auslaufen von zeitlich gebundenen Anlagen bildet trotzdem die äußerste Grenze des zeitlichen Rahmens; denn dem Gebot zur Abwicklung entspricht das Verbot, die Verwaltung an der Stelle der KAG selbstständig weiterzuführen. Die Depotbank hat nicht das Recht, der Anlage die eigene Markteinschätzung zugrunde zu legen. Das Gebot zur Abwicklung soll im Hinblick auf die besonderen Risiken in der Abwicklungsphase nicht ausgehöhlt werden.

(3) Ergebnis und Folgerungen

Ein Wertpapiersondervermögen lässt sich zügig in Geld umsetzen. Für alle Anlagesegmente stehen Börsen oder andere gut organisierte Märkte zur Verfügung. Bei der zeitlichen Bindung oder Terminierung wichtiger Positionen darf deren vertraglich vereinbartes Auslaufen abgewartet werden.

Die Verlängerung der Abwicklung über diese Grenze hinaus ist demgegenüber nicht möglich. Einer solchen weiten Auslegung des § 14 Abs. 2 S. 1 KAGG stehen die oben erörterten Defizite im Anlegerschutz entgegen.[456] Hier stehen drei unabhängige Faktoren im Mittelpunkt. Erstens kumuliert die Depotbank ihre

---

455 Hehn/Kloy, S. 314; Köndgen in Schimansky, § 113 Rn 72.

456 Siehe 3. Teil § 6C.1, S. 109.

ursprünglichen Befugnisse mit denen der KAG. Zweitens unterliegt sie keiner wirksamen Kontrolle durch Dritte. Drittens besteht aufgrund der besonderen Marktstruktur keine effiziente Kontrolle durch den Anlegermarkt.

Der Gesetzgeber hat es versäumt, die Überwachung der Abwicklung den neuen Formen der Investmentanlage anzupassen. Aus diesem Grund ist der Handlungsspielraum der Depotbank weitgehend einzuschränken. Hieraus können die folgenden Grundsätze für den Verkauf des Sondervermögens sowie für den Abschluss neuer Geschäfte analog § 268 Abs. 1 S. 2 AktG hergeleitet werden.

Selbstständige Anlagegeschäfte, die die Abwicklung verlängern, sind nicht erlaubt. Dies folgt bereits aus dem Abwicklungsgebot des § 14 Abs. 2 S. 1 KAGG. Durch diese strenge Beschränkung werden der Depotbank Missbrauchsmöglichkeiten durch „churning“ und Spekulationsgeschäfte abgeschnitten. Das „Parken“ des Geldes durch Erwerb von risikoarmen Geldmarktinstrumenten ist demgegenüber zulässig. Es kann im Interesse der Anleger sogar geboten sein, wenn sich Abwicklung oder Verteilung verzögern. Auch Wertpapiere, die noch nicht veräußert sind, können zur risikofreien Renditeverbesserung durch Wertpapierleihe eingesetzt werden. Diese Anlagen dürfen die Abwicklung aber nicht verlängern. Im Extremfall sind Konstellationen denkbar, in denen eine unveräußerliche Position die Abwicklung blockiert. Beispielsweise kann der Handel einer notleidenden Anleihe ausgesetzt werden oder ein Insolvenzverfahren ist abzuwarten. Die Depotbank kann hier den übrigen Abwicklungserlös im Rahmen der beschriebenen Grenzen anlegen. Im Interesse der Anleger kann aber auch eine Teilauskehrung vorzuziehen sein. Nach Liquidierung des betroffenen Wertpapiers ist dann der Restbetrag auszuzahlen.

Demgegenüber müssen zukünftige Marktentwicklungen außer Acht bleiben. Hierin kann u. U. ein Vorwand der Depotbank liegen, die Abwicklung unnötig zu verzögern. Die unmittelbare Veräußerung aller Positionen zum Tageskurs ist vorzuziehen. Ausnahmen von diesem Prinzip erfordern einen besonderen Grund. Eine potentielle Marktentwicklung, die aus der Sicht der Depotbank abgewartet werden sollte, kann hierfür nicht ausreichen.

Ein besonderer Grund im dargelegten Sinn kann bei der Veräußerung von marktengen Papieren vorliegen. In seltenen Fällen kann der Verkauf eines Aktienpaketes den Preis erheblich drücken.[457] Bei Standardwerten ist diese Gefahr wenig relevant, da die hohen börsentäglichen Umsätze ausreichende Liquidität garantieren. Gerade bei jüngeren Spezialitätenfonds finden sich aber auch Papiere kleiner Aktiengesellschaften auf exotischen Märkten im Portfolio. Der Absatz

---

457 Canaris, Rn 2479, führt diese Tatsache sogar als Argument für die Naturalausschüttung an; s. a. 3. Teil § 6B.4.b)(1), S.103.

kann hier zu Preisabschlägen führen. Die Abwicklung darf in einem solchen Fall gestreckt werden.

Diese Grundsätze können helfen, spekulative Anlagen durch die Depotbank zu vermeiden. Auch die nachträgliche Überprüfung durch die Anleger wird erleichtert, da sich die Zahl der Transaktionen verringert. Fehler des Managements können nicht durch den Verweis auf vage Anlageziele verdeckt werden. Dem Anleger soll es zudem vorbehalten bleiben, den Einsatz seines Geldes zu bestimmen. Er selbst weiß im Zweifel am Besten, welche Anlagealternative seinen individuellen Renditezielen entspricht.

Die geschilderte Problematik mangelnder Überwachung kann zudem dadurch abgeschwächt werden, dass die KAG die Abwicklung vorbereitet. In der Praxis besteht offenbar die Tendenz, dass bereits die Anlagegesellschaften selbst wesentliche Teile des Sondervermögens in Geld umsetzen. Der Depotbank obliegt dann oft nur noch die Verteilung. Auf diese Weise wird der Zeitraum zwischen Kündigung und Vermögensübergang nach § 14 Abs. 1 KAGG genutzt. Zwar verstößt diese Abwicklungsvariante gegen die Anlagevorschriften der §§ 7a ff. KAGG, die grundsätzlich bis zum endgültigen Verlust des Verwaltungsrechtes durch die Anlagegesellschaft gelten. Die frühzeitige Veräußerung der Vermögensgegenstände kann aber im Interesse der Anleger liegen, wenn sich eine Übertragung des Sondervermögens auf eine andere KAG von vorn herein ausschließt. Auch wenn dieser Fall mit Blick auf eine zukünftige Verschmelzungsregelung zunehmend seltener werden wird[458], bildet er gegenwärtig noch die Regel. Insoweit ist es gerechtfertigt, von der Anwendung der gesetzlichen Anlagevorschriften nach der Kündigung durch teleologische Reduktion abzusehen, wenn sie einer zügigen Abwicklung im Interesse der Anleger entgegenstehen. Die KAG bleibt bei dieser Entscheidung aber in vollem Umfang an § 10 Abs. 1 S. 2 KAGG gebunden. Eine Absprache mit der BaFin ist auch bei dieser Abwicklungsvariante zu empfehlen.

b) Geldmarkt– und Dachfonds

Aus diesen Ergebnissen lassen sich wichtige Folgerungen für die Abwicklung der übrigen Sondervermögen ziehen, die in Wertpapiere und Geldmarktinstrumente investieren. Die § 13, 14 KAGG gelten für alle anderen Fondstypen entsprechend. Die Auflösung von Geldmarktfonds führt zu keinen Besonderheiten. Geldmarktinstrumente i. S. d. § 7a Abs. 2 KAGG sind gut handelbar. Auch die Abwicklung von Investmentfondsanteil-Sondervermögen stellt die Depotbank nicht vor besondere Schwierigkeiten. Die Rückgabe deutscher Anteile ist ohne-

458 S. § 11 I.

hin jederzeit möglich. § 251 Abs. 1 Nr. 2 KAGG stellt sicher, dass das gleiche Recht auch für ausländische Investmentanteile bestehen muss. Die Umsetzung in Geld im Zuge der Abwicklung kann somit durch einfache Rückgabe der Anteile erfolgen.

c) Beteiligungs– und Immobilienfonds

Ein grundsätzlicher Unterschied zu den bisher behandelten Fondstypen ergibt sich bei der Abwicklung von Beteiligungsfonds (§§ 25a ff. KAGG) und Immobilienfonds (§§ 26 ff. KAGG). Diese Sondervermögen bestehen aus Anlagegegenständen, für die weder eine Börsennotierung noch ein standardisierter Markt besteht. Jeder Wert muss einzeln veräußert werden. Dagegen enthält das Portfolio vergleichsweise wenige Beteiligungen bzw. Immobilien. In beiden Fällen ist es Hauptaufgabe des Abwicklungsmanagements, sich aktiv um Kaufinteressenten zu bemühen. Hierbei hängt die Preisfindung und damit die Gesamtrendite der Anlage zu einem erheblichen Teil vom Verhandlungsgeschick der Depotbank ab. Demgegenüber erfolgt die Preisbildung an einer Börse unter deutlich größerer Transparenz und nahezu idealen Konkurrenzbedingungen. Um diesen Nachteil abzumildern, haben Sachverständige die besondere Aufgabe, Grundstücke und Beteiligungen des Portfolios zu bewerten.

Aufgrund dieser Parallelen gelten für die Abwicklung von Beteiligungs– und Immobiliensondervermögen die gleichen Grundsätze. Zwar haben gerade Beteiligungsfonds bisher keine Bedeutung auf dem deutschen Investmarkt erlangt. Die hier entwickelten Grundsätze lassen sich aber auch auf Mischfonds übertragen, die Unternehmensbeteiligungen als Beimischung in ihr Portfolio aufnehmen dürfen. Bisher ist dies nur Altersvorsorge-Sondervermögen gemäß § 37i Abs. 3 Nr. 3 KAGG gestattet. Die Tendenz der letzten Jahre lässt aber eine Flexibilisierung in diesem Bereich erkennen, sodass die Möglichkeit der Mischung auch für andere Fondstypen relevant werden könnte.

(1) Die Abwicklung von Beteiligungsfonds

(a) Der Verkauf der Beteiligungen

Beteiligungsfonds investieren das eingelegte Geld gemäß § 25b KAGG vornehmlich in stille Beteiligungen i. S. d §§ 230 ff. HGB.[459] Die Vorschriften der §§ 13, 14 KAGG gelten gemäß § 25a KAGG sinngemäß. § 25c Abs. 1 Buchst. d KAGG enthält jedoch eine wichtige Ergänzung zu § 14 Abs. 1 KAGG. Das

459 Baur, vor § 25a Rn 5.

Beteiligungsunternehmen muss hiernach dem Vermögensübergang im Vorhinein seine Zustimmung erteilen. Der Gesellschaftsvertrag muss eine entsprechende Klausel enthalten. Für die Abwicklung gilt im übrigen § 14 Abs. 2 KAGG, d.h. das Sondervermögen ist in Geld umzusetzen. Grundsätzlich kann die Depotbank die stillen Beteiligungen verkaufen.[460] Das Beteiligungsunternehmen hat jedoch ein besonderes Interesse, den Gesellschafterwechsel zu beeinflussen. Im Gesellschaftsvertrag wird es deshalb seine Zustimmung zur Übertragung an Bedingungen knüpfen. Der Verkauf der Beteiligung wird dadurch weiter erschwert, zumal der Markt für stille Beteiligungen ohnehin stark beschränkt ist.

Denkbar wäre es, dass der Depotbank ein Kündigungsrecht für den Fall der Abwicklung zusteht. § 234 Abs. 1 S. 1 i. V. m. § 132 HGB räumt dem stillen Gesellschafter ein ordentliches Kündigungsrecht aber nur ein, wenn die Gesellschaft nicht befristet ist. § 25c Abs. 1 S. 1 Nr. 1 KAGG setzt die Befristung der Anlage aber gerade voraus.[461] Daraus folgt, dass die stille Beteiligung regelmäßig nur durch Fristablauf, Eintritt einer auflösenden Bedingung oder außerordentliche Kündigung beendet werden kann.[462]

Die außerordentliche Kündigung erfordert das Vorliegen eines wichtigen Grundes.[463] Hierfür gelten enge Voraussetzungen. Die Fortsetzung der Gesellschaft muss unzumutbar sein, weil die Vertrauensgrundlage zerrüttet und der Gesellschaftszwecks dadurch beeinträchtigt ist.[464] Die Abwicklung des Sondervermögens allein erfüllt diese Voraussetzungen nicht.[465] Der Gesetzgeber hat der Depotbank auch kein besonderes Kündigungsrecht einräumen wollen. Dies widerspräche dem Gesetzeszweck der §§ 25a ff. KAGG, weil durch Beteiligungssondervermögen die Eigenkapitalbasis nicht börsennotierter Unternehmen gestärkt werden sollte.[466] Solche Unternehmen haben keine liquiden Mittel zur jederzeitigen Rückzahlung.

Denkbar wäre es, den Beginn der Abwicklung als auflösende Bedingung im Gesellschaftsvertrag zu vereinbaren. Diese Vertragsgestaltung wird sich aber aus den gleichen Gründen nur schwer durchsetzen lassen[467], da das Beteiligungsunternehmen gerade finanzielle Planungssicherheit braucht.

460 Zur Übertragbarkeit v. Gerkan in Röhricht/Graf v. Westphalen, § 230 HGB Rn 46.
461 Beckmann/Scholtz, § 25c Rn 2.
462 Beckmann/Scholtz, § 25c Rn 2.
463 v. Gerkan in Röhricht/Graf Westfalen, § 234 HGB Rn 7.
464 A. a. O., § 233 Rn 4 und 11; Beckmann/Scholtz, § 25c Rn 3.
465 Beckmann/Scholtz, § 25c Rn 9.
466 Beckmann/Scholtz, § 25c Rn 2.
467 Beckmann/Scholtz, § 25c Rn 9.

Der Verkauf der Anteile ist daher die einzige realistische Möglichkeit, um das Engagement zu beenden.[468] Die Verkaufsbedingungen können im Gesellschaftsvertrag den Interessen der Beteiligten angepasst werden. Mit Baur ist zu fordern, dass der Handlungsrahmen der Depotbank nicht zu stark beschränkt wird. Die KAG muss bereits im Anlagevertrag sicherstellen, dass die Beteiligung leicht übertragbar ist.[469] Dies folgt aus der Pflicht, im Anlegerinteresse zu handeln.[470]

Die Praxis trägt dem Problem erschwerter Veräußerbarkeit dadurch Rechnung, dass sie die gesetzliche Kündigungsfrist verlängert. Eine ordentliche Kündigung i. S. v. § 13 Abs. 1 KAGG wird gemäß § 13 I AVB-Beteiligungsfonds[471] erst nach einem Jahr wirksam. Diese Regelung ist interessengerecht, weil die KAG diesen Zeitraum nutzen kann, um die Abwicklung vorzubereiten und Käufer zu suchen. Das Sondervermögen bleibt während dieser Zeit in der Verwaltung der spezialisierten KAG und die Nachteile der Abwicklungsphase werden auf diese Weise umgangen. Trotzdem erweist sich die Abwicklung von Sondervermögen als problematisch. In der Abwägung, die die Depotbank durchzuführen hat, wird die Übertragung gemäß § 14 Abs. 2 S.2 KAGG regelmäßig die bessere Alternative bieten.[472]

(b) Die Bewertung der Beteiligungen

Während der laufenden Verwaltung von Beteiligungsfonds werden wichtige Kontrollaufgaben einem bestellten Abschlussprüfer übertragen. Er muss vor dem Erwerb einer stillen Beteiligung die Angemessenheit von Leistung und Gegenleistung feststellen.[473] Der Prüfer darf nicht Abschlussprüfer der KAG sein. Auch die Depotbank hat wichtige Überwachungsfunktionen zu erfüllen.[474] Gemäß § 25g KAGG hat sie die stillen Beteiligungen laufend zu bewerten.

Das KAGG enthält aber keine eigenständige Regelung, wie das Sondervermögen nach dem Treuhänderwechsel gemäß § 14 Abs. 1 KAGG zu bewerten ist.

---

468 Aus diesem Grund ist gemäß § 25b Abs. 5 Buchst. a KAGG die Auflegung von Laufzeit-Beteiligungs-Sondervermögen ausgeschlossen; s. hierzu Scheurle, Investmentfonds, S. 1102.

469 Die Mustervertragsbedingungen für Beteiligungsfonds, abgedruckt bei Baur, Anh. 6.1, enthalten allerdings keine diesbezügliche Verpflichtung der KAG, einen übertragungsfreundlichen Gesellschaftsvertrag auszuhandeln. Letztlich bleibt das Verhandlungsgeschick der Investmentgesellschaft gefordert.

470 Baur, 25c Rn 4.

471 Siehe Baur, Anh. 6.1, S. 1799.

472 Beckmann/Scholtz, § 25c Rn 9; Baur, § 25a Rn 24.

473 Beckmann/Scholtz, § 25b Rn 10.

474 Beckmann/Scholtz, § 25g Rn 1.

Aufgrund der Gesamtrechtsnachfolge, gilt § 25d Abs. 2 KAGG unmittelbar für die Depotbank. Sie muss demnach zur jährlichen Bewertung einen Abschlussprüfer bestellen.[475]

Die Fortgeltung von § 25d Abs. 2 S. 1 KAGG löst das Bewertungsproblem aber nur zum Teil, weil das Sondervermögen im Anschluss an die jährliche Wertfeststellung laufend zu bewerten ist. Diese Aufgabe obliegt gemäß § 25d Abs. 1 S. 1 KAGG der Depotbank selbst. Die Verpflichtung besteht auch nach dem Vermögensübergang. Die laufende Bewertung durch die Depotbank dient gemäß § 25i KAGG als Untergrenze für den Beteiligungsverkauf. Vor dem Übergang werden auf diese Weise Veräußerungen der KAG kontrolliert. Bei der Abwicklung führt diese Gesetzeslage aber dazu, dass die Depotbank selbst die Preisuntergrenze zu ermitteln hat, die für den von ihr getätigten Verkauf gilt. Das Risiko der Kollusion zum Schaden der Anleger liegt auf der Hand. Das Gesetz sieht keine wirksame Kontrolle vor. Denn durch die Kumulierung der Befugnisse in der Hand der Depotbank wird auch § 25g Abs. 2 S. 1 KAGG gegenstandslos. Diese Vorschrift verlangt die Zustimmung der Depotbank zu Verfügungen über stille Beteiligungen

Als Lösung bietet sich die Bestellung eines Abschlussprüfers analog § 25b Abs. 1 Nr. 2 Buchst. b KAGG an. Ähnlich wie beim Erwerb einer Beteiligung muss die Depotbank dann auch prüfen lassen, ob die Verkaufsbedingungen angemessen sind. Durch diese Analogie kann zumindest ein Minimum an Anlegerschutz gewährleistet werden.

(c) Der Zeitraum der Abwicklung

Der Aufgabenschwerpunkt der Depotbank verlagert sich während der Abwicklungsphase hin zur Käufersuche. In erster Linie kommen institutionelle Anleger sowie Großunternehmen in Frage. Der Verkauf ist durch die Tatsache erschwert, dass die stille Gesellschaft keine Mitwirkungsrechte einräumt. Dadurch wird das Interesse an einer Beteiligung reduziert. Die unternehmerische Kompetenz der Depotbank ist besonders stark gefragt. Das bedeutet, dass der Zeitraum für die Abwicklung im Gegensatz zu Wertpapiersondervermögen erheblich ausgedehnt werden muss. Trotzdem bestehen die Bedenken gegen eine willkürliche Verlängerung des Abwicklungszeitraums auch hier. Zum Schutz der Anleger wäre ein verbindlicher Rahmen wünschenswert. Die Untergrenze des § 25i KAGG könnte

475 Aber auch wenn man eine eigenständige Rechtsstellung i. S. d. Mindermeinung (s. 2. Teil § 5B.1.c)(1)2. Teil § 5B.1.c)(1), S. 87) anerkennt, muss die unabhängige Bewertung durch einen Buchprüfer sichergestellt werden.§ 25d Abs. 2 KAGG ist dann analog anzuwenden.

hierfür wichtiger Maßstab sein. Sofern ein Angebot in der Höhe dieses Preises vorliegt, soll eine Beteiligung verkauft werden. Ausnahmen von diesem Grundsatz können sich nur aus wichtigem Grund ergeben. Die Depotbank muss beispielsweise ein konkretes Angebot abwarten können, wenn mehrere Interessenten vorhanden sind. Die vage Aussicht auf eine Verbesserung der Marktlage reicht demgegenüber auch hier nicht aus. Dennoch muss der Anleger akzeptieren, dass sein Kapital im Vergleich zum Wertpapiersondervermögen erheblich länger gebunden bleibt.

(2) Die Abwicklung von Immobilienfonds

Die Abwicklung von Immobilien- und Beteiligungsfonds weist viele Parallelen auf. Auch für Immobilien fehlt ein standardisierter Markt.[476] Aus diesem Grund hat der Gesetzgeber der KAG und der Depotbank einen Sachverständigenausschuss zur Seite gestellt.[477] Dieses Gremium übernimmt die jährliche Bewertung der Immobilie.[478] Seine Zusammensetzung ergibt sich aus § 32 KAGG. Der Ausschuss hat die gleiche Funktion wie der unabhängige Prüfer stiller Beteiligungen i. S. d. § 25b Abs. 1 KAGG. Gemäß § 27 Abs. 3 KAGG hat er die Angemessenheit der Kaufpreise zu prüfen. Eine laufende Bewertung durch die Depotbank erfolgt im Gegensatz zum Beteiligungssondervermögen allerdings nicht. Die jährliche Bewertung durch den Sachverständigenausschuss bleibt das ganze Jahr verbindlich.

Wie der Verkauf einer Unternehmensbeteiligung ist auch der Immobilienverkauf eine komplexe Aufgabe.[479] Gemäß § 26 KAGG gelten die §§ 13, 14 KAGG entsprechend. Der zeitliche Rahmen muss großzügiger bemessen sein als bei anderen Vermögenstypen.[480] Erstens kann die Suche nach einem Käufer von Großobjekten schwierig sein. Zweitens darf die Depotbank nicht erhöhtem Verkaufsdruck ausgesetzt werden. Der Markt wird im Zweifel die Abwicklung schnell wahrnehmen und versuchen, den Zwang zum Verkauf auszunutzen. Insoweit liegt eine Ausdehnung der Abwicklung im Interesse der Anleger. Dem

476 Beckmann/Scholtz, § 32 Rn 1, weisen in diesem Zusammenhang darauf hin, dass auch die sogenannten Immobilienbörsen nicht die Funktion von Wertpapierbörsen haben können.

477 Sögtrop, Wertentwicklung, S. 380.

478 Loipfinger betrachtet die Arbeit der Gutachter sehr kritisch. Letztlich sind auch die Gutachter, die von der KAG bestellt werden nicht unabhängig. Manipulationen sind denkbar. Bewertungsspielräume können im Sinn der KAG ausgenutzt werden; hierzu „Wertzuwächse offener Fonds sind oft nicht gerechtfertigt" in Die Welt v. 28. 10. 1999; s. a. „Debatte um offene Immobilienfonds" in Handelsblatt v. 23. 9. 1999.

479 Ohl, S. 112.

480 A. a. O.

Erfordernis, die Abwicklung zu strecken, entspricht auch die Regelung des § 36 KAGG. Die Rücknahme des Anteilscheines kann durch die Investmentgesellschaft bis zu einem Jahr ausgesetzt werden, wenn zur Auszahlung Immobilien veräußert werden müssten.[481] Auch die Depotbank kann die Rücknahme der Anteilscheine für diesen Zeitraum aussetzen.

Grundsätzlich zeigen sich auch bei der Abwicklung eines Immobiliensondervermögens erhebliche Defizite im Anlegerschutz. Die Machtfülle der Depotbank birgt ein erhebliches Missbrauchspotential. Gerade im Immobiliengeschäft besteht die Gefahr, dass die Anleger übervorteilt werden. Denkbar ist der günstige Verkauf von Objekten an verbundene Unternehmen oder Großkunden. Hilfreich bei der Überwachung ist zwar der Anlageausschuss, weil § 32 KAGG in vollem Umfang fortgilt. Die Depotbank kann den Anlageausschuss nach Übergang des Sondervermögens aber selbst bestellen. Die objektive Bewertung im Interesse der Anleger wird daher teilweise bezweifelt.[482]

Die Immobilienanlage weist eine weitere Besonderheit auf, die bei der Abwicklung von Bedeutung ist. Die Zahl der Einzelobjekte ist oft sehr begrenzt. Der Verkaufspreis ist wesentlicher Faktor für die Gesamtrendite der Anlage, und viele Objekte werden gerade in Erwartung einer Wertsteigerung erworben. Die Abwicklung ist deshalb im Hinblick auf die Gesamtrendite von erheblich größerer Bedeutung als bei den übrigen Fonds, sodass der Verkauf von sachverständigen Spezialisten durchgeführt werden sollte.[483] Aus diesem Grund verlängert die Praxis üblicherweise auch hier die Kündigungsfrist auf ein Jahr.[484] Die KAG kann in dieser Periode die Abwicklung durch die Depotbank vorbereiten. Trotzdem muss auch die Depotbank die eigentliche Abwicklung durch Fachleute durchführen lassen. Zu diesem Zweck ist der Aufbau einer kompetenten Abteilung für die Zeit der Auflösung unerlässlich.[485]

Ein besonderes Problem stellen laufende Projekte dar. Ein Immobilienfonds kann gemäß § 27 Abs. 1 Nr. 2, 3 KAGG selbst als Bauträger tätig sein und Grundstücke zur Baureife führen.[486] Für laufende Projekte wird sich aber kaum ein angemessener Preis erzielen lassen, weil ein Endnutzer im Zweifel die Belastung sowie die Risiken durch die Bauausführung scheut. Ein Zwischenerwerb ist wegen der hohen Transaktionskosten unwirtschaftlich. Trotz der Bedenken gegen die Verlängerung der Abwicklungsphase muss die Depotbank daher alle

---

481 Carl/Förster, S. 91.

482 Loipfinger in „Wertzuwächse offener Fonds sind oft nicht gerechtfertigt“ in Die Welt v. 28. 10 1999.

483 Ohl, S. 112

484 Siehe § 15 I AVB - Immobilienfonds, abgedruckt bei Baur, Anh. 2 S. 1786.

485 Siehe Ohl, S. 112.

486 Siehe Ohl, S. 112.

Projekte zu Ende führen können. Das Recht, analog § 268 Abs. 1 S. 2 AktG neue Geschäfte abzuschließen, erfährt hier seine größte Ausdehnung. De facto führt die Depotbank die Verwaltung des Sondervermögens für einen begrenzten Zeitraum fort.

Auch die Bewirtschaftung der Objekte muss in der Abwicklungsphase sichergestellt werden. Hierzu gehört nicht nur die Verwaltung der laufenden Einnahmen, sondern auch der Abschluss neuer Mietverträge und die Durchführung von Instandsetzungsmaßnahmen. Der Handlungsspielraum in Bezug auf neue Geschäfte analog § 268 Abs. 1 S. 2 AktG ist im Fall der Immobiliensondervermögen erheblich größer als bei allen übrigen Fondstypen. Diese Unterschiede ergeben sich aber nur aus der Natur der Sache. Eigenständige weitreichende Entscheidungen unter Bindung von Fondsmitteln darf die Depotbank auch hier nicht tätigen. Insbesondere müssen neue risikoreiche Anlagen ausgeschlossen sein.

Im übrigen können die gleichen Grundsätze wie für Beteiligungsfonds gelten. Die Depotbank muss eine Immobilie verkaufen, wenn ihr Marktpreis erzielt wird. Maßstab ist die Bewertung durch den Sachverständigenausschuss. Der Abwicklungszeitraum kann auf diese Weise sinnvoll begrenzt werden.

d) Gemischte Wertpapier– und Grundstücksfonds

Dieser Fondstyp darf gemäß § 37b KAGG neben Immobilien auch Wertpapiere enthalten. Die KAG kann so das Rendite-Risiko-Verhältnis der Anlage verbessern. Für den Verkauf der einzelnen Anlagegegenstände gelten keine Sonderregelungen. Gemäß § 37a bzw. §§ 37d und 37e KAGG gelten die Vorschriften für die jeweils spezielleren Fondstypen entsprechend.

Im Hinblick auf die Abwicklung ergibt sich dennoch eine Besonderheit. Die Wertpapiere lassen sich zügig gegebenenfalls in wenigen Tagen verkaufen. Die Veräußerung der Immobilien erfordert einen erheblich längeren Zeitraum. Hier kommt es in Betracht, das aktive Wertpapiermanagement bis zum Verkauf des letzten Grundstücks fortzusetzen. Die Depotbank könnte auf diese Weise die Anlagepolitik der KAG weiterführen. Das „Brachliegen“ des erzielten Erlöses aus Wertpapierverkäufen würde so verhindert.

Trotzdem gelten auch hier die gleichen Bedenken gegen eigene Anlageentscheidungen der Depotbank. Das Gesetz sieht auch für diesen Vermögenstyp keine Lockerung der Abwicklungsgrundsätze vor. Die mangelnde Kontrolle lässt das Risiko des „churning“ erheblich steigen, weil eventuelle Renditeeinbußen durch den Publikumsmarkt nicht wahrgenommen werden. Demzufolge sind die Wertpapiere zügig zu verkaufen. Anschließend kann die Depotbank analog § 268 Abs. 1 S. 2 AktG neue risikoarme Anlagen im Rahmen eines passiven Liquiditätsmanagements durchführen. Das Kursniveau der Wertpapiere nach dem

Übergang auf die Depotbank wird auf diese Weise in etwa konserviert. In Betracht kommen nur Anlagen auf dem Geldmarkt.

Dieses Ergebnis entspricht zwar dem Anlegerschutz; unter dem Gesichtspunkt der Renditeoptimierung ist es jedoch nicht befriedigend. Daher könnte es sinnvoll sein, auch bei der Abwicklung dieses Fondstyps neue Wege zu gehen und eine Teilverteilung vorzusehen. Der Anleger erhält auf diese Weise bereits kurze Zeit nach dem Übergang auf die Depotbank seinen Wertpapieranteil ausgezahlt. Er kann neu disponieren, ohne dass Opportunitätskosten anfallen. Der Wortlaut des § 14 Abs. 2 S. 1 KAGG steht einer Teilausschüttung nicht entgegen. Da die Ausschüttung des Wertpapieranteils an alle Anteilinhaber gleichzeitig und zum aktuellen Tagespreis erfolgen müsste, besteht auch kein Risiko der Ungleichbehandlung. Als Vorteil schlägt vor allem zu Buche, dass die Anleger keine Verwaltungsvergütung für den Baranteil mehr zu entrichten hätten. Die Teilausschüttung sollte daher im Fall von gemischten Immobilien– und Wertpapiersondervermögen zur Regel werden.

7. Fazit

Der Anwendungsbereich des KAGG wurde seit 1957 sukzessive ausgedehnt. Für die neuen Fondstypen sind zahlreiche Spezialregelungen geschaffen worden, mit deren Hilfe der Gesetzgeber versucht hat, die Risiken neuer Anlageformen für den Publikumsanleger zu begrenzen. Eine Anpassung des Abwicklungsrechts ist demgegenüber nur ansatzweise erfolgt, sodass die ursprüngliche Regelung für Wertpapiersondervermögen für alle Fondsarten entsprechend gilt.

Auf dieser gesetzlichen Grundlage wäre das Sondervermögen schnellstmöglich zu zerschlagen. Dieses Ergebnis wird den Strukturen moderner Investmentfonds jedoch nicht gerecht und widerspricht dem Anlegerinteresse. Aber auch umfassende Analogien zur Abwicklung der Aktiengesellschaft sowie zur Auflösung der Bruchteilsgemeinschaft führen nicht zu sachgerechten Ergebnissen.

Es kommt lediglich in Betracht, den Handlungsrahmen der Depotbank vorsichtig zu erweitern. Ihre Tätigkeit ist als unternehmerische Aufgabe zu begreifen, mit dem Ziel die Rendite der Anleger zu optimieren. Aus diesem Grund darf sie analog § 268 Abs. 1 S. 2 KAGG auch nach dem Vermögensübergang selbstständige Geschäfte durchführen

Die Bestimmungen des § 14 Abs. 2 KAGG geben jedoch grundlegende Anlegerschutzprinzipien des KAGG auf. An erster Stelle stehen die Aufteilung der Befugnisse und die gesetzliche Prozessstandschaft zugunsten der Anleger. Das Problem mangelnder Überwachung wird potenziert, sofern für die Anlagegegenstände kein organisierter Markt besteht. Der Verwaltungsspielraum der Depotbank ist daher auf risikoarme Geschäfte zu begrenzen.

Für jeden Typ von Sondervermögen sollten individuell abgestimmte Kontrollformen eingeführt werden. Als Vorbild kann der Anlageausschuss für Immobilienfonds dienen. Ein solches Gremium könnte als „Abwicklungsausschuss" fungieren und die Kontrollaufgaben übernehmen, die ursprünglich die Depotbank erfüllen musste. In Abstimmung mit dem Ausschuss kann im Einzelfall auch die Verlängerung der Abwicklung in Betracht kommen. Dadurch können auch besondere Vermögensstrukturen im Einzelfall berücksichtigt werden.

D. Die Verteilung

Die Verteilung des Abwicklungserlöses gemäß § 14 Abs. 2 S. 1 KAGG bereitet weniger Schwierigkeiten. Nach dem Verkauf der Anlagegegenstände sind die Verbindlichkeiten zu begleichen, für die nur das Sondervermögen haftet. In Betracht kommen lediglich Vergütungs- und Aufwendungsersatzansprüche von Depotbank und KAG. Anschließend ist das Gesamtvermögen durch die Zahl der Anteile zu teilen und der jeweilige Betrag auszuzahlen. Der Anleger kann der Depotbank jedoch unbekannt sein. In diesem Fall sollte der Anteil gemäß § 372 BGB hinterlegt werden.[487] Zuständige Hinterlegungsstelle ist gemäß § 1 Abs. 2 HintO das Amtsgericht. Bei Verzicht auf die Rücknahme gemäß § 376 Abs. 2 Nr. 1 BGB hat die Hinterlegung schuldbefreiende Wirkung.

Der Anspruch des Anlegers erlischt gemäß § 382 Hs. 1 BGB mit Ablauf von 30 Jahren nach Anzeige der Hinterlegung. In den einschlägigen Fällen ist der Anleger aber meistens nicht bekannt. Der Fristlauf beginnt deshalb bereits mit der Hinterlegung des Geldes.[488] Die Depotbank hat nach dem Erlöschen des Anlegerrechtes ihrerseits einen Anspruch auf Herausgabe der Summe aus § 382 Hs. 2 BGB, selbst wenn sie zuvor mit schuldbefreiender Wirkung auf die Herausgabe verzichtet hat. In diesem Fall gilt die Spezialregelung des § 19 HintO. Hiernach erlischt das Recht auf Herausgabe erst nach Ablauf von 31 Jahren nach der Hinterlegung. Die Depotbank hat aus diesem Grund noch ein Jahr lang die Möglichkeit, den hinterlegten Betrag herauszuverlangen.[489] Wird der Anteil nicht hinterlegt, unterliegt der Anspruch der regelmäßigen Verjährung von 30 Jahren gemäß § 195 BGB.

---

487 König, Auflösung, S. 9.
488 Heinrichs in Palandt, § 382.
489 Kriege, § 19.

Vor der Hinterlegung kann die Depotbank auch einen gewissen Zeitraum abwarten. Erfahrungsgemäß werden viele Ansprüche dann abgerufen. Das aufwendige Hinterlegungsverfahren wird auf diese Weise vermieden.[490]

E. Die Abschlussprüfung

Das KAGG enthält keine Vorschriften zur Dokumentierung und Prüfung der Abwicklung. Die Notwendigkeit eines Rechenschaftsberichtes steht aber außer Frage. Aus diesem Grund ist § 24a KAGG auf die Abwicklung des Fonds analog anzuwenden.[491] Die BaFin verlangt daher einen Rechenschaftsbericht i. S. d. § 24a Abs. 1 KAGG über die Abwicklungs– und Verteilungstätigkeit der Depotbank. Dieser Bericht ist den Anlegern analog § 24a Abs. 3 S. 2, 3 KAGG kostenlos zur Verfügung zu stellen. Analog § 24a Abs. 4 KAGG ist der Bericht vom Abschlussprüfer der Depotbank zu prüfen.

F. Das Rückgaberecht der Anteilseigner

Aufgrund der Gesamtrechtsnachfolge des § 14 Abs. 1 KAGG gehen auch alle gesetzlichen Pflichten der KAG gegenüber den Anlegern auf die Depotbank über. Grundsätzlich gilt dies auch für die Verpflichtung aus § 11 Abs. 2 S. 1 KAGG, den Investmentanteil jederzeit zurückzunehmen. Zu diesem Zweck muss die Depotbank auch die fortlaufende Bewertung des Sondervermögens fortsetzen. Nach dem Übergang des Fonds ist jedoch eine erhöhte Rückgabe zu erwarten, weil ein rationaler Anleger versuchen wird, Nachteile der Abwicklung zu umgehen und sein Kapital besser anzulegen.

Aus diesem Grund will Canaris[492] die Rückgabe nach dem Übergang nicht mehr zulassen. Mit Erlöschen des Verwaltungsrechtes werde das Rechtsverhältnis zwischen Anlegern und KAG beendet. Ein Anleger hätte dann nur das Recht auf seinen Anteil am Abwicklungserlös. Dieses Ergebnis sei auch teleologisch folgerichtig, da das Rückgaberecht nur einen Ersatz für den Anspruch auf Aufhebung der Gemeinschaft darstelle. Das Sondervermögen werde aber ohnehin abgewickelt, und ein Wettlauf bei der Rückgabe müsse verhindert werden.

Diese Ansicht ist aus drei Gründen abzulehnen. Erstens ist das Rückgaberecht eine der tragenden Säulen des Anlegerschutzes. Der Anleger vertraut auf

---

490 König, Auflösung, S. 9.
491 Allgemein zur Prüfung der Fondsverwaltung Clemm/Huber, S. 289 ff.
492 Canaris, Rn 2457.

die Möglichkeit, jederzeit Liquidität zurückgewinnen zu können. Die Rücknahmepflicht besteht kraft Rechtsnachfolge auch für die Depotbank. Wenn § 11 Abs. 2 S. 1 KAGG hätte ausgeschlossen werden sollen, wäre eine ausdrückliche Spezialregelung getroffen worden. Der Wortlaut der Vorschrift enthält aber gerade keine Begrenzung des Rückgaberechts. Der Gesetzgeber hat zwar bewusst auf eine detaillierte Regelung der Rückgabebedingungen verzichtet[493] und in § 11 Abs. 2 S. 1 Hs. 2 KAGG die Ausgestaltung den Vertragsbedingungen überlassen. § 11 der Mustervertragsbedingungen[494] enthält jedoch ebenfalls keine diesbezüglichen Klauseln. Auch die systematische Stellung des § 11 Abs. 2 S. 1 KAGG steht seiner Fortgeltung nicht entgegen. § 11 KAGG regelt die Rechte und Pflichten der Anteilseigner, die typischerweise auch nach dem Übergang des Sondervermögens gelten.

Zweitens sieht das KAGG nicht nur die Abwicklung des Sondervermögens vor. In diesem Fall könnte es in der Tat richtig sein, alle Anteilinhaber auf ihren gleichmäßigen Anspruch auf Verteilung des Sondervermögens zu verweisen. Der Fonds kann aber gemäß § 14 Abs. 2 S. 2 KAGG auch übertragen werden. In diesem Fall hat das Rückgaberecht sogar besondere Bedeutung, weil das Gesetz hier den Austausch der Verwaltungsgesellschaft zulässt.[495] Dem Anleger kann ohne sein Zutun ein neuer Investmentpartner aufgedrängt werden. Er muss aus Gründen des Anlegerschutzes die Möglichkeit behalten, seine Anlage frühzeitig zu beenden. Die Übertragung auf die neue KAG braucht er nicht abzuwarten.

Drittens ist es heute möglich, Zwangsverkäufe gemäß § 11 Abs. 2 S. 2 KAGG zu vermeiden. Liquiditätsengpässe aufgrund erhöhter Rückgaben können so durch Aussetzung der Rücknahme ausgeschlossen werden. Eine entsprechende Vereinbarung im Investmentvertrag ist gemäß § 11 Abs. 2 S. 2 KAGG allerdings erforderlich.[496] Die Aussetzung der Rücknahme setzt einen außergewöhnlichen Umstand voraus. Vor allem Liquiditätsprobleme kommen hierfür in Betracht.[497] Die massierte Rückgabe von Anteilen kann zu Auszahlungsproblemen führen. Ein außergewöhnlicher Umstand i. S. v. § 11 Abs. 2 S. 2 KAGG liegt aber erst dann vor,[498] wenn eine wertgerechte Veräußerung der Anlagegegenstände nicht realisierbar ist. Diese Situation ist insbesondere bei Immobilienfonds denkbar.

493 Baur, § 11 Rn 7; BT - Drucksache 2973 S. 3, abgedruckt bei Beckmann/Scholtz, Nr. 582 S. 1.

494 Beckmann/Scholtz, 425 Anh. 1 zu § 15.

495 Ähnlich Ebner v. Eschenbach, S. 116.

496 Die Musterverträge enthalten grundsätzlich eine entsprechende Klausel, s. etwa § 11 Nr. 4 AVB, abgedruckt bei Beckmann/Scholtz 425 Anh. 1 zu § 15 S. 4.

497 Köndgen in Schimansky, § 113 Rn 129.

498 Baur, § 11 Rn 14.

Diese Grundsätze gelten auch nach Beginn der Abwicklung. Das Rückgaberecht ist höher zu bewerten als das Risiko einer geringfügigen Ungleichbehandlung der Anleger. Die Aussetzung der Rücknahme wird bei erhöhtem Rückgabeverlangen allerdings die Regel sein.

Im Ergebnis besteht das Rückgaberecht der Anteilinhaber auch nach dem Übergang des Sondervermögens fort. Der Ausschluss dieses Rechtes ist nur unter den Voraussetzungen des § 11 Abs. 2 S. 2 KAGG zulässig.

G. Dispositivität des § 14 Abs. 2 S. 1 KAGG

Die bisherige Diskussion hat die Frage ausgeklammert, ob durch den Investmentvertrag das Abwicklungsverfahren modifiziert werden kann. In Betracht kommt es beispielsweise, die Verteilung der Vermögensgegenstände in natura zu vereinbaren. Dies würde einer Abwicklung gemäß § 752 ff. BGB entsprechen.[499] Grundsätzlich sind die Vorschriften des KAGG jedoch nicht dispositiv. Sie geben einen festen Rahmen im Interesse des Anlegerschutzes vor. Dies gilt sowohl für die Kündigung eines Fonds als auch den Übergang des Fondsvermögens auf die Depotbank. In Betracht kommen nur vertragliche Klauseln, die ausschließlich Ergänzungen zu Gunsten des Anlegers bringen. Diese Feststellung gilt auch für die Abwicklung, soweit § 14 Abs. 2 S. 1 KAGG den Schutz der Anleger bezweckt. Abweichungen, wie die Erweiterung der Handlungsbefugnisse, sind grundsätzlich unzulässig. Trotzdem bleibt der Depotbank ein Spielraum bei der konkreten Umsetzung, der auch vertraglicher Gestaltung zugänglich ist.[500]

Eingeschränkt trifft dies für die Umsetzung des Sondervermögens in Geld zu. Der Anlegerschutz spielt bei dieser Regelung nur eine untergeordnete Rolle. Es sind Fälle denkbar, in denen die Naturalausschüttung interessengerecht sein kann. Die entsprechende vertragliche Vereinbarung sollte dann möglich sein. Der Anlegerschutz kann in diesem Fall durch die BaFin gewährleistet werden. Gemäß § 15 Abs. 1 S. 2 KAGG muss die Bankaufsicht die Genehmigung der Vertragsbedingungen verweigern, wenn die Anlegerinteressen nicht ausreichend gewahrt werden.

Beim herkömmlichen Publikumsfonds widerspricht die Naturalausschüttung zwar dem Anlegerinteresse, weil der Publikumsanleger gerade kein eigenes Portfolio erwerben will, das er selbst verwalten muss. Eine entsprechende Klausel im

---

499 Siehe 3. Teil § 6B.2, S. 101.

500 Neuburger, S. 99, betont ausdrücklich, dass das KAGG die vertragliche Freiheit nur soweit wie nötig einschränken wollte. Die Publizitätsvorschriften und die öffentliche Meinung seien der beste Schutz vor Missbrauch.

Investmentvertrag darf deshalb von der BaFin grundsätzlich nicht genehmigt werden. Ausnahmen sind aber denkbar, wenn sich ein Publikumsfonds nur an einen eingeschränkten Anlegerkreis wendet. Dann können Parallelen zum Spezialfonds auftreten und auch die Auskehr in natura kann durch die Bankaufsicht genehmigt werden.

Diese Auslegung wird mittelbar durch § 11 Abs. 2 S. 1 Hs. 2 KAGG bestätigt. Das Gesetz hat auch das Rückgaberecht nicht im Detail geregelt, obwohl es sich um eines der tragenden Prinzipien des KAGG handelt. Der Gesetzgeber hat das Verfahren der Anteilrückgabe sogar bewusst ungeregelt gelassen.[501] Der Investmentvertrag soll diese Lücke schließen, da die Kontrolle durch die BaFin als ausreichend betrachtet wird.

Im Ergebnis enthält § 14 Abs. 2 S. 1 KAGG kein dispositives Recht, soweit wichtige Elemente des Anlegerschutzes berührt werden. Die vertragliche Erweiterung der Befugnisse ist unzulässig. Auch der zeitliche Rahmen darf vertraglich nicht ausgedehnt werden. Demgegenüber ist es grundsätzlich denkbar, die Naturalausschüttung zu vereinbaren. Die BaFin kann in diesem Fall den Anlegerschutz in ausreichender Weise gewährleisten.

H. Prozessuale Fragen

Das Ausscheiden der KAG aus dem Investment-Dreieck führt zu einer erheblichen Verschlechterung des Rechtsschutzes für die Anleger. Vor dem Vermögensübergang ist die Depotbank gemäß § 12c Abs. 2 S. 1 Nr. 1, 2 KAGG berechtigt und verpflichtet, Ansprüche der Anteilseigner gegen die KAG geltend zu machen. Außerdem ist sie für Drittwiderspruchsklagen gemäß § 771 ZPO verantwortlich, sofern Gegenstände des Sondervermögens gepfändet werden. Die Klagebefugnis der Anleger ist in diesem Fall gemäß § 12c Abs. 2 S. 1 Nr. 2 Hs. 2 KAGG sogar ausgeschlossen.

Entsprechende Regelungen enthält § 12c Abs. 3 KAGG für Ansprüche gegen die Depotbank. Die Investmentgesellschaft hat die Forderungen der Anleger gerichtlich durchzusetzen. Sowohl die KAG als auch die Depotbank machen die Ansprüche der Anteilseigner im eigenen Namen und in gesetzlicher Prozessstandschaft geltend.[502] Diese Regelung bildet einen Ausgleich dafür, dass ein eigenes Organ der Anlegerschaft fehlt.[503]

---

501 Siehe hierzu Fn 493.

502 Baur, § 12c Rn 8; Canaris, Rn 2473; Geßler, S. 1277; Schäcker, S. 152.

503 Baur, 12c Rn 2; Begr. zum 1. FMFG, BT–Drucksache 11/5411 zu § 12c, abgedruckt bei Beckmann/Scholtz, Nr. 582 S. 180.

Die Prozessstandschaft der KAG bzw. der Depotbank wird mit Ausscheiden der Investmentgesellschaft weitgehend gegenstandslos. Ansprüche gegen die Depotbank können nur noch von den Anlegern selbst geltend gemacht werden. Dies wiegt umso schwerer, als ihnen jeder Einblick in die Interna der Vermögensverwaltung fehlt.[504] Die Rechenschaftsberichte enthalten nicht die einzelnen Transaktionen.[505] Ansprüche der Anlegergemeinschaft gegen die Depotbank auf Schadensersatz sind daher praktisch kaum durchzusetzen. Dem Kleinanleger ist es so gut wie unmöglich, Sorgfaltspflichtverletzungen der Depotbank zu erkennen und zu beweisen.

Für die gerichtliche Geltendmachung dieser Ansprüche durch die Anleger gelten keine Besonderheiten. Die Bestimmungen des § 12c Abs. 2 S. 3, Abs. 3 S. 2 KAGG bestätigen die Zulässigkeit der Anlegerklage ausdrücklich. Praktische Relevanz hätte diese Vorschrift aber nur, wenn auch der einzelne Anleger Klage gegen die Depotbank erheben könnte. Für individuelle Ansprüche, z. B. auf Auszahlung des Anteils aus dem Abwicklungserlös, bestehen hieran keine Zweifel.[506]

Aber auch für gemeinschaftliche Ansprüche muss Rechtsschutz möglich sein, ohne dass alle Anleger Klage erheben. Besondere Bedeutung hat dies für Schadensersatzforderungen gegen die Depotbank, die auf Verletzungen des Anlagevertrages zurückzuführen sind. Solche Ansprüche auf Zahlung an das Sondervermögen stehen allen Anlegern gemeinschaftlich zu.[507] Auch die Aktivlegitimation liegt bei der Gesamtheit der Anleger. Die konsequente Anwendung des Gemeinschaftsrechts führt aber zu einer interessengerechten Lösung;[508] denn jedem Berechtigten einer Bruchteilsgemeinschaft steht auch die Prozessführungsbefugnis zu.[509] Jeder Anleger kann daher allein alle Ansprüche der Anlegergemeinschaft gegen die Depotbank geltend machen.[510]

Köndgen[511] erhebt hiergegen den Einwand, das Prozessrisiko sei dem einzelnen Anleger nicht zumutbar. Zur Durchsetzung seines persönlichen Anspruchs müsse er auf Leistung der gesamten Forderung in das Sondervermögen klagen. Der Anleger kann dieses Risiko jedoch umgehen, indem er nur seine individuellen Auszahlungsansprüche aus § 11 Abs. 2 S. 1 KAGG bzw. § 14 Abs. 2 S. 1 KAGG einklagt. Hierin ist sein Anteil an eventuellen Ansprüchen gegen die

504 Köndgen in Schimansky, § 113 Rn 125.
505 A. a. O.
506 Thiel, S. 165.
507 Thiel, S. 165.
508 Canaris, Rn 2437; a. A. Köndgen in Schimansky, § 113 Rn 126.
509 Langhein in Staudinger, § 744 Rn 47.
510 Canaris, Rn 2437.
511 Köndgen in Schimansky, § 113 Rn 126.

Depotbank enthalten. Das Gericht hat etwaige Pflichtverletzungen der Depotbank somit zu berücksichtigen.[512]

Komplizierter stellt sich die Lage im Fall der Drittwiderspruchsklage dar. Hier ist die Klageerhebung durch die Anleger aufgrund von § 12c Abs. 2 S. 1 Nr. 2 Hs. 2 KAGG ausdrücklich ausgeschlossen. Diese Vorschrift soll eine reibungslose Pfändung sicherstellen. Den Anlegern fehlt der Einblick in die tatsächlichen Besitz– und Eigentumsverhältnisse am Sondervermögen.

Nach dem Vermögensübergang führt diese Rechtslage jedoch zur Aufgabe des Rechtsschutzes bei Pfändungen. Solange die KAG verantwortlich für die Verwaltung war, galt § 12c Abs. 2 S. 1 Nr. 2 KAGG. Hiernach hat die Depotbank das Recht, Drittwiderspruchsklage zu erheben. Diese Regelung dient dem Anlegerschutz. Denn die Geltendmachung der Anlegerrechte durch die KAG ist im Fall der Pfändung nicht mehr gewährleistet. Durch die anschließende Verwertung des Sondervermögens würden letztlich sogar eigene Schulden der KAG getilgt.[513]

Die entsprechende Interessenlage besteht aber auch nach dem Übergang des Sondervermögens. Nur fehlt jetzt ein Interessenvertreter der Anleger, da die KAG ausgeschieden ist. Nach dem Wortlaut des § 12c Abs. 2 S. 1 Nr. 2 Hs. 2 KAGG bleibt das Klagerecht der Anteilinhaber aus § 771 ZPO aber trotzdem ausgeschlossen, sodass eine Drittwiderspruchsklage nicht zulässig wäre. Daher ist § 12c Abs. 2 S. 1 Nr. 2 Hs. 2 KAGG nach dem Übergang des Sondervermögens nicht mehr anzuwenden. Jeder Anleger darf Klage aus § 771 ZPO erheben, wenn ein Gegenstand des Sondervermögens gepfändet wird.

---

512 Köndgen in Schimansky, a. a. O., geht von individuellen Schadensersatzansprüchen der Anleger aus. Eine Zuordnung von Forderungen zum Sondervermögen gegen die Depotbank lehnt er unter dem Gesichtspunkt des Anlegerschutzes ab, weil die Prozesskosten für den Einzelnen eine faktische Prozessbarriere bildeten. Dieser Ansicht steht aber der Gemeinschaftscharakter der Anlegeransprüche sowie der Schutzzweck der Surrogation entgegen. Schadenseratzansprüche gehören kraft Surrogation zum Sondervermögen. Aufgrund der individuellen Klage hat der Anleger außerdem die Möglichkeit das Prozesskostenrisiko angemessen zu reduzieren.

513 Baur, § 12c Rn 8.

I. Abwicklung von Laufzeitfonds

1. Gründe für die Auflegung von Laufzeitfonds

Vor der Einführung des § 15 Abs. 3 Buchst. k KAGG war strittig, ob Sondervermögen mit vertraglich begrenzter Laufzeit aufgelegt werden dürfen.[514] Das KAGG ist für den Open-end-Fonds konzipiert.[515] Auch § 15 Abs. 3 Buchst. k KAGG n. F. enthält keine Regelung des Laufzeitfonds, setzt aber die Möglichkeit voraus, diesen neuen Fondstyp anzubieten.[516]

Laufzeitfonds sind für Anleger interessant, die einen genauen Anlagehorizont besitzen[517], und ihr Geld zu einem festen Zeitpunkt zurück wollen oder brauchen. Das Management kann seine Anlagestrategie auf den Auflösungszeitpunkt ausrichten und beispielsweise einen kompletten Zinszyklus konservieren.[518] Am Ende der Laufzeit entfällt das Risiko, dass die Rücknahme der Anteilscheine gemäß § 11 Abs. 2 S. 2 KAGG ausgesetzt wird. Die Kalkulation gewinnt dadurch an Zuverlässigkeit.

Der eigentliche Vorteil dieses neuen Instrumentes liegt jedoch in der Möglichkeit, Mindestrenditen zu versprechen. Durch Einsatz von Finanzderivaten kann die KAG bestimmte Rückzahlungsbeträge zum Laufzeitende bis hin zu einem „money-back" vertraglich garantieren.[519] Auch risikoscheue Anleger haben dadurch die Chance, von den Wertpapiermärkten in vollem Umfang zu profitieren.[520] Aber gerade dieser Vorteil kann aufgrund der aktuellen Verwaltungspraxis der BaFin kaum genutzt werden, weil Garantiefonds nicht genehmigt wer-

---

514 Beckmann/Scholtz, § 1 Rn 22; Baur, § 15 Rn 34.

515 Erst gute Erfolge in anderen Ländern, insbesondere Japan (s. Baur, Einl. I Rn 59 sowie Einl. III, Rn 231 ff.) führten zu einer Öffnung des deutschen Investmentrechts, die sich aber nur zögerlich und in zwei Schritten vollzog. Zunächst brachte das 1. FMFG durch Einfügung eines § 15 Abs. 3 Buchst. k KAGG die Möglichkeit, befristete Fonds aufzulegen, sofern diese überwiegend in Schuldscheindarlehen und Schuldverschreibungen investieren. Erst das 3. FMFG hat die Beschränkung auf Rentenfonds aufgehoben, sodass heute alle Fondstypen befristet aufgelegt werden können.

516 § 15 Abs. 3 Buchst. k KAGG enthält keine ausdrückliche Erlaubnis von Laufzeitfonds, sondern verlangt lediglich eine investmentvertragliche Regelung ihrer Abwicklung.

517 Laux, Investmentfonds, S. 1147; Beckmann/Scholtz, § 15 Rn 22.

518 Baur, Einl. I Rn 59.

519 König, Auflösung, S. 3; Baur, § 15 Rn 34 sowie Einl. 1 Rn 59; Beckmann/Scholtz, § 15 Rn 22.

520 Begründung zum Entwurf des 3. FMFG, II zu Buchst. b), BT-Drucksache 13/8933, abgedruckt bei Beckmann/Scholtz, Nr. 582, S. 279.

den.[521] Die Haftung aufgrund eines Garantiefalles könne die finanziellen Grundlagen der KAG angesichts des geringen Mindestkapitals gefährden.

2. Systematische Besonderheiten

Das KAGG enthält keine ausdrückliche Regelung zur Auflösung von befristeten Fonds. § 15 Abs. 3 Buchst. k KAGG verlangt nur die vertragliche Festlegung des Abwicklungsverfahrens. Auffällig ist, dass das KAGG auch hier die Begriffe Abwicklung und Verteilung verwendet, deren inhaltliche Ausgestaltung aber den Investmentpartnern überlässt. Ein Verweis auf § 14 Abs. 2 S. 1 KAGG liegt hierin nicht.[522] Vielmehr sollen die Beteiligten die Auflösung frei regeln können. Dies folgt aus der besonderen Stellung von Laufzeitfonds außerhalb der Systematik der §§ 13, 14 KAGG.

Die KAG kann die Abwicklung selbst betreiben. Ein Grund i. S. d. § 13 KAGG liegt nicht vor, und die KAG bleibt weiter funktionsfähig.[523] Keiner der Beteiligten wird vom Laufzeitende überrascht, da der Abwicklungsgrund nicht aus der Sphäre der Anlagegesellschaft stammt. Hierin liegt der entscheidende Unterschied zu § 13 KAGG. Der Investmentvertrag bleibt daher bestehen, sodass kein gesetzlicher Übergang des Sondervermögens auf die Depotbank erfolgt.[524]

Die Abwicklung durch die KAG liegt vor allem im Interesse der Anleger. Laufzeitfonds vermeiden alle Nachteile des Verfahrens nach § 14 Abs. 2 S. 1 KAGG und auch die Depotbank behält ihre Stellung im Investment-Dreieck. Die Trennung von Verfügungsmacht und Depotverwaltung bleibt bestehen, sodass die gesamte Abwicklung der Kontrolle durch die Depotbank unterliegt. Auch die Geltendmachung von Ansprüchen gegen die KAG durch die Depotbank ist weiterhin gewährleistet. Das ausgewogene System des Investment-Dreiecks bleibt bis zur Verteilung des letzten Euro erhalten.

3. Der Rahmen der vertraglichen Regelung

Die Grenzen der investmentvertraglichen Regelung ergeben sich nur aus den allgemeinen Vorschriften des KAGG sowie dem Anlagevertrag. Dieser muss den Beginn der Abwicklung regeln.[525] Auch die Dauer des Anlagezeitraums kann im

521 Siehe auch König, Anlegerschutz, S. 173.
522 Baur in Hellner/Steuer, 9/395.
523 Baur in Hellner/Steuer, 9/395.
524 A. A. offenbar Köndgen in Schimansky, § 113 Rn 131, der die Abwicklung der Depotbank vorbehalten will.
525 Baur, § 15 Rn 35.

Investmentvertrag frei vereinbart werden und die KAG hat die Möglichkeit, die Abwicklung auf die Interessen der Anlegerzielgruppe abzustimmen. Das Verfahren ist gemäß § 15 Abs. 3 Buchst. k KAGG im Investmentvertrag festzulegen. Hier können der KAG weitreichende Entscheidungsfreiheiten eingeräumt werden. Der endgültige Verkauf der Anlagegegenstände könnte beispielsweise von der Marktlage abhängig gemacht werden. Als Beispiel kann ein Rentenfonds dienen, dessen Abwicklung in eine Hochzinsphase fällt. Die KAG kann in diesem Fall eine Verlängerung des Abwicklungszeitraums beschließen, um die Realisierung von Kursverlusten zu vermeiden. Umgekehrt kann ein genauer Auszahlungszeitpunkt vereinbart werden, der dem Anleger die Möglichkeit gibt, genau zu kalkulieren. Voraussetzung ist gemäß § 15 Abs. 3 Buchst. k KAGG nur, dass die Bedingungen ausdrücklich im Investmentvertrag niedergelegt sind.

§ 15 Abs. 3 Buchst. k KAGG setzt die Begrenzung der Anlage auf eine „gewisse Dauer" voraus. Dieser Wortlaut lässt auch die Beendigung des Fonds durch einen Bedingungseintritt zu. Denkbar wäre es, die Auflösung eines thesaurierenden Fonds vom Erreichen einer bestimmten Gesamtrendite abhängig zu machen. Dadurch erhält der Anleger ein Instrument zum Zielsparen. Zwar wird eine gewisse zeitliche Unsicherheit in das Verfahren getragen, die grundsätzlich der ratio legis widerspricht. Für den Anleger entstehen aber keine Nachteile. Er hat weiter alle Rechte, die das System des offenen Investmentfonds gewährt. Insbesondere kann er seine Anteile jederzeit zurückgeben. Diese Vertragsgestaltung unterliegt zudem in vollem Umfang der Prüfung durch die BaFin gemäß § 15 Abs. 2 KAGG.

Die KAG hat das Ziel, das Kapital auch nach der Auflösung zu binden. Zu diesem Zweck bietet sie den Anlegern meist die Möglichkeit, die Anlage in einem neuen Fonds fortzusetzen.[526] Dieses Verfahren wird in der Praxis als „roll-over" bezeichnet.

Grundsätzlich kann die KAG den Fonds auch gemäß § 13 Abs. 1 KAGG kündigen, obwohl hierin ein Widerspruch zum Sinn des Laufzeitfonds liegt. Der Investmentvertrag schließt das ordentliche Kündigungsrecht daher meistens aus.[527] Die Kündigung aus wichtigem Grund wird dadurch aber nicht berührt. Hier gelten die allgemeinen Grundsätze des Zivilrechts.[528] Mit König[529] ist aber zu verlangen, dass nur besonders schwerwiegende Gründe die Kündigung eines Laufzeitfonds rechtfertigen können. Sofern das ordentliche Kündigungsrecht nicht ausgeschlossen ist, sind die §§ 13, 14 KAGG anzuwenden. Das Sonder-

526 König, Auflösung, S. 3, mit Hinweis auf „Deka-Fonds mit 'roll-over' statt Auszahlung" in Die Welt v. 9. 2. 1996.

527 A. a. O.

528 Siehe 2. Teil § 4A.2, S. 64.

529 Als Beispiel führt König, Auflösung, S. 3, die drohende Insolvenz der KAG an.

vermögen geht zwingend auf die Depotbank über. Als Grund für eine vorzeitige Beendigung kommt auch hier der wirtschaftliche Misserfolg in Betracht. Dies zeigt ein Fall aus dem Jahr 1996.[530]

Im Ergebnis werden die Nachteile des herkömmlichen Abwicklungsverfahrens bei der Auflösung eines Laufzeitfonds umgangen. Die § 13, 14 KAGG sind nicht anzuwenden. Das System der „checks and balances" von KAG und Depotbank besteht weiter. Dadurch kann der Anlagegesellschaft ein weiter Spielraum bei der Abwicklung zugestanden werden. Voraussetzung ist aber gemäß § 15 Abs. 3 Buchst. k KAGG, dass das Verfahren im Investmentvertrag festgelegt ist. Die Auflösung kann dann nicht nur von einer Befristung, sondern auch von einer Bedingung abhängen. Hierin liegt ein Gestaltungspotential, das bisher nicht genutzt wird.

§ 7 Die Übertragung von Publikumsfonds

Alternativ zur Auflösung kann die Depotbank den Fonds auf eine andere KAG übertragen. Hierzu ist ein komlexes Rechtsgeschäft erforderlich. Die Übertragung ist in der Praxis bisher die Ausnahme geblieben. In der Literatur findet sich bisher keine umfassende Untersuchung der notwendigen Einzelgeschäfte. Hier setzt dieses Kapitel einen Schwerpunkt. Die Darstellung beginnt mit der Ausübung des Wahlrechtes durch die Depotbank und untersucht die weiteren Schritte in chronologischer Reihenfolge. Außerdem stehen aufsichtsrechtliche Fragen im Mittelpunkt; denn gerade bei der Übertragung von Sondervermögen kommen der BaFin weitreichende Mitwirkungsrechte zu.

A. Das Wahlrecht der Depotbank

Das Schicksal eines Fonds wird durch § 14 Abs. 1 KAGG in die Hände der Depotbank gelegt. § 14 Abs. 2 S. 1 KAGG ordnet die Abwicklung an. Alternativ kann die Depotbank das Sondervermögen gemäß § 14 Abs. 2 S. 2 KAGG auf eine andere KAG übertragen. Der Wortlaut „kann von der Abwicklung absehen" legt ein Rangverhältnis zwischen beiden Möglichkeiten nahe. Die Übertragung könnte als Ausnahme zur Abwicklung gesehen werden. Im Interesse der Anleger ist die Vorschrift aber so auszulegen, dass beide Alternativen gleichwertig ne-

530 Siehe Fischer, Kleine Fonds werden nur ungern aufgelöst, in Die Welt v. 7. 3. 1997 zur Schließung des Fonds WB Deutschland Konzept.

beneinander stehen.[531] Die Depotbank kann abwägen, welche Möglichkeit die geringeren Nachteile für die Anteileigner mit sich bringt.

Im Vergleich zur Abwicklung kann die Übertragung auf eine andere KAG zu erheblichen Vorteilen für die Anleger führen. Vor allem schlagen Kostensenkungen zu Buche, da keine Verkaufsgebühren anfallen. Anlagestrategien, die dem Portfolio zugrunde liegen, können im Fall der Übertragung zu Ende geführt werden. Die neue KAG hat zudem die Möglichkeit langfristige Konjunktur-, Börsen- und Zinszyklen zu berücksichtigen. Darüber hinaus muss der Anleger bei der Wiederanlage des Abwicklungserlöses in Investmentfonds erneut einen Ausgabeaufschlag entrichten. Auch dieser Nachteil fällt bei der Übertragung des Sondervermögens weg.

Die Depotbank muss Vor– und Nachteile der Übertragung abwägen. Die Kosten der Abwicklung sind hierbei zu berücksichtigen. Nachteile können sich demgegenüber aus Unsicherheiten über den neuen Investmentpartner ergeben. Die Depotbank hat in die Abwägung einzustellen, dass der Anleger grundsätzlich seine Anlage bei einer ganz bestimmten KAG tätigen wollte. Geschäftspolitik und Qualifikation der neuen Investmentgesellschaft müssen daher denen der alten entsprechen. Diese Überlegung kann vor allem bei der Übertragung von Spezialitätenfonds wichtig werden, da die Spezialisierung das Risiko der Anlage erhöht. Das Management braucht daher besondere Kenntnisse des Zielmarktes.

Der Auswahl liegt somit eine komplexe Entscheidung zugrunde. Daher besteht grundsätzlich auch keine Pflicht der Depotbank, eine Übertragung zu versuchen. Der Depotbank muss ein gewisser Spielraum zugestanden werden.[532] Wie die KAG braucht auch die Depotbank gemäß § 12 Abs. 2 S. 1 KAGG nur das Interesse der Anleger zu berücksichtigen. Innerhalb dieses Rahmens ist sie in ihrer Entscheidung frei.

Aufgrund der Rechtsnachfolge gilt aber auch § 10 Abs. 1 S. 2 KAGG weiter, wonach die Depotbank, die Sorgfalt eines ordentlichen Kaufmannes anzuwenden hat. Die Pflicht, das Vermögen zu übertragen, kann sich deshalb im Einzelfall ergeben, wenn aus dieser Sicht nur eine einzige Entscheidung in Betracht kommt. Die Depotbank ist dann im Anlegerinteresse verpflichtet, eine geeignete neue KAG zu suchen bzw. den Fonds abzuwickeln. Dieser Pflicht entspricht ein Anspruch der Anteilinhaber. Der einzelne Anleger kann diesen Anspruch auf Übertragung bzw. Abwicklung selbstständig gemäß § 12c Abs. 3 KAGG geltend machen.[533]

531 Ebner v. Eschenbach, S. 116.
532 Ebner v. Eschenbach, S. 117.
533 Canaris, Rn 2480.

Nur die Depotbank kann das Sondervermögen übertragen. Der Übergang gemäß § 14 Abs. 1 KAGG ist daher zwingende Voraussetzung. Ein Direktübergang des Sondervermögens von einer KAG auf eine andere ist damit ausgeschlossen.[534] Auf diese Weise wird verhindert, dass das Sondervermögen zur „Verfügungsmasse" der Anlagegesellschaft wird. Aus dem gleichen Grund liegt die ausschließliche Entscheidungskompetenz bei der Depotbank. Jedes wirtschaftliche Interesse der KAG hat bei der Übertragungsentscheidung zurückzustehen. Auch die Weisungsbefugnis der Investmentgesellschaft aus § 12 Abs. 2 S. 2 KAGG entfällt mit ihrem Ausscheiden aus dem Investment-Dreieck. Dem Interesse der KAG wird durch das Kündigungsrecht aus § 13 Abs. 1 KAGG bereits in ausreichendem Maße entsprochen.

Dieses gesetzliche Schema wird in der Praxis in vielen Fällen modifiziert. In enger Zusammenarbeit mit der BaFin, wird die Übertragung oft bereits vor der Kündigung des Sondervermögens vereinbart.[535] Die alleinige Verantwortung der Depotbank darf aber auch bei diesem Verfahren nicht berührt werden. Denkbar wäre es zwar, dass vor der Übertragung grundsätzlich „Angebote" anderer KAG eingeholt werden müssen. Die dargestellte Praxis kürzt die Übertragungsphase aber im Interesse der Anteilinhaber erheblich ab. Der Anleger erhält auf diese Weise Planungssicherheit. Er kann die neue KAG frühzeitig bewerten und in seine Entscheidung einbeziehen, das Engagement fortzusetzen oder nicht. Außerdem wechselt bei dieser Variante der Übertragung zwar die KAG. Die neue Investmentgesellschaft ist aber oft in den gleichen Finanzkonzern eingebunden, sodass Kontinuität garantiert ist.[536] Der Eingriff in die Anlageentscheidung des Anteilinhabers wird so minimiert.

B. Der Umfang der Übertragung

§ 14 Abs. 1 KAGG ordnet die Gesamtrechtsnachfolge der Depotbank mit dem Wortlaut an, „so geht das Sondervermögen auf die Depotbank über". § 14 Abs. 2 S. 2 KAGG sieht demgegenüber nur vor, dass die Depotbank „die Verwaltung" des Sondervermögens einer anderen Kapitalanlagegesellschaft überträgt. Diese Formulierung wird in der Literatur übereinstimmend als zu eng

---

534 Zweifelnd offenbar Sögtrop, Übertragung, S. 634 ff.; Baur, § 14 Rn 6, spricht von de-facto Übergang; s. auch Baur in Hellner/Steuer 9/294.

535 Siehe hierzu 3. Teil § 7E.1.b), S. 151.

536 Siehe Fn 577.

betrachtet.[537] Die neue Anlagegesellschaft benötigt die gleichen Rechte wie ihre Vorgängerin, um den Fonds effizient zu verwalten.

Im Fall der Miteigentumslösung hat die Übertragung deshalb wie in § 14 Abs. 1 KAGG alle Rechte der alten KAG zu umfassen. Bei der Treuhandlösung muss neben der Verfügungsbefugnis auch das Eigentum übergehen.[538] § 14 Abs. 2 S. 2 KAGG zielt im Gesamtergebnis darauf, der neuen KAG dieselbe umfassende Rechtsstellung zu verschaffen, die die ausgeschiedene Anlagegesellschaft besaß. Jede andere Auslegung wird dem Zweck der Übertragung nicht gerecht, da sonst die Fortführung der Fondsverwaltung unter größtmöglicher Wahrung der Anlegerinteressen gefährdet ist.

C. Der Übertragungsvertrag

Der Wortlaut des § 14 Abs. 2 S. 2 KAGG unterscheidet sich in einem weiteren Punkt von § 14 Abs. 1 KAGG. Das Sondervermögen soll nicht „übergehen“, sondern es wird „übertragen“. Bereits in dieser Formulierung liegt ein Hinweis auf ein Rechtsgeschäft. Mit der neuen KAG besteht vor der Übertragung kein besonderes Rechtsverhältnis. Hierin liegt der wesentliche Unterschied zum Rechtsübergang nach § 14 Abs. 1 KAGG. Die Rechtsstellung als Treuhänderin lässt sich nicht ohne Mitwirkung der neuen Investmentgesellschaft begründen. Dieser Abschnitt soll zeigen, in welchen Schritten die Übertragung zu vollziehen ist.

Als Grundlage der Übertragung kommt nur ein Vertrag zwischen der neuen KAG und der Depotbank in Betracht. Der Inhalt dieses Vertrages ist in § 14 Abs. 2 S. 2 KAGG nicht näher bestimmt. Einerseits sollen die Rechte am Sondervermögen auf die KAG übergehen. Andererseits müssen auf diese Weise auch vertragliche Rechte und Pflichten zwischen den Anlegern und der neuen Investmentgesellschaft begründet werden; denn die Übertragung erfolgt „nach Maßgabe der bisherigen Vertragsbedingungen“. Ein besonderes Rechtsgeschäft zwischen KAG und dem einzelnen Anleger ist aber weder vorgesehen noch durchführbar. Demnach kann auch der Vergütungsanspruch der neuen KAG gegen die Anleger nur durch den Übertragungsvertrag begründet werden.

537 Siara/Tormann, § 13 II; Baur in Hellner/Steuer, 9/294; Geßler, S. 10; Schäcker, S. 67; Baur, § 14 Rn 8, m. w. N.
538 Beckmann/Scholtz, § 14 Rn 9.

§ 14 Abs. 2 S. 4 KAGG gibt einen Hinweis auf die Rechtsnatur der Übertragung. Diese neue Vorschrift[539] ordnet an, dass § 415 BGB auf § 14 Abs. 2 S. 2 KAGG nicht anzuwenden ist. Die Genehmigung der Anleger ist damit für die Wirksamkeit der Übertragung nicht erforderlich. Im Umkehrschluss ergibt sich hieraus, dass das Gesetz grundsätzlich von einer Schuldübernahme i. S. d. §§ 414 ff. BGB ausgeht.

§ 14 Abs. 2 S. 4 KAGG dient allerdings nur der Klarstellung. Die Genehmigung war auch vor Einführung dieser Norm nicht erforderlich.[540] Einerseits bestehen unüberbrückbare praktische Hürden, da jeder anonyme Anleger zustimmen müsste.[541] Andererseits entspricht es der ratio legis des KAGG, die individuellen Verwaltungsrechte der Anleger auszuschließen. Das Genehmigungserfordernis des § 415 BGB wurde daher schon vor Geltung des § 14 Abs. 2 S. 4 KAGG n. F. durch das umfassende Verfügungsrecht der Depotbank verdrängt.

Die Übertragung könnte als Schuldübernahme der vertraglichen Verwaltungspflichten von der Depotbank zu deuten sein, die mit der Abtretung der Treuhänderrechte gemäß § 398 BGB verbunden ist. Die Stellung der Depotbank umfasst aber weder das Recht noch die Pflicht zur dauerhaften Verwaltung des Sondervermögens. Die neue KAG kann diese Verpflichtung daher auch nicht übernehmen. Möglich wäre es deshalb, dass die Depotbank mit der KAG einen neuen Verwaltungsvertrag abschließt. Die Anleger würden dann zu Begünstigten eines Geschäftsbesorgungsdienstvertrages zwischen der neuen KAG und der Depotbank i. S. d. § 328 BGB. Diese Konstruktion unterscheidet sich erheblich von den ursprünglichen Rechtsverhältnissen des Investment-Dreiecks und ist deshalb abzulehnen. In Bezug auf die Vergütungspflicht läge ein Vertrag zu Lasten der Anteilinhaber vor.[542]

Alternativ kommt der Abschluss neuer Investmentverträge im Namen der Anleger in Betracht.[543] Ein gesetzliches Vertretungsrecht könnte aus § 14 Abs. 2 S. 2 KAGG herzuleiten sein.[544] Dem steht aber das Stellvertretungsverbot des § 10 Abs. 2 S. 2 KAGG entgegen, das aufgrund der Gesamtrechtsnachfolge auch

539 Eingeführt wurde § 14 Abs. 2 S. 4 erst durch das 3. FMFG. Siehe auch die Begründung zum 3. FMFG, BT-Drucksache 13/8933, abgedruckt bei Beckmann/Scholtz Nr. 582, S. 312.

540 A. A. Ebner v. Eschenbach, S. 118, der nicht nur die Zustimmung der Anleger, sondern auch der alten KAG für notwendig hält.

541 Hieraus folgerte Ebner v. Eschenbach, a. a. O., dass eine Vertragsübernahme zur Übertragung des Sondervermögens ausgeschlossen sei.

542 Wendt, S. 106.

543 So Ebner v. Eschenbach, S. 118; Wendt, S. 106.

544 A. a. O.

für die Depotbank gilt.[545] Auch dem Anlegerschutz wird durch diese Lösung nicht in ausreichender Weise entsprochen, da nicht sichergestellt ist, dass alle Einzelverträge wirksam zustande kommen.[546]

Eine weitaus elegantere Lösung liegt in einer Vertragsübernahme durch die neue KAG.[547] Hierdurch könnte die vertragliche Übertragung aller Rechte und Pflichten aus dem alten Investmentvertrag uno actu gewährleistet werden. Eine echte Vertragsübernahme könnte aber ausgeschlossen sein, weil die alte KAG als Vertragspartnerin der Anleger bereits ausgeschieden ist. Die Depotbank ist jedoch als Rechtsnachfolgerin in die Rechtsposition der KAG eingetreten.[548] § 14 Abs. 2 S. 2 KAGG gibt ihr nun die besondere Befugnis, das ruhende Verwaltungsrecht nach Maßgabe des alten Investmentvertrages auf eine neue KAG zu übertragen. Sie selbst konnte dieses Verwaltungsrecht nicht nutzen, da der Fortführung des Fonds die spezielle Pflicht aus § 14 Abs. 2 KAGG entgegenstand. Mit der Vertragsübernahme lebt das Verwaltungsrecht des Treuhänders aber wieder auf. Die Depotbank tritt in vollem Umfang in die vertragliche Stellung ihrer Vorgängerin ein. Diese Lösung steht auch nicht im Widerspruch zu § 14 Abs. 2 S. 4 KAGG, weil die Vertragsübernahme wie die Schuldübernahme grundsätzlich an die Zustimmung der Gläubiger, d. h. der Anleger, gebunden ist.[549]

Dieser Auslegung könnte der Wortlaut des § 14 Abs. 1 KAGG „Erlischt das Recht der KAG, ein Sondervermögen zu verwalten..." entgegenstehen. Die Verwaltungsberechtigung könnte aus der Gesamtrechtsnachfolge herausgenommen sein. Mit dem Erlöschen eines Rechts ist ein späteres Wiederaufleben grundsätzlich nicht vereinbar. § 14 Abs. 2 S. 2 KAGG verlangt aber die Übertragung eben der Verwaltung. Das Fortbestehen des Verwaltungsrechts wird hier vorausgesetzt. Dieser Widerspruch erklärt sich aus dem Zweck des § 14 Abs. 1 KAGG. Der Gesetzgeber wollte durch den Wortlaut „erlöschen" jeden Zweifel beseitigen, dass die Depotbank die Verwaltung in eigener Verantwortung weiterführen darf. An der Gesamtrechtsnachfolge ändert sich dadurch aber nichts.

Die neue Anlagegesellschaft tritt in die vertragliche Rechtsstellung der alten KAG ein und wird Vertragspartnerin der Anleger. Damit gelten für sie uneingeschränkt aber auch alle gesetzlichen Besonderheiten. Die Übertragung gemäß

545 A. A. offenbar Ebner v. Eschenbach, S. 118, der auch eine Gesamtrechtsnachfolge abzulehnen scheint.

546 Durch Erbschaft bilden gerade Minderjährige eine wichtige Fallgruppe. Auch ein gesetzliches Vertretungsrecht der Depotbank kann die Zustimmung des gesetzlichen Vertreters gemäß §§ 107 ff. nicht ersetzen.

547 Zu diesem Rechtsinstitut Busche in Staudinger, Einl. zu § 398 Rn 196 ff.

548 Siehe 2. Teil § 5C.2.a), S. 92.

549 Busche, a. a. O., Rn 201.

§ 14 Abs. 2 S. 2 KAGG entspricht insoweit dem Abschluss des Investmentvertrages durch die alte Anlagegesellschaft. In beiden Fällen dient der Vertrag als Anknüpfungspunkt für die Geltung des KAGG. Beispielsweise lösen Rechtsgeschäfte der neuen Investmentgesellschaft jetzt die dingliche Surrogation gemäß § 6 Abs. 2 KAGG aus, wenn sie sich auf das Sondervermögen beziehen.

D. Der Eigentumsübergang im Fall der Treuhandlösung

I. Der Eigentumsübergang durch Einzelübertragung

Im Fall der Treuhandlösung muss die neue KAG auch das Eigentum am Sondervermögen erwerben. Der Übernahmevertrag hat aber nur schuldrechtliche Wirkung und führt nicht ohne weiteres zur Übertragung des Sondervermögens. Außerdem gilt der sachenrechtliche Bestimmtheitsgrundsatz.[550] Die einhellige Ansicht in der Literatur[551] verlangt daher die rechtsgeschäftliche Übereignung jedes einzelnen Gegenstandes auf die neue KAG.

Diese Ansicht ist aber mit der Rechtsnatur des Sondervermögens nur schwer zu vereinbaren. Richtig an der herrschenden Meinung ist zwar, dass der isolierte Übertragungsvertrag nicht die Verfügung über das Sondervermögen als Ganzes enthalten kann. Hieraus folgt, dass die Einzelgegenstände zunächst im alleinigen Eigentum der Depotbank bleiben müssten, obwohl das gesetzliche Verfügungsrecht aus § 9 Abs. 1 KAGG bereits bei der neuen KAG liegt. Die Verfügungen können jedoch nicht immer im unmittelbaren Anschluss an den Übertragungsvertrag erfolgen. Vor allem bei Immobilien-Sondervermögen ist eine zeitgleiche Übereignung nicht durchführbar.[552] Die Übertragung des gesamten Fonds kann sich in diesem Fall über einen erheblichen Zeitraum erstrecken.

Fraglich ist daher, zu welchem Zeitpunkt die neue KAG Trägerin des Sondervermögens i. S. d. § 6 Abs. 1 KAGG wird. Hieran und nicht an den Übergang des Verfügungsrechts knüpfen die wichtigsten gesetzlichen Folgen wie die dingliche Surrogation zugunsten des Treuhänders an. Eine Aufteilung des Sondervermögens ist nicht möglich, da alle Anlagegegenstände gemäß § 6 Abs. 1 S. 2 KAGG nur einem Vermögensträger zugeordnet werden. Sonst wären die Rechtsfolgen der Surrogation nicht eindeutig. Ein gesetzlicher Rechtserwerb wie

550 Wiegand in Staudinger, Anh. zu §§ 929 -931 BGB Rn 95.
551 Baur in Hellner/Steuer, 9/294; Ebner v. Eschenbach, S. 117; Canaris, Rn 2480.
552 Die Immobilien können gemäß § 27 Abs. 1 und 2 KAGG international gestreut werden.

im Fall des § 6 Abs. 2 KAGG setzt die zweifelsfreie Bestimmung des Begünstigten voraus.

Außerdem dürfen auch Verfügungsrecht und Sondervermögen nicht auseinanderfallen. Diesem Ergebnis steht ebenfalls § 6 Abs. 2 KAGG entgegen. Ein Geschäft der neuen Anlagegesellschaft als Trägerin des Verfügungsrechts kann nicht die Surrogation zugunsten der Depotbank auslösen. Die eindeutige Zuordnung des Sondervermögens würde in Frage gestellt.

Aus diesen beiden Gründen folgt, dass die KAG gleichzeitig mit dem Erwerb des Verfügungsrechts auch Trägerin des ungeteilten Sondervermögens werden muss. Als Konsequenz der h. L. stehen die einzelnen Anlagegenstände zu diesem Zeitpunkt aber noch im Eigentum der Depotbank. Das eigentliche Sondervermögen könnte dann nur aus Ansprüchen auf Übereignung der Einzelgegenstände bestehen. Somit blieben die Vermögenswerte während dieser Periode ohne den besonderen Schutz des § 6 KAGG wären Bestandteil des freien Vermögens der Depotbank.

2. Der Eigentumsübergang kraft Gesetzes

Sachgerechter ist es daher, auch in diesem Fall einen gesetzlichen Eigentumserwerb anzunehmen. Nach dieser hier vertretenen Ansicht erwirbt die KAG das Eigentum wie in § 14 Abs. 1 KAGG als gesetzliche Folge der Übertragung. Die genannten dogmatischen Probleme werden durch diese Lösung umgangen, weil das Sondervermögen einheitlich und gebunden an das Verwaltungsrecht auf die KAG übergeht. Der gesetzliche Schutz des § 6 KAGG bleibt durchgängig erhalten. Auch aus praktischen Erwägungen ist dieser Ansatz vorzuziehen, da einzelne Übertragungsakte nicht nötig sind. Besonders für Immobilienfonds könnte hier ein erheblicher Kostenvorteil liegen.

Der Wortlaut des § 14 Abs. 2 S. 2 KAGG gibt keinen Hinweis darauf, ob ein gesetzlicher Übergang stattfindet oder ob Einzelübertragungen erforderlich sind. Vorausgesetzt wird nur ein Vertrag zwischen Depotbank und KAG.[553]

Aus dem Schweigen des Gesetzes könnte die Anwendbarkeit der allgemeinen Regeln des Zivilrechts zu folgern sein. In diesem Fall wäre trotz der dogmatischen und praktischen Bedenken der h. L. Recht zu geben. In Betracht kommt es, den gesetzlichen Eigentumsübergang gemäß § 14 Abs. 1 KAGG als Ausnahmeregel zu deuten. Eine Analogie wäre dann ausgeschlossen.

Der gesetzliche Übergang des Sondervermögens auf die Depotbank trägt aber keinesfalls Ausnahmecharakter. Vielmehr handelt es sich um die typische

553 Anders Canaris, Rn 2480, der zumindest eine Analogie zu § 14 Abs. 1 KAGG ausschließt.

Form des Rechtsübergangs bei Rechtsgeschäften, die das Sondervermögen betreffen. Auch die Surrogation gemäß § 6 Abs. 2 KAGG[554] und die Übertragung des Anteilscheines gemäß § 18 Abs. 3 S. 1 KAGG führen zu einem gesetzlichen Eigentumserwerb. Die heute h. M. sieht auch die Mitberechtigung eines neuen Anlegers am Sondervermögen als gesetzliche Folge der Einzahlung an.[555]

Der Grund für diese dogmatische Besonderheit des KAGG liegt letztlich im Anlegerschutz. Einerseits sind komplizierte Rechtsgeschäfte unnötig, um dem einzelnen Anleger seinen Miteigentumsanteil zu übertragen. Auch der Zwischenerwerb des Treuhänders wird vermieden. Andererseits stellt das Gesetz auf diese Weise eine unauflösbare Verbindung zwischen dem Sondervermögen, dem Eigentum am Einzelgegenstand und der Verfügungsbefugnis her. Eine Aufteilung der Treuhänderrechte wird auf diese Weise ausgeschlossen, sodass auch die Verantwortung gegenüber den Anlegern eindeutig ist. Auch die ratio legis spricht daher im Falle der Übertragung für einen gesetzlichen Eigentumserwerb.

Aus diesen Argumenten folgt, dass das Eigentum an den Anlagegegenständen in Gesamtanalogie[556] zu § 14 Abs. 1, § 6 Abs. 2 und § 18 Abs. 2 S. 1 KAGG auf die neue Investmentgesellschaft übergeht. Auf diese Weise erlangt die neue KAG ähnlich wie die Depotbank durch einen einzigen Rechtsakt die umfassende Treuhänderstellung. Der einzige Unterschied ist letztlich formal: Die Depotbank erwirbt ihre Rechtsposition durch Aufhebung des Verwaltungsrechtes, während die neue KAG dieses Recht durch Vertrag neu begründet. Aufgrund der weitreichenden Folgen der Übertragung wäre eine eindeutige gesetzliche Regelung jedoch zu begrüßen.

3. Ergebnis

Zur „Übertragung des Verwaltungsrechts“ gemäß § 14 Abs. 2 S. 2 KAGG ist ein Rechtsgeschäft zwischen der neuen KAG und der Depotbank erforderlich. Inhaltlich handelt es sich um eine Übernahme des ursprünglichen Investmentvertrags. § 14 Abs. 2 S. 2 i. V. m. S. 4 KAGG gibt der Depotbank die Befugnis, diese Rechtsstellung ohne Mitwirkung der Anleger auf eine andere KAG zu übertragen. Mit der vertraglichen Begründung der Treuhänderstellung ist die neue Anlagegesellschaft allen Vorschriften des KAGG unterworfen. Die herrschende Meinung verlangt zum Übergang des Eigentums gesonderte Verfügungen durch die Depotbank. Nach der hier vertretenen Ansicht geht das Sondervermögen mit

---

554 Zum Grundsatz der Surrogation siehe 1. Teil § 2B.5, S. 38; zum Eigentumsübergang gemäß § 14 Abs. 1 KAGG siehe 2. Teil § 5, S. 83.

555 Siehe hierzu Canaris, Rn 2378.

556 Zum Begriff der Gesamtanalogie Larenz, S. 383 ff.

Wirksamkeit der Vertragsübernahme analog § 14 S. 1 KAGG, § 6 Abs. 2 und § 18 Abs. 2 S. 1 KAGG kraft Gesetzes auf die KAG über.

E. Die Genehmigung durch die Bankaufsichtsbehörde

Übertragungen von Sondervermögen sind bis heute die Ausnahme geblieben, obwohl das wirtschaftliche Bedürfnis für eine Konsolidierung besteht. Als möglicher Grund für diese Entwicklung kommt die restriktive Genehmigungspraxis der Bankaufsicht in Betracht. Dieser Abschnitt soll die Befugnisse der BaFin zunächst genau bestimmen, um auf dieser Grundlage die gegenwärtige Verwaltungspraxis zu untersuchen.

Die Übertragung des Sondervermögens gemäß § 14 Abs. 2 S. 2 KAGG kann nur mit Genehmigung der Bankaufsichtsbehörde erfolgen. Die Wirksamkeit des Vertrages zwischen Depotbank und neuer KAG hängt demnach von einem privatrechtsgestaltenden Verwaltungsakt ab.[557] Die Genehmigung ist Rechtsbedingung der Übertragung.[558] Sie ist aber nicht Teil des rechtsgeschäftlichen Tatbestands.[559]

Die Literatur diskutiert die Frage, ob die Begriffsbestimmungen der §§ 182 ff. BGB auf die Genehmigung i. S. d. § 14 Abs. 2 S. 2 KAGG anzuwenden sind.[560] Im Anschluss an Siara und Tormann wird erwogen, die Genehmigung als nachträgliche Zustimmung gemäß § 184 BGB zu deuten.[561] Diese Auslegung wird richtigerweise übereinstimmend abgelehnt. Trotz ihrer privatrechtlichen Wirkungen bleibt die Genehmigung ein reiner Verwaltungsakt. Damit beurteilt sich die Genehmigung ausschließlich nach Verwaltungsrecht.[562] Auch eine Analogie zu § 184 BGB ist nicht möglich[563], da eine strikte terminologische Unterscheidung i. S. d. §§ 182 ff. BGB dem Verwaltungsrecht fremd ist.

---

557 Canaris, Rn 2480.

558 Siara/Tormann, § 13 II; Podewils, S. 88; Wendt, S. 95; a. A. nur Ebner v. Eschenbach, S. 116.

559 Heinrichs in Palandt, § 275 Rn 27.

560 Siara/Tormann, § 13 II; Baur § 14 Rn 7; König, Auflösung, S. 9; Schäcker, S. 47, zur Frage der Zustimmung zum Investmentvertrag.

561 Siara/Tormann, § 13 II.

562 Heinrichs in Palandt, Einf. vor § 182 Rn 6 ; BVerwG 11, 198.

563 Heinrichs in Palandt, Einf. vor § 182 Rn 6; a. A. die ältere Rechtssprechung RG 125, 55; 157, 211.

Siara und Tormann[564] gehen aber noch einen Schritt weiter. Sie fordern, dass die Genehmigung vor der Übertragung durch die Depotbank vorliegen müsse.[565] Die Anleger würden sonst verunsichert.[566] Die nachträgliche Versagung der Genehmigung könne zu erheblichen Schwierigkeiten führen.[567]

Der Literatur ist zuzugeben, dass die Genehmigung vor der Übertragung eingeholt werden sollte. Die Transparenz des Verfahrens wird dadurch erhöht. Zwingend ist das Vorliegen der Genehmigung bei Abschluss des Vertrages jedoch nicht. Ein privatrechtgestaltender Verwaltungsakt ist zwar eine Rechtsbedingung; sein Fehlen führt jedoch lediglich zur schwebenden Unwirksamkeit des Rechtsgeschäfts.[568] Erst die bestandskräftige Versagung der Genehmigung hat die Nichtigkeit des Rechtsgeschäfts zur Folge.[569] § 14 Abs. 2 S. 2 KAGG bietet keinen Anhaltspunkt, dass von dieser allgemeinen Regelung abgewichen werden soll. Auch die konkreten Nachteile für die Anleger halten sich in Grenzen. Sie werden frühzeitig über die Möglichkeit einer Übertragung informiert und können entsprechend disponieren.

1. Ermessen der Aufsichtsbehörde

a) Die herrschende Lehre

§ 14 Abs. 2 S. 2 KAGG lässt offen, unter welchen Umständen die Depotbank die Genehmigung verweigern darf. Der Wortlaut des § 14 Abs. 2 S. 2 KAGG beschränkt sich auf den Zusatz „mit Genehmigung der Bankaufsichtsbehörde". Diese Formulierung gibt keinen ausdrücklichen Hinweis darauf, ob der BaFin ein Ermessensspielraum i. S. d. § 40 VwVfG eingeräumt ist. Die Meinungen in der Literatur zeichnen ein überwiegend einheitliches Bild. Danach soll die Ge-

---

564 Siara/Tormann, § 13 II.

565 Zustimmend Baur, § 14 Rn 7; König, Auflösung, S. 9; Schäcker, S. 47; Podewils, S. 88.

566 So auch Beckmann/Scholtz, § 14 Rn 9.

567 Beckmann/Scholtz, § 14 Rn 11; nach Ansicht von Siara/Tormann, § 13, ist die Auswahl einer neuen KAG genauso zu behandeln wie die Auswahl der Depotbank. Gemäß § 11 Abs. 2 S. 2 KAGG a. F. musste der Depotbankvertrag zwei Wochen vor Abschluss beim BAKred eingereicht werden. Entsprechend müsse dieser Meinung zufolge auch die Genehmigung zur Übertragung im Vorhinein vorliegen. Das erste Finanzmarktförderungsgesetz hat das Anzeigeverfahren inzwischen durch ein Genehmigungsverfahren gemäß § 12 Abs. 3 S. 1 KAGG ersetzt und dadurch diesem Argument die Grundlage entzogen. Eine vorherige Anzeige der Auswahl der Depotbank ist heute nicht mehr erforderlich.

568 Heinrichs in Palandt, § 275 Rn 27.

569 Heinrichs in Palandt, § 275 Rn 30; BGH NJW 1993, 650.

nehmigung des Bundesaufsichtsamtes im Ermessen der Behörde stehen.[570] Das Ermessen der BaFin wird hier offenbar ohne nähere Begründung vorausgesetzt.[571] Gleichzeitig soll der Entscheidungsspielraum eine deutliche Einschränkung erfahren. Nach Ansicht von Beckmann „darf die Genehmigung nur versagt werden, wenn Gründe vorhanden sind, die es rechtfertigen würden, die Auflegung eines Sondervermögens der zu übertragenden Art überhaupt zu untersagen, oder Gründe, die aufsichtsbehördliche Maßnahmen gegen die neue KAG zuließen, die deren weiteres Tätigwerden in Frage stellen“.[572] Der Ermessensspielraum wird hier auf eine reine Rechtmäßigkeitskontrolle reduziert. Bei Vorliegen der Mindestvoraussetzungen müsste die Genehmigung erteilt werden. Dies entspricht einer Ermessensreduzierung auf Null.[573]

b) Die Verwaltungspraxis der BaFin

Diese Ansicht steht im klaren Gegensatz zur Position des Bundesaufsichtsamtes für das Kreditwesen. Nicht allein die Rechtmäßigkeit der Übertragung, sondern die Umstände des Einzelfalls sollen nach Ansicht der Behörde ausschlaggebend sein. Die BaFin nimmt daher einen weiten Ermessensspielraum in Anspruch. Der Anleger wolle eine bestimmte Managementleistung aus Verwalter, Verwahrer und Vertragsbedingungen „einkaufen“.[574] Der Wechsel käme einem Wegfall der Geschäftsgrundlage gleich.[575] Dem Anleger werde eine neue KAG aufgedrängt, sodass die Übertragung den Ausnahmefall bilden müsse.

In dieser Position liegt ein wichtiger Grund für die äußerst restriktive Genehmigungspraxis der BaFin. Das Aufsichtsamt verlangte früher sogar den Nachweis von der Depotbank, dass der weitaus überwiegende Teil der Anteilseigner einer Übertragung im untechnischen Sinn „zustimme“. Hierzu wäre es erforderlich gewesen, alle bekannten Anleger um Äußerung zu bitten. Bereits hierin liegt eine kostspielige administrative Hürde.

Erst seit 1988 wurde diese Praxis im Hinblick auf Spezialfonds gelockert. Durch § 14 Abs. 2 S. 5 KAGG ist die Genehmigung zur Übertragung von Spezi-

570 Baur, § 14 Rn 6; Canaris, Rn 2480; König, Auflösung, S. 10.

571 Baur, a. a. O., führt aus, die BAFin müsse - wie jede andere staatliche Verwaltungsbehörde auch - seine Entscheidung nach pflichtgemäßem Ermessen treffen; desgleichen Schäcker, S. 47, für die Frage der Genehmigung der Vertragsbedingungen.

572 Beckmann/Scholtz, § 14 Rn 11; so auch Baur, § 14 Rn 10.

573 Kopp/Ramsauer, § 40 Rn 11.

574 Diese Position wird verwaltungsintern als „3-Rosen-Theorie“ bezeichnet. Verwalter, Depotbank und Vertragsbedingungen stellen hiernach einen „Strauß“ dar, aus dem keine „Rose herausgebrochen“ werden darf. Durch die Übertragung werde dem Anleger jedoch eine andere KAG aufgedrängt.

575 Sögtrop, Übertragung, S. 634.

alfonds heute ganz gestrichen. Aber auch für die Übertragung von Publikumsfonds deutet sich eine liberalere Haltung an. Die BaFin hat seit Anfang der neunziger Jahre mit steigender Tendenz Genehmigungen i. S. d. § 14 Abs. 2 S. 2 KAGG erteilt.[576]

Typischerweise sind die bisherigen Übertragungen von Publikumsfonds in enger Abstimmung zwischen den beteiligten Anlagegesellschaften, der Depotbank und der Bankaufsicht erfolgt. In mehreren Fällen sollten Fonds übertragen werden, weil Änderungen in der Gesellschafterstruktur der beteiligten Investmentgesellschaften unter Gründung neuer KAG eingetreten sind. Als Folge kam es zu einer „Umverteilung" der betroffenen Sondervermögen auf die neuen Investmentgesellschaften. Die Genehmigung konnte hier vorbehaltslos erteilt werden, da die beteiligten Mutterinstitute Kontinuität in der Geschäftspolitik garantieren.[577] Sofern sich eine KAG demgegenüber von einem unrentablen Sondervermögen trennen will, behält die BaFin ihre restriktive Haltung in den meisten Fällen bei.

c) Stellungnahme

Sowohl die Literatur als auch die BaFin gehen ohne weiteres von einer Ermessensentscheidung aus. Ein solcher Spielraum muss sich aber aus dem Gesetz ergeben. Dies folgt direkt aus § 40 VwVfG.[578] Alternativ könnte § 14 Abs. 2 S. 2 KAGG die Rechtsgrundlage für eine gebundene Entscheidung enthalten. Die Genehmigung dient dann lediglich der Rechtmäßigkeitskontrolle durch die BaFin.[579]

Ob ein Ermessensspielraum gegeben ist, kann nur durch Auslegung ermittelt werden.[580] Der Wortlaut des § 14 Abs. 2 S. 2 KAGG enthält keine Formulierung, die ein Ermessen nahelegt. Ein entscheidendes Argument gegen einen Er-

---

576 Seit 1993 kommt es regelmäßig zu Übertragungen von Publikumsfonds. In einigen Fällen wurden gleich mehrere Schwesterfonds auf eine neue KAG übertragen, wie z. B. Sondervermögen der AXA-Colonia und der Rheinischen KAG auf die Oppenheim - KAG in den Jahren 1997 und 1998. Im Jahr 1999 wurde nach Auskunft der BAFin mit 7 Übertragungen ein vorläufiger Höhepunkt erreicht. Im Jahr 2000 ging diese Zahl auf nur zwei zurück. Auch danach war keine Erhöhung der Übertragungszahlen zu erkennen; siehe zur Statistik auch König, Auflösung, S. 10 und Statistik des BVI.

577 Der wichtigste Fall dieser Art lag in der Übertragung von ADIG-Fonds auf die Activest im Zuge der Fusion von Hypo- und Vereinsbank.

578 Liebetanz in Obermayer, § 40 Rn 11.

579 Ein Ermessensspielraum lockert den Grundsatz der Gesetzmäßigkeit im Vergleich zur gebundenen Verwaltung, a. a. O., Rn 3.

580 Kopp/Ramsauer, § 40 Rn 7.

messensspielraum folgt aber aus § 14 Abs. 2 S. 3 KAGG. Diese Vorschrift schafft die Befugnis, die Übertragung mit Nebenbestimmungen zu verbinden. Gemäß § 36 Abs. 2 VwVfG dürfen einer Ermessensentscheidung immer Nebenbestimmungen beigefügt werden. Die Einführung dieser Vorschrift durch das erste Finanzmarktförderungsgesetz wäre schlechterdings unnötig gewesen, wenn die BaFin einen Ermessensspielraum hätte. Nur bei gebundenen Verwaltungsakten ist gemäß § 36 Abs. 1 Alt. 1 VwVfG eine gesetzliche Befugnis erforderlich.[581]

Aber auch die inhaltliche Analyse zeigt, dass die Genehmigung als solche nicht im Ermessen der BaFin stehen sollte. Die Vorteile einer Übertragung überwiegen die potentiellen Nachteile erheblich. Die Entscheidung der Depotbank muss sich an dem objektivierten Anlegerinteresse orientieren. Der Einzelanleger kann durch Rückgabe seines Anteils jederzeit die Anlage beenden, wenn ihm das neue Management nicht zusagt. Die Übertragung ist die gesetzlich gewollte Möglichkeit, Renditenachteile einer Fondsauflösung zu vermeiden. Diese Möglichkeit sollte nicht mit dem Argument konterkariert werden, das Ausscheiden der alten KAG komme dem Wegfall der Geschäftsgrundlage gleich. Der Anlegerschutz kann auch auf andere Weise sichergestellt werden. Die allgemeinen Befugnisse aus § 2 KAGG sowie die Möglichkeit, Nebenbestimmungen zu erlassen, sind ausreichend. Die BaFin sollte das Interesse des Einzelnen an der Fortführung einer individuellen Anlage nicht zulasten der Anlegergemeinschaft überbewerten.

Der Vergleich mit anderen Genehmigungen des KAGG bestätigt dieses Bild. § 15 Abs. 2 S. 2 KAGG und § 12 Abs. 3 S. 1 KAGG sind nach einhelliger Meinung Rechtsgrundlage für gebundene Entscheidungen. § 15 Abs. 2 S. 2 KAGG ordnet den bindenden Charakter für die Genehmigung des Investmentvertrages sogar ausdrücklich an. § 12 Abs. 3 S. 1, 2 KAGG regelt das entsprechende Verfahren, wenn die Depotbank beauftragt wird. Beide Genehmigungen haben eine ähnliche Tragweite wie die Auswahl der neuen KAG. Die Zustimmung darf aber nur verweigert werden, wenn das Rechtsgeschäft nicht den gesetzlichen oder vertraglichen Anforderungen entspricht.[582] Maßstab der Übertragung sind die Vorschriften zur Organisation und Führung von Kapitalanlagegesellschaften.

581 Baur, § 12 Rn 37, führt das gleiche Argument im Zusammenhang mit der Genehmigung der Depotbank an.

582 § 15 Abs. 2 S. 2 KAGG verlangt, zusätzlich die Wahrung der Anlegerinteressen zu überprüfen. Dieser unbestimmte Rechtsbegriff brauchte in § 14 Abs. 2 S. 2 KAGG keinen Eingang zu finden, da die Vertragsbedingungen durch die Übertragung nicht verändert werden. Aus Sicht der Anleger findet nur ein Austausch des Managements statt.

Aber nur, wenn ein Vorgehen gegen die Gesellschaft aus anderen Gründen zulässig wäre, darf die Genehmigung verweigert werden.

Darüber hinaus hat die BaFin die Einhaltung der vertraglichen Pflichten durch die neue KAG zu überwachen. Die Genehmigung ist zu versagen, wenn die neue KAG nicht in der Lage ist, die Fortführung des Fonds auf der Grundlage des Investmentvertrages zu garantieren. Fehlt einer KAG die fachliche Kompetenz, um die besonderen vertraglichen Anforderungen zu erfüllen, darf die Aufsichtsbehörde die Genehmigung nicht erteilen.

In keinem Fall darf die BaFin die Genehmigung von der Billigung der Anteilinhaber abhängig machen. Die vollständige Erfassung aller Anleger ist meist ausgeschlossen. Die Befragung nur eines Teils der Anteilinhaber widerspricht jedoch grundlegenden Prinzipien des KAGG. Dieses Bild wird seit dem dritten Finanzmarktförderungsgesetz ausdrücklich in § 14 Abs. 2 S. 4 KAGG bestätigt. Diese neue Vorschrift ordnet an, § 415 BGB nicht auf die Übertragung anzuwenden. Die Genehmigung der Anteilseigner ist damit auf rechtsgeschäftlicher Ebene nicht erforderlich. Die BaFin darf diese Freistellung nicht durch die Begründung öffentlich-rechtlicher Erfordernisse umgehen. Die ursprüngliche Verwaltungspraxis der BaFin[583] ist seit der gesetzlichen Klarstellung kaum mehr aufrechtzuerhalten.

Besondere Bedeutung könnte der Übertragung von Fonds im Hinblick auf die geplante Regelung zur Verschmelzung von Fonds zukommen.[584] Der Referentenentwurf zum 4. FMFG enthielt in seiner ursprünglichen Fassung die Befugnis, Sondervermögen zusammenzulegen. In Kombination mit einer Übertragung wird es wirtschaftlich interessant, auch kleine und unrentable Fonds zu übernehmen. Daraus ergibt sich ein ideales Instrument, den Investmentmarkt im Interesse aller Beteiligter zu konsolidieren. Diese Möglichkeit darf durch die Versagung der Übertragungen nicht behindert werden.

d) Ergebnis

Der BaFin steht entgegen der h. L. grundsätzlich kein Ermessen bei der Genehmigung der Fondsübertragung zu. Die praktischen Ergebnisse beider Positionen stimmen aber überein, da auch die h. L. das Ermessen der Bankaufsicht auf eine reine Rechtmäßigkeitskontrolle beschränken will. Lediglich durch die Verbindung mit Nebenbestimmungen kann die BaFin ihre Entscheidung flexibilisieren. Hier kann die Aufsichtsbehörde echtes Ermessen ausüben. Mit einer Nebenbe-

583 Siehe 3. Teil § 7E.1.b), S. 151.
584 Siehe 4. Teil § 11I, S. 242.

stimmung kann die Einhaltung der vertraglichen und gesetzlichen Grundlagen gewährleistet werden.

2. Nebenbestimmungen

Die BaFin kann die Übertragung eines Sondervermögens gemäß § 14 Abs. 2 S. 3 KAGG mit Nebenbestimmungen verbinden. Die Wahrung des Anlegerinteresses kann auf diese Weise im Einzelfall sichergestellt werden.

Gemäß § 14 Abs. 2 S. 3 KAGG kann die BaFin grundsätzlich alle Formen der Nebenbestimmung i. S. d. § 36 VwVfG mit der Genehmigung verbinden. Eine Beschränkung auf Auflagen, wie bei der Erlaubnis zum Betrieb von Bankgeschäften gemäß § 32 KWG, besteht nicht. Der Erlass einer Nebenbestimmung steht gemäß § 14 Abs. 2 S. 3 KAGG im Ermessen der Aufsichtsbehörde. Die Grenzen des Ermessens unterliegen dem Grundsatz der Verhältnismäßigkeit.[585] Bei der Wahl einer Nebenbestimmung hat die BaFin sich an der Geeignetheit, Erforderlichkeit und Angemessenheit als Maßstab zu orientieren. Eine weitere Schranke enthält § 36 Abs. 3 VwVfG. Die Nebenbestimmung darf dem Zweck des Verwaltungsaktes nicht zuwiderlaufen. Folgt man der h. M. ist dieser Absatz positiv zu lesen. Die Nebenbestimmung soll nicht irgendeinem Verwaltungszweck dienen, sondern muss „ihre Rechtfertigung in dem Zweck des Gesetzes und der vom Gesetzgeber gewollten Ordnung der Rechtsmaterie finden".[586] Die Genehmigungspflicht hat hier das primäre Ziel, die Rechtmäßigkeit der Übertragung und zukünftigen Verwaltung im Interesse der Anleger zu garantieren.

Allein die Auflage kann praktische Bedeutung als Nebenbestimmung i. S. d. § 14 Abs. 2 S. 2 KAGG haben. Befristung und Bedingung sind zur Feinsteuerung der Fondsübertragung wenig geeignet. Der Ablauf der Frist bzw. der Eintritt der auflösenden Bedingung führen zur Unwirksamkeit des Verwaltungsaktes. Die Genehmigung als Rechtsbedingung der Übertragung entfiele rückwirkend. Der Anleger würde in unzumutbarer Weise verunsichert. Der Vertrauensverlust, der sich hieraus ergibt, ist mit der Zielsetzung des Gesetzes nicht vereinbar.

Die Auflage ist somit das wichtigste Instrument der BaFin, um die Rechtmäßigkeit der Übertragung zu gewährleisten. Eine Auflage verlangt vom Adressaten ein Tun, Dulden oder Unterlassen, ohne zunächst die Wirksamkeit des Verwaltungsaktes zu berühren.[587] Die neue KAG verliert die Berechtigung zur Verwaltung somit nicht automatisch, wenn sie gegen die Auflage verstößt. Die Be-

585 Janßen in Obermayer, § 36 Rn 39.
586 Kopp/Ramsauer, § 36 Rn 41, m. w. N.
587 Zur Unterscheidung von der Bedingung Obermayer, § 35 Rn 21 f.

hörde kann zunächst versuchen, die Auflage selbstständig durchzusetzen. Nur als ultima ratio kann sie die Genehmigung gemäß § 49 Abs. 2 Nr. 2 VwVfG ganz zurückziehen.[588]

Der Widerruf eines privatrechtsgestaltenden Verwaltungsaktes ist allerdings problematisch, weil die Wirksamkeit eines abgeschlossenen und eventuell bereits vollzogenen Rechtsgeschäftes nachträglich beseitigt wird.[589] Das rückwirkende Fehlen der Genehmigung berührt nicht nur die Interessen der vertragschließenden Parteien. Vor allem die Anleger sind unmittelbar betroffen. Die BaFin hat diese Interessenlage zu berücksichtigen, sodass ein Widerruf wohl nur in Ausnahmefällen in Betracht kommt.

Die BaFin kann jede Maßnahme von der neuen KAG verlangen, die der Rechtmäßigkeit der Verwaltung dient. Beispielsweise kann sie auf die Abberufung eines untauglichen Geschäftsführers bestehen. Gemäß § 2 Abs. 1 S. 2 KAGG erstrecken sich ihre Befugnisse auch auf die Einhaltung des Anlagevertrages. Bei der Übertragung gemäß § 14 Abs. 2 S. 2 KAGG hat diese Vorschrift besondere Bedeutung. Die neue KAG wird bestrebt sein, die Verwaltung des Sondervermögens in Abstimmung mit ihren eigenen Strukturen zu betreiben. Der Investmentvertrag darf aber nicht umgangen werden. Eine Auflage zur Genehmigung kann daher umgekehrt verlangen, die KAG-Organisation den besonderen Erfordernissen eines Fonds anzupassen. Beispielsweise kann der Aufbau einer besonderen Abteilung zur Auflage gemacht werden, wenn nur so die kompetente Verwaltung eines Spezialitätenfonds sichergestellt werden kann.

Nach der Verwaltungspraxis der BaFin werden sowohl der Depotbank als auch der neuen KAG Rechnungslegungs- sowie Prüfungspflichten gemäß § 14 Abs. 2 S. 3 KAGG auferlegt. Die Depotbank muss analog § 24a Abs. 1 KAGG einen Rechenschaftsbericht ihrer Tätigkeit seit dem Vermögensübergang erstellen. Die Übergangsverwaltung ist analog § 24a Abs. 1 S. 3 KAGG bis zur Übertragung zu dokumentieren. Die neue KAG hat über die Übertragung Rechenschaft abzulegen und das empfangene Vermögen aufzuführen. Beide Berichte sind den Anteilseignern analog § 24a Abs. 3 S. 2, 3 KAGG kostenlos zugänglich zu machen.

Eine ähnliche Interessenlage wie bei der Buchprüfung besteht in Bezug auf die Information der Anleger. Der weitreichende Eingriff in den Investmentvertrag verlangt es, dass der einzelne Anteilinhaber umfassend über die Übertragung aufgeklärt wird. Er kann sich dann aus der Anlage zurückziehen, wenn er die neue KAG ablehnt. Aus diesem Grund ist die Übernahme analog

588 Kopp/Ramsauer § 49 Rn 42.

589 Zur Problematik des Vertrauensschutzes bei Aufhebung eines privatrechtsgestaltenden Verwaltungsaktes Erichsen in Erichsen, § 16 Rn 3, m. w. N.

§ 13 Abs. 1 KAGG öffentlich bekannt zu machen. Die BaFin macht es der übernehmenden KAG regelmäßig zur Auflage, die Veröffentlichung zu veranlassen. Darüber hinaus bindet die BaFin in der Praxis auch die alte KAG ein. Die enge Abstimmung aller Beteiligter[590] ermöglicht es oft, bereits im Zuge der Kündigung auf eine mögliche Fortführung des Sondervermögens hinzuweisen.

3. Fondshandel

Die Übertragung ist der Abwicklung aus der Sicht der Anleger vorzuziehen. Aber auch für die neue KAG ist die Übertragung grundsätzlich ein lohnendes Geschäft, weil sie sich die kostspielige Kundenwerbung erspart. Diese Interessenlage lässt lebhafte Konkurrenz erwarten, sofern die Übertragung nicht bereits im Vorhinein vereinbart wurde. Die Depotbank kann grundsätzlich den am besten geeigneten Bewerber auswählen.

Allerdings ist auch bei der Übertragung eines Fonds Missbrauch vorstellbar. Beispielsweise kann die alte KAG die Kündigung unter Absprache mit der Depotbank von einer Zahlung durch eine neue Anlagegesellschaft abhängig machen. Auf diese Weise ist ein regelrechter Fondshandel denkbar.[591] Das Sondervermögen würde im untechnischen Sinn „verkauft".[592] Die gesellschaftsrechtlichen Abhängigkeiten zwischen alter KAG und Depotbank erhöhen dieses Missbrauchsrisiko.

In der Gefahr des Fondshandels liegt der zweite Grund für die restriktive Haltung der BaFin gegenüber der Übertragung. [593] Mit dem geltenden Recht wäre diese Praxis in der Tat nicht zu vereinbaren.[594] Eine Zahlung an die alte KAG in Absprache mit der Depotbank darf nicht erfolgen, weil § 14 Abs. 2 KAGG der Depotbank die alleinige Befugnis zur Auswahl der neuen Anlagegesellschaft

---

590 Siehe 3. Teil § 7E.1.b), S. 151.

591 Sögtrop, Übertragung, S. 634.

592 Das Problem wird auch im amerikanischen Investmentrecht diskutiert. Hier steht der „Handel" mit dem Investmentvertrag im Vordergrund. Aber sowohl die Interessenlage als auch die Lösungsansätze unterscheiden sich grundlegend vom deutschen Investmentrecht. In den Vereinigten Staaten spielt die Übernahme der Verwaltungsgesellschaften durch andere Marktteilnehmer eine ungleich größere Rolle. Das Einrücken in die Investmentverträge ist aber an weitreichende Voraussetzungen geknüpft. Grundsätzlich müssen sowohl die Anteilseigner als auch die sog. „independent directors" im advisory board zustimmen. Vergleichbare Überwachungsorgane sind im KAGG nicht vorgesehen; zum Ganzen, Steck, S. 157 ff.

593 König, Auflösung, S. 9; Sögtrop, a. a. O.

594 A. A. offenbar Beckmann/Scholtz, § 14 Rn 6, die die Ansicht vertreten, die Kündigung zum Zwecke der Übertragung auf eine andere KAG könne nicht verhindert werden.

überträgt. Bei ihrer Entscheidung dürfen nur die Interessen der Anleger berücksichtigt werden. Jeder Einfluss Dritter führt zu einer Verletzung der Treuhänderpflicht. Hieraus kann ein Schadensersatzanspruch aus positiver Forderungsverletzung des Investmentvertrages entstehen. Die BaFin darf die Übertragung gegen Ablösung daher nicht genehmigen. Die Auswahl einer KAG aufgrund einer Geldzahlung kann außerdem einen Widerrufsgrund i. S. d. § 49 VwVfG darstellen.

Das wirtschaftliche Risiko für den Anleger bleibt aber gering. Die Ablösesumme soll nur die Ausgaben der alten KAG decken. Der Aufbau des Sondervermögens hat hohe fixe Kosten verursacht und die KAG ist bestrebt, diese Kosten zu erwirtschaften. Mit der Kündigung verliert sie jedoch die Möglichkeit zur Amortisation. Die fixen Kosten der Auflegung sind Teil der Kalkulation und werden nur auf die neue KAG umgelegt, die diesen Aufwand erspart. Auch unter volkswirtschaftlichen Gesichtspunkten bestehen keine Bedenken, weil die Zahlung die Bereitschaft einer ineffizienten KAG fördert, ein Sondervermögen abzugeben. In einem effizienten Markt würde die beste KAG auch den höchsten Preis zahlen.

Das Risiko besteht nur darin, dass nicht die beste KAG ausgewählt wird. Dieser Nachteil würde jedoch durch die Renditeverluste bei Auflösung des Fonds weit übertroffen. Aus dem abstrakten Risiko des Fondshandels allein lässt sich die Ablehnung der Übertragung daher nicht begründen. Erst bei konkreten Anzeichen für die Einflussnahme Dritter muss die BaFin die Genehmigung verweigern. In diesem Fall verletzt die Depotbank ihre Handlungspflichten.

4. Änderung des Anlagevertrages

Die neue KAG muss das Sondervermögen nach Maßgabe der alten Vertragsbedingungen fortführen. Verkaufsprospekt und Anteil-Urkunden sind allerdings anzupassen. Die Depotbank muss hierzu eine Aufforderung zum Umtausch effektiver Stücke publizieren.[595] Die neuen Anteilscheine sind von der KAG zu unterschreiben.

Für spätere Änderungen des Investmentvertrages gelten aber keine Besonderheiten.[596] Der Vertrag kann unter den Voraussetzungen des § 15 Abs. 2 KAGG angepasst werden. Jede Änderung unterliegt der Genehmigung der BaFin.[597] Auch in diesem Bereich ist eine liberalere Tendenz in der Genehmi-

595 König, Auflösung, S. 11.

596 Beckmann/Scholtz, § 14 Rn 10.

597 Eine Ausnahme gilt gemäß § 15 Abs. S. 1 KAGG für die Berechnung der Vergütungen. Die unternehmerische Entscheidungsfreiheit soll nicht zu stark einge-

gungspraxis zu erkennen.[598] Im Einzelfall kann es sachgerecht sein, Änderungen i. S. d. § 15 KAGG bereits durch Auflagen gemäß § 14 Abs. 2 S. 3 KAGG vorzubeugen.

5. Prozessrechtliche Fragen

Die Genehmigung der Übertragung ist ein Verwaltungsakt einer Bundesbehörde. Trotz seiner privatrechtlichen Wirkungen beurteilt er sich nach öffentlichem Recht. Eine Klage kann auf Erlass der Genehmigung gerichtet sein. In diesem Fall ist die Verpflichtungsklage gemäß § 42 Abs. 1 Alt. 2 VwGO zulässige Klageart. In Betracht kommt sowohl die Versagungsgegenklage als auch die Untätigkeitsklage, sofern die BaFin nach einem Antrag auf Genehmigung überhaupt keine Entscheidung trifft.

Interessanter ist die Frage, wer gemäß § 42 Abs. 2 VwGO klagebefugt ist. Die Klagebefugnis setzt die Möglichkeit voraus, dass subjektive öffentliche Rechte des Beteiligten verletzt worden sind. Die Genehmigung ist als gebundene Entscheidung ausgestaltet.[599] Damit hat die Depotbank als Antragstellerin einen Anspruch auf die Zustimmung. Das gleiche Recht hat die neue KAG. Als Vertragspartnerin steht sie auf einer Ebene mit der Depotbank und hat ein erhöhtes Interesse an der Übertragung. Der Schutzzweck der Genehmigung erstreckt sich jedoch in erster Linie auf die Anleger. Sie sind die Begünstigten der Übertragung.[600] Die Ablehnung der Genehmigung berührt das wirtschaftliche Interesse jedes Einzelnen. Daher muss auch jedem einzelnen Anleger die Befugnis zugesprochen werden, Klage auf Genehmigung der Übertragung zu erheben.

Die Form des Rechtsschutzes gegen Nebenbestimmungen ist umstritten.[601] Die ältere Rechtsprechung unterschied zwischen Bedingung, Befristung und Widerrufsvorbehalt einerseits und Auflage und Auflagenvorbehalt andererseits. Als selbstständiger Bestandteil des Verwaltungsaktes sollten Auflage und Auflagenvorbehalt selbstständig anfechtbar sein. Demgegenüber wurden die übrigen Nebenbestimmungen als integrierter Bestandteil des Verwaltungsaktes betrachtet.[602] Hier sollte Rechtsschutz nur durch Verpflichtungsklage auf Erlass eines

schränkt werden; s. Begründung zum 3. FMFG, zu Nr. 19, BT - Drucksache 13/8933 abgedruckt bei Beckmann/Scholtz Nr. 582, S. 312.

598 Zur restriktiven Praxis vor dem 1. FMFG, Schreiben des BAKred vom 20. Juli 1987, V 1/01-15 an den BVI, abgedruckt bei Beckmann/Scholz, Nr. 438/44.

599 Siehe hierzu 3. Teil § 7E.1.c), S. 161.

600 Redeker/v.Oertzen zur Schutznormtheorie, § 42 Rn 102.

601 Zum Meinungsstand Janßen in Obermeyer, 36 Rn 45 ff.

602 Janßen in Obermayer, § 36 Rn 46; BVerwG 29. 3. 1965, BVerwGE 29, 265; BVerwG 21. 10. 1975, BVerwGE 36, 154.

unbeschränkten Verwaltungsaktes möglich sein. Heute tendiert auch die Rechtsprechung dazu, sich der h. M. der Literatur[603] anzuschließen. Hiernach hängt die Klageart davon ab, ob die Behörde einen Ermessensspielraum hatte oder nicht. Im zweiten Fall soll die isolierte Anfechtung statthaft sein. Folgt man dieser Ansicht, ist eine Auflage gemäß § 14 Abs. 2 S. 3 KAGG ebenfalls selbstständig anfechtbar, weil der BaFin kein Ermessensspielraum bei der Genehmigung zusteht. Vorher ist ein Widerspruchsverfahren gemäß §§ 68 ff. VwVfG durchzuführen.

F. Sonderproblem: Die Belastung mit Grunderwerbsteuer

Verfügungen über Grundstücke eines Immobiliensondervermögens unterliegen grundsätzlich der Grunderwerbsteuer. Dies gilt auch für den Eigentümerwechsel bei der Übertragung des Fonds gemäß § 14 Abs. 2 S. 2 KAGG sowie für den Übergang des Sondervermögens gemäß § 14 Abs. 1 KAGG. Zwar handelt es sich nach der hier vertretenen Ansicht in beiden Fällen um einen gesetzlichen Eigentumsübergang. Ausschlaggebend für die doppelte Steuerbelastung ist jedoch allein die formale Änderung in der Eigentümerposition. Auch die Tatsache, dass wirtschaftlich nur die Übertragung von einem Treuhänder auf den anderen stattfindet, ist unerheblich.[604] Die klare Anknüpfung des Steuertatbestandes an zivilrechtliche Vorgänge lässt eine wirtschaftliche Betrachtung nicht zu.[605]

Die Übertragung des Immobilien-Sondervermögens erfüllt die Voraussetzungen des § 1 Abs. 1 Nr. 1 GrEStG.[606] Beim Übergang gemäß § 14 Abs. 1 KAGG entsteht die Steuerpflicht aus § 1 Abs. 1 Nr. 3 GrEStG.[607] Hier geht dem Übergang kein besonderer Vertrag voraus, an den der Steuertatbestand anknüpfen könnte. Diese Doppelbesteuerung führt in Anbetracht eines Steuersatzes von jeweils 3,5 % zu erheblichen Renditeeinbußen. Das Ziel des KAGG, eine kostengünstige Anlageverwaltung für breite Anlegerschichten zu schaffen, wird durch diese Regelung beeinträchtigt. Aus betriebswirtschaftlicher Sicht sinnvolle Übertragungen werden durch unverhältnismäßig hohe Verkehrsteuern verhindert.

603 Janßen in Obermayer, a. a. O., m. w. N.; BVerwG 10. 7. 1980, BVerwGE 60, 269.
604 Siehe hierzu den Treuhanderlass, Ziff 1. 3. 5 v. 25. 5. 1984, BStBl. I 378.
605 Zum Zwischenerwerb Pahlke/Franz, § 1 Rn 7.
606 Baur, § 15 Rn 13.
607 Baur, § 15 Rn 13.

Die Literatur diskutiert daher Möglichkeiten, um diese Belastung zu vermeiden bzw. zu reduzieren.[608] Sögtrop[609] schlägt vor, anstelle der Kündigung des Sondervermögens nur das Verwaltungsrecht auf eine andere KAG zu übertragen. Die Eigentumsübertragung durch Grundbuchänderung solle unterlassen werden. Die zweite KAG könne dann kraft ihres Verwaltungsrechts die Treuhänderaufgaben übernehmen. Offensichtlich nimmt Sögtrop in Kauf, dass die alte KAG formal Trägerin des Sondervermögens bliebe.

Diese Aufteilung der Treuhänderrechte lässt sich mit dem Sinn und Zweck des KAGG nicht vereinbaren. Die KAG darf Managementaufgaben zwar in gewissem Umfang an spezialisierte Finanzdienstleister übertragen („Outsourcing")[610], jede Anlageentscheidung muss ihr aber selbst vorbehalten bleiben. Die Abtretung des uneingeschränkten Verfügungsrechts ist vollständig ausgeschlossen. Es ist gesetzlicher Ausfluss der Treuhänderstellung und nur aufgrund der besonderen Befugnis des § 14 Abs. 2 S. 2 KAGG übertragbar. Außerdem müsste die alte KAG in ihrer Rechtsstellung als Vermögensträger verbleiben. Die Lösung Sögtrops versagt daher, wenn die KAG gemäß § 13 Abs. 3 und 4 KAGG ganz wegfällt oder sich durch Kündigung aus dem Investmentgeschäft zurückziehen will. Das Gesetz sieht hier als zwingende Regelung den Übergang des Fonds an die Depotbank gemäß § 14 Abs. 1 KAGG vor. Auf andere Weise kann sich die alte KAG ihrer Verpflichtungen gegenüber den Anlegern nicht entledigen.[611]

Sögtrop führt aus, die „neue" KAG könne im Anschluss selbst Grundstücke für das Sondervermögen erwerben.[612] Der Verkauf des alten Bestandes im Lauf der Zeit führe zu einem sukzessiven grunderwerbsteuerfreien Übergang des Sondervermögens. Diese Ansicht verkennt jedoch, dass die alte KAG formal Trägerin des Sondervermögens bleibt. Die Wirkungen der gesetzlichen Surrogation treten immer noch zu ihren Gunsten ein. Ein gesetzlicher Eigentumserwerb außerhalb der Regelung des § 6 Abs. 2 KAGG durch die zweite KAG kommt nicht in Betracht.

Die Belastung durch Grunderwerbsteuer ist im Ergebnis nicht zu umgehen. In Betracht kommt allein eine Reduzierung durch Billigkeitserlass gemäß

608 Baur in Hellner/Steuer, 9/294; Sögtrop, Übertragung, S. 634.

609 Sögtrop, Übertragung, S. 634.

610 Baur, § 10 Rn 9; die Übertragung einzelner Verwaltungsaufgaben auf Spezialisten durch „Outsourcing" kann zu Kosteneinsparungen führen.

611 Nach Ansicht von Baur, § 14 Rn 13, führt auch die Übertragung des Verfügungsrechts zu einem weiteren Treuhandverhältnis und damit zu einer Besteuerung gemäß § 1 Abs. 2 GrEStG.

612 Sögtrop, Übertragung, S. 634 f.

§ 163 AO.[613] Baur[614] schlägt einen weiteren Weg vor, um zumindest den doppelten Anfall der Grunderwerbsteuer zu vermeiden. Die Immobilien sollen direkt auf die neue KAG übereignet werden. Diese Vorgehensweise führt zu komplizierten Rechtsfolgen und sollte im Vorhinein mit der BaFin abgestimmt werden. Es besteht die Gefahr, dass Anlegerschutzvorschriften verletzt werden.

Voraussetzung müsste es sein, dass sich die Depotbank bereits vor dem Übergang des Sondervermögens gemäß § 14 Abs. 1 KAGG mit der übernehmenden KAG geeinigt hat. In diesem Fall kann die alte KAG Immobilien des Sondervermögens auf die neue KAG übertragen. Durch die Verfügung wird zwar die Steuerpflicht gemäß § 1 Nr. 1 GrEStG ausgelöst.[615] Der anschließende Übergang des Sondervermögens auf die Depotbank unterliegt aber nicht mehr der Grunderwerbsteuer. Das Sondervermögen enthält zu diesem Zeitpunkt nur noch die Forderungen aus den vorausgegangenen Verkäufen gegen die neue KAG. Desgleichen gehen bei der anzuschließenden Übertragung des Verwaltungsrechts gemäß § 14 Abs. 2 S. 2 KAGG nur Forderungen auf die neue KAG über. Diese Forderungen bestehen dann gegen die KAG selbst. Zu diesem Zeitpunkt sind die Grundstücke aber noch nicht wieder Teil des Sondervermögens. Erst die Rückübertragung der Immobilien auf das Sondervermögen unter Erlass der Kaufpreisforderungen stellt den alten Zustand her. Hierbei findet formal aber kein Wechsel des Eigentümers mehr statt. Im Ergebnis würde nur die Veräußerung der Immobilien an die neue KAG der Steuerpflicht unterliegen.

Die neue KAG müsste in der Art eines Insichgeschäftes Verfügungen zwischen dem Sondervermögen und ihrem freien Vermögen vornehmen. Hiergegen werden zwar grundsätzliche Bedenken erhoben.[616] Die Übertragung von Vermögenswerten auf das Sondervermögen kann jedoch als zulässig angesehen werden.

Auch eine Übertragung, die dem Vorschlag Baurs folgt, bedarf der Genehmigung durch die Bankaufsicht. Die Genehmigung muss in diesem Fall allerdings vor der Übertragung eingeholt werden, da die Rückabwicklung einer gescheiterten Übertragung zu erheblichen Kosten führen würde.

---

613 Sögtrop, Übertragung, S. 634.
614 Baur in Hellner/Steuer, 9/294.
615 Nach Ansicht von Baur, a. a. O., sollen dieser Übertragung die Einheitswerte zugrunde zu legen sein.
616 Ausführlich zu diesem Problemkreis s. u. 4. Teil § 10C.1, S. 209.

§ 8 Spezialfonds

Das folgende Kapitel hat die Auflösung und die Übertragung von Spezialfonds zum Gegenstand. Diese eigenständige Fondsgattung wird nur für einen von vornherein eingeschränkten Anlegerkreis aufgelegt. Es handelt sich aber auch hier um Sondervermögen i. S. d. § 6 Abs. 1 KAGG.

A. Die Besonderheiten der Spezialfondsanlage

Spezialfonds unterliegen uneingeschränkt den Regeln des KAGG. Im Vergleich zu Publikumsfonds enthält das Gesetz jedoch einige administrative Erleichterungen. In ihrer Gesamtheit bilden diese Vorschriften aber nur eine Modifizierung des gesetzlichen Rahmens für Publikumsfonds. Die gesonderte Darstellung der Spezialfonds können sie nicht rechtfertigen. Eine getrennte Untersuchung erschien deshalb angemessen, weil die wirtschaftliche Zielsetzung von Spezialfonds grundlegende Unterschiede zu Publikumsfonds aufweist. Das Spektrum dieser Unterschiede reicht von Entlastungen der eigenen Vermögensverwaltung durch „Outsourcing" bis zu steuerlichen Aspekten. Besondere Bedeutung hat die Verlagerung des wirtschaftlichen Kräfteverhältnisses zugunsten des Anlegers. Im Gegensatz zum Publikumsfonds stehen sich gleichwertige Partner gegenüber. Damit stellen sich auch aufsichtsrechtliche Fragen oder strategische Erwägungen nach Beendigung des Anlagevertrages in anderem Lichte dar.

I. Spezialfonds vor dem 1. Finanzmarktförderungsgesetz

Im Vergleich zu Publikumsfonds sind Spezialfonds ein jüngeres Instrument der Finanzanlage. Während Publikumsfonds mit In-Kraft-Treten des KAGG ab 1957 aufgelegt wurden, entstanden die ersten Spezialfonds erst ab 1968.[617] Das KAGG enthielt noch keine Regeln für Sondervermögen mit eng beschränktem Anlegerkreis. Es war ausschließlich für die Erweiterung und Regelung des Kleinanlegermarktes konzipiert. § 1 Abs. 1 KAGG hebt dieses Ziel durch die Formulierung hervor, das eingelegte Geld sei „für gemeinschaftliche Rechnung der Einleger" anzulegen. Strittig war deshalb, ob die Auflegung für einen einzigen Anleger (Individualfonds)[618] überhaupt mit dem Gesetzeswortlaut in Ein-

617 Kandlbinder, S. 16.

618 Ursprünglich wurden Spezialfonds auch als Individualfonds bezeichnet. Heute meint dieser Begriff den für nur eine juristische Person aufgelegten Spezialfonds; ausführlich v. Gronau, S. 3.

klang zu bringen ist.[619] Trotz dieser grundlegenden Abweichung vom ursprünglichen Konzept des Publikumsfonds wurden Spezialfonds in der Folgezeit vom BAKred genehmigt.[620] Das wichtigste Argument der Bankaufsicht für diese weite Auslegung des KAGG lag in der Destinatärtheorie.[621] Hiernach entsprechen auch Individualfonds der Zielsetzung des KAGG, wenn der alleinige Anteilinhaber viele Begünstigte, die Destinatäre, wirtschaftlich repräsentiert.[622] Der Anteilseigner ist dann letztlich nur eine Kapitalsammelstelle.[623] Das eingelegte Geld habe sozialen Bezug und ein Spezialfonds diene daher dem gleichen Ziel wie ein Publikumsfonds. Mit der Anerkennung der Destinatärtheorie durch das BAKred war der Weg für den Erfolg von Spezialfonds geebnet. Sie durften allerdings nur für institutionelle Anleger aufgelegt werden. Einzelnen Privatanlegern blieb die Auflage von Spezialfonds schon damals versagt. Das BAKred erteilte in diesen Fällen aufgrund der mangelnden sozialen Bindung keine Genehmigung. Als potentielle Kunden waren und sind bis heute vor allem folgende Anlegergruppen interessant:[624]

1. private Versicherungsunternehmen
2. Sozialversicherungsträger
3. betriebliche und berufsständische Altersversorgung
4. gemeinnützige oder zweckgebundene Gemeinschaftseinrichtungen

Obwohl sie keine systemkonforme Struktur aufweisen, haben sich Spezialfonds in der Zeit von 1969-89, d. h. bis zum In-Kraft-Treten des 1. Finanzmarktförderungsgesetz 1990, als bedeutender Bestandteil des deutschen Kapitalmarktes etabliert. Das jährliche Mittelaufkommen stieg in dieser Zeit von 0,528 Mrd. auf 16,839 Mrd. DM an.[625] Damit hatten die Spezialfonds in Bezug auf das Marktvolumen eine ähnliche Bedeutung wie Publikumsfonds erreicht.

---

619 v. Gronau, S. 20; Kandlbinder, S. 13.

620 Ausführlich zum Spezialfonds vor dem 1. FMFG v. Gronau, S. 2 ff. ; der Individualfonds wird bereits hier als typische Form des Spezialfonds bezeichnet.

621 Ausführlich zur Destinatärtheorie v. Gronau, S. 39 ff.; Kandlbinder, S. 13; Baur, Anh. zu § 1 Rn 1.

622 v. Gronau, S. 48.

623 Kandlbinder, S. 13.

624 Kandlbinder, S. 14; s. a. Köndgen in Schimansky, § 113 Rn 93.

625 Bundesbankstatistik, statistische Beihefte, Wertpapierstatistik Reihe 2, Tabelle 19; zitiert nach Kandlbinder S. 17.

2. Die gesetzliche Regelung

Die stürmische Entwicklung[626] dieses Marktsegments führte 1990 zu einer gesetzlichen Regelung.[627] Neben einer Definition des Spezialfonds ergänzte der Gesetzgeber das KAGG durch zahlreiche administrative Erleichterungen.[628] Insbesondere die Neufassung von § 1 Abs. 2 KAGG brachte eine erhebliche Neuerung für den Spezialfondsmarkt mit sich. Die Definition erkennt den Spezialfonds als Sonderform des Investmentfonds nicht nur an, sondern erteilt sogar den einschränkenden Voraussetzungen der Destinatärtheorie eine Absage. Eine besondere Sozialbindung des Kapitals ist nicht mehr erforderlich. Der Anleger kann sich im ausschließlich eigenen Interesse der Anlageform des Spezialfonds bedienen. Als Grund für diese Lockerung gibt die Gesetzesbegründung an, eine Abgrenzung des Sozialkapitals sei kaum möglich. In der Konsequenz verabschiedet sich der Gesetzgeber vom Leitbild des Investmentfonds als Anlageinstrument für Kleinanleger.[629]

Die Definition des Spezialfonds verlangt eine Beschränkung auf maximal zehn Anleger. Diese Höchstgrenze hat keine besondere Begründung und dient in erster Linie der Rechtssicherheit.[630] Insbesondere soll er nicht darüber hinwegtäuschen, dass ohnehin der weitaus größte Teil der Spezialfonds für nur einen Anleger gehalten werden.[631] § 1 Abs. 2 S. 2 KAGG soll die Begrenzung der Anleger auch nach der Auflegung gewährleisten. Hiernach ist eine Übertragung der Fondsanteile an die Zustimmung der KAG gebunden.

Die geringe Zahl der Anteilseigner in einem Fonds erhöht die Marktmacht des einzelnen. Spezialfondsanleger und KAG haben eine annähernd gleiche Verhandlungsposition.[632] Der Anlagevertrag kann individuell ausgehandelt werden. Außerdem stehen den Anlegern verschiedene Möglichkeiten zur Verfügung, das Fondsmanagement zu kontrollieren und zu beeinflussen. Der Gedanke

---

626 Heute gibt es mehr als 5400 Spezialfonds mit einem Volumen von über 500 Milliarden Euro, Pressemitteilungen des BVI 4/2001.

627 Siehe hierzu Begründung zum Entwurf des 1. FMFG, A III Nr. 5, BT-Drucksache 11/5411, abgedruckt bei Beckmann/Scholtz, Nr. 582.

628 Kandlbinder, S. 34, spricht hier von einem „gesetzgeberischen Meisterstück“, das zu einer „weitgehenden Deregulierung“ der Spezialfonds führte; Platzek, S. 598, nennt die Reform von 1990 einen branchenspezifischen „Big Bang“.

629 Durch diese Entscheidung des Gesetzgebers ist auch die Auflegung eigener Spezialfonds durch Industrieunternehmen möglich geworden, die zu diesem Zweck eine eigene KAG gründen; s. hierzu „ Siemens nimmt die Vermögensverwaltung in die eigenen Hände“ in FAZ v. 13. 1. 1993.

630 Baur, § 1 Rn 33.

631 Laux, Entwicklung der Spezialfonds, S. 14.

632 v. Gronau, S. 80.

des Anlegerschutzes, der dem KAGG zugrunde liegt, verliert für Spezialfonds an Bedeutung. Dies hat den Gesetzgeber veranlasst, die Aufsicht über Spezialfonds einzuschränken.[633] Die Vertragsbedingungen bedürfen gemäß § 15 Abs. 2 S. 1 KAGG nicht der Genehmigung der Bankaufsichtsbehörde. Die Übereinstimmung der Vertragsbedingungen mit den gesetzlichen Vorschriften wird gemäß § 24a Abs. 6 S. 3 KAGG nur im Rahmen der Abschlussprüfung kontrolliert. Weitere Erleichterungen betreffen die allgemeine Genehmigung der Depotbank gemäß § 12 Abs. 3 KAGG, den Wegfall der Prospektpflicht gemäß § 19 Abs. 7 KAGG, die börsentägliche Ermittlung des Anteilswertes gemäß § 21 Abs. 3 S. 3 KAGG sowie den Inhalt der Rechenschaftsberichte gemäß § 24a Abs. 5 KAGG. Für die Übertragung von Spezialfonds ist vor allem der Wegfall der aufsichtsbehördlichen Genehmigungspflicht gemäß § 14 Abs. 2 S. 4 KAGG von Bedeutung. Diese Aufzählung macht deutlich, dass die besonderen Regeln für Spezialfonds nur punktuell in das Instrumentarium der Fondskontrolle eingreifen. In keiner Weise soll die grundsätzliche Aufsichtskompetenz der BaFin beschnitten werden.[634]

Abgesehen von den administrativen Erleichterungen gilt das KAGG grundsätzlich auch für Spezialfonds in vollem Umfang.[635] Der Gesetzgeber wollte den Anlegerschutz des KAGG nicht einschränken.[636] Der Spezialfonds bleibt auch in das Investment-Dreieck eingebunden, sodass der Verzicht auf die Kontrollfunktion der Depotbank nicht möglich ist. Konsequenterweise differenziert auch die BaFin bei der Ausübung ihrer Aufsicht nur in den gesetzlich vorgesehenen Fällen zwischen Spezial- und Publikumsfonds.[637] Im übrigen gelten die gleichen Anzeige- und Einreichungspflichten.

Auch die gesetzlichen Anlagevorschriften gelten für Spezialfonds. Diese Grenzen werden durch brancheninterne Sondervorschriften der Spezialfondsanleger oft weiter eingeschränkt.[638] Dies gilt insbesondere für die private Versicherungswirtschaft.[639] Gemäß §§ 54 ff. VAG haben Versicherungen einen sogenannten Deckungsstock für Rückstellungen aufzubauen.[640] Anteile an Investmentfonds dürfen gemäß § 54a VAG erworben werden. Diese Fonds müssen je-

633 Kandlbinder, S. 38.
634 Siehe auch Kandlbinder, S. 46.
635 Köndgen in Schimansky, § 113 Rn 94.
636 Kandlbinder, S. 47.
637 Kandlbinder, S. 46.
638 v. Gronau, S. 11.
639 Ausführlich v. Gronau, S. 49 ff; die private Versicherungswirtschaft ist der wichtigste Spezialfondsanleger; s. Kandlbinder, Der Spezialfonds als Instrument für das Vermögensgeschäft in der Assekuranz, S. 406.
640 v. Gronau, S. 52.

doch eine Risikostruktur aufweisen, die den gesetzlichen Anforderungen für Einzelanlagen entspricht. Das Bundesamt für das Versicherungswesen verlangt deshalb, dass bereits der Anlagevertrag die einzuhaltenden Höchstgrenzen vorschreibt.[641] Damit werden die Anlageregeln des KAGG weiter eingeengt. Ähnliche Anforderungen an das Sondervermögen werden von § 83 Abs. 1 Nr. 5 SGB IV für Anlagen der Sozialversicherungsträger in Investmentfonds aufgestellt.[642] Die Mustervertragsbedingungen für Versicherungsspezialfonds tragen diesen Maßgaben Rechnung.[643]

3. Strukturelle Unterschiede zu Publikumsfonds

Die besondere Stellung der Spezialfonds ergibt sich nur in begrenztem Umfang aus den genannten gesetzlichen Regelungen. Der entscheidende Unterschied zu Publikumsfonds resultiert aus einer grundsätzlichen Verschiebung der Marktmacht zugunsten der Anleger. Jeder Anleger ist der KAG bekannt, da die Übertragung der Anteilscheine gemäß § 1 Abs. 2 KAGG an die Zustimmung der Anlagegesellschaft gebunden sein muss. Direkte Kommunikation und gegenseitige Abstimmung mit der KAG und auch der Anleger untereinander wird dadurch möglich.[644] Dies gilt in besonderem Maße für Sondervermögen, die nur für einen Anleger aufgelegt werden. In diesen Fällen kommt die Initiative zur Auflegung eines Spezialfonds meist direkt vom Anleger. Die Vertragsbedingungen werden dann auf gleicher Ebene ausgehandelt.[645] Im Gegensatz zum Kleinanleger kann der Spezialfondsinhaber sein Sondervermögen nach Maß gestalten.[646]

4. Der Rahmenvertrag

Als wichtigstes Instrument zur Durchsetzung der Anlegerinteressen ist der Rahmenvertrag geschaffen worden.[647] Er ist selbstständiger Bestandteil des Vertragspaketes, das dem Investment-Dreieck zugrunde liegt. Der Rahmenvertrag ist ein allseitiger Vertrag, in den die Depotbank bereits einbezogen ist.[648] Er steht damit unabhängig neben dem Investmentvertrag, der zwischen KAG und Anle-

641 Ausführlich Baur, Anh. 1 Rn 46.
642 Ausführlich Geyer, S. 606 ff.
643 Baur, Anh. 1 Rn 3.
644 Eberstadt, S. 806.
645 v. Gronau, S. 80.
646 Siehe aber die Bedenken im Einzelfall bei Carl/Förster, S. 94.
647 Kandlbinder, S. 60.
648 Baur in Hellner/Steuer, 9/416; v. Gronau, S. 82 ff.

ger geschlossen wird. Eine Beauftragung der Depotbank durch einen gesonderten Depotbankvertrag entfällt.[649] Die Investmentpartner treffen hier grundsätzliche Vereinbarungen, etwa zur Übertragung der Anteilscheine oder zur Kündigung.[650]

5. Der Anlageausschuss

Üblicherweise sieht der Rahmenvertrag auch die Schaffung eines Anlageausschusses vor. Dieses Gremium soll die KAG bei der Geschäftsführung beratend unterstützen. Die Beteiligten können die Geschäftsordnung für den Anlageausschuss selbstständig vereinbaren.[651] Meist übernimmt der Ausschuss die Richtlinien des KAG-Aufsichtsrates.[652] Im Allgemeinen ist dieses Gremium paritätisch mit jeweils zwei Vertretern der KAG und der Anlegerseite besetzt. Die entscheidende Stimme fällt im Normalfall den Anteilseignern zu. Der Ausschuss soll sich ein umfassendes Bild von der Anlagepolitik der KAG machen und kann hierzu weitere Fachleute hinzuziehen. Er hat die Aufgabe, Richtlinien zu erarbeiten, und darf im Einzelfall Anlageempfehlungen aussprechen. Beschlüsse können meist formlos gefasst werden, sodass Flexibilität und Effizienz gewährleistet werden. Als dritte wichtige Aufgabe hat der Ausschuss über die Verwendung der Vermögenserträge zu entscheiden. Er bleibt aber in vollem Umfang an das KAGG gebunden. Somit kann der Investmentgesellschaft die ausschließliche Verantwortung für die Vermögensanlage nicht entzogen werden.[653] Bindungswirkung für die KAG können Ausschussbeschlüsse grundsätzlich nicht entfalten.[654] Hierin läge ein Verstoß gegen das Leitbild der unabhängigen KAG-Geschäftsführung.

6. Wirtschaftliche Gründe für die Auflegung von Spezialfonds

Die Anlageform des Spezialfonds besitzt eine besondere Attraktivität für Großanleger. Die Anlegerschaft ist seit der Liberalisierung von 1990 durchaus heterogen. Neben Kapitalsammelstellen investieren jetzt auch Großunternehmen des Finanz– und Industriesektors in Spezialfonds. An dieser Stelle sollen die wirt-

649 v. Gronau, S. 83.

650 v. Gronau, S. 84, weist darauf hin, dass die Erweiterung des ursprünglichen Depotbank- vertrages nicht dem KAGG widerspricht. Die Mitwirkung der Anteilinhaber schien nur nicht möglich.

651 Kandlbinder, S. 102.

652 Nr. 4 des Musters eines Dreier-Vertrages, abgedruckt bei Baur, S. 1807.

653 BAKred-Schreiben v. 8. 6. 1989, abgedruckt bei Beckmann/Scholtz, 438 Nr. 46.

654 Paul, S. 47 f.

schaftlichen Gründe für die Auflegung eines Spezialfonds analysiert werden. Erst auf dieser Grundlage werden die investmentvertraglichen Regelungen verständlich, die die Abwicklung und die Übertragung von Spezialfonds modifizieren.

a) „Outsourcing“ von Finanzdienstleistung

Die Vorteile des Publikumsfonds sind für Großanleger sekundär. Der Marktzugang, den das KAGG für Kleinanleger überhaupt erst schaffen sollte, ist für Spezialfondsanleger ohnehin gegeben. Auch der besondere Anlegerschutz ist in diesem Marktsegment weniger bedeutend, da die direkte Kontrolle der KAG durch den Rahmenvertrag gesichert ist. Die Spezialfondsanlage soll jedoch wie der Publikumsfonds zu Effizienzvorteilen durch Nutzung externer Finanzkompetenz führen.[655] Gerade für Unternehmen außerhalb des Finanzsektors liegt hier ein wichtiger Grund für die Spezialfondsanlage.[656] Der Anteilseigner erspart den Aufbau kostenintensiver Researchabteilungen.[657] Auch die Buchhaltung wird entlastet[658], weil nur Erwerb und Verkauf der Fondsanteile und nicht jede Umschichtung im Tagesgeschäft verbucht werden. Die detaillierten Depotaufstellungen ermöglichen Markttransparenz und Informationsaustausch zugunsten des Anlegers.[659]

Die Kosten eines Spezialfonds liegen deutlich unter denen von vergleichbaren Publikumsfonds.[660] Depotbankgebühren fallen meistens gar nicht an.[661] Wichtig ist zudem, dass die KAG aufgrund der einfachen Vertriebsstruktur keinen Ausgabeaufschlag erheben.[662] Damit entfällt das Hemmnis, Fondsanteile mit Mitteln zu erwerben, die jederzeit liquide sein müssen. Ein hoher Ausgabeaufschlag mindert in diesen Fällen die Rendite des Anlegers erheblich. Unmittelbare Kostenvorteile gegenüber Publikumsfonds ergeben sich außerdem durch die Einschränkung der Publikationspflichten.

655 Die Abwicklung der Geschäfte kann zu sog. Bankiersbedingungen erfolgen; s. Laux, Entwicklung der Spezialfonds, S. 18; Kandlbinder, S. 140; v. Gronau, S. 15; kritisch zu Effizienzvorteilen von Spezialfonds Maurer, S. 58.

656 Mössle in Kleeberg/Schlenger, S. 949.

657 Laux, Entwicklung der Spezialfonds, S. 18.

658 v. Gronau, S. 14.

659 Baur, Anh. § 1 Rn 5.

660 Die Vergütung beträgt maximal 0,5 % per anno, Depotbankgebühren sind meist auf 0,05 % begrenzt; s. Laux, Entwicklung der Spezialfonds, S. 17.

661 Laux, a. a. O.

662 v. Gronau, S. 15.

b) Bilanzrechtliche Vorteile

Die genannten Vorteile betreffen nur die Kosten der Kapitalanlage. Insoweit konkurrieren die Investmentgesellschaften als Dienstleister mit eigenen Anlageabteilungen der Investoren. Potentiell ließe sich jede Leistung der KAG auch unternehmensintern erbringen.[663] Die eigentliche Anziehungskraft der Spezialfonds liegt vielmehr in handelsbilanz- und steuerrechtlichen Vorteilen[664], die kurz skizziert werden sollen.

(1) Handelsbilanzielle Gründe

Im Gegensatz zum durchschnittlichen Publikumsanleger sind Spezialfondsanleger gemäß § 238 Abs. 1 S. 1 HGB grundsätzlich buchführungspflichtig. Die Bilanzierung der Investmentanteile weist im Vergleich zur Direktanlage einige Besonderheiten auf.[665]

Investmentanteile sind Wertpapiere. Gemäß § 18 KAGG verbriefen sie die Ansprüche des Anteilinhabers gegenüber der KAG.[666] Diese Einordnung gilt nach allgemeiner Auffassung auch für die handelsbilanzielle Gliederung gemäß § 266 HGB.[667] Einzelne Anlagegegenstände des Sondervermögens sind demgegenüber nicht in die Bilanz aufzunehmen. Dies gilt selbst dann, wenn der Anleger alleiniger Eigentümer des Fonds ist.[668] Die handelsbilanzielle Einordnung als Wertpapier wird damit begründet, dass dem Anleger die tatsächliche und die wirtschaftliche Sachherrschaft entzogen wurde.[669] Hieraus folgt, dass Veränderungen im Anlagebestand des Sondervermögens grundsätzlich nur Auswirkungen auf die Sondervermögensbilanz gemäß § 24a Abs. 1 KAGG haben. Buchungen in der Bilanz des Anlegers haben nicht zu erfolgen. Diese Tatsache führt zu erheblichen Vorteilen, die der Anleger aufgrund seiner Mitspracherechte im Anlageausschuss gezielt steuern kann.

---

663 Hierzu Kandlbinder, S. 152.
664 Mössle in Kleeberg/Schlenger, S. 947.
665 Zur Bilanzierung von Spezialfondsanteilen nach US-GAAP bzw. IAS, s. Päsler, S. 77 f.
666 Baur, § 18 Rn 1, m. w. N.
667 Häuselmann, S. 315.
668 Häuselmann, S. 315 f.
669 Häuselmann, S. 315; Zweifel an dieser Ansicht könnten sich daraus ergeben, dass bei Spezialfonds starke Mitwirkungsmöglichkeiten bestehen; siehe hierzu Maurer, S. 52.

(a) Stille Reserven

Wichtigstes Element der Gewinnsteuerung mit Hilfe von Spezialfonds ist die Bildung stiller Reserven.[670] Durch seinen Einfluss im Anlageausschuss kann der Anleger den Zeitpunkt der Auflösung durch Ausschüttung mitbestimmen. Insbesondere Zwischenausschüttungen sind möglich, sofern eine entsprechende Vereinbarung im Anlagevertrag vorliegt.[671] Im Fall des Individualfonds kann der Anteilinhaber sogar allein über die Ausschüttungspolitik entscheiden. Die Auflösung stiller Reserven kann er dann mit der eigenen Bilanzpolitik abstimmen.[672] Hierin liegt wohl einer der wichtigsten Gründe für den Erfolg von Spezialfonds.

Stille Reserven können durch den Ansatz von Aktiva zu einem niedrigeren als dem wahren Wert gebildet werden.[673] § 253 Abs. 1 S. 1 HGB bestimmt, dass Vermögensgegenstände höchstens mit den Anschaffungs- oder Herstellungskosten vermindert um Abschreibungen zu bilanzieren sind.[674] Bei Ersterwerb von Spezialfondsanteilen ist dies der Ausgabepreis.[675] Eine spätere Wertsteigerung des Sondervermögens lässt den Bilanzwert der Anlage unberührt. In dieser Höhe werden stille Reserven gebildet.[676]

Erst durch Rückgabe der Anteilscheine oder Auflösung der Fonds werden die stillen Reserven aufgelöst. Dieses Ergebnis folgt aus dem Realisationsprinzip, das in § 252 Abs. 1 Nr. 4 Hs. 2 HGB normiert ist. Ein Gewinn darf erst ausgewiesen werden, wenn er durch einen Umsatzvorgang verwirklicht worden ist.[677] Veräußerungsgewinne aus den einzelnen Positionen des Sondervermögens sind nur in die Vermögensaufstellung des Spezialfonds aufzunehmen. Auf den Buchwert des Anteilscheins haben sie keinen Einfluss.

Auch bei der Direktinvestition wird jeder einzelne Anlagegegenstand nach dem beschriebenen Prinzip bewertet.[678] Daher führen Wertsteigerungen ebenfalls zur Bildung stiller Reserven. Die Realisierung erfolgt aber bereits im Zeitpunkt des Verkaufs der Einzelposition. Ein Gewinn ist schon in diesem Moment ergebniswirksam zu verbuchen.

---

670 Schaber, Maßgeschneidertes Investmentprodukt, S. 996.
671 Maurer, S. 60.
672 Schaber, Maßgeschneidertes Investmentprodukt, S. 996.
673 Baumbach/Hopt, § 253 Rn 25.
674 Häuselmann, S. 316.
675 Der Anschaffungspreis umfasst auch den Ausgabeaufschlag und andere Nebenkosten, siehe hierzu Häuselmann, S. 315.
676 Lenz, Spezialfonds, S. 47.
677 Niedner in Heidelberger Kommentar, Einl. vor § 242 Rn 20.
678 A. a. O.

Zu einem ähnlichen Ergebnis führt die Thesaurierung von Gewinnen, die aus ordentlichen Erträgen gebildet werden. Ein Wertpapiersondervermögen hat vornehmlich Einnahmen aus Dividenden und Zinsen. Bei Immobilienspezialfonds entstehen Miet- und Pachteinnahmen. Im Fall der Direktanlage sind diese Einnahmen unmittelbar ertragswirksam zu verbuchen. Solange der Fonds diese Überschüsse ausschüttet, besteht kein Unterschied zur Einzelanlage. Die thesaurierten Einnahmen sind aber nur in der Sondervermögensbilanz auszuweisen. Auf der Ebene des Anlegers werden diese Gewinne nicht realisiert und sind in der Handelsbilanz daher nicht zu erfassen.[679] Eine Auflösung erfolgt erst durch Rückgabe der Anteilscheine oder durch spätere Ausschüttung. Steuerrechtlich ist der hieraus resultierende „Stundungsvorteil" durch eine Zuflussfiktion gemäß § 39 Abs. 1 S. 2 KAGG aufgehoben worden.[680]

(b) Saldierung der Gewinne

Spezialfonds bieten einen weiteren handelsbilanziellen Vorteil.[681] Die Saldierung von Wertsteigerungen und Abschreibungen bei der Berechnung des Anteilswertes bewirkt eine Stabilisierung der Bilanz.[682] Außerplanmäßige Abschreibungen gemäß § 253 Abs. 2 S. 3 HGB werden durch Wertsteigerungen anderer Vermögensgegenstände kompensiert.[683] Auch diesem Vorteil liegt die Umgehung des Grundsatzes der Einzelbewertung zugrunde, der sich aus § 252 Abs. 1 Nr. 3 HGB ergibt. Gegenstände des Anlagevermögens[684] sind gemäß § 253 Abs. 2 S. 3 Hs. 2 HGB abzuschreiben, wenn eine dauernde Wertminderung eingetreten ist. Aufgrund des Einzelbewertungsgrundsatzes ist das Niederstwertprinzip auf jede Direktanlage anzuwenden. Bilanzverluste entstehen selbst dann, wenn Wertsteigerungen anderer Anlagen den Buchverlust ausgleichen. Eine Abschreibung auf den Anteilschein erfolgt dagegen nur bei negativem Saldo der Wertentwicklung.[685]

---

679 A. a. O.
680 Baur, § 39 Rn 2.
681 Maurer, S. 61.
682 Beckmann/Scholtz, § 38 Rn 79.
683 Mössle in Kleeberg/Schlenger, S. 948.
684 Nach Häuselmann, S. 318, kann eine Zugehörigkeit der Spezialfondsanteile zum Anlagevermögen unterstellt werden, da diese aufgrund ihrer besonderen Funktion dem Anlagevermögen dauernd zu dienen bestimmt sind; s. § 247 Abs. 2 HGB.
685 Diese Tatsache hat besondere Bedeutung bei der Absicherung von Vermögenspositionen durch Hedging-Strategien unter Einsatz von Derivaten. Beim sogenannten Put - Hedge sollen Verkaufsoptionen einen bestimmten Mindestverkaufspreis eines Wertpapiers absichern. Der Kurs des Wertpapiers verläuft reziprok zu dem der Option. Aber nur Verluste sind als Wertminderung relevant. Dadurch ist im Gesamter-

(2) Steuerrechtliche Vorteile

Auch unter bilanzsteuerrechtlichen Gesichtspunkten führt die Spezialfondsanlage zu Vorteilen. Ihre Tragweite ist jedoch durch das Steuersenkungsgesetz[686] erheblich reduziert worden.[687] Die steuerlichen und handelsrechtlichen Besonderheiten hängen aufgrund des Grundsatzes der Maßgeblichkeit[688] eng miteinander zusammen.

(a) Das Transparenzprinzip

Der Gesetzgeber verfolgt das Ziel, Direktanlage und Investment steuerlich gleichzustellen.[689] Für die Besteuerung von Vermögensfonds gilt daher das sogenannte Transparenzprinzip.[690] Hiernach sind Erträge des Sondervermögens so zu versteuern, als wären sie dem Anleger direkt zugeflossen.[691] Sowohl steuerliche Vor– als auch Nachteile gegenüber der Direktanlage sollen auf diese Weise vermieden werden.[692] Dieser Grundsatz gilt auch für Spezialfonds.[693]

Zu diesem Zweck ist das Sondervermögen als Steuersubjekt von Steuern befreit.[694] Gesetzestechnisch geschieht dies dadurch, dass § 38 Abs. 1 S. 1 KAGG das Sondervermögen zunächst zwar als Zweckvermögen i. S. d. § 1 Abs. 1 Nr. 5 KStG fingiert[695], und damit grundsätzlich die Körperschaftsteuerpflicht des Fonds begründet. § 38 Abs. 1 S. 2 KAGG befreit das Sondervermögen aber von der Körperschaft– und Gewerbesteuer.[696] Diese Fiktion dient der Vereinfachung, weil ohne § 38 Abs. 1 KAGG die Besteuerungsgrundlagen gemäß § 180 AO ge-

---

gebnis handelsbilanziell in jedem Fall ein Verlust auszuweisen, obwohl die Hedgingstrategie gerade vor wirtschaftlichen Verlusten schützt. In einem Investmentfonds würden beide Positionen saldiert und gehen so in Bewertung des Anteilscheines ein.

686 BStBl 2000 I, 1433 ff.

687 Siehe Kuhn,Schaber, S. 130.

688 Zum Grundsatz der Maßgeblichkeit s. Baumbach/Hopt, § 243 Rn 4.

689 Baur, vor § 37a Rn 1.

690 Beckmann/Scholtz, § 37a Rn 4 ff.

691 Baur, vor 37a Rn 22.

692 Maurer, S. 63.

693 Baur, a. a. O., Rn 2.

694 Eine gewisse Einschränkung galt nur für die sogenannte Ausgleichsteuer, s. Baur in Hellner/Steuer, 9/20.

695 Beckmann/Scholtz, § 38 Rn 7.

696 Ein Regierungsentwurf vom Januar 2000 sah die Erhebung einer Körperschaftsteuer auf Fonds vor. Dieser Entwurf wurde zurückgezogen; s. „ Eichel verschont die Investmentfonds vor Körperschaftsteuer“ in Die Welt v. 5. 2. 2000.

sondert festgestellt werden müssten.[697] Jedem Anteilseigner wäre sein Gewinnanteil einzeln zuzurechnen. Aufgrund der Steuerbefreiung in § 38 Abs. 1 S. 2 KAGG sind erst die Ausschüttungen an die Anleger steuerpflichtig.[698] Eine Doppelbesteuerung auf der Ebene des Sondervermögens und des Anlegers wird dadurch vermieden. Dieser Grundsatz gilt als wichtigste Konkretisierung des Transparenzprinzips sowohl für Spezialfonds als auch für Publikumsfonds.

(b) Die Behandlung von Veräußerungsgewinnen

Das Transparenzprinzip wird jedoch an vielen Stellen durchbrochen.[699] Hieraus leitet sich der entscheidende steuerliche Vorteil für Spezialfondsanleger ab. Die beschriebenen bilanztechnischen Besonderheiten führen auch steuerlich zu einer Ungleichbehandlung mit der Direktanlage. Veräußerungsgewinne auf Fondsebene wirken sich, wie gezeigt, nicht auf die Bilanz des Anlegers aus.[700] Werden diese Erträge nicht ausgeschüttet, gelten sie als nicht zugeflossen. Erst mit der Ausschüttung sind sie ertragswirksam zu verbuchen.[701] Daraus entsteht ein „Steuerstundungseffekt", der nach Belieben des Anteilscheininhabers hinausgezögert werden kann[702], weil er über den Anlageausschuss die Höhe der Ausschüttungen bestimmt. Erst bei der Liquidierung des Sondervermögens oder bei Rückgabe der Anteile ist die Besteuerung unvermeidbar.[703] Die Auflösung stiller Reserven aus Veräußerungsgewinnen kann zum steuertechnisch optimalen Zeitpunkt erfolgen.[704]

Grundsätzlich stellt auch diese Besonderheit keine Abweichung vom Recht der Publikumsfonds dar. Nur werden Publikumsfondsanteile zum weitaus überwiegenden Teil von Kleinanlegern im Privatvermögen gehalten. Ausschüttungen auf Anteile, die im Privatvermögen stehen, sind ohnehin gemäß § 40 Abs. 1 S. 1 KAGG steuerfrei, soweit sie Veräußerungsgewinne enthalten. Demgegenüber gehören Spezialfondsanteile zum Betriebsvermögen und sind gemäß § 40 Abs. 1 S. 1 KAGG von der Steuerfreiheit für Veräußerungsgewinne ausgenommen. Der Unterschied ergibt sich daher nur aus der Anlegerstruktur.[705]

---

697 Beckmann/Scholtz, § 38 Rn 8.
698 Eine wichtige Ausnahme sind heute die thesaurierten Gewinne aus ordentlichen Erträgen.
699 Sorgenfrei, S. 465 ff.
700 Kandlbinder, S. 150.
701 Beckmann/Scholtz, § 38 Rn 79.
702 Sorgenfrei/Tischbirek, Teil II, S. 1862.
703 Maurer, S. 67.
704 Häuselmann, S. 314.
705 Päsler, S. 60.

Im Allgemeinen werden Spezialfonds zur langfristigen Anlage aufgelegt, sodass die „Stundung“ über viele Jahre ausgedehnt werden kann. Hierdurch entsteht ein bedeutender Zinseszinseffekt. In diesen bilanziellen Vorteilen lag der wichtigste Grund für die Auflegung von Wertpapier-Spezialfonds.[706]

Das beschriebene Prinzip gilt grundsätzlich auch, nachdem das Steuersenkungsgesetz in Kraft getreten ist.[707] Die Tragweite der steuerlichen Vorteile ist jedoch erheblich eingeschränkt worden. Gemäß § 8b Abs. 2 KStG bleiben Veräußerungsgewinne von Anteilen an Körperschaften, die Bezüge i. S. d. § 20 Abs. 1 Nr. 1, 2, 9, 10a EStG ausschütten, bei der Körperschaftsteuer außer Ansatz. Gemäß § 40 Abs. 1 S. 1 Hs. 2 KAGG ist diese Vorschrift auch auf Investmentfonds anwendbar. Veräußerungsgewinne aus dem Verkauf von Aktien bleiben nach der neuen Rechtslage daher nicht nur bei Thesaurierung im Sondervermögen, sondern auch bei Ausschüttung steuerfrei.[708] Aufgrund des § 8b Abs. 2 KAGG ist die Zwischenschaltung eines Sondervermögens aber nicht einmal mehr erforderlich, da heute eben auch Gewinne aus dem Verkauf direkt gehaltener Aktien bei Körperschaften steuerfrei sind. Ein wesentliches Argument für die Aktienanlage in Spezialfonds ist damit entfallen.

Unter dem Gesichtspunkt der Gleichstellung von Fonds– und Direktanlage war es außerdem konsequent, auch Veräußerungsgewinne, die im Rückgabe- bzw. im Verkaufserlös der Fondsanteile enthalten sind, von der Körperschaftsteuer freizustellen.[709] Wie bei der Ausschüttung bleibt auch in diesen Fällen die Steuerfreiheit gemäß § 40a Abs. 1 KAGG auf Gewinne aus Beteiligungen beschränkt, die zu Leistungen i. S. d. § 20 Abs. 1 Nr. 1 EStG gehören. Veräußerungsgewinne aus dem Verkauf von Anleihen beispielsweise sind nicht privilegiert.[710] Der Rücknahmepreis enthält somit einen steuerfreien Anteil, der aus dem Verkauf von Kapitalgesellschaftsanteilen resultiert und einen Anteil aus sonstigen Veräußerungsgewinnen, die bei Realisierung noch zu versteuern sind.[711] Die Realisierung kann durch Verkauf oder Rückgabe erfolgen. Aus diesem Grund hat die KAG heute den Anteil aus steuerfreien Veräußerungsgewinnen gemäß § 41 Abs. 5 KAGG zu ermitteln. Bei Ausschüttungen ist der entspre-

706 Nach einer von Pflaum durchgeführten Umfrage geben 78,28% der befragten Spezialfondsanleger an, die steuerlichen Vorteile hätten große Bedeutung für die Anlage; zitiert nach Maurer, S. 57, Fn 162.

707 Laux/Päsler, Die deutschen Spezialfonds, S. 77.

708 Tibo, Steuersenkungsgesetz, S. 2292.

709 Der ursprüngliche Entwurf des Gesetzes enthielt diese Angleichung noch nicht. Bei Rückgabe und Verkauf wäre der volle Buchgewinn zu versteuern gewesen; siehe hierzu Fock/Stoschek, S. 597.

710 Tibo, S. 2292.

711 Tibo, S. 2292.

chende Anteil aus Veräußerungsgewinnen ebenfalls gemäß § 41 Abs. 1 S. 1 Nr. 2 Buchst. e KAGG auszuweisen.

Im Fall der Grundstücks-Sondervermögen hat bereits das Steuerentlastungsgesetz 1999/2000/2001[712] die Vorteile aus der Thesaurierung von Veräußerungsgewinnen weitgehend aufgehoben.[713] Veräußerungsgeschäfte i. S. v. § 23 Abs. 1 Nr. 1, Abs. 2 und 3 EStG sind jetzt gemäß § 45 Abs. 1 S. 3 KAGG auch steuerpflichtig, wenn sie thesauriert werden. Nur Veräußerungsgewinne außerhalb der Zehn-Jahres-Frist sind weiterhin steuerfrei, solange sie nicht auf der Ebene des Anlegers realisiert werden.

Die bilanzrechtlichen Vorteile der Spezialfondsanlage waren keineswegs immer unumstritten.[714] Zwar ist Baur[715] zuzustimmen, dass es sich um einen systemimmanenten Vorteil handelt, der sich aus der konsequenten Anwendung von Realisations- und Niederstwertprinzip ergibt. Trotz der weitreichenden Abschwächung durch das Steuersenkungsgesetz handelt es sich aber um eine erhebliche Durchbrechung des Transparenzprinzips[716]; denn die Direktanlage lässt die Aufschiebung der Besteuerung von Veräußerungsgewinnen nicht zu. Der wichtigste Grundsatz der Investmentbesteuerung wird für Spezialfonds aufgegeben. Die Bundesregierung hatte deshalb vorgeschlagen, außerordentliche Veräußerungsgewinne zeitnah als Betriebseinnahmen zu erfassen. Dieser Vorstoß scheiterte am Widerstand des Bundestages.[717]

Die Thesaurierung ordentlicher Erträge ist heute steuerlich nicht mehr relevant.[718] Gemäß § 39 Abs. 1 S. 2 KAGG wird in diesem Fall der Zufluss zum Vermögen des Anteilinhabers fingiert.[719] Ordentliche Erträge gelten mit dem Ablauf des Geschäftsjahres, in dem sie vom Sondervermögen vereinnahmt wurden, als zugeflossen.

B. Besonderheiten bei der Auflösung und Übertragung von Spezialfonds

Der Regelungskomplex der §§ 13, 14 KAGG enthält nur eine besondere Vorschrift für Spezialfonds: § 14 Abs. 2 S. 5 KAGG lässt das Genehmigungserfor-

712 BStBl I, 1230.
713 Fock/Stoschek, S. 594; zu den übrigen Änderungen durch das Steuerentlastungsgesetz Hennig, S. 1901.
714 Beckmann/Scholtz, § 38 Rn 79.
715 A. a. O.
716 Maurer, S. 67.
717 Maurer, Fn 202, m. w. N.
718 Schaber, Publizitäts-und Prüfungspflichten, S. 313.
719 Maurer, S. 66.

dernis bei der Übertragung des Sondervermögens entfallen.[720] Sondervorschriften für Spezialfonds sind im gesamten KAGG selten. Bereits hieraus wird ihr Charakter als Ausnahmeregeln deutlich. Die gesetzlichen Normen sind grundsätzlich auf Spezialfonds anwendbar. Dies gilt auch für Regelungen, deren Zweck ausschließlich im Anlegerschutz besteht.

1. Die Form der ordentlichen Kündigung

Alle Auflösungsgründe des § 13 KAGG führen demnach zum Übergang eines Spezialfonds auf die Depotbank. Ebenso hat die KAG zur Kündigung des Anlagevertrages die aufwendige Form und Frist des § 13 Abs. 1 S. 1 KAGG einzuhalten.[721] Eine Sonderregelung für Spezialfonds wäre sachgerecht gewesen.[722] Die Veröffentlichungspflichten dienen nur dazu, den Zugang der Kündigung zu ersetzen. Der KAG sind in der Regel nicht alle Anleger eines Publikumsfonds bekannt. Demgegenüber sind Übertragungen von Spezialfondsanteilen gemäß § 1 Abs. 2 S. 2 KAGG an die Zustimmung der Anlagegesellschaft gebunden. Die KAG kennt daher auch nach der Übertragung der Anteilscheine alle Anleger. Eine einfache Kündigung wäre denkbar. Eine gesetzliche Sonderregelung hätte zumindest alternativ die schriftliche Kündigung vorsehen können. Vor allem die Kündigung von Individualfonds wäre hierdurch erheblich erleichtert worden. Zugunsten des Anlegers könnten die Veröffentlichungskosten vermieden werden.[723]

2. Die außerordentliche Kündigung

Spezialfonds können wie Publikumsfonds auch aus wichtigem Grund gekündigt werden. Nach h. M. ergibt sich ein außerordentliches Kündigungsrecht direkt aus §§ 675, 626 BGB, weil der Investmentvertrag ein Geschäftsbesorgungsdienstvertrag ist.[724] Im Gegensatz zu Publikumsfonds kann die Kündigung der Vermögensverwaltung aus wichtigem Grund von praktischer Bedeutung sein. Bei Publikumsfonds kommt nur die außerordentliche Kündigung einzelner An-

720 Kandlbinder, S. 40.
721 Diese Form gilt nur für die Beziehung Anleger-KAG, nicht für den Dreiervertrag.
722 Paul, S. 42; Baur, § 13 Rn 4; Beckmann/Scholtz, § 13 Rn 4.
723 Nach Angaben von Paul, S. 42, wird mitunter auf die besonderen Formvorschriften zur Kündigung verzichtet. Hierdurch werde allerdings das Eingreifen der BAFin provoziert. Das Risiko bestehe, dass die Bankaufsicht ein Exempel statuieren könne.
724 Siehe 2. Teil § 4A.2, S. 64.

lageverträge in Betracht.[725] Bei Spezialfonds kann demgegenüber ein einheitlicher wichtiger Grund vorliegen, der die Gesamtheit der Anleger betrifft. Die einheitliche Kündigung richtet sich in diesem Fall an alle Anteilseigner. Vor allem für Individualfonds kann dieser Fall Bedeutung erlangen. In der Wirkung entspricht die Kündigung aus wichtigem Grund der ordentlichen Kündigung gemäß 13 Abs. 1 KAGG. Sie beendet alle Anlageverträge und führt so zum Erlöschen des Verwaltungsrechts. Für diesen Fall sieht § 14 Abs. 1 KAGG den Vermögensübergang auf die Depotbank als zwingende Rechtsfolge vor. Die außerordentliche Kündigung fügt sich damit in vollem Umfang in die Systematik des KAGG ein. Sie stellt einen weiteren Grund für die Beendigung des Anlagevertrages dar und steht selbstständig neben den Alternativen des § 13 KAGG.

Baur[726] und Canaris[727] verlangen zur Kündigung aus wichtigem Grund analog § 13 Abs. 1 KAGG die Bekanntmachung im Bundesanzeiger und im Rechenschafts- oder im Halbjahresbericht. Auch in diesem Fall wäre eine schriftliche Kündigung interessengerecht. Da das KAGG für die ordentliche Kündigung von Spezialfonds keine Sonderregelung vorsieht, sollte aber auch bei der außerordentlichen Kündigung nicht differenziert werden. Die Form des § 13 Abs. 1 KAGG ist daher auch hier einzuhalten.[728]

Umgekehrt bleibt dem Spezialfondsanleger eine außerordentliche Kündigung versagt. Er ist auch insoweit dem Publikumsanleger gleichgestellt. Das Rückgaberecht bietet ausreichenden Schutz.

3. Die Genehmigungsfreiheit der Übertragung

An den Übergang des Sondervermögens auf die Depotbank schließen sich grundsätzlich die Auflösung bzw. die Übertragung des Fonds an. Die Übertragung muss gemäß § 14 Abs. 2 S. 5 KAGG nicht genehmigt werden. Der Gesetzgeber will hiermit unnötige Verwaltungskosten durch Abbau administrativer Hürden reduzieren. Die Gesetzesbegründung zu § 14 Abs. 2 S. 5 KAGG[729] geht aber noch einen Schritt über dieses Ziel hinaus. Der Gesetzgeber erkennt hier an, dass die Übertragung eines Spezialfonds auf Veranlassung der Anleger erfolgt. Auch aus diesem Grund sei die Genehmigung nicht erforderlich. Hierin liegt ein deutlicher Hinweis darauf, dass der Gesetzgeber die Mitwirkungsrechte der Anleger anerkennen wollte. Die Beteiligung des Spezialfondsanlegers steht somit

---

725 Siehe 2. Teil § 4A.2.c), S. 59.
726 Baur, § 13 Rn 3.
727 Canaris, Rn 2453.
728 Auch der Rahmenvertrag, abgedruckt bei Baur, Anh. 7 S. 1807, enthält in Nr. 3 die Pflicht, den Anleger bei ordentlicher Kündigung zu informieren.
729 BT-Drucksache 11/5411 S. 32, abgedruckt bei Beckmann/Scholtz 582, S. 164, 181.

nicht im Widerspruch zur Konzeption des KAGG. Hierin liegt ein allgemeiner Gedanke, der über den besonderen Fall der Übertragung hinaus gilt.

4. Die Ergänzungen der §§ 13, 14 KAGG durch den Rahmenvertrag

In der Investmentpraxis ist der Rahmenvertrag das wichtigste Instrument des Anlegers, um die gesetzlichen Vorgaben an seine spezielle Interessenlage anzupassen. Tendenziell wird der Anteilinhaber versuchen, die bilanziellen Vorteile der Investmentanlage weiter auszubauen und lästige anlegerschützende Vorschriften des KAGG zu umgehen. Im Mittelpunkt dieses Regelungsinteresses stehen Auflösung und Übertragung des Sondervermögens. Hierfür sind zwei Gründe maßgeblich. Erstens bieten die §§ 13, 14 KAGG eine geringe Normdichte. Soweit keine abschließende und zwingende Regelung vorliegt, kann der Anleger Ergänzungen im Rahmenvertrag vornehmen. Zweitens berührt die Auflösung des Sondervermögens den sensibelsten Bereich der Spezialfondsanlage: Abwicklung und Auskehrung führen zur Auflösung der stillen Reserven. Aus diesem Grund kann die Übertragung des Spezialfonds auf eine andere KAG essentielle Bedeutung haben.[730] Der Anleger muss sicherstellen, dass die Beendigung des Anlagevertrags nicht auch zur Abwicklung des Sondervermögens führt; denn auf die Erlöschensgründe des § 13 KAGG hat auch er keinen Einfluss. Ein wichtiges Anlageziel würde durch den Verlust der Bilanzvorteile durchkreuzt. Das Interesse des Spezialfondsanlegers an der Fortführung des Fonds reicht damit sehr viel weiter als beim Publikumsanleger. Dieses Kapitel dient dazu, den Spielraum der Investmentpartner bei der Modifizierung der §§ 13, 14 KAGG zu bestimmen. Hierzu sollen die Klauseln untersucht werden, die zu diesem Zweck im Rahmenvertrag üblicherweise vereinbart werden.

a) Beendigung des Rahmenvertrages

Zuvor soll jedoch klargestellt werden, dass der Bestand des Rahmenvertrags den Bestand des Sondervermögens nicht beeinflusst. Ordentliche und außerordentliche Kündigung beziehen sich nur auf den Investmentvertrag zwischen KAG und Anleger. Nur hieran knüpft der Übergang des Sondervermögens gemäß § 14 Abs. 1 KAGG an. Der allseitige Rahmenvertrag ist hiervon strikt zu trennen.[731] Seine Auflösung ist nicht im KAGG geregelt. Auswirkungen auf das gesetzliche Verwaltungsrecht können sich nicht ergeben. Der Rahmenvertrag er-

---

730 Die stillen Reserven werden in diesem Fall nicht realisiert und die Buchwerte können fortgeführt werden; s. a. Paul, S. 44.

731 v. Gronau, S. 96 f.

setzt zwar den Depotbankvertrag i. S. d. § 12 Abs. 1 S. 1 KAGG. Aber auch dessen Wegfall löst niemals die Rechtsfolge des § 14 Abs. 1 KAGG aus.

Im Allgemeinen enthält der Rahmenvertrag eine Kündigungsklausel.[732] Die Kündigung kann von allen Vertragspartnern ausgesprochen werden.[733] Im Fall einer Kündigung durch die Anleger muss die Kündigungserklärung aber einheitlich abgegeben werden. Hierbei müssen alle Anteilseigner der Kündigung zustimmen. Die KAG hat dann die Aufgabe, eine neue Depotbank zu suchen, um einen neuen Rahmenvertrag unter Beteiligung der Anleger zu schließen.[734] Das Sondervermögen als solches bleibt von diesem Vorgang unberührt.

b) Die Dispositivität der KAGG-Normen

Rahmenvertrag und Investmentvertrag können zusätzliche Vereinbarungen enthalten, sofern kein zwingendes Recht entgegensteht oder das Gesetz eine abschließende Regelung vorsieht. Insoweit gilt auch für das Investmentrecht der Grundsatz der Vertragsfreiheit.[735] Die gleichen Spielräume stehen natürlich auch den Investmentpartnern eines Spezialfonds zu. Hier versuchen die Anleger häufig, die engen gesetzlichen Vorgaben zu umgehen.[736] Die Abdingbarkeit einzelner Normen des KAGG ist durch Auslegung zu ermitteln.[737] Gerade im Investmentrecht ist hierbei auf die Zielsetzung des Gesetzes abzustellen. Der Schutz der Kleinanleger verlangt Vorschriften, die nicht der einseitigen Gestaltungsmacht des Treuhänders unterworfen sind. Grundsätzlich enthält das KAGG daher zwingendes Recht, wenn die Interessen der Publikumsanleger berührt werden.

Die Konzeption von Spezialfonds stimmt mit den ursprünglichen Zielen des KAGG jedoch nicht überein. Die Reform des Gesetzes von 1990 hat die Aufsicht über Spezialfonds eingeschränkt. Der Gesetzgeber hat hier das geringere Schutzbedürfnis anerkannt. Denkbar wäre es, auch bei der Auslegung der übrigen Normen zwischen Spezial- und Publikumsfonds zu differenzieren. Anlegerschützende Normen könnten in diesem Sinn für Spezialfonds abdingbar sein,

---

732 Baur, Anh. 7 Nr. 8.

733 v. Gronau, S. 96.

734 Die Kündigungsklausel ist schon deshalb notwendig, weil die BAFin der KAG gemäß § 12 Abs. 4 S. 1 KAGG jederzeit einen Wechsel der Depotbank auferlegen kann. Diese Vorschrift darf durch den Rahmenvertrag nicht unterlaufen werden, v. Gronau, S. 93. Der wesentliche Unterschied zum Publikumsfonds besteht demnach in einem eigenen Kündigungsrecht der Anteilinhaber, die sich auf diese Weise der Depotbank entledigen können.

735 Beckmann/Scholz, § 15 Rn 36.

736 Baur, Anh. zu § 1 KAGG Rn 36.

737 Baur, Anh. zu § 1 KAGG Rn 36.

weil der Anlegerschutz in den Hintergrund tritt. Der Rahmenvertrag könnte dann die Abwicklung und Übertragung frei regeln.

Der Wortlaut des KAGG gibt zu dieser Problematik keinen Hinweis. Der Wille des Gesetzgebers könnte aber für eine weitgehende Flexibilisierung zugunsten von Spezialfonds sprechen; denn mit ihrer gesetzlichen Anerkennung hat das KAGG auch die Bindung der Spezialfonds an Sozialkapital beseitigt.[738] Das Schutzbedürfnis der neuen Anlegergruppen ist deutlich geringer.

Die Ergänzungen des KAGG waren wichtiger Bestandteil des ersten Finanzmarktförderungsgesetzes von 1990. Neben der Umsetzung der Richtlinie 85/611/EWG verfolgte die Bundesregierung das Ziel, den deutschen Kapitalmarkt zu beleben. Der Finanzplatz Deutschland sollte gestärkt werden.[739] Zu diesem Zweck wurden Spezialfonds gesetzlich anerkannt und gleichzeitig dereguliert. Die Bundesregierung hoffte dadurch, dieses Segment des Kapitalmarktes noch attraktiver zu machen.[740]

Das erste Finanzmarktförderungsgesetz war demnach auf die Verbesserung der Marktbedingungen für Spezialfonds gerichtet.[741] Aus diesem Blickwinkel entspricht es dem Zweck des Gesetzes, weitere anlegerschützende Normen zur Disposition des Investment- bzw. des Rahmenvertrages zu stellen. Auch Abwicklung und Übertragung von Spezialfonds könnten dann im Sinne der bilanzrechtlichen Interessen des Anlegers modifiziert werden.

Diese Auslegung des KAGG verbietet sich jedoch aus mehreren Gründen. Die Struktur der Spezialfondsanleger ist alles andere als homogen. Zwar verliert der Anlegerschutz seine überragende Bedeutung im Bereich der Spezialfondsanlage. In vielen Fällen bleiben jedoch Informationsasymmetrien zwischen Anleger und KAG bestehen. Dies gilt insbesondere für nicht-institutionelle Anleger, die etwa Pensionsrückstellungen in einem Spezialfonds anlegen.[742] Die

738 Die Gesetzesbegründung zum 1. FMFG, abgedruckt bei Beckmann/Scholtz 582, S. 170, enthält nur den fragwürdigen Hinweis, eine Abgrenzung des Sozialkapitals sei nicht eindeutig möglich. Die Gewährung von Bilanz- und Steuervorteilen an privatwirtschaftliche Großunternehmen kann wohl kaum das unmittelbare Ziel der Reform gewesen sein.

739 BT-Drucksache 11/5411 S. 22 A I; abgedruckt bei Beckmann/Scholtz, 582 S. 165.

740 A. a. O. = Beckmann/Scholtz, S. 165; die bilanziellen Anreize der Spezialfondsanlage werden in diesem Zusammenhang zwar nicht ausdrücklich erwähnt. Sie wurden als offensichtliche Folge der Spezialfondsanlage aber bewusst gewährt.

741 Schaber, Maßgeschneidertes Investmentprodukt, S. 994 ff.

742 Carl/Förster, S. 95, weist auf diesbezügliche Bedenken des Bundesaufsichtsamtes für das Versicherungswesen hin. Insbesondere wenn ehrenamtliche Vorstände im Kapitalanlagebereich tätig seien, ist das Gleichgewicht zur Anlagegesellschaft gestört.

Kontrolle der Anlagepolitik findet auch in diesen Fällen nur sehr eingeschränkt durch den Anleger statt.

Die Differenzierung zwischen Publikums- und Spezialfonds bei der Auslegung des Gesetzes findet auch in der Systematik des KAGG keine Stütze. Alle Sonderregelungen für Spezialfonds sind als Ergänzungen in die einzelnen Abschnitte des Gesetzes eingearbeitet. Auch die Definition des Spezialfonds in § 1 Abs. 2 KAGG, auf die alle Sonderregelungen ausdrücklich verweisen, findet sich im allgemeinen Teil und genießt keine herausgehobene Stellung. Der Gesetzgeber hat es somit vermieden, den Eindruck hervorzurufen, einen besonderen neuen Fondstypus schaffen zu wollen. Damit hat er klargestellt, dass das KAGG in vollem Umfang auch für Spezialfonds gelten soll. Eine differenzierende Auslegung sollte so ausgeschlossen werden.

Durch die vollständige Integration der Spezialfonds in das KAGG wollte der Gesetzgeber jede Tendenz vermeiden, den Anlegerschutz aufzuweichen. Sofern der Spezialfondsanleger die Vorteile dieser Anlageform ausnutzen möchte, muss er die Nachteile des KAGG akzeptieren. Er hat sich grundsätzlich den formstrengen, wenig flexiblen und auf Transparenz ausgerichteten Normen zu beugen. Die Umgehung des KAGG durch die Zwischenschaltung einer juristischen Person wird so erschwert.

Auch die Investmentpartner eines Spezialfonds sind im Ergebnis an zwingende Vorschriften des KAGG gebunden. Ergänzungen sind nur zulässig, wenn keine abschließende Regelung vorliegt. Somit ist der Inhalt des Rahmenvertrages auf das KAGG abzustimmen. Im Folgenden sollen die gängigen Klauseln eines Rahmenvertrages, soweit sie Auflösung und Übertragung betreffen, auf ihre Vereinbarkeit mit dem KAGG geprüft werden.

c) Die Steuerung der Anlage durch den Anlageausschuss

Die auffälligste Besonderheit der Spezialfonds ist der Anlageausschuss.[743] Für die Anleger bildet er das wichtigste Instrument, um ihre besonderen Interessen durchzusetzen.[744] Die Hauptaufgabe des Gremiums besteht in der Beratung der KAG bei den laufenden Geschäften.[745] Die Abwicklungsphase wird meistens eigenständig im Rahmenvertrag geregelt. Die Einflussnahme des Ausschusses ist aber auch hier denkbar. Außerdem stellt der Anlageausschuss das wichtigste Instrument dar, um den Willen des Anlegers gegenüber der KAG durchzusetzen.

---

743 Anlageausschüsse bestehen im Einzelfall auch bei Publikumsfonds. Hier setzen sie sich aber meist nur aus Aufsichtsratmitgliedern zusammen und dienen nicht als Brücke zum Anleger; s. Baur in Hellner/Steuer, 9/155.

744 Siehe v. Gronau, S. 101 ff.

745 Kandlbinder, S. 102.

Insoweit können Vergleiche zu anderen Klauseln des Rahmenvertrages gezogen werden.

Die Einrichtung eines Anlageausschusses ist nach einhelliger Meinung zulässig.[746] Ein beratendes Organ zum Ausdruck des Anlegerwillens war bei In-Kraft-Treten des KAGG weder vorgesehen noch denkbar. Das gesetzliche System des Anlegerschutzes ist aber nicht abschließend, sondern nur gesetzliche Minimalforderung. Es steht zusätzlichen vertraglich begründeten Kontrollinstrumenten nicht entgegen.

Ein Konflikt mit dem KAGG kommt erst in Betracht, wenn die Beschlüsse des Anlageausschusses bindenden Charakter haben sollen.[747] Hierin liegt ein Verstoß gegen die Unabhängigkeit der KAG-Verwaltung. Diese ist nach übereinstimmender Ansicht in § 10 Abs. 1 KAGG verankert.[748] Unter Bezugnahme auf diese Norm pochen Literatur[749], BaFin[750] und selbst die Investmentpraxis einhellig auf die Entscheidungsfreiheit der KAG-Verwaltung.

Der Wortlaut von § 10 Abs. 1 S. 2 KAGG ordnet allerdings nur die Unabhängigkeit der KAG von der Depotbank an. Dieser Gedanke gilt aber auch für das Verhältnis zu den Anlegern. Canaris und Baur folgern dies aus dem Schweigen des Gesetzes zu Mitentscheidungsmechanismen.[751] Der tiefere Grund für die Unabhängigkeit der KAG-Verwaltung liegt jedoch ein weiteres Mal im Schutz von Sondervermögen und Anlegern. Nur eine Verwaltung, die nicht an Weisungen gebunden ist, kann eine einheitliche und stringente Anlagestrategie verfolgen. Jede Einmischung eines Anlegergremiums stellt die Ergebnisse der Anlagepolitik in Frage. Es besteht die Gefahr, dass einzelne Anlegergruppen ihre Interessen zum Nachteil der übrigen durchsetzen. Die Unabhängigkeit der KAG soll die Nachteile der sogenannten gesellschaftsrechtlichen Lösung[752] vermeiden helfen. Bei einer Aktiengesellschaft mit Aktien in Streubesitz üben oft nur wenige Anleger ihre Stimmrechte aus. Sie können die Geschäftspolitik in ihrem Sinn lenken. Eine unabhängige Verwaltung kann im Sinne eines objektivierten Anlegerinteresses und frei von individuellen Anliegen handeln

746 v. Gronau, S. 102 ; Kandlbinder, S. 102 ff.
747 v. Gronau, S. 102.
748 Beckmann/Scholtz, § 10 Rn 2.
749 Kandlbinder, S. 138; Baur in Hellner/Steuer, 9/156, m. w. N.;
750 BAKred-Schreiben vom 8. 6. 1989 V 4/51, abgedruckt bei Beckmann/Scholtz, Nr. 438/46.
751 Canaris, Rn 2431; Baur § 10 Rn 29; in Anbetracht der Überwachungsfunktion, die ein Mitentscheidungsgremium zumindest auch hätte, wäre wohl ebenso der umgekehrte Schluss zulässig.
752 Zu diesem Begriff s. o. 1. Teil § 2A.1, S. 20.

Die Weisungsunabhängigkeit der KAG-Verwaltung ist somit zwingender Bestandteil des Anlegerschutzes. Dem haben sich auch Spezialfondsanleger zu beugen. Weder der Investmentvertrag noch der Rahmenvertrag können die Unabhängigkeit der KAG einschränken.[753] Aus diesem Grund darf der Anlageausschuss auch nur Empfehlungen aussprechen. Dieses Ergebnis soll aber nicht über den tatsächlichen Einfluss des Anlegers hinwegtäuschen. Seine wirtschaftliche Macht ermöglicht es ihm grundsätzlich, die eigenen Anlagevorstellungen durchzusetzen. Trotzdem haben die Empfehlungen des Anlageausschusses keinen bindenden Charakter, sodass eine gerichtliche Durchsetzung ausgeschlossen ist.[754]

d) Die Bindung des Kündigungsrechts an den Anlegerwillen

Die Vertragsklausel des Nr. 7. lit. a im „Musters eines Rahmenvertrages" modifiziert die Kündigung eines Spezialfonds. Die KAG muss dieser Regelung zufolge den Investmentvertrag gemäß § 13 Abs. 1 S. 1 KAGG kündigen, wenn die Anleger es wünschen. Diese Klausel ist auf den ersten Blick befremdlich. Die Anleger können ohnehin ihre Anteilscheine zurückgeben und so auch den Anlagevertrag beenden. Bei Unzufriedenheit mit der KAG könnten sie sich danach einen neuen Partner suchen. Die Spezialfondsanleger schaffen sich aber mit der genannten Klausel faktisch ein eigenes Kündigungsrecht.[755]

Der Grund hierfür liegt in der besonderen Interessenlage des Spezialfondsanlegers. Im Unterschied zur Rückgabe geht das Sondervermögen im Fall der Kündigung gemäß § 14 Abs. 1 KAGG auf die Depotbank über. Der Fonds wird nicht zerschlagen und die Depotbank kann die Verwaltung auf eine andere KAG übertragen.[756] Der Grund dieser Konstruktion liegt somit im Erhalt der bilanziellen Vorteile, da der Buchwert der Anteilscheine durch die Übertragung auf eine neue KAG unverändert bleibt. Die Anleger können das Investment ergebnisneutral unter anderer Verwaltung fortsetzen. Die Rückgabe der Anteilscheine hätte demgegenüber die Realisierung der stillen Reserven zur Folge.

Offen bleibt, ob diese vertragliche Regelung mit den Prinzipien des KAGG vereinbar ist. Die Bindung der Investmentgesellschaft schafft de facto ein Kün-

---

753 Schreiben der BAKred v. 8. 6. 1989 abgedruckt bei Beckmann/Scholtz 438, Nr. 46.

754 Die aktuellen Mustervertragsbedingungen (Nr. 4) sehen keine Weisungsrechte des Anlageausschusses vor. Nr. 4 des üblichen Rahmenvertrages ist mit dem KAGG vereinbar.

755 v. Gronau, S. 85.

756 Aufgrund der vertraglichen Bindung der Depotbank aus Nr. 7 lit. b des Rahmenvertrages muss das Sondervermögen auf eine neue KAG nach Wahl der Anleger übertragen werden; zur Zulässigkeit dieser Klausel s.u. 3. Teil § 8B.4.e), S. 186.

digungsrecht der Anleger, das die Systematik des Gesetzes gerade ausgeschlossen hat.[757] Insoweit liegt eine Umgehung des KAGG vor.[758]

Das Kündigungsverlangen setzt zunächst voraus, dass das KAGG überhaupt Willenserklärungen der Gesamtheit der Anleger zulässt. Das Gesetz enthält keine Regelung. Insoweit gilt aber nichts anderes als für die Zulässigkeit des Anlageausschusses. Eine einheitliche Willensbetätigung war bei Verabschiedung des KAGG schlechterdings nicht vorstellbar. Sie sollte aber nicht ausgeschlossen werden. Soweit zwingende Prinzipien des KAGG nicht verletzt werden, führt die Beteiligung der Anleger nur zu einer Verbesserung des Anlegerschutzes.

Zu diesem Ergebnis kommt auch v. Gronau.[759] Er leitet ein Entscheidungsrecht der Anleger jedoch aus § 709 BGB bzw. § 744 BGB her. Den Berechtigten stehe ein gemeinschaftliches Verwaltungsrecht zu, das für alle Angelegenheiten außerhalb der Fremdverwaltung durch die KAG gelte. Dieser Ansatz ließe gemäß § 709 Abs. 2 BGB aber auch Mehrheitsentscheidungen zu. Für verbindliche Willensäußerungen muss aber der Grundsatz der Einstimmigkeit gelten. Der Anlegerschutz verbietet auch bei Spezialfonds die Anwendung gesellschaftsrechtlicher Entscheidungsmechanismen. Die §§ 709, 744 werden daher durch das Verwaltungsrecht der KAG vollständig verdrängt und erst durch den Rahmenvertrag wird ein Mitspracherecht neu begründet. Die Willensäußerung muss in Übereinstimmung mit der ratio legis jedoch einheitlich erfolgen.

Die Klausel der Nr. 7 lit. a könnte mit zwei grundlegenden Prinzipien des KAGG in Konflikt stehen. Erstens ist auch hier ein Verstoß gegen das Gebot der selbstständigen und weisungsunabhänigen Verwaltung des Sondervermögens durch die KAG denkbar. Zweitens schaffen sich die Anleger ein systemwidriges Kündigungsrecht, das grundsätzlich ausgeschlossen ist. Beide Prinzipien sind letztlich Konkretisierungen des Anlegerschutzes, der den Investmentgedanken beherrscht.

Die Anleger dürfen der KAG keine rechtsverbindlichen Vorgaben für die Anlage machen. Dies folgt aus dem Gebot der unabhängigen Verwaltung. Dieser Grundsatz könnte auch für das Kündigungsrecht aus § 13 Abs. 1 KAGG gelten. Die Kündigung des Sondervermögens betrifft jedoch eine andere Interessenebene.[760] Das Unabhängigkeitsprinzip soll ausschließlich den Anlegerschutz gewährleisten.[761] Die Kündigung des Sondervermögens dient demgegenüber primär den Interessen der KAG. § 13 Abs. 1 KAGG folgt lediglich dem praktischen

757 Siehe oben 2. Teil § 4A.2.c), S. 65, a. E.
758 Siehe auch v. Gronau, S. 85.
759 v. Gronau, S. 86 ff.
760 Siehe 2. Teil § 4A.1.c)(5), S. 63.
761 ähnlich, v. Gronau, S. 87.

Bedürfnis, eine zeitlich unbegrenzte Bindung der KAG zu vermeiden.[762] Aus dieser Sicht ist eine Bindung an den Willen der Anleger zulässig. Mit dem Ziel der Kundenwerbung wird ein gesetzliches Recht de facto auf den Anteileigner abgetreten, ohne dass der Anlegerschutz berührt wird.

Faktisch schafft die Klausel der Nr. 7 lit. a ein eigenes Kündigungsrecht der Anleger. Das Gesetz hat dieses Recht bewusst ausgeschlossen. Das Kündigungsrecht der Anteilseigner wird durch die Rückgabe verdrängt. Der Gesetzgeber wollte auf diese Weise die Auflösung des Sondervermögens durch einzelne Anleger vermeiden[763], da bei In-Kraft-Treten des KAGG eine einheitliche Willensäußerung der Anleger unmöglich schien. Die Zulässigkeit der Kündigungsklausel kann aber nicht an diesem Maßstab gemessen werden. Im Fall eines Spezialfonds ist eine einheitliche Willensbildung möglich und die Klausel erfordert immer Einstimmigkeit. Die Zerschlagung des Fonds soll auf diese Weise gerade verhindert werden. Ein Widerspruch zur ratio legis des KAGG besteht damit nicht.

Im Ergebnis ist eine vertragliche Klausel zulässig, die die Kündigung durch die Anlagegesellschaft an den Willen der Anleger bindet. Rechtsgrundlage der Kündigung ist § 13 Abs. 1 KAGG. Demnach müssen Form und Frist der ordentlichen Kündigung eingehalten werden. Als gesetzliche Folge geht das Sondervermögen gemäß § 14 Abs. 1 KAGG auf die Depotbank über.

e) Die Bindung der Übertragung an den Anlegerwillen

Auch Nr. 7 lit. b des „Musters eines Rahmenvertrages" bindet gesetzliche Rechte des Treuhänders an den Willen des Anlegers. Diese Klausel verpflichtet die Depotbank, bei der Übertragungsentscheidung i. S. d. § 14 Abs. 2 S. 2 KAGG und der Auswahl einer neuen KAG dem Anlegerwillen zu folgen.[764] Formal erinnert diese Regelung an die Parallelvorschrift in Nr. 7 lit. a des „Musters eines Rahmenvertrages", die die Bindung des Kündigungsrechts an den Willen der Anleger vorsieht. Auch die Bindung des Auswahlrechtes aus § 14 Abs. 2 S. 2 KAGG könnte daher zulässig sein. Wie oben gezeigt, dient das Recht aus § 13 Abs. 1 KAGG aber ausschließlich dem Planungsinteresse der KAG. Die Unabhängigkeit der Depotbank bei der Übertragung gehört demgegenüber zu den Kernvorschriften des Anlegerschutzes im KAGG.[765] § 14 Abs. 2 S. 2 KAGG

762 2. Teil § 4A.1.c), S. 59.
763 v. Gronau, S. 85.
764 Siehe auch v. Gronau, S. 91.
765 Siehe 3. Teil § 7A, S. 140.

ist zwingendes Recht und nicht Teil der betriebswirtschaftlichen Verhandlungsmasse der Depotbank.

Die Bindung des Auswahlrechtes ist daher mit der Einflussnahme des Anlageausschusses zu vergleichen.[766] In beiden Fällen stellt das Gesetz die Unabhängigkeit des jeweiligen Treuhänders sicher. Aus diesem Grund kann der Anlageausschuss nur unverbindliche Empfehlungen geben. Hieraus folgert v. Gronau, dass auch eine Weisung nach Nr. 7 lit. b des Rahmenvertrages rechtlich nicht verbindlich sein kann.[767]

Dieses Ergebnis ist jedoch nicht befriedigend. Die vertragliche Bindung an eine neue KAG ist für den Spezialfondsanleger von weitreichender Bedeutung. Im Gegensatz zum Publikumsanleger kann er sich aus den besprochenen bilanziellen Gründen nicht einfach aus der Anlage zurückziehen. Außerdem weiß der Anleger am besten selbst, welcher Anlagegesellschaft er sein Vermögen anvertrauen möchte.

Die Depotbank könnte aber mittelbar durch § 12 Abs. 2 S. 1 KAGG gebunden sein. Dieser Vorschrift zufolge muss sie ausschließlich im Interesse der Anteilinhaber handeln. Die Pflicht zur Interessenwahrung aus § 10 Abs. 1 S. 2 bzw. § 12 Abs. 2 S. 1 KAGG prägt das gesamte Rechtsverhältnis zwischen Anlegern und den beiden Treuhändern.[768] Das Anlegerinteresse bildet den Maßstab für den Inhalt der vertraglichen Pflichten. Der Handlungsfreiraum kann sich im Einzelfall einengen und zur Handlungspflicht werden. Einen ähnlichen Gedanken formuliert Canaris[769] für Publikumsfonds. Seiner Auffassung nach haben sogar Publikumsanleger einen Anspruch auf die Übertragung eines Fonds, wenn eine Abwicklung nicht sachgerecht erscheint.

Das objektive Anlegerinteresse i. S. d. § 12 Abs. 2 S. 1 KAGG und der einheitlich geäußerte Wille der Anleger sind im Fall der KAG-Auswahl identisch. Der Anteilinhaber kann selbst die beste Wahl treffen. Die Orientierung an einem abstrakten Anlegerinteresse ist entgegen der Ansicht v. Gronaus nicht erforderlich. Hierin liegt nur eine Hilfskonstruktion, die auf den Publikumsfonds zugeschnitten ist. Wenn das Anlegerinteresse zweifelsfrei zu bestimmen ist, muss sich der Treuhänder hieran auch orientieren. Die „Prägung des gesamten Rechtsverhältnisses"[770] durch § 12 Abs. 2 S. 1 KAGG verdichtet sich dann zur Pflicht, den Willen der Anleger zu berücksichtigen.

---

766 3. Teil § 8B.4.c), S. 182.
767 v. Gronau, S. 92.
768 Canaris, Rn 2423.
769 Canaris, Rn 2480.
770 Canaris, Rn 2424.

5. Der Aufhebungsvertrag

Das KAGG sieht zur Beendigung der Investmentanlage die Rückgabe der Anteilscheine durch die Anleger bzw. die Kündigung durch die KAG vor. Als Alternative kommt für Spezialfonds ein Aufhebungsvertrag in Betracht. Auf diese Weise könnte die Anlage einvernehmlich unter Wahrung der Interessen aller Beteiligter aufgelöst werden. Für den Anleger böte sich der Vorteil, dass die Kündigungsfrist aus § 13 Abs. 1 KAGG nicht einzuhalten ist. Auch die Auflösung der stillen Reserven kann im Gegensatz zur Rückgabe gemäß § 11 Abs. 2 S. 1 KAGG vermieden werden. Ein Aufhebungsvertrag könnte daher die Vorteile der Kündigung auf Veranlassung der Anleger und der fristlosen Rückgabe vereinen. Er setzt allerdings im Gegensatz zu allen anderen Formen der Vertragsauflösung den übereinstimmenden Willen aller Parteien voraus.

Gegenstand eines Aufhebungsvertrages ist nur der Anlagevertrag zwischen Anleger und KAG. Das Recht zur Verwaltung des Sondervermögens entsteht aufgrund dieses Rechtsverhältnisses. Mit der Beendigung des Anlagevertrages erlischt daher auch das Verwaltungsrecht der Investmentgesellschaft.

Paul[771] vertritt die Ansicht, die einvernehmliche Aufhebung sei nicht möglich. Die Vorschrift des § 13 KAGG sei nicht dispositiv und laufe Gefahr, ausgehöhlt zu werden. Auch die BaFin erkennt den Aufhebungsvertrag nicht an.[772] Die Behörde verlässt an dieser Stelle ihre liberale Haltung bei zur Verwaltung von Spezialfonds.[773] Offenbar steht hier die Befürchtung im Hintergrund, die strengen Kündigungsvorschriften des § 13 KAGG könnten „aufgeweicht“ werden.

Baur hält den Aufhebungsvertrag demgegenüber für zulässig. Zur Begründung verweist er auf die allgemeine Vertragsfreiheit.[774] Dieser Ansicht ist zuzustimmen. Zwar muss sich auch der Aufhebungsvertrag an der ratio legis des KAGG messen lassen. Der Gesetzgeber wollte einvernehmliche Regelungen zwischen den Investmentpartnern aber nicht verhindern. Die Kündigungsfrist dient ausschließlich dem Schutz der Anleger. Wenn auf dessen Seite aber das Bedürfnis zu schnellstmöglicher Lösung des Investmentvertrages besteht, kann er auf diesen Schutz verzichten. Dieses Ergebnis wird durch den Vergleich mit der Rückgabe der Anteilscheine gemäß § 11 Abs. 2 S. 1 KAGG bestätigt. Auch durch gemeinsame Rückgabe kann das gleiche wirtschaftliche Ergebnis erzielt

771 Paul, S. 42.
772 Paul, S. 42.
773 Siehe z. B. 3. Teil § 8B.6, S. 189 ff.
774 Baur, § 13 Rn 5.

werden.[775] In diesem Fall werden aber die stillen Reserven aufgelöst.[776] Es wäre daher unsinnig, den Anleger auf diesen Weg zu verweisen, wenn alle bilanziellen Nachteile durch die einvernehmliche Aufhebung vermieden werden können. Das Gesetz steht einem Aufhebungsvertrag jedenfalls nicht entgegen.

Daraus folgt aber nur, dass die schlichte Beendigung des Investmentvertrages zulässig ist. Die Rechtsfolgen ergeben sich jedoch zwingend aus dem Gesetz, weil auch die Aufhebung zum Verlust des Verwaltungsrechts führt. § 14 Abs. 1 KAGG ordnet für diesen Fall den Übergang des Sondervermögens auf die Depotbank an. Der Aufhebungsvertrag ist wie die außerordentliche Kündigung den Auflösungsgründen des § 13 KAGG gleichzustellen. Wortlaut und Systematik von § 14 Abs. 1 KAGG lassen keine einschränkende Auslegung zu. Die Auflösung und die Übertragung bleiben der Depotbank vorbehalten. Eine vertragliche Regelung über die Aufhebung des Anlagevertrages hinaus ist ausgeschlossen.

Der Aufhebungsvertrag bildet im Ergebnis eine zulässige und wirtschaftlich sinnvolle Ergänzung zu § 13 KAGG. Die Nachteile der gesetzlichen Regelung, vor allem die Kündigungsfrist, können umgangen werden.

6. *Die Naturalauskehrung*

a) *Die investmentvertragliche Regelung*

Im Gegensatz zu Publikumsfonds ist die Verteilung eines Spezialfonds in natura ohne praktische Probleme denkbar. Durch die Naturalauskehrung verringern die Anleger die Kosten der Abwicklung.[777] Vor allem Transaktionskosten fallen fast vollständig weg. Daher besteht ein erhebliches wirtschaftliches Bedürfnis, die Naturalauskehrung von Spezialfonds zuzulassen.[778]

Die Verteilung des Sondervermögens in natura kommt grundsätzlich auf zwei Ebenen in Betracht. Sowohl bei der Abwicklung durch die Depotbank als auch nach Rückgabe der Anteilscheine gemäß § 11 Abs. 2 S. 1 KAGG ist die Naturalauskehr denkbar. Die Investmentpraxis bevorzugt vertragliche Regelun-

775 Siehe 3. Teil § 8B.6, S. 189.
776 Paul, S. 44, sowie Paul, Rezension Baur, S. 942.
777 Beckmann/Scholtz, § 1 Rn 27.
778 Nach Angabe von v. Gronau, S. 67, hat das Bundesaufsichtsamt für das Versicherungswesen die vertragliche Regelung der Naturalauskehr sogar ausdrücklich gefordert. Da sich an der Sachlage nichts geändert habe, müsse das Argument, ein Versicherungsunternehmen brauche die Möglichkeit zu kostengünstigem Ausstieg aus der Anlage, auch heute noch berücksichtigt werden.

gen im Sinne der zweiten Alternative. Der Investmentvertrag sieht üblicherweise die Verteilung des Sondervermögens gegen Rückgabe der Anteilscheine vor.[779]

Der Anlagevertrag enthält im Normalfall eine weitere entscheidende Besonderheit. Er knüpft die Naturalauskehr an zwei Voraussetzungen. Erstens müssen alle Anleger gleichzeitig ihre Anteile zurückgeben.[780] Zweitens setzt er voraus, dass die Anteilseigner übereinstimmend die Verteilung in natura fordern. Außerdem soll das Vermögen nicht anteilig übertragen werden. Der Vertrag verpflichtet die KAG, den Anlegern das ganze Sondervermögen zur gesamten Hand zu übertragen. Die eigentliche Verteilung obliegt dann den Anlegern.

b) Die Zulässigkeit der Naturalauskehrung

Die investmentvertragliche Ausgestaltung der Naturalauskehrung ist vergleichsweise kompliziert. Das Recht zur Rückgabe wird hier zur Auflösung des Sondervermögens benutzt. Die Zulässigkeit entsprechender Klauseln ist außerdem fraglich.[781] Die Regelungen könnten gegen § 11 Abs. 2 S. 1 KAGG verstoßen, da der Wortlaut „auszahlen“ die Befriedigung des Anlegers in Geld verlangt. Faktisch umgehen die Spezialfondsanleger dieses Gebot.

Das Gebot der Geldzahlung findet sich an verschiedenen Stellen des KAGG. Der Gesetzgeber war bemüht, jede Leistung in natura innerhalb des Investment-Dreiecks zu vermeiden. Ausdrücklich ist dies durch das Verbot des § 21 Abs. 1 S. 3 KAGG geschehen, Sacheinlagen in das Sondervermögen zu leisten. Aber auch die Abwicklung gemäß § 14 Abs. 2 KAGG sieht grundsätzlich die Veräußerung und anschließende Verteilung des Sondervermögens vor.[782] In diesem Zusammenhang steht auch § 11 Abs. 2 S. 1 KAGG. Dem Anleger wird nur ein Recht auf Auszahlung eingeräumt. Er hat keinen gesetzlichen Anspruch auf Übereignung der Anlagegegenstände. Die KAG kann ihre Verpflichtung gegenüber dem Anleger umgekehrt auch nicht durch Übertragung von Anlagegegenständen erfüllen. Insoweit kann in dem Gebot zur Geldzahlung ein grundlegendes Prinzip des Investmentrechts gesehen werden.

Hierfür gibt es mehrere Gründe. Die Erfüllung von Ansprüchen in natura eignet sich für Publikumsfonds schon wegen der Berechnungsschwierigkeiten nur in seltenen Ausnahmefällen. Außerdem will der Publikumsanleger nur eine fremdverwaltete Anlage mit Risikomischung. Den unmittelbaren Erwerb von Wertpapieren möchte er vermeiden. Hieraus folgt der anlegerschützende Cha-

779 v. Gronau, S. 124.
780 v. Gronau, S. 125.
781 v. Gronau, S. 125.
782 A. A. v. Gronau, der die Pflicht der Depotbank voraussetzt, auch die Abwicklung durch Naturalteilung zu versuchen.

rakter des Geldzahlungsgebotes. Vor allem will das KAGG Bewertungsschwierigkeiten vermeiden.[783] Ziel ist es einerseits, die Transparenz der Zu- und Abflüsse zum Sondervermögen zu erhöhen. Andererseits soll die falsche Bewertung von Naturaleinlagen bzw. -auskehrungen zuungunsten der übrigen Anleger vermieden werden. Die Übereignung von Anlagegegenständen kommt daher nicht in Betracht, selbst wenn sie der Anleger bevorzugt.[784] Sonst wären weitreichende Streitigkeiten wegen Bewertungsfragen zwischen Publikumsanlegern vorprogrammiert. Das Gebot, nur Auszahlungen in Geld zu leisten, bildet daher zwingendes Recht. Diese Tatsache müssen Spezialfondsverträge berücksichtigen. Auch der Spezialfondsanleger kann grundsätzlich nur Geld gegen Rückgabe seiner Anteilscheine verlangen.

Die Regelung des Investmentvertrages sieht jedoch die Auflösung des gesamten Sondervermögens vor.[785] Fraglich ist, ob sich § 11 Abs. 2 S. 1 KAGG auch auf diesen Fall erstreckt. Die Vorschrift könnte eng auszulegen sein. Sie regelt nur den Fall, dass Anteilscheine einzelner Anleger zurückgegeben werden. Das Sondervermögen besteht dann weiter. Bei Verabschiedung des KAGG war die gleichzeitige und koordinierte Rückgabe aller Anteile nicht denkbar. Aus der Sicht des Gesetzgebers bestand kein Bedarf, die gleichzeitige Rückgabe zu regeln. § 11 Abs. 2 S. 1 KAGG betrifft daher nur den laufenden Geschäftsbetrieb eines Fonds. Dies wird durch seine systematische Stellung unterstrichen. §§ 9–11 KAGG regeln die Verwaltungsrechte der KAG. Die Rückgabe aller Anteilscheine führt aber zu der vollständigen Auflösung des Sondervermögens und bildet de facto einen weiteren Beendigungsgrund.

Durch die Übertragung zur gesamten Hand werden auch Bewertungsprobleme vermieden, weil erst nach Ausscheiden der KAG aus dem Rechtsverhältnis die Aufteilung des Vermögens erfolgt. Hierbei müssen sich alle Beteiligten einigen. Eine ungerechte Bewertung durch die KAG wird ausgeschlossen.

Auch die BaFin erhebt keine Bedenken gegen diese Form der Naturalausschüttung.[786] Das Interesse an kostengünstiger Auflösung wird anerkannt. Das Aufsichtsamt nimmt gegenüber Spezialfonds auch hier eine pragmatische Haltung ein.

Im Ergebnis verstößt die Naturalauskehrung durch Übertragung des Sondervermögens zur gesamten Hand nicht gegen § 11 Abs. 2 S. 2 KAGG. Der Fall der gleichzeitigen Rückgabe unter Auflösung des Sondervermögens ist in dieser

783 Zur parallelen Frage bei der Sacheinlage, v. Gronau, S. 118.

784 Im Ergebnis gleich, v. Gronau, S. 125. Der Autor hebt hervor, dass ein Anspruch auf dingliche Herausgabe sowohl dem Recht der Bruchteilsgemeinschaft als auch dem der Gesamthandsgemeinschaft fremd sei.

785 Siehe auch Beckmann/Scholtz, § 14 Rn 4.

786 Beckmann/Scholtz, § 1 Rn 27.

Vorschrift gar nicht geregelt. Außerdem wird der Schutzzweck des § 11 Abs. 2 S. 1 KAGG nicht tangiert, da schutzwürdige Mitanleger nach der Rückgabe nicht mehr vorhanden sind.

Die gleichzeitige Rückgabe bildet jedoch keinen Beendigungsgrund im Sinne des § 13 KAGG. Sie liegt außerhalb der Systematik der §§ 13, 14 KAGG, weil auch das Sondervermögen aufgelöst wird. Der Vermögensübergang auf die Depotbank ist ausgeschlossen. Die gleichzeitige Rückgabe ist ein weiterer Fall des einheitlichen und abgestimmten Anlegerverhaltens, der im KAGG ungeregelt ist.

c) Die Übereignung der Vermögensgegenstände

Der technische Ablauf ist das ebenfalls komplexe Spiegelbild dieser besonderen Interessenlage. Die KAG soll das gesamte Sondervermögen auf die Anleger zur gesamten Hand übertragen. Die Verfügungsmacht ergibt sich aus § 9 Abs. 1 KAGG. Aus dem Sondervermögen soll freies Eigentum zur gesamten Hand der Anleger werden. Für die Entstehung von Gesamthandsgemeinschaften gilt nach h. M. jedoch ein numerus clausus.[787] Hier kommt nur eine Gesellschaft bürgerlichen Rechts in Betracht.[788] Der Gesellschaftsvertrag muss die Verteilung des Vermögens regeln. Jeder Anlagegegenstand muss einzeln auf die Gesellschafter übereignet werden. Eine einheitliche Übertragung auf die BGB-Gesellschaft ist ausgeschlossen, da kein gesetzlicher Vermögensübergang erfolgt, sondern nur Auszahlungsansprüche befriedigt werden. Mit der völligen Vermögenslosigkeit erlischt der Fonds.[789]

Problematisch ist die besondere Form der Übertragung. Üblicherweise gilt bei Wertpapierspezialfonds auch die Miteigentumslösung. Der zu übertragende Gegenstand gehört den Anlegern dann bereits. Das Gesamthandseigentum stellt aber eine andere Eigentumsform als das Bruchteilseigentum dar. Technisch wird durch eine Vielzahl von Verfügungen der KAG jeder einzelne Miteigentumsan-

787 Langhein in Staudinger, § 741 Rn 254.

788 Entgegen der Ansicht v. Gronaus, S. 128, müssen die Anleger auch dann eine BGB-Gesellschaft gründen, wenn man das Sondervermögen als Gesamthandsgemeinschaft deutet; denn mit der Übertragung der einzelnen Vermögenswerte verliert jeder Gegenstand seine Bindung an das alte Gesamthandsvermögen. Eine Neubegründung der gesamthänderischen Bindung ist in jedem Fall erforderlich. Hierzu kommt nur eine BGB-Gesellschaft in Betracht.

789 Unklar, v. Gronau, S. 127, der die Auflösung des Fonds durch die Naturalauskehrung annimmt, aber das Verwaltungsrecht unberührt lassen will. Mit der Naturalauskehr erlischt aber auch die vertragliche Bindung zwischen KAG und Anlegern, die Grundlage des Verwaltungsrechts ist. Ein Verfügungsrecht entsteht erst wieder mit Abschluss neuer Investmentverträge.

teil, der dem einzelnen Anleger gehört, in gesellschaftliches Gesamthandseigentum umgewandelt.

7. Schlussfolgerungen

Die besonderen Interessen der Spezialfondsanleger verlangen eine Anpassung von Abwicklung und Übertragung des Fonds. Im Vordergrund steht hierbei der Erhalt des Sondervermögens. Durch die Übertragung gemäß § 14 Abs. 2 S. 2 KAGG können nicht nur die Abwicklungskosten vermieden, sondern auch die besonderen bilanziellen Vorteile der Spezialfonds konserviert werden. Das KAGG lässt aber bloß einen sehr geringen Spielraum für die vertragliche Gestaltung von Abwicklung und Übertragung.

Diesen engen Rahmen nutzen die Spezialfondsanleger zur Durchsetzung ihrer Interessen. Die gesetzlichen Rechte der Kapitalanlagegesellschaften werden praktisch außer Kraft gesetzt. Der Anlagevertrag bedient sich hierzu komplizierter Hilfskonstruktionen, die einen Widerspruch zu zwingendem Recht vermeiden. Verstöße gegen den Gedanken des Anlegerschutzes treten aber kaum auf. Dieses Grundprinzip des KAGG tritt bei Spezialfonds zugunsten der Kapitalmarktförderung in den Hintergrund. Die Mitwirkung der Anleger wird vom Gesetzgeber ausdrücklich anerkannt.[790]

In ihrer Gesamtheit höhlen die besprochenen Vertragsklauseln das Leitbild einer unabhängigen treuhänderischen Verwaltung aus. Im Gegensatz zum Publikumsfonds sind es die Anleger, die über den Fortbestand des Sondervermögens entscheiden. Allerdings wird die einheitliche Willensäußerung aller Anteilinhaber vorausgesetzt. Verbindliche Mehrheitsentscheidungen sind dem Investmentrecht fremd. Bei den dominierenden Individualfonds stellt sich dieses Problem ohnehin nicht.

In der laufenden Verwaltung bleibt eine verbindliche Anlageentscheidung durch den Anlageausschuss ausgeschlossen. Ein Rest des ursprünglichen KAGG-Konzeptes bleibt hier bewahrt. Bei der Beendigung des Treuhandverhältnisses verlieren aber die KAG und die Depotbank jede Selbstständigkeit. Die Grenzen zur freien Vermögensverwaltung werden fließend. Alle Beispiele vertraglicher Regelungen zeigen, wie sehr die Spezialfonds ein Fremdkörper im System des KAGG geblieben sind. Das einheitliche Konzept des Gesetzes ist dem Ziel der Finanzmarktförderung geopfert worden. Aus der Sicht der Anleger sind die vertraglichen Ergänzungen jedoch dringend erforderlich. Sie entsprechen den Interessen der beteiligten Parteien. Auch die Anlagegesellschaften haben sich

790 Siehe oben 3. Teil § 8B.3, S. 178.

einen außerordentlich großen Markt erschließen können, dessen Attraktivität auch in ihrem Interesse liegt.

Trotzdem wäre eine eindeutige gesetzliche Regelung zu begrüßen. Insbesondere die Aufnahme der Naturalauskehrung in das Gesetz wäre wünschenswert. Das wirtschaftliche Bedürfnis hierfür besteht in hohem Maß. Reibungsverluste bei der Abwicklung von Spezialfonds sind aus ökonomischer Sicht schlicht überflüssig. Grundprinzipien des Anlegerschutzes werden hierdurch nicht in Frage gestellt. Nach der hier vertretenen Ansicht[791] ist das Auszahlungsgebot bei der Abwicklung gemäß § 14 Abs.2 S. 1 KAGG abdingbar. Der komplizierten Konstruktion durch Rückgabe der Anteilscheine bedarf es dann nicht mehr.

791 Siehe 3. Teil § 6G, S. 133.

4. Teil: Die Verschmelzung von Investmentfonds

§ 9 Wirtschaftliche und rechtliche Grundlagen

Der Regelungskomplex der §§ 13, 14 KAGG bestimmt das Schicksal des Sondervermögens, wenn die vertragliche Bindung zwischen Anlegern und Kapitalanlagegesellschaft gelöst wird. Das Gesetz bietet als mögliche Alternativen die Zerschlagung und die Fortführung des Investmentfonds an. Zwischenlösungen sind nicht vorgesehen. Insbesondere die unterschiedliche Behandlung der Anleger durch Teilkündigungen ist ausgeschlossen. Hiergegen sprechen Bewertungsprobleme und das Gebot der Gleichbehandlung.[792]

Eine wirtschaftlich sinnvolle Alternative könnte in der Verschmelzung von Sondervermögen liegen. Ziel einer solchen Lösung wäre es, das gesamte Fondsvermögen zweier Investmentfonds zu vereinigen. Die Altfonds verlören auf diese Weise ihren Status als individuelle Sondervermögen i. S. d. § 6 KAGG. Alle Vermögenswerte würden Teil eines größeren Fonds. Die Altanleger bildeten dann eine neue Bruchteilsgemeinschaft.

Grundsätzlich könnte eine Verschmelzung durch Übertragung eines Sondervermögens auf einen bestehenden Zielfonds erfolgen. Alternativ kommt die Vereinigung von zwei Fonds unter Bildung eines neuen in Betracht. Neben der Verschmelzung der Sondervermögen einer KAG erscheint auch die Verschmelzung von Fonds, die von verschiedenen Kapitalanlagegesellschaften geführt werden, diskussionswürdig.

Das KAGG enthält bisher keine Regelung zur Verschmelzung. Der Referentenentwurf zum 4. FMFG sah in seiner ursprünglichen Fassung allerdings die Möglichkeit vor, Sondervermögen zusammenzuführen. Die geplante Regelung ist erst in der abschließenden Sitzung des Finanzausschusses gestrichen worden.[793] Eine entsprechende Regelung befindet sich in Vorbereitung.

Der vierte Teil der Arbeit gliedert sich in drei Kapitel. Zunächst soll die Frage beantwortet werden, ob aus wirtschaftlicher Sicht ein Bedarf für die Verschmelzung von Investmentfonds besteht. Auf dieser Grundlage ist zu untersuchen, welche potentiellen Interessenkonflikte sich aus der Vereinigung von zwei Sondervermögen ergeben. Hieraus können allgemeine Anforderungen abgeleitet

---

792 Siehe 2. Teil § 4A.1.d), S. 63.

793 BT-DRS 14/8017, S. 92.

werden, die im Interesse des Anlegerschutzes bei jeder Vereinigung von Investmentfonds beachtet werden müssen.

Das zweite Kapitel analysiert die gegenwärtige gesetzliche Regelung. Dem Wortlaut des KAGG ist weder ein Hinweis auf die Zulässigkeit der Fusion noch ein ausdrückliches Verbot zu entnehmen. Die Möglichkeit, zwei Fonds zu verschmelzen, könnte sich daher bereits de lege lata aus den allgemeinen Regeln des Privatrechts ergeben. Denkbare Wege sollen in diesem Kapitel kurz diskutiert werden. Einerseits lassen sich so die Grundlagen einer zukünftigen Ergänzung des KAGG bestimmen. Andererseits kann auf diese Weise untersucht werden, ob eine Zusammenlegung auch außerhalb der engen Voraussetzungen der geplanten Regelung möglich ist.

Das dritte Kapitel stellt die geplante Regelung in der Fassung des ursprünglichen Referentenentwurfs vor und unterzieht sie einer kritischen Würdigung. Auch hier stehen die Belange des Anlegerschutzes im Vordergrund.

A. Definition

Bereits der Begriff der Verschmelzung impliziert, dass die bestehenden Sondervermögen vollständig in einer neuen Einheit aufgehen.[794] Die einfache Übertragung des Fondsvermögens auf einen anderen Publikumsfonds kann hierfür nicht ausreichen. Das alte Sondervermögen würde in ausgehöhlter Form weiter bestehen.

Eine Definition des Begriffes „Verschmelzung" findet sich in § 2 UmwG. Es ist daher naheliegend, sich auch im vorliegenden Zusammenhang zumindest formal an den §§ 1 ff. UmwG zu orientieren. Das Sondervermögen i. S. d. § 6 KAGG soll zu diesem Zweck mit den verschmelzungsfähigen Rechtsträgern gemäß § 1 Abs. 1 S. 1 UmwG gleichgesetzt werden. Auf dieser Grundlage ergeben sich für eine Verschmelzung von Vermögensfonds folgende Charakteristika:

1. Vermögensübertragung auf einen anderen bestehenden bzw. neuen Publikumsfonds, der durch die Verschmelzung zu schaffen ist,
2. Auflösung ohne Abwicklung des Altfonds,

794 Die Ebene der Investmentgesellschaften wird in diesem Fall nicht berührt. Die Verschmelzung ist zwar auch hier nicht ausgeschlossen, richtet sich aber nach dem allgemeinen Gesellschaftsrecht. Auf dem amerikanischen Markt ist es nach Angaben von Steck, S. 157 ff., in den letzten Jahren gerade im Bereich der Verwaltungsgesellschaften (investment adviser) zu einer Fusionswelle gekommen. Ausschlaggebend für diese Entwicklung ist aber nicht die Struktur einzelner Fonds, sondern das große Angebot an Verwaltungsdienstleistung.

3. Gewährung von Anteilen an die Anteilseigner unter Einrücken in die Stellung eines Berechtigten an der neuen Bruchteilsgemeinschaft.

Nur unter diesen Vorausetzungen kann von einer Verschmelzung im eigentlichen Sinn gesprochen werden. Zinkeisen macht daher in diesem Zusammenhang den Vorschlag, die Begriffe Fusion und Verschmelzung nur im Sinn des § 2 UmwG zu gebrauchen.[795] Die von ihm angeregte Vereinigung von Spezialfonds eines einzelnen Anteilseigners durch Realakt bezeichnet er als Zusammenführung. Dieser zweite Begriff soll hier jedoch ausgedehnt werden. Im Folgenden steht er synonym mit Zusammenlegung für eine Vereinigung zweier Sondervermögen, bei der die oben genannten Voraussetzungen nicht vorliegen. „Vereinigung" soll als Oberbegriff dienen.

B. Gründe für die Verschmelzung von Investmentfonds

I. Publikumsfonds

Offen bleibt die Frage, inwieweit ein Bedürfnis besteht, die Verschmelzung von Publikumsfonds zuzulassen. Das KAGG sieht die Abwicklung und die Übertragung vor, um einer veränderten Marktlage Rechnung tragen zu können. Es ist demnach zu untersuchen, ob die Fusion die gesetzlichen Möglichkeiten der §§ 13, 14 KAGG ergänzen kann. U.U. ist es sinnvoll, den Treuhändern ein weiteres Instrument an die Hand zu geben, um im Interesse der Anleger einen Ausweg aus einer wirtschaftlichen Fehlentwicklung zu finden. Zu diesem Zweck wird zunächst die aktuelle Lage des Investmentmarktes kurz vorgestellt. Auf der Grundlage der Ergebnisse aus den Kapiteln 4-7 soll im Anschluss die Effizienz der bestehenden gesetzlichen Regelung im Hinblick auf eine Flexibilisierung des Angebotes überprüft werden.

Von wirtschaftswissenschaftlicher Seite wird eine Konsolidierung des Investmentmarktes seit längerer Zeit gefordert.[796] Der Anlageboom der letzten Jahre hat zur Auflegung immer neuer Spezialitätenfonds geführt. Sowohl volks- als auch betriebswirtschaftliche Aspekte sprechen dafür, die Zahl der Fonds auf dem deutschen Markt deutlich zu verringern. Das Angebot ist für den Anleger nicht

795 Zinkeisen, S. 498.

796 Süchting fordert sogar eine „Entrümpelung" des Fondsangebots. Der Markt sei für die Teilnehmer nicht mehr überschaubar; siehe hierzu Interview mit J. Süchting in „Die Grenzen des Sozialstaates" veröffentlicht im Hausmagazin der Deka-Bank, iwo 1-96.

mehr überschaubar.[797] Ein umfassender Vergleich aller Sondervermögen kommt gar nicht in Betracht. Die Anlageform des Investmentfonds sollte es dem Kleinsparer aber gerade ermöglichen, ohne vertiefte Marktkenntnis eine geeignete Anlage zu finden. Der Mangel an Transparenz des Angebotes kann demgegenüber zu falscher Kapitalallokation führen.

Vor allem hat das Überangebot zu ungünstigen Kostenstrukturen geführt. Viele der neuen Fonds haben kurzfristige Trends am Markt bedient. Mit dem Ende des Aktienbooms bleibt weiterer Kapitalzufluss aus und ein großer Teil der Anleger zieht seine Anlage enttäuscht zurück.[798] Auch der Kurseinbruch als solcher hat das Volumen vieler Fonds erheblich reduziert. Die Größe des verwalteten Vermögens bildet aber die Grundlage für die Managementvergütung. Die Einnahmen der Anlagegesellschaften sinken aufgrund dieser Faktoren erheblich. Die Ausgaben für den Researchbereich bilden demgegenüber fixe Kosten. Die KAG bleibt in vollem Umfang zur Verwaltung verpflichtet.[799] Gerade bei Spezialitätenfonds sind hierfür oft erhebliche Aufwendungen erforderlich. Die Verwaltung eines Fonds kann aus diesem Grund unrentabel werden.

Eine ähnliche Sachlage besteht bei der Kostenbelastung der Anleger. Neben der pauschalen Managementvergütung tragen die Anleger alle Zahlungen, die an Dritte zu leisten sind.[800] Beispiele sind Aufwendungen für die Rechnungsprüfung, die Rechenschaftsberichte sowie die Veröffentlichung im Bundesanzeiger, die nicht linear vom Fondsvolumen abhängen. Auch aus dieser Sicht führt die Verkleinerung des Sondervermögens zu einer Verschlechterung der Kostenstruktur.

Aus diesen Gründen wäre eine umfassende Konsolidierung des Investmentmarktes zu erwarten. Rechtstatsächliche Ergebnisse wiesen aber lange Zeit nur sehr bedingt in diese Richtung. Bis zum Jahr 2000 wurden Fonds nur im Einzelfall aufgelöst. Der anhaltende Erfolg des Investmentmarktes hat etwaige strukturelle Probleme überlagert. In den letzten Jahren war allerdings ein sprunghafter Anstieg bei Fondskündigungen zu verzeichnen.[801] Diese Tendenz hat sich seit Beginn der Aktienkrise erheblich verstärkt. Zunächst waren vor allem Fonds internationaler Anbieter von dieser Entwicklung betroffen. Aber auch Sondervermögen im Sinne des KAGG werden gegenwärtig in erheblichem Maß gekün-

797 König, Auflösung, S. 1.

798 Buchholz, S. 38.

799 2. Teil § 4A.1.a), S. 54.

800 Die alten Mustervertragsbedingungen, s. Baur, S. 1733 ff., enthielten in § 9 eine Auflistung der Kosten, die nicht durch die pauschalen Verwaltungsgebühren umfasst werden. Der Baustein 14, Beckmann/Scholz, Anh. zu § 15 schlägt eine „individuelle“ Kostenregelung vor.

801 Buchholz, S. 38.

digt.[802] Hierin liegen erste Anzeichen für die Straffung des Fondsangebotes, die seit Jahren gefordert wird.

Dennoch zeigt die Konsolidierung des deutschen Investmarktes nicht die erhoffte Dynamik. Die hohe Zahl junger Spezialitätenfonds sollte nur kurzfristige Markttrends abdecken.[803] Nach dem Ende der Boomphase entfällt im Grunde ihre Existenzberechtigung. Daher wäre eine deutlich höhere Zahl von Kündigungen zu erwarten.

Die Investmentgesellschaften machen offenbar nur ungern vom Instrument der Kündigung Gebrauch. Hierfür sind vier Gründe maßgeblich. Erstens führt die Kündigung fast zwangsläufig zum Verlust von Anlagevolumen.[804] Nicht alle Anleger werden ein kostenloses Umtauschangebot wahrnehmen. Die langfristige Kundenbindung ist aber oft wichtiger als Kosteneinsparungen bei der Fondsverwaltung. Zweitens schadet jede Kündigung dem Image der KAG. Hierin liegt letztlich das Eingeständnis schlechter Vermögensverwaltung. Drittens werden viele Anleger zur Konkurrenz abwandern, um sich ein vergleichbares Produkt einer anderen Anlagegesellschaft zu suchen. Viertens runden Spezialitätenfonds die Angebotspalette einer KAG ab und vermitteln Kompetenz.

Sollte es trotzdem zur Kündigung kommen, muss der Fonds in den überwiegenden Fällen abgewickelt werden. Eine andere KAG wird nur selten bereit sein, ein unrentables Sondervermögen zu übernehmen.[805] Strukturelle Nachteile eines Fonds können durch die Übertragung nicht ausgeglichen werden. Es besteht zwar die Möglichkeit, dass eine besser spezialisierte oder größere KAG Interesse an einem Nischenfonds haben könnte. In diesen Fällen steht der Übertragung aber die restriktive Genehmigungspraxis der BaFin entgegen.[806]

Die Nachteile dieser Sachlage treffen in erster Linie den Anleger. Sofern sein Fonds nicht mehr das erforderliche Volumen hat, verliert er die wichtigsten Vorteile der Kollektivanlage. Einerseits schwindet die Möglichkeit zu optimaler Diversifizierung. Andererseits verschlechtert sich das Verhältnis der fixen Kosten zum Bruttoertrag. Darüber hinaus besteht die Gefahr, dass die KAG die sinkende Rentabilität durch eine Erhöhung der Verwaltungsgebühren auszugleichen versucht. Die notwendige Vertragsänderung bedarf nicht einmal mehr der Zustimmung der BaFin. Renditeprobleme, die sich aus falscher Markteinschätzung ergeben, können auf diese Weise zu einem erheblichen Teil auf die Anleger abgewälzt werden.

802 Die Statisitiken des BVI weisen annähernd 100 abgewickelte deutsche Fonds seit Ende 2001 aus.
803 Buchholz, S. 38.
804 Siehe hierzu 2. Teil § 4A.1.a), S. 54 sowie Fn 213.
805 3. Teil § 7, S. 140.
806 3. Teil § 7E.1.b), S. 151.

Aber auch die Kündigung liegt nicht im Interesse der Anleger. Die Übertragung des Fonds kommt zwar in Betracht; in der Praxis bildet sie aber die Ausnahme. Die Abwicklung des Fonds führt jedoch zu erheblichen Nachteilen. Die Anleger haben die gesamten Kosten zu tragen. Zusätzlich hat die Depotbank Anspruch auf die volle Verwaltungsgebühr der alten KAG. Ein professionelles und langfristig orientiertes Management entfällt aber in der Abwicklungsphase. Außerdem wird der Anlagehorizont der Anteilinhaber gestört und „Reibungsverluste" sind unvermeidlich. Bei Wiedereinstieg in einen ähnlichen Fonds einer anderen KAG ist üblicherweise ein neuer Ausgabeaufschlag zu entrichten. Darüber hinaus bestehen aus der Sicht des Anlegerschutzes erhebliche Bedenken gegen die Abwicklung.[807] Die Auflösung eines Fonds sollte bereits aus dieser Perspektive immer nur die ultima ratio bilden.

Im Ergebnis hat der Anleger die meisten der Nachteile zu tragen, die sich aus der Fortführung unrentabler Fonds ergeben. Aber auch die Kündigung bietet keine sachgerechte Alternative, da es nur selten zur Übertragung des Sondervermögens kommt. Außerdem wird eine nachteilige Kostenstruktur auch durch die Fortführung des Fonds nicht beseitigt. Das Sondervermögen wird daher meistens mit allen Nachteilen abgewickelt. Erst die Möglichkeit, Fonds zu verschmelzen, könnte einen Ausweg aus dem beschriebenen Dilemma bilden. Eine solche Lösung läge im Interesse aller Beteiligter.

Die Anlagegesellschaft kann durch die Verschmelzung von Sondervermögen ihre eigene Kostenstruktur verbessern. Die fixen Verwaltungskosten entstehen nur noch für einen Fonds. Vor allem besteht die Möglichkeit, die Nachteile einer Kündigung zu umgehen; denn die Verschmelzung führt nicht zu Einbußen des Anlagevolumens. Auch die Abwanderung von Anlegern ist wenig wahrscheinlich. Im Gegensatz zur Kündigung wird eine Fusion nicht negativ vom Markt wahrgenommen, da auch der Anleger profitiert.

Ähnlich positiv ist die Verschmelzung aus der Sicht der Anteilinhaber zu beurteilen. Hier ergeben sich zwei Vorteile. Einerseits könnte die Anlage in vielen Fällen vor der Abwicklung bewahrt werden. Andererseits werden auch die fixen Kosten, die vom Anleger zu tragen sind, aufgeteilt. Der Nettoertrag ließe sich auf diese Weise verbessern.

Auch aus volkswirtschaftlicher Sicht bildet die Fusion das ideale Instrument, um die gegenwärtigen Probleme zu lösen. Die Vorteile für alle Beteiligten sind erheblich. Daher wäre es zu erwarten, dass viele Investmentgesellschaften von dieser Möglichkeit Gebrauch machen. Die Zahl der Sondervermögen könnte deutlich reduziert werden und Nischenprodukte verschwänden aus dem Ange-

807 3. Teil § 6C.1, S. 110.

bot. Der Markt würde auf diese Weise transparenter und die Kapitalallokation wird verbessert.

Ein weiterer Grund spricht für die Möglichkeit, Investmentfonds zu verschmelzen. Mit Hilfe von Fusionen könnten die Anlagegesellschaften flexibel auf Änderungen der Rahmenbedingungen des Kapitalmarktes reagieren. Ein Beispiel bildet die Währungsumstellung. Hier könnte die Fusion Bedeutung erlangen, weil spezielle europäische Renten- und Währungsfonds ihre Existenzberechtigung verlieren. Die Zusammenlegung von Sondervermögen, die dann im Euroraum anlegen, ist naheliegend.[808]

Weitere Kostensenkungspotentiale ergeben sich aus der Tatsache, dass innerhalb einer „Fondsfamilie“ annähernd identische Produkte existieren können. Im Mittelpunkt dieser Überlegungen stehen die aktuellen Entwicklungen, die die Ebene der Muttergesellschaften kennzeichnen. Hier besteht die Tendenz, Allfinanzkonzerne zu bilden. In der jüngeren Vergangenheit ist es wiederholt zu Fusionen von Unternehmen des Bank- und Versicherungssektors gekommen, die Mehrheitsbeteiligungen an Kapitalanlagegesellschaften hielten. Um die angestrebten Synergien auch auf der Ebene der Fondsgesellschaften zu verwirklichen, bieten sich zwei alternative Strategien an. Die erste Möglichkeit besteht darin, die Anlagegesellschaften ihrerseits zu verschmelzen. Da sich die Produktenpaletten fast immer überschneiden zumindest aber erhebliche Ähnlichkeiten aufweisen, verwaltet die fusionierte KAG annähernd identische Produkte, die in Konkurrenz zueinander stehen. Ein erheblicher Teil der Synergieeffekte verpufft, da die Einzelfonds nach geltendem Recht nicht zusammengelegt werden können. Die Verschmelzung dieser „Dubletten“ könnte dieses Problem beheben. Eine zweite Strategie kann darin bestehen, die beiden Anlagegesellschaften bestehen zu lassen. Das Potential der eingeführten Marken kann auf diese Weise ausgeschöpft werden. Aber auch in dieser Konstellation empfiehlt es sich oft, das jeweilige Markenprofil zu schärfen. Zu diesem Zweck kann es sinnvoll sein, Einzelfonds zwischen den Fondsgesellschaften zu übertragen und so Schwerpunkte zu bilden. Wirtschaftlich wird auch diese Strategie erst dann interessant, wenn anschließend die Möglichkeit besteht übertragene Fonds zu verschmelzen.

Ähnliche Überlegungen spielen auch bei der Entflechtung von Gemeinschaftsunternehmen eine Rolle. Bei der Auflösung einer solchen strategischen Allianz ist es oft interessengerecht, auch das Fondsvolumen „aufzuteilen“. Zu diesem Zweck sind einzelne Fonds zu übertragen. Aus wirtschaftlicher Sicht kann es im Anschluss sinnvoll sein, diese Altfonds mit Sondervermögen der „übernehmenden“ KAG zusammenzulegen.

---

808 König, Auflösung, S. 2.

Auch eine differenzierte Vertriebspolitik kann dazu führen, dass eine KAG annähernd identische Fonds verwaltet. Oft werden gleiche Produkte für unterschiedliche Vertriebswege mit dem Ziel aufgelegt, für einen Anbieter ein Exklusivrecht an einem Fonds zu begründen. Sofern diese Differenzierung nicht mehr rentabel ist, verlieren solche „Exklusivfonds" ihre Existenzberechtigung. Auch in diesem Fall könnte eine Verschmelzung zu Einsparungen führen, die sowohl den Anlegern als auch der KAG zu gute kämen.

Ein dritter sehr weitreichender Anwendungsbereich einer Verschmelzungsregelung wird durch die jüngsten Reformen des 4. FMFG eröffnet. Einerseits macht es die Neufassung des § 18 Abs. 2 KAGG möglich, Investmentfonds mit verschiedenen Fondsklassen zu bilden. Auf diese Weise soll die Auflegung einzelner spezialisierter Sondervermögen vermieden werden. Derartige kleinere Fonds können heute dadurch ersetzt werden, dass Produktdifferenzierungen innerhalb eines Fonds zulässig sind. Verschiedene Klassen können sowohl für thesaurierende und ausschüttende Anteile als auch für unterschiedliche Währungen gebildet werden. Auch eine Differenzierung hinsichtlich der Verwaltungsgebühr ist möglich. Ihre ganze Tragweite im Hinblick auf die angestrebte Konsolidierung des Angebots entfaltet die Neuregelung aber erst in Kombination mit einer Verschmelzungsregelung; denn mit dieser Grundlage wird es möglich sein auch Fonds zusammenzulegen, die sich in ihrer Verwaltungsstruktur unterscheiden. Unter Bildung unterschiedlicher Klassen können Kostensenkungspotentiale auch in diesem Fall erzielt werden.

Ähnliche Überlegungen gelten für die Neufassung des § 1 Abs. 6 S. 1 Nr. 6. KAGG. Der KAG ist es nunmehr erlaubt auch Investmentanteile anderer Fondsgesellschaften zu vertreiben. Auf diese Weise soll es kleineren Unternehmen ermöglicht werden, durch Vertriebskooperationen ein konkurrenzfähiges Angebotsspektrum zu bieten. Diese Neuregelung lässt darüber hinaus einen ganz neuen strategischen Ansatz zu, sofern eine Verschmelzung von Fonds möglich ist; denn in diesem Fall könnte eine KAG einen zu kleinen Fonds auf eine andere KAG übertragen, die den Fonds mit einem eigenen Sondervermögen verschmilzt. Gleichzeitig kann aufgrund der Neuregelung des § 1 KAGG eine Vertriebspartnerschaft für den verschmolzenen Fonds begründet werden. Die übertragende KAG behält pro rata ihren Gewinnanteil. Erst dadurch entsteht ein Anreiz, Fondsvolumen auf eine andere KAG zu übertragen. Auch das Instrument der Übertragung gewinnt dadurch erheblich an Bedeutung.

2. Spezialfonds

Die Fusion von Publikumsfonds kann interessant sein, wenn die Verwaltung für die KAG nicht mehr gewinnbringend ist. Erst durch eine Verschmelzung bzw.

eine Zusammenlegung erreichen die Fonds dann wieder ein rentables Volumen.[809] Demgegenüber spielt die unwirtschaftliche Verkleinerung des Sondervermögens bei Spezialfonds nur eine untergeordnete Rolle. Die begrenzte Zahl der Anleger und die gegenseitige Abstimmung machen das Rückgaberisiko für die KAG kalkulierbar. Außerdem wird der Anleger nur in Ausnahmefällen seine Anteile zurückgeben, weil die stillen Reserven hierbei aufgelöst werden. Die Rückgabe kommt daher nur selten in Betracht. Vielmehr kontrolliert der Anleger selbst die Auflösung bzw. die Übertragung des Sondervermögens.[810]

Die Verschmelzung von Spezialfonds kann aber zu erheblichen Kostensenkungen führen. Auch hier ergeben sich Größenvorteile. Die Erhöhung des Anlagevolumens kann die An- und Verkaufsbedingungen verbessern und differenziertere Anlagestrategien werden möglich. Die Führung von Depots bei der Depotbank für einen einzelnen Fonds ist einfacher als für mehrere. Ähnliches gilt für zahlreiche Mitwirkungsmöglichkeiten der Anleger. Auch die Prüfung gemäß § 24a KAGG erfordert geringeren Aufwand.

Ein besonderes Interesse an der erfolgsneutralen Fusion kann entstehen, wenn die Inhaber von Individualfonds ihrerseits verschmolzen werden. Besonders Banken und Versicherungen haben dann das Bedürfnis, ihre Finanzanlagen einheitlich zu ordnen. Die Größenvorteile sollen auch auf der Ebene der Fondsverwaltung verwirklicht werden. Daher besteht der Wunsch, die Anlagen zu bündeln. Hierzu werden alle Spezialfonds auf die gleiche KAG übertragen. Dies kann auf dem Weg des Kündigungsverlangens nach Nr. 7a und b des Rahmenvertrages geschehen.[811] Im Anschluss wäre die Verschmelzung wünschenswert. Die beschriebene Konstellation kommt vor allem bei der Fusion kleiner Banken vor.[812] Sofern eigene Investmentgesellschaften bestehen, werden meist auch diese zusammengelegt. Eine vergleichbare Interessenlage ist aber in allen Segmenten des Spezialfondsmarktes zu beobachten.

Diese Ziele könnten grundsätzlich durch die einfache Zusammenlegung mehrerer Fonds realisiert werden. Der Spezialfondsanleger kann im Gegensatz zum Publikumsanleger die Übertragungen mit der KAG abstimmen. Im Anschluss kann er einen neuen, größeren Fonds auflegen lassen. Der Weg führt jedoch immer über die Auflösung eines der bestehenden Sondervermögen. Hierbei werden auch die stillen Reserven aufgelöst, weil Gewinne zu diesem Zeitpunkt realisiert werden.

---

809 Siehe 4. Teil § 9B, S. 197.
810 3. Teil § 8B, S. 176.
811 3. Teil § 8B.4.e), S. 186.
812 Vor allem im genossenschaftlich organisierten Banksektor lassen sich durch Verschmelzung Synergien erzielen; s. hierzu auch „Vermögensverwalter sollen fusionieren" in FAZ v. 5. 2. 1999.

Der Spezialfondsanleger will seine steuerlichen Vorteile jedoch nicht gefährden. Bilanzielle Erwägungen verhindern demnach betriebswirtschaftlich sinnvolle Umstrukturierungen. Die Möglichkeit zu einer erfolgsneutralen „echten" Verschmelzung wäre hier zu begrüßen.

C. Allgemeine Erfordernisse des Anlegerschutzes

Die Interessenlage bei der Fusion von Unternehmen und der Fusion von Vermögensfonds unterscheidet sich in einigen Punkten erheblich. Im ersten Fall liegt der Verschmelzung eine strategische Entscheidung des Managements zugrunde. Langfristig sollen die Erträge durch Kooperation der Betriebsteile gesteigert werden. Solche Ziele existieren bei Fonds nur im Ausnahmefall.[813] Kollektive Interessen gibt es bei den anonymen Publikumsanlegern nicht. Hier kommt es darauf an, dass die Anteilseigner beider Sondervermögen zum Fusionszeitpunkt exakt den gleichen Vermögenswert besitzen wie vorher. Bewertungsspielräume sind daher bei jeder Vereinigung von Sondervermögen ausgeschlossen. Auch verhandelbare Übernahmeangebote sind selbstverständlich nicht zulässig. Die Fusion muss für jeden Anteil wertmäßig neutral durchgeführt werden. Dies setzt die genaue Anwendung der Bewertungskriterien des § 21 Abs. 2-4 KAGG voraus. Sonst besteht die Gefahr, dass ein renditeschwacher Fonds durch Fusion auf Kosten eines anderen Sondervermögens „versteckt" würde.

Ein weiteres Problem ergibt sich aus der Angleichung der Anlageverträge. Die zu verschmelzenden Sondervermögen unterliegen grundsätzlich unterschiedlichen investmentvertraglichen Bindungen. Ein Sondervermögen kann nicht ohne weiteres den Vertragsbedingungen eines anderen unterworfen werden. Die KAG ist an ihre Verpflichtungen aus dem jeweiligen Investmentvertrag gebunden. Die Einengung auf die Schnittmenge der Anlageverträge liegt aber nicht im Interesse einer effizienten Vermögensverwaltung. Anpassungen des Investmentvertrages müssten daher möglich sein. Eine Beteiligung der Anleger ist aber ausgeschlossen. Deshalb müssen für die Angleichung der Verträge mindestens dieselben engen Voraussetzungen wie für einseitige Änderungen des Investmentvertrages gemäß § 15 Abs. 2 KAGG gelten. Aus diesem Grund müsste jede Anpassung des Anlagevertrages, die sich als Folge einer Fusion ergibt, von der Genehmigung der BaFin abhängig gemacht werden.

Fraglich ist, ob Konflikte zwischen Interessen des jeweiligen Treuhänders und der Anleger bestehen. Die Fusion zweier selbstverwalteter Fonds kann auch

813 Synergieeffekte, die sich aus dem Portfolio ergeben, sind, wenn überhaupt, nur bei Immobilienfonds denkbar.

der KAG selbst erhebliche Vorteile bringen, weil ihre eigenen fixen Kosten gesenkt werden. Hieraus kann sich ein Widerspruch zum Interesse der Anleger ergeben. Unter dem Vorwand, den Fonds sonst zu kündigen, könnte die KAG die Fusion vollziehen. Tatsächlich stünden aber nur eigene Vorteile im Vordergrund. Bei der Auflösung und der Übertragung ist dieser Interessenkonflikt durch das Gesetz ausgeschlossen worden. Hier ist gemäß § 14 KAGG ausschließlich die Depotbank für die weitere Verwaltung des Sondervermögens verantwortlich. Interessen der alten KAG dürfen nach der Kündigung des Sondervermögens keine Rolle mehr spielen. Diese gesetzliche Entscheidung wäre auch bei einer Verschmelzung von Fonds zu empfehlen. Als Konsequenz müsste auch bei einer möglichen Fusion immer die Mitwirkung der Depotbank erforderlich sein. Ergänzend ist immer die Genehmigung der Bankaufsichtsbehörde einzuholen.

§ 10 Die Vereinigung von Investmentfonds nach geltendem Recht

A. Verschmelzung durch Rechtsgeschäft der KAG

In Betracht kommt es, dass die KAG durch ein- oder mehrseitiges Rechtsgeschäft zwei eigenverwaltete Sondervermögen verschmilzt. Hierzu könnte es ausreichen, alle Gegenstände einfach zusammenzulegen. Diese Möglichkeit ist mit der ratio legis des KAGG jedoch unvereinbar. Die Investmentgesellschaft bzw. die Depotbank haben zwar gemäß § 9 Abs. 1 KAGG das unbeschränkbare Verfügungsrecht über alle Einzelgegenstände des Sondervermögens. Hieraus folgt aber keine Ermächtigung, über das Sondervermögen als solches zu verfügen und auf einen anderen Fonds zu übertragen.[814] Der einzelne Sondervermögensverband entsteht ausschließlich aufgrund gesetzlicher Anordnung. Er dient dem Schutz der Anleger. Umgekehrt erfordert jeder Eingriff in den individuellen Bestand eine spezialgesetzliche Regelung. In ihrer Bedeutung ist die Fusion mit der Übertragung des Sondervermögens vergleichbar. Auch in diesem Fall ist eine besondere Befugnis des Treuhänders notwendig, um den gesetzlichen Vermögensübergang zu ermöglichen.[815] § 9 Abs. 1 KAGG reicht allein nicht aus. Auch die komplexen Rechtsfolgen einer Fusion können nicht durch einfache Verfügungen der Investmentgesellschaft herbeigeführt werden. Die Anleger als Miteigentümer müssten an jedem einzelnen Gegenstand des anderen Sondervermögens beteiligt werden. Diese weitreichenden Ergebnisse lassen sich nur durch

814 Siehe 1. Teil § 3A.4.c), S. 49.
815 Siehe 3. Teil § 7D.2, S. 147.

gesetzliche Anordnung erreichen. Eine entsprechende Regelung gibt es bisher nicht. Erst der Referentenentwurf zum 4. FMFG sah eine besondere Befugnis vor.

Aus den gleichen Gründen ist es auch nicht möglich, dass die Investmentgesellschaft einen Vertrag zur Verschmelzung zweier Fonds mit einer anderen KAG abschließt. Auch hierzu wäre eine besondere Befugnis erforderlich, wie sie § 14 Abs. 2 S. 2 KAGG für die Übertragung bildet.

B. Analogie zu §§ 2 ff. UmwG

Eine gesetzliche Regelung für die Fusion von zwei Investmentfonds fehlt. Der abschließende Charakter der §§ 13 und 14 KAGG lässt Eingriffe in den individuellen Bestand eines Fonds auf der Grundlage des bloßen Verwaltungsrechts der KAG nicht zu.[816]

Das Fehlen einer Fusionsregelung könnte aber als ungewollte Gesetzeslücke zu interpretieren sein, die gegebenenfalls durch Analogie geschlossen werden muss. Alternativ hätte der Gesetzgeber Verschmelzungen durch eine abschließende gesetzliche Regelung ausgeschlossen. Die Frage, ob eine Gesetzeslücke vorliegt, ist unter Berücksichtigung der Teleologie des KAGG zu beantworten. Auf dieser Grundlage kann geprüft werden, ob sich bereits de lege lata Alternativen zu einer zukünftigen gesetzlichen Regelung bieten.

1. Das Bestehen einer Gesetzeslücke

Zinkeisen vertritt die Ansicht, der Gesetzgeber habe die Verschmelzung von Investmentfonds als Rechtsproblem gar nicht erkennen können.[817] Bei der Verabschiedung des KAGG sei die Vereinigung von Investmentfonds praktisch nicht vorstellbar gewesen. Hieran ist richtig, dass kein konstruktives Vorbild für die Fusion von Sondervermögen existierte, als das KAGG in Kraft getreten ist. Weder gesamthänderische Sondervermögen, wie das Vermögen einer Gesellschaft bürgerlichen Rechts, noch Sondervermögen des Erbrechts können im oben beschriebenen Sinn fusioniert werden. Dies schließt aber nicht aus, dass eine Verschmelzungsregelung in das KAGG hätte aufgenommen werden können. Im Hinblick auf die dogmatische Behandlung von Sondervermögen sind durch dieses Gesetz auch in anderen wichtigen Fragen neue Wege beschritten worden. Ein Beispiel ist der gesetzliche Übergang des Sondervermögens auf die Depotbank

816 Siehe 1. Teil § 3A.4.c), S. 49.
817 Zinkeisen, S. 498.

gemäß § 14 Abs. 1 KAGG. Entsprechendes gilt für den Eigentumsübergang durch Erwerb des Anteilscheins gemäß § 18 Abs. 3 S. 1 KAGG. Auch die Verschmelzung hätte bereits mit der Verabschiedung des KAGG geregelt werden können.

Trotzdem kann nicht davon ausgegangen werden, dass der Gesetzgeber das Problem nicht erkannt hat. Vielmehr war ihm bewusst, dass die Verwaltung von Fonds aus der Sicht der Investmentgesellschaft unrentabel werden kann. Daher hat er ihr die Möglichkeit eingeräumt, mit dreimonatiger Frist zu kündigen. Die Annahme, hierbei sei übersehen worden, dass die Übertragung an eine andere Investmentgesellschaft scheitern kann, ist unwahrscheinlich. Der Bundesgesetzgeber hat vielmehr in Kauf genommen, dass unrentable Fonds mit allen Konsequenzen für die Anleger abzuwickeln sind.

Aus der Sicht des Gesetzgebers von 1957 lag daher eine abschließende Regelung vor. Der Ausbau der gesetzlichen Anlagemöglichkeiten hat die Abwicklung der Fonds jedoch aufwendiger gemacht. Die Anwendung der bestehenden Regelung kann zu erheblichen Reibungsverlusten und Rentideeinbußen der Anleger führen. Diese Entwicklung war 1957 nicht vorhersehbar. Das KAGG zielt aber gerade auf eine effiziente Vermögensverwaltung für Kleinanleger. Eine Anpassung des Gesetzes ist bisher unterblieben. Unter Berücksichtigung der Teleologie des Gesetzes könnte es daher vertretbar sein, im Fehlen einer Verschmelzungsregelung eine Regelungslücke zu sehen. Aus heutiger Perspektive ist eine Ergänzung jedenfalls zu empfehlen.

2. Die Regelung des UmwG

Diese Gesetzeslücke könnte durch Analogie zu §§ 2 ff. UmwG geschlossen werden. Das Sondervermögen wäre dann mit den in § 3 Abs. 1 UmwG aufgeführten Rechtsträgern gleichzusetzen.[818] Analog §§ 4, 5 UmwG wäre ein Verschmelzungsvertrag erforderlich, mit dessen Wirksamkeit zwei Vermögensfonds fusioniert würden.

Die Regelung des § 3 Abs. 1, 2 UmwG zählt die Rechtsträger, die an einer Verschmelzung beteiligt sein können, jedoch abschließend auf. Unter dem Be-

818 Im Gegensatz zur gesellschaftsrechtlichen Lösung ist das Sondervermögen aber nicht selbst Rechtsträger der Vermögensgegenstände. Bei der gesellschaftsrechtlichen Lösung wäre eine direkte Anwendung des Umwandlungsgesetzes problemlos denkbar. Die Anleger sind in diesem Fall Gesellschafter des Fonds und könnten ihre Anteilscheine nach Vertragsschluss umtauschen. Diese Möglichkeit wird in den Vereinigten Staaten genutzt, da hier gesellschaftsrechtlich organisierte Vermögensfonds vorherrschen. Zur Reorganisation von Fondsgesellschaften in den USA, Steck, S. 171 ff.

griff „Rechtsträger" ist jede im Rechtsverkehr auftretende rechtliche Einheit zu verstehen.[819] Die Qualität eigener Rechtspersönlichkeit ist hierfür nicht erforderlich. Rechtsträger kann aber nur der Vollinhaber eines Rechts sein. Diese Voraussetzung liegt bei einem Vermögensfonds wie auch bei anderen Sondervermögen niemals vor. Rechtsinhaber sind immer die Anteilinhaber bzw. die KAG. Bereits hierin liegt ein Hinweis, dass die § 2 ff. UmwG nicht analogiefähig sind.

Gemäß § 1 Abs. 2 UmwG ist eine Umwandlung i. S. v. § 1 Abs. 1 UmwG auf die Fälle des Umwandlungsgesetzes beschränkt.[820] Jede andere Form der Umwandlung muss in einem anderen Gesetz ausdrücklich vorgesehen sein. Diese Vorschrift ist als Analogieverbot zu begreifen.[821] Wenn auch die angestrebte Verschmelzung zweier Investmentfonds unter dieses Verbot fällt, ist eine Analogie zum Umwandlungsgesetz nicht zulässig.

Die Regelung des § 1 Abs. 2 i. V. m. § 3 Abs. 1, 2 UmwG schließt die Verschmelzung von Rechtsträgern außerhalb des aufgeführten Katalogs grundsätzlich aus. Dadurch wird beispielsweise die Fusion von Gesellschaften bürgerlichen Rechts oder Erbengemeinschaften verhindert. Das Sondervermögen ist aber kein Rechtsträger. Denkbar wäre es daher, die Verschmelzung von Fonds zuzulassen, da Sondervermögen im Sinn des KAGG vom Wortlaut der Vorschrift nicht erfasst werden. Diese enge Auslegung ist jedoch abzulehnen. Vielmehr gilt das Analogieverbot für jeden Fusionsvorgang, dessen rechtlicher Erfolg an § 2 ff. UmwG orientiert ist. Widmann stellt in diesem Zusammenhang darauf ab, ob die Verschmelzung zu einer Gesamtrechtsnachfolge führt, die ohne die Analogie nicht möglich wäre.[822] Die Verschmelzung von Sondervermögen verschiedener KAG setzt eine solche Gesamtrechtsnachfolge zwingend voraus. Nur so wäre ein einheitlicher Übergang des Fondsvermögens zu erklären. Das gleiche gilt für die Verschmelzung zweier Sondervermögen, die im Miteigentum der Anleger stehen. Auch hier müsste die Fusion zu einer Gesamtrechtsnachfolge der beteiligten Anleger führen, da alle Rechte beider Sondervermögen anteilig auf die neue Bruchteilsgemeinschaft übergingen.

Das Analogieverbot des § 1 Abs. 2 UmwG gilt somit auch für Investmentfonds.[823]

---

819 Lutter in Lutter, § 3 Rn 3.

820 König, Auflösung, S. 11.

821 Widmann, § 1 Rn 35; Kallmayer § 1 Rn 24; Goutier/Knopf/Tulloch, § 1 Rn 47.

822 Widmann, § 1 Rn 38.

823 Dieses Ergebnis schließt auch die analoge Anwendung des Umwandlungssteuergesetzes aus. Hier wäre es in Betracht gekommen, § 13 Abs. 1 UmwStG bei der Verschmelzung von Spezialfonds anzuwenden. Die Buchwerte der Anlage hätten im Fall einer Verschmelzung fortgeführt werden können. Gemäß § 1 UmwStG gilt die

3. Ergebnis

De lege lata ist die Fusion von Vermögensfonds ausgeschlossen. Weder ein Rechtsgeschäft der Investmentgesellschaft noch gesetzliche Regelungen außerhalb des KAGG ermöglichen die Verschmelzung im oben definierten Sinn.[824] Eine Analogie zum Umwandlungsgesetz wird durch das Analogieverbot des § 1 Abs. 2 UmwG ausgeschlossen.[825] Sofern ein wirtschaftliches Bedürfnis besteht, zwei Fonds zu vereinigen, müssen andere Wege gesucht werden.

C. Zusammenlegung zweier Fonds der gleichen KAG[826]

Dem Fondsmanager, der zwei Vermögensfonds vereinigen möchte, könnte eine andere Lösung offen stehen. In Betracht kommt es, alle Einzelgegenstände auf einen Zielfonds zu übertragen. Im Anschluss könnten die Anteilscheine des Altfonds umgetauscht werden.[827] Aber auch diese Konstruktion wirft weitreichende Fragen auf. Rechtliche Probleme ergeben sich insbesondere bei der Überführung eines Vermögenswertes auf einen Schwesterfonds.

Eine Investmentgesellschaft kann jeden Anlagegegenstand eines ihrer Fonds auf ein Sondervermögen einer anderen KAG übertragen. Die Befugnis ergibt sich aus § 9 Abs. 1 KAGG. Rechtsgeschäfte zwischen den Fonds einer KAG stoßen demgegenüber auf erhebliche rechtliche Bedenken. Dies gilt besonders dann, wenn beide Fonds gemäß § 6 Abs. 1 S.1 Alt. 1 KAGG im Eigentum der Anlagegesellschaft stehen. Neben die Problematik des Insichgeschäfts i. S. d. § 181 BGB tritt dann die Frage, ob Schuldverhältnisse und Verfügungen zwischen den Sondervermögen des gleichen Rechtsträgers überhaupt möglich sind.[828] Ein Eigentümerwechsel fände in diesem Fall nicht statt.

1. Verfügungen zwischen Schwesterfonds

Die KAG müsste jeden Vermögenswert einzeln auf den Zielfonds übertragen. Einer solchen Übertragung entspricht die dingliche Ebene eines Austauschge-

---

Regelung aber nur für Umwandlungen i. S. d. § 1 UmwG. Auf wirtschaftlich vergleichbare Umstrukturierungsfälle sind die Teile 2-7 des UmwStG nicht anwendbar; Dehmer, § 1 Rn 5.

824 4. Teil § 9A, S. 196.

825 Im Ergebnis auch König, Auflösung, S. 11.

826 Fonds einer KAG werden im Folgenden als Schwesterfonds bezeichnet.

827 Beckmann/Scholtz, § 14 Rn 5.

828 Graulich, S. 37.

schäftes. Im Fall der Treuhandlösung ist eine Verfügung im herkömmlichen Sinn jedoch nicht denkbar, weil die KAG Eigentümerin beider Fondsvermögens ist.

a) Meinungsstand

Die Literatur bietet zu dieser Problematik ein uneinheitliches Bild. Wendt verneint jede Möglichkeit, Vermögensgegenstände zwischen Schwesterfonds zu übertragen. § 6 Abs. 1, 2 KAGG regele die Zuordnung zu einem Sondervermögen durch Surrogation abschließend.[829] Für den Erwerb eines Vermögensgegenstandes, der zu einem Schwestersondervermögen gehört, komme nur die zweite Alternative des § 6 Abs. 2 KAGG in Betracht. Das Rechtsgeschäft müsse sich demnach auf das Sondervermögen beziehen. Ein solches Rechtsgeschäft sei aber im Fall der Treuhandlösung nicht möglich, da beide Fonds im Eigentum der KAG stehen. Damit entfällt der Tatbestand des § 6 Abs. 2 KAGG und die Surrogation wird nicht ausgelöst. Als Konsequenz dieser Ansicht ist es ausgeschlossen, Schwesterfonds zusammenzulegen. Bereits die Übertragung der Anlagegegenstände wäre unmöglich.

Die entgegengesetzte Position vertritt Graulich. Er legt seinen Überlegungen die Figur der gespaltenen Rechtspersönlichkeit zugrunde.[830] Eine KAG soll hiernach hilfsweise in so viele Rechtsträger aufgespalten gedacht werden, wie sie Vermögen verwaltet. Das ergibt die Summe ihrer Sondervermögen und ihres freien Vermögens. Aufgrund dieser Annahme von Teilrechtspersönlichkeiten werden nach Ansicht von Graulich Geschäfte zwischen dem freien Vermögen und einem Sondervermögen selbst im Fall der Treuhandlösung möglich. Es können nach dieser Ansicht auch Schuldverhältnisse im herkömmlichen Sinn bestehen.[831] Graulich wendet diese Rechtsfigur auf das Verhältnis zwischen KAG und Anteilinhaber an. Hierdurch schafft er eine dogmatische Grundlage für Ansprüche des Sondervermögens gegen das freie Vermögen der KAG. Solche Ansprüche können sich z. B. aus positiver Forderungsverletzung des Anlagevertrages ergeben. Die KAG muss in diesem Fall Schadensersatz an das Sondervermögen leisten. Sie ist aber gleichzeitig Gläubigerin der Forderung, wenn die Treuhandlösung vereinbart wurde. Ansprüche dieser Art sind nur schwer mit der herkömmlichen Schuldrechtsdogmatik zu vereinbaren. Ihre Existenz folgt, wie Graulich nachweist, aber zwangsläufig aus der Systematik des KAGG. Die An-

829 Wendt, S. 133.
830 Graulich, S. 45.
831 Graulich, S. 39.

legerinteressen blieben sonst gegen Vertragsverletzungen der KAG ungeschützt.[832]

Die Erfüllung dieser Ansprüche soll konsequenterweise durch ein Verfügungsgeschäft erfolgen.[833] Neben einer internen Willenserklärung soll hierzu noch eine Willensbetätigung erforderlich sein. Die geschuldete Leistung ist auf das Sperrkonto bei der Depotbank einzulegen.[834]

Graulichs Ansatz lässt sich auf das Verhältnis zwischen zwei Sondervermögen der gleichen Investmentgesellschaft übertragen. Durch Verfügung der verwaltenden KAG wäre die Erfüllung von Ansprüchen möglich, die zwischen den Teilrechtsträgern einzelner Fonds bestehen.[835] Wie von Graulich gefordert, müsste eine Art Insichgeschäft erfolgen. Die KAG hat anschließend die Depotbank anzuweisen, die notwendigen Umbuchungen zwischen den Sondervermögen vorzunehmen. Im Ganzen läge ein Geschäft i. S. d . § 6 Abs. 2 KAGG vor, das sich auf das Sondervermögen bezieht. Die dingliche Surrogation würde auf diese Weise ausgelöst und der übertragene Vermögensgegenstand kraft Gesetzes dem Zielfonds zugeordnet.

Auch in der neueren Literatur wird die Möglichkeit grundsätzlich bejaht, Quasi-Verfügungen zwischen den verschiedenen Vermögen einer KAG durchzuführen. Nach Ansicht von Baur kann die KAG Rechtsänderungen i. S. d. § 6 Abs. 2 KAG durch einfaches Rechtsgeschäft bewirken.[836] Die KAG könne sowohl auf Verkäufer- als auch auf Käuferseite auftreten. Ebenso könne die Verschiebung von Vermögensgegenständen zwischen den verschiedenen Vermögen einer KAG erfolgen.[837]

Beckmann argumentiert mit einem Vergleich zwischen Treuhand- und Miteigentumslösung. Sofern die Vermögensgegenstände im Miteigentum der Anleger stehen, sei eine echte Verfügung zwischen den einzelnen Fonds denkbar. Die Rechtsträgerschaft wird geändert und damit ein Wechsel der Zugehörigkeit zu einem Sondervermögen bewirkt.[838] Die Gleichstellung von Treuhand- und Mit-

---

832 Graulich, S. 40 ff.

833 Graulich, S. 125.

834 Graulich, S. 125 f.

835 Graulich, S. 114 ff., lehnt jedoch wegen 181 BGB analog die Entstehung solcher Rechtsverhältnisse aufgrund Vertrages ab.

836 Baur, § 5 Rn 6.

837 Zur Begründung führt Baur, a. a. O., unter Hinweis auf Coing, Die Treuhand kraft privaten Rechtsgeschäfts, S. 51 ff., aus, das Handeln der KAG sei objektbezogen. Die Ausübung der Verfügungsmacht i. S. d. § 9 S. 1 KAGG sei daher neutral. Es liege weder Handeln im eigenen Namen noch im fremden Namen vor. Damit komme es nur auf die Zuordnung eines Vermögensgegenstandes zu einem Sondervermögen an. Eine Identität der „Vertragsparteien" schade nicht.

838 Beckmann/Scholz, § 6 Rn 13.

eigentumslösung verlange es, in beiden Fällen Verfügungen zwischen Sondervermögen einer KAG zuzulassen. Auch Beckmann hält einen besonderen Rechtsakt für erforderlich, der die dingliche Zuordnung ändert.

b) Stellungnahme

Die Gesamtschau der Argumente spricht für die Befugnis der KAG, die Zuordnung von Vermögensgegenständen zu einem Fonds zu ändern. Richtig an der Argumentation Wendts ist, dass die Zugehörigkeit zu einem Sondervermögen in § 6 KAGG ausdrücklich geregelt ist. Der Grundsatz der strengen dinglichen Surrogation dient jedoch ausschließlich dem Anlegerschutz. Er bildet somit nur die untere Grenze. Die Möglichkeit, freies Vermögen der KAG auf ein Sondervermögen zu übertragen, soll durch § 6 Abs. 2 KAGG nicht verhindert werden.

Ebenso ist auch eine Quasi-Verfügung zwischen Schwesterfonds möglich. Im Fall der Miteigentumslösung kann die KAG durch eine Verfügung den Wechsel des Sondervermögens herbeiführen. Der Schluss a maiore ad minus lässt diese Befugnis auch für die Treuhandlösung zu. Hier erfolgt lediglich die Herauslösung aus der Bindung an ein Sondervermögen. Dogmatisch bietet Graulichs Theorie der gespaltenen Rechtspersönlichkeit einen überzeugenden Ansatz.[839] Auf dieser Grundlage sind echte Verträge auch zwischen Sondervermögen denkbar.[840]

2. Schuldrechtliche Verträge zwischen Sondervermögen

Hieraus folgt noch nicht, dass echte Austauschgeschäfte zwischen Schwesterfonds möglich sind; denn auch eine Verfügung zwischen Sondervermögen erfordert einen Rechtsgrund. Zwischen den Teilrechtsträgern der Sondervermögen müsste eine Art schuldrechtlicher „Übertragungsvertrag" bestehen. Der einzelne Gegenstand müsste verkauft werden.

Auch Baur scheint von der Notwendigkeit eines obligatorischen Grundgeschäftes bei der Übertragung von Einzelgegenständen auszugehen. Er setzt einen Kaufvertrag zwischen den Sondervermögen voraus.[841]

839 Ähnlich auch Canaris, Rn 2451, zum Anteilserwerb durch die KAG selbst. Im Falle der Treuhandlösung könne man zwei Rechtsträger fingieren.

840 Außerdem entstünde ein Anspruch gegen die KAG aus pFV des Anlagevertrages, weil ein Vermögenswert ohne Gegenleistung veräußert wurde.

841 Baur, § 5 Rn 6.

a) § 10 Abs. 2 S. 2 KAGG

Ein Kaufvertrag zwischen Schwesterfonds scheitert aber an § 10 Abs. 2 S. 2 KAGG. Hiernach kann die KAG weder das Sondervermögen noch die Anleger verpflichten. Das gleiche muss auch für die Verpflichtung von Teilrechtspersönlichkeiten i. S. d. Theorie Graulichs gelten.

Auch Baur scheint dieses Problem zu sehen. Ein Kaufvertrag könne aber wie ein normales Verwaltungsgeschäft geschlossen werden, bei dem die KAG sowohl auf der Käufer- als auch auf der Verkäuferseite steht.[842] Eine Verpflichtung der Anlegergemeinschaften bzw. der Teilrechtspersönlichkeiten wäre dann gar nicht erforderlich. Da dieses Geschäft objektbezogen sei, werde auch die Surrogation ausgelöst und der Anspruch direkt dem jeweils anderen Sondervermögen zugeordnet. M. E. ist ein solches Geschäft nicht möglich. Hier wird kein Vertrag zwischen Teilrechtsträgern oder Anlegern im Sinne der Theorie Graulichs geschlossen. „Käufer" und „Verkäufer" repräsentieren nicht einmal mehr verschiedene Vermögensmassen. Die KAG handelt aber auch nicht als Stellvertreterin. Sie müsste sich vielmehr im eigenen Namen sich selbst gegenüber verpflichten. Haftungsmasse für Anspruch und Gegenanspruch wäre nur das freie Vermögen der KAG. Während sich im Modell Graulichs fingierte Parteien gegenüberstehen, verwischen die Grenzen zwischen Schuldner und Gläubiger bei Baurs Ansatz vollkommen. Ein solches Geschäft lässt sich kaum mit der Dogmatik des Schuldrechts vereinbaren.

Ein gegenseitiges Schuldverhältnis unter Beteiligung eines Sondervermögens kann demnach nicht durch Rechtsgeschäft begründet werden. Die Rechte der KAG aus § 10 Abs. 1 S. 1 KAGG sind durch § 10 Abs. 2 S. 2 KAGG beschränkt.

b) § 181 BGB

Der Übertragung von Anlagegegenständen auf ein anderes Sondervermögen der gleichen KAG könnte außerdem § 181 BGB entgegenstehen. Sowohl die Verfügung als auch das Verpflichtungsgeschäft setzen einen Vertrag voraus, bei dem die KAG für alle Beteiligten handelt. Ein Insichgeschäft im Sinn des § 181 BGB liegt jedoch nicht vor. Die KAG handelt weder als Vertreterin der Sondervermögen noch der Anteilseigner. Der klare Wortlaut des § 9 Abs. 1 KAGG lässt nur ein Handeln im eigenen Namen zu. Die h. M. will § 181 BGB jedoch entspre-

842 Baur, § 5 Rn 6.

chend anwenden.[843] Die Interessenlage sei die gleiche.[844] Verpflichtungsgeschäfte unter Beteiligung des eigenen freien Vermögens bergen die Gefahr der Interessenkollision. Insoweit bestehe kein Unterschied zu einem echten Vertretungsgeschäft.[845]

Dieser Ansicht ist zuzustimmen. Auch bei Geschäften des Treuhänders für Rechnung zweier Fonds sind Interessenkonflikte möglich. Die KAG könnte hier bestimmte Anlegergruppen bevorzugen. Ein Geschäft zwischen zwei Sondervermögen kann wohl nur im Ausnahmefall dem Interesse aller Beteiligter nützen.[846] Verträge der beschriebenen Art entsprechen der Mehrvertretung i. S. d. zweiten Alternative des § 181 BGB.

Grundsätzlich soll eine ausdehnende Analogie des § 181 BGB auf andere mögliche Interessenkonflikte zwar nur sehr eingeschränkt möglich sein.[847] Die Unterscheidung zwischen Handeln im eigenen bzw. im fremden Namen ist, wie Roth zutreffend feststellt, im vorliegenden Zusammenhang aber nur dogmatisch-begrifflich.[848]

3. Zwischenergebnis

Verpflichtungsgeschäfte zwischen Sondervermögen einer KAG sind nicht zulässig. Für dieses Ergebnis sind zwei Gründe maßgeblich. Erstens gilt auch für Austauschgeschäfte innerhalb einer Fondsfamilie das Verpflichtungsverbot des § 10 Abs. 2 KAGG. Zweitens ist § 181 BGB auf Geschäfte zwischen Schwesterfonds analog anzuwenden. Hieraus folgt, dass auch die Zusammenlegung von Schwesterfonds in Verbindung mit dem Angebot, die Anteilscheine umzutauschen, nicht möglich ist. Diese Variante der Abwicklung würde die Übertragung des gesamten Anlagevermögens auf einen anderen Fonds voraussetzen.

---

843 Geßler, S. 18; Roth, S. 133; Beckmann, § 5 Rn 4; Canaris, Rn 2408, will zumindest Geschäfte zwischen KAG und Sondervermögen analog § 5 S. 1 KAGG ausschließen.

844 Sofern eine Gestattung in Betracht kommt, müsse diese bereits im Investmenvertrag vorgesehen sein, Beckmann/Scholtz, § 5 Rn 4.

845 Graulich, S. 117.

846 Wie Baur, § 5 Rn 7, nachweist sind solche Fälle aber durchaus denkbar.

847 Palandt, § 181 Rn 14.

848 Roth, S. 121 mit Hinweis auf Kötz, S. 1471.

Denkbar ist es aber, zwei Sondervermögen verschiedener Investmentgesellschaften zusammenzuführen. Auch der Referentenentwurf enthält keine ausdrückliche Regelung für diese Konstellation. Die Übertragung der einzelnen Vermögensgegenstände stellt in diesem Verhältnis kein Problem dar, und die Rechte der Anleger könnten durch ein Umtauschangebot für ihre Anteile gesichert werden.[849] Diese Variante der Abwicklung ist 1969 in einem Fall vollzogen worden.[850] Aber auch diese Vorgehensweise wird in weitem Maß durch das KAGG beschränkt.

Grundsätzlich reicht die Verfügungsmacht der Investmentgesellschaft im Außenverhältnis aus, um das gesamte Vermögen auf einen anderen Fonds zu übertragen. Das alte Sondervermögen wäre dann auf die Summe der Kaufpreisforderungen reduziert. Die Anlagevorschriften des KAGG stehen einer solchen Aushöhlung des Sondervermögens aber entgegen. Denkbar ist es in diesem Stadium nur, dass eine andere KAG den aufschlagfreien Einstieg anbietet, soweit der Anleger seine Anteilscheine gemäß § 11 Abs. 2 S. 1 KAGG zurückgibt.[851] Eine Übernahme des gesamten Vermögens ist nicht möglich.

Erst die Depotbank darf im Rahmen der Abwicklung von den gesetzlichen Anlagevorschriften abweichen. Nach dem Übergang des Fonds gemäß § 14 Abs. 1 KAGG kann die Depotbank das gesamte Sondervermögen an einen anderen Fonds verkaufen. Der Anleger hätte im Anschluss die Wahl, seinen Anteilschein zurückzugeben oder gegen Anteilscheine der neuen KAG zu tauschen. Wenn sich ein Anleger für keine dieser Möglichkeiten entscheidet, bleibt er weiter Anteilinhaber des Altfonds. Die Abwicklung durch die Depotbank beschränkt sich nur noch auf die Einziehung des Kaufpreises von der neuen KAG. Die neue Anlagegesellschaft kann auf diese Weise ihr Verwaltungsvolumen vergrößern. Der Anleger kann durch den Umtausch ohne neuen Verkaufsaufschlag seine Investition fortführen.

Einem echten Umtausch der Anteilscheine steht allerdings das Sacheinlagenverbot des § 21 Abs. 1 S. 3 KAGG entgegen. Hiernach ist nur die Zahlung von Geld als Gegenleistung für die Ausgabe neuer Anteilscheine zulässig. Technisch müsste der Anleger seine Anteilscheine daher an die neue KAG verkaufen. Erst mit dem Erlös kann er neue Zertifikate erwerben. Ein echter Tausch kommt nur

849 König, Auflösung, S. 12; Beckmann/Scholtz, § 14 Rn 5; Baur, § 14 Rn 5.

850 BAnz v. 4. 12. 1969; die Anlage – Gesellschaft für französische Aktienwerte m. b. H und die Anlagegesellschaft für englische und holländische Aktienwerte m. b. H. kündigen hier jeweils einen ihrer Fonds. In derselben Veröffentlichung bietet die ADIG den kostenfreien Umtausch in Anteile eines ihrer eigenen Fonds an.

851 Siehe auch König, Auflösung, S. 12.

mit bereits eingezahlten Anteilscheinen, die im freien Vermögen der neuen KAG stehen, in Betracht.

Der wirtschaftliche Sinn dieses Verfahrens ist im Ergebnis höchst zweifelhaft. Die neue KAG müsste alle Anlagegegenstände eines Fonds erwerben. Sie hätte aber im Gegenzug nicht die Gewissheit, dass auch alle Anleger dem Angebot zum Umtausch folgen.[852] Dieses Risiko geht ausschließlich zu ihren Lasten, weil die KAG die Übernahme durch eigene Mittel vorfinanzieren muss.

E. Ergebnis

Die Verschmelzung von Investmentfonds ist de lege lata ausgeschlossen. Aber auch die Möglichkeiten, Publikumsfonds zumindest wirtschaftlich zusammenzufassen, sind sehr begrenzt. Die Zusammenlegung von Sondervermögen einer KAG scheitert bereits an der fehlenden Übertragbarkeit der Vermögensgegenstände. Grundsätzlich möglich ist die Übernahme aller Anlagewerte durch das Sondervermögen einer anderen KAG. Das Verfahren birgt für die übernehmende KAG aber das Risiko, dass nicht alle Anleger ein paralleles Umtauschangebot wahrnehmen. Eine praktikable Alternative, die im Interesse aller Beteiligter steht, kann erst eine gesetzliche Änderung bringen.

F. Die Zusammenlegung durch Realakt

a) Die Ansicht Zinkeisens

Eine Lösung des Verschmelzungsproblems schlägt Zinkeisen vor. Folgt man der von ihm begründeten Ansicht, lassen sich Spezialfonds unter bestimmten Voraussetzungen durch Realakt zusammenführen. Handelsbilanzielle oder steuerliche Nachteile könnten auf diese Weise vermieden werden. Zinkeisen legt seinen Überlegungen den Fall zugrunde, dass ein einzelner Spezialfondsanleger über

852 Die Möglichkeit, ohne neuen Ausgabeaufschlag den Fonds zu wechseln, ist heute wichtiges Marketinginstrument der Investmentindustrie. Hierzu wird den Anlegern das Recht eingeräumt, zwischen bestimmten Fonds ohne Kostenbelastung zu wechseln; s. Baur, Einl. I Rn 86. Dies hat technisch durch Rückgabe der alten und Ausgabe neuer Anteilscheine zu geschehen. Damit erhält der Anleger die Gelegenheit ohne weitere Kosten zwischen Branchenfonds zu wechseln. Dieses Konzept entspricht den im Ausland angebotenen Umbrellafonds. Auch hier können die Anleger ohne Ausgabeaufschlag zwischen den Fonds „unterm Schirm“ wechseln; näheres bei Baur, Einl. I Rn 46.

zwei Individualfonds verfügt.[853] Seine Lösung wäre damit auf den weitaus größten Teil potentieller Verschmelzungsfälle im Spezialfondsbereich anwendbar.

Auf die Zusammenlegung von Publikumsfonds lässt sich dieser Ansatz nicht anwenden. Zinkeisen setzt voraus, dass nur ein einziger Anteilinhaber existiert. Nur so kann eine einheitliche Willensbetätigung erfolgen. Im Rahmen eines Publikumsfonds ist eine solche Willensbildung nicht möglich. Eine derartige Konstruktion scheitert außerdem daran, dass die zu verschmelzenen Publikumsfonds verschiedene Eigentümer haben. Die Eigentumsstruktur an jedem Gegenstand muss bei einer Vereinigung zwangsläufig eine Veränderung erfahren, die nicht durch einen einfachen Realakt bewirkt werden kann. Notwendig ist hierfür eine Verfügung. Die Verfügungsberechtigung ist den Anlegern aber durch § 9 Abs. 1 KAGG entzogen.

Die Zusammenführung soll nach Ansicht Zinkeisens durch bloße Willensbetätigung erfolgen.[854] Eine Willenserklärung sei nicht erforderlich. Einer Verfügung oder eines Vertrages bedürfe es ebenfalls nicht. Vielmehr müsse der Anleger das eine Sondervermögen dem anderen nur zuführen. Die Rechtsfolgen sollen denen einer Verschmelzung vergleichbar sein.[855] Die Befugnis, Individualfonds neu zu strukturieren, ergebe sich mittelbar aus der Rechtsnatur des Sondervermögens.[856] Dieses sei kein Rechtssubjekt. Damit ist es auch nicht Träger der im Anteilschein verbrieften Rechte. Vielmehr sei es der Anleger, dem das uneingeschränkte Eigentum zustehe. Dieses stelle die umfassendste Herrschaftsmacht dar, die die Rechtsordnung an Sachen zulasse. Die Befugnis, sein Eigentum in verschiedenen Vermögensmassen zu ordnen, liege deshalb auch grundsätzlich beim Fondseigentümer.

Einschränkungen dieser „Umordnungsbefugnis“ könnten sich nur aus dem KAGG ergeben. Der Wertpapiercharakter des Anteilscheines stehe dem Recht zur Zusammenführung jedoch nicht entgegen. Hieraus folge zwar, dass nur der Inhaber des Papiers die Anlegeransprüche gegenüber der KAG geltend machen könne. Die Verbriefung dieser Rechte gemäß § 18 Abs. 1 S. 1 KAGG führe aber nicht zur Beschränkung ihrer Ausübung. Auch die Einschränkung der Verfügungsmacht gemäß § 18 Abs. 3 KAGG könne einen Realakt im beschriebenen Sinn nicht verhindern. Die Vorschrift binde das Miteigentum an den Anteilschein. Gesonderte Verfügungen über Einzelanteile werden so ausgeschlossen. Ein Realakt sei aber eben keine Verfügung. Er sei nicht auf die Einwirkung,

853 Zinkeisen, S 498.
854 A. a. O., S. 499.
855 A. a. O., S. 500.
856 A. a. O., S. 499.

Veränderung oder Übertragung eines bestehenden Rechts gerichtet. Ein unzulässiges Rechtsgeschäft i. S. d. § 18 Abs. 3 S. 3 KAGG liege daher nicht vor.

Zinkeisen sieht auch keinen Widerspruch zu den gesetzlichen Pflichten der KAG. Er räumt ein, dass die tatsächliche Durchführung der Zusammenlegung nur durch die Investmentgesellschaft erfolgen könne.[857] Nur sie habe die tatsächliche Verwaltungsbefugnis. Der Realakt führt nach Ansicht Zinkeisens zu einer automatischen Neubewertung der Anteilscheine. Diese haben keinen Nennwert und repräsentieren jeweils einen Bruchteil des Sondervermögens. Die Wertgleichheit trete durch relative Verschiebung des Anteilwertes ein.

Auch an den Buchwerten kann dieser Ansicht zufolge festgehalten werden. Eine Realisierung von Gewinnen i. S. v. § 252 Abs. 1 Nr. 4 HGB trete nicht ein, weil kein Leistungsaustausch vorliege. Das gleiche Ergebnis soll auch für die steuerliche Beurteilung gelten. Dies ergebe sich aus der ständigen BFH-Rechtsprechung. Hiernach ist auf die sofortige Aufdeckung stiller Reserven beim Übergang eines Wirtschaftsgutes auf einen anderen Rechtsträger zu verzichten, wenn dies wirtschaftlich gerechtfertigt und die Besteuerung der stillen Reserven gesichert ist.[858] Das Sondervermögen werde durch die gesetzliche Fiktion des § 38 Abs. 1 KAGG zum Steuersubjekt verselbstständigt. Zwei Spezialfonds eines Anlegers ließen sich deshalb mit zwei Betrieben desselben Steuerpflichtigen vergleichen. Bei der Zusammenführung verlassen die Fondsanteile nach dieser Ansicht nicht den Funktionszusammenhang des Sondervermögens.[859]

Nägele, Schaber und Staber schließen sich der Position Zinkeisens im Wesentlichen an.[860] Allerdings scheinen sie die Befugnis des Anlegers, sein Fondsvermögen zu ordnen, noch weiter auszudehnen. Der Anleger könne aufgrund seiner uneingeschränkten Eigentümerposition eine beliebige Anordnung seiner Wertpapiere vornehmen. Die Anlage sei so zu behandeln, als ob sie unmittelbar in gewöhnlichen Depots gehalten werde.[861] Die Existenz des Sondervermögens hätte damit nur noch formalen Charakter. Daraus folgern die Autoren sogar die Möglichkeit, Spezialfonds erfolgsneutral zu spalten. So sollen Anlagegegenstände mit Wertgewinnen unter Wahrung der stillen Reserven ausgegliedert werden können. Positionen, die Verluste verzeichnen, könnten als Teil des Restsonder-

857 A. a. O., S. 500.

858 A. a. O., S. 502, m. w. N.

859 Zu diesem Erfordernis des BFH, s. Zinkeisen, Fn Nr. 41; aber selbst bei Beurteilung als Anteilstausch bliebe eine Zusammenführung nach Ansicht Zinkeisens ergebnisneutral, weil die Anteile an dem alten und an dem neuen Sondervermögens wert,- art- und funktionsgleich i. S. d. BFH–Tauschgutachtens seien.

860 Nägele, Schaber, Staber, S. 1951 ff.

861 Nägele, Schaber, Staber, S. 1951.

vermögens in der Steuerbilanz des Anlegers abgeschrieben werden. Hier käme dann das Niederstwertprinzip zur Anwendung.

b) Stellungnahme

Zinkeisen bemüht sich, eine einfache und praxisgerechte Lösung für die Vereinigung von Spezialfonds zu finden. Aus der Sicht der Anleger sind seine Ergebnisse sehr wünschenswert. In vielen Details ist seiner Analyse zuzustimmen. Richtig ist, dass die Verbriefung der Anlegerrechte der Ausübung der Eigentumsrechte nicht entgegensteht; zwar umfasst § 18 Abs. 1 S. 1 KAGG auch dingliche Rechte. Eventuelle Rechte aus dem Eigentum i. S. d. § 903 BGB werden hierduch aber nicht beschnitten. Auch die besondere Form der Verfügung gemäß § 18 Abs. 3 KAGG schließt nur die allgemeinen Regeln des Zivilrechts aus. Das Rechtsverhältnis zwischen KAG, Anleger und Sondervermögen wird hierdurch nicht betroffen. Die Position von Nägele, Schaber und Staber macht demgegenüber das Sondervermögen zum reinen Spielball der Anleger. Es dient nur noch der optimalen Verwirklichung steuerlicher Interessen. Die Grenzen zur freien Vermögensanlage werden unter Wahrung der bilanziellen Vorteile vollständig aufgehoben.

Beide Positionen verkennen zudem Rechtsnatur und Schutzzweck des Sondervermögens. Die Vereinigung durch Realakt steht im Widerspruch zu grundlegenden Prinzipien des KAGG.[862] Fraglich ist vor allem, inwieweit dem Anleger überhaupt noch Herrschaftsrechte aus dem Eigentum zustehen.

Zinkeisen leitet das Recht zur Vermögensumordnung aus der Eigentümerstellung des Anlegers ab. Hierin liege die umfassendste Herrschaftsmacht, die die Rechtsordnung an Sachen zulasse. Er erkennt zwar an, dass sich aus dem KAGG Einschränkungen für den Anleger ergeben können. Der Autor diskutiert jedoch nicht die Wirkungen des § 9 Abs. 1 KAGG auf die Stellung des Eigentümers. Diese Vorschrift überträgt der KAG die Ausübung aller Rechte aus den Anlagegegenständen. Hierin liegt eine zwingende gesetzliche Ermächtigung.[863]

Das Eigentum des Anlegers wird durch § 9 Abs. 1 S. 1 KAGG auf eine formale Position reduziert.[864] Canaris spricht in diesem Zusammenhang von der

862 Im Ergebnis auch Paul, S. 42, der die vorgeschlagege Lösung wegen Verstoßes gegen das Sacheinlagenverbot ablehnt; s. hierzu auch Paul, Rezension Baur, S. 941.

863 Baur, § 9 Rn 6; Zinkeisen, a. a. O., erkennt zwar an, dass nur die KAGG die eigentliche Zusammenlegung zu vollziehen hat. Das dingliche Recht des Anlegers, diese Zusammenlegung zu verlangen, bleibt nach Ansicht des Autors von der Ermächtigung unberührt.

864 Ebner v. Eschenbach, S. 85.

verdrängenden Verfügungsmacht der KAG.[865] Gerade die typischen Herrschaftsrechte aus dem Eigentum sind durch die Ermächtigung auf die KAG übertragen. Das Eigentum des Anlegers wird „entdinglicht“ und einer gut gesicherten obligatorischen Rechtsposition angenähert.[866] Dem Zuwachs an Befugnissen der KAG entspricht der weitgehende Verlust von Eigentumsrechten des Anteilinhabers. Dem Anleger verbleibt nur das Verfügungsrecht aus § 18 Abs. 3 KAGG. Aber gerade hierin wird die Begrenzung der Eigentümerrechte deutlich, weil der Anleger eben nicht über seinen einzelnen Miteigentumsanteil gemäß §§ 929 ff. BGB, sondern nur über seinen Anteilschein verfügen kann. Auf diese Weise gehen die Miteigentumsanteile als gesetzliche Folge auf den Erwerber über. Die Vorschrift stellt eine praxisgerechte Ausnahmeregelung dar.[867] Diese Grundsätze gelten auch für Inhaber von Individualfonds. Alle Rechte aus dem Eigentum liegen bei der KAG, und auch eine Verfügung durch den Anleger ist an § 18 Abs. 3 KAGG gebunden.

Rechte aus dem Eigentum im Sinne einer umfassenden Herrschaftsmacht bestehen somit nicht mehr. Aus der dinglichen Position des Anlegers lässt sich daher auch keine Befugnis ableiten, das Sondervermögen „umzuordnen“.

Aber auch das Weisungsrecht gegenüber der Depotbank liegt allein bei der KAG. Im Fall eines Wertpapiersondervermögens muss die Depotbank die eigentliche Zusammenführung als Kern des Realaktes vollziehen. Sie führt gemäß § 12a Abs. 1 KAGG die Sperrkonten.[868] Aber nur die KAG kann anordnen, die Sondervermögen zusammenzulegen. Sie besitzt gemäß § 12 Abs. 2 S. 2 KAGG ein umfassendes Weisungsrecht als Teil ihrer Verwaltungsbefugnis. Die KAG handelt somit rechtlich unabhängig. Für ein konkurrierendes Recht des Anlegers fehlt die Grundlage und eine gesetzliche Weisungsbefugnis besteht somit weder gegenüber der Depotbank noch der KAG.

Für eine „zur Zusammenführung berechtigende Eigentümerstellung“[869] bleibt im Ergebnis kein Platz. Das KAGG überträgt den Treuhändern alle Rechte aus dem Eigentum an den Anlagegegenständen. Die Ermächtigung des § 9 Abs. 1 KAGG ist einer der Grundpfeiler des Investmentrechts. Der Anlagevertrag kann

865 Canaris, Rn 2396 sowie 2405.

866 Canaris, Rn 2396; umgekehrt liegt bei der Treuhandlösung die gleiche annähernd dingliche Sicherheit wie bei der hier diskutierten Miteigentumslösung vor.

867 Hierin liegt nur eine formale Regelung, um im Fall der Miteigentumslösung ein Auseinanderfallen von obligatorischen Rechten aus dem Anlagevertrag und dem Eigentum zu vermeiden. Diese Tatsache gibt aber keinen Hinweis auf weitergehende Rechte des Anlegers aus dem Eigentum.

868 Anders als von Zinkeisen suggeriert, liegt somit kein einheitlicher Vollzug durch die KAG vor, die gar keine physische Einwirkungsmöglichkeit hat.

869 Zinkeisen, S. 500.

dem Anleger daher auch keine speziellen dinglichen Rechte vorbehalten. Dies muss auch der Spezialfondsanleger akzeptieren. Das besondere Herrschaftsrecht, das Zinkeisen voraussetzt, ist durch die Auflegung des Sondervermögens auf die KAG übergegangen.

Außerdem verstößt die Lösung Zinkeisens gegen das Prinzip, Miteigentums- und Treuhandlösung wirtschaftlich gleich zu behandeln.[870] Der Autor diskutiert zunächst nur die Miteigentumslösung. Zwar weist er auf die Möglichkeit hin, Fonds auch bei der Treuhandlösung zu verschmelzen, und bezeichnet den Anleger in diesem Fall als wirtschaftlichen Eigentümer. Später lässt Zinkeisen jedoch offen, auf welchen Eigentumsbegriff Bezug genommen wird. Die besonderen Herrschaftsrechte, die nach Zinkeisen zur Zusammenlegung befugen, setzen aber das rechtliche Eigentum i. S. d. § 903 BGB voraus. Als Konsequenz seiner Überlegungen hätte im Fall der Treuhandlösung die KAG und nicht der Anleger die Befugnis zur Zusammenlegung. Daraus ergäben sich unterschiedliche Rechte in Abhängigkeit von der gewählten Treuhandform.

Aber nicht nur dem Anleger fehlt die Befugnis, seine Fonds zusammenzulegen. Auch die KAG kann den Sondervermögensverband nicht lösen. Weder ein eigener Realakt noch eine Weisung an die Depotbank heben die Zugehörigkeit eines Gegenstandes zu einem Sondervermögen auf. Bereits die Untersuchung zu Publikumsfonds hat gezeigt, dass die KAG das Sondervermögen nicht durch Vertrag oder einseitiges Rechtsgeschäft auflösen kann.[871] Ein einzelner Anlagegegenstand kann nur durch Verfügung oder gutgläubigen Erwerb die Bindung an das Sondervermögen verlieren. Das Ausscheiden durch einfache physische Umordnung ist ausgeschlossen. Selbst bei Verlust bleibt ein Gegenstand Teil des Sondervermögens. Damit reicht auch die einfache Vermischung mit dem anderen Sondervermögen nicht aus. Das gleiche gilt für die Vermischung von Treuhandvermögen mit dem freien Vermögen der KAG bzw. des Anlegers. Das alte Sondervermögen besteht auch in diesem Fall fort.

Diese Ergebnisse werden mit dem Argument bestritten, Fonds bildeten nur einen „Inbegriff von Sachen" im Sinn von § 260 Abs. 1 BGB.[872] Ein Herauslösen soll demnach nur durch die Eigentümerstruktur beschränkt werden. Diese Beschränkung falle beim Individualfonds weg. Der „Inbegriff von Sachen" ist jedoch bloß ein Sammelbegriff des BGB. Er setzt lediglich voraus, dass mehrere Gegenstände über ein einheitliches Rechtsverhältnis zusammengefasst werden.[873] Diese Voraussetzung erfüllen sowohl einfache Sachgesamtheiten, bei de-

870 1. Teil § 2B.4, S. 36.
871 Siehe hierzu 1. Teil § 3A.4.c), S. 49 sowie 4. Teil § 10A, S. 205.
872 Nägele, Schaber, Staber, S. 1949, unter Berufung auf Ohl, S. 27.
873 Selb in Staudinger, § 260 Rn 2 und 4.

nen die Summe der Einzelgegenstände eine besondere Wertschätzung genießt,[874] als auch Rechtsgesamtheiten.[875] Sondervermögen bilden nur einen Unterfall der zweiten Gruppe. Mit Ausnahme des § 260 BGB knüpfen sich keine besonderen Rechtsfolgen an diese Einordnung. Insbesondere verbietet sich jeder Vergleich mit einfachen Sachgesamtheiten. Hier kann der Eigentümer in der Tat frei über die Zuordnung entscheiden. Der Begriff des Sondervermögens ist jedoch weitaus enger. Er setzt die gesetzliche Bindung seiner Bestandteile voraus.[876] Die Verwendung des Oberbegriffs „Inbegriff von Sachen" außerhalb des Regelungszusammenhanges des § 260 BGB ist daher eher verwirrend. Die Anwendung auf Investmentfonds ist unnötig.

c) Ergebnis

Auch Individualfonds können de lege lata nicht mit Verschmelzungswirkung zusammengelegt werden. Der Spezialfondsanleger bleibt auf den Weg der Rückgabe und Auflösung verwiesen.

§ 11 Zur künftigen gesetzlichen Regelung der Verschmelzung von Investmentfonds

Weder Publikumsfonds noch Spezialfonds können de lege lata fusioniert werden. Auch andere Formen der Vereinigung scheitern an wirtschaftlichen oder praktischen Hürden. Die Möglichkeit der Verschmelzung wäre aus Sicht der Anleger jedoch in beiden Marktsegmenten wünschenswert. Zu diesem Zweck müsste eine besondere gesetzliche Regelung geschaffen werden. Dieses Kapitel untersucht, wie eine solche Befugnis im KAGG verankert werden kann.

Überlegungen, inwieweit eine Ergänzung des KAGG zu empfehlen ist, haben unter rechtspolitischen Gesichtspunkten zu erfolgen. Vorteile für die Anleger und den Finanzmarkt müssen mit eventuellen Nachteilen wie Missbrauchsrisiken abgewogen werden. Bei dieser Abwägung steht der Schutz der Publikumsanleger im Vordergrund, da die Verschmelzung von Investmentfonds nur einseitig durch einen der Treuhänder erfolgen kann.

Auch die Bundesregierung hat das Bedürfnis erkannt, den Investmentmarkt zu straffen.[877] Aus diesem Grund sind umfangreiche Änderungen des KAGG in

874 Dilcher in Staudinger, vor § 90 Rn 15; als Beispiel wird die Viehherde angeführt.
875 A. a. O., Rn 20; s. a. Selb in Staudinger, § 260 Rn 4.
876 Graulich, S. 4.
877 Begründung des Referentenentwurfs zum 4. FMFG, zu Art. 3 Nr. 13.

das 4. FMFG aufgenommen worden, die zum 1. 7. 2002 in Kraft getreten sind. Im Mittelpunkt steht hier die Einführung von Fondsklassen. Die ursprüngliche Entwurfsfassung sah zudem eine Ergänzung des § 21 Abs. 1 KAGG um einen vierten Satz vor. Diese Neuregelung sollte zukünftig die „Einbringung eines gesamten Sondervermögens“ ermöglichen. Die Begründung des Entwurfs bezeichnete diesen Vorgang als Verschmelzung.[878]

Trotz der Abstimmung des Gesetzentwurfes mit den beteiligten Interessenvertretern sowie der BaFin wurde die Verschmelzungsvorschrift aus dem Referentenentwurf gestrichen.[879] Sie wurde somit nicht Bestandteil des 4. FMFG. Nichtsdestotrotz bietet die Entwurfsfassung eine wichtige Diskussionsgrundlage für kommende Reformen.

Das folgende Kapitel stellt den Regierungsentwurf in seiner ursprünglichen Version vor und unterzieht ihn einer kritischen Würdigung. Auf dieser Grundlage können de lege ferenda Vorschläge für eine Fusionsregelung erarbeitet werden, die einen Interessenausgleich zwischen Anlegern und Anlagegesellschaft ermöglicht.

A. Der Referentenentwurf

Mit der Neufassung des KAGG durch das 4. FMFG wurde eine erste Grundlage für die Straffung des Fondsangebotes gelegt.[880] Die Regelung dient der Transparenz des Investmentmarktes. Zentrale Bedeutung hat hierfür die Einführung von Anteilklassen gemäß § 18 Abs. 2 KAGG. Als ein weiterer Eckpfeiler der Neuregelung war die Einbringung von Sondervermögen vorgesehen.

Durch die Ergänzung des § 18 KAGG kann die Auflegung vieler spezialisierter Fonds vermieden werden. Seit dem In-Kraft-Treten dürfen die Investmentgesellschaften Fonds mit mehreren Klassen auflegen. Ein einzelnes Sonder-

---

878 A. a. O.

879 Maßgeblich für die Streichung der Regelung waren ausschließlich steuerliche Gründe. Insbesondere war die Behandlung stiller Reserven umstritten. Die Finanzverwaltung vertrat die Ansicht, die Einbringung eines Sondervermögen sei nach § 6 Abs. 1 EStG als Tausch der Anteilscheine zu bewerten. Demnach seien stille Reserven aufzudecken. Diese Position führte zu der Einschätzung, die Neuregelung werde aufgrund dieser steuerlichen Folgen nicht vom Markt angenommen. Eine gesetzliche Freistellung habe aber zu unabsehbaren fiskalischen Folgen und Steuerausfällen führen können (Bericht des Finanzausschusses v. 20. 3. 2002; BT-DRS 14/8601) In der Folge hat es der Finanzausschuss vorgezogen, die Verschmelzung von Fonds vorerst aus dem Reformpaket auszuklammern.

880 A. a. O.

vermögen kann dann ein breites Nachfragespektrum abdecken.[881] Die Vorschrift ähnelt in weiten Bereichen Art. 7 der schweizerischen Verordnung über Anlagefonds.

Die zweite wesentliche Neuerung sollte die Verschmelzung von Fonds betreffen. Auch hier hat sich der Refentenentwurf weitgehend am schweizerischen Recht orientiert. Die Neufassung des KAGG sollte der Anlagegesellschaft die Befugnis geben, ein Sondervermögen in ein anderes einzubringen. Diese Möglichkeit wurde an fünf Voraussetzungen geknüpft. Eine entsprechende Regelung enthält Art. 7a der schweizerischen Verordnung über Anlagefonds. § 21 Abs. 1 S. 4 Nr. 1 KAGG-E verlangt, dass beide Sondervermögen von derselben Anlagegesellschaft verwaltet werden. Von der ursprünglichen Maßgabe, dass auch die Depotbank identisch sein müsse, ist im Nachhinein abgesehen worden. Die Nummern 2 und 3 der Einbringungsregelung normieren Anforderungen an die Investmentverträge. Hiernach dürfen keine wesentlichen Unterschiede bei den vertraglichen Anlagegrenzen bestehen. Auch die Vergütungen sowie Ausgabe- und Rücknahmeaufschläge müssen übereinstimmen. § 21 Abs. 1 S. 4 Nr. 4 des Referentenentwurfs sah zudem die Umrechnung der Anteilscheine an einem Stichtag sowie deren Prüfung vor. Als fünfte und letzte Voraussetzung ist die Zustimmung der Bankaufsicht erforderlich.

Der Referentenentwurf verwendet den Begriff „Einbringung“. Eine Definition bzw. eine Erläuterung der Rechtsfolgen gibt die Neufassung nicht. Auch die Begründung äußert sich nicht zum technischen Vollzug. Synonym zu „Einbringung“ werden hier aber die Begriffe „Zusammenlegung“ und „Verschmelzung“ gebraucht. Diese Terminologie wird auch hier beibehalten.

B. Der Anwendungsbereich der Regelung

An erster Stelle ist die Frage nach dem Geltungsbereich der Verschmelzungsregelung zu beantworten. Grundsätzlich bietet sich eine umfassende Normierung für alle Sondervermögenstypen an. Eine Differenzierung im Hinblick auf die unterschiedlichen Marktsegmente ist nicht erforderlich. Die jüngsten Entwicklungen am Kapitalmarkt haben zwar vor allem die Aktienmärkte getroffen. Aber auch im Bereich der übrigen Wertpapiersondervermögen kann es zu Marktentwicklungen kommen, die die Fortführung eines Sondervermögens in Frage stellen. Das Gleiche gilt für Immobilien- und Mischfonds.

Auch eine Differenzierung zwischen Publikums- und Spezialfonds ist nicht zu empfehlen, obwohl die wirtschaftlichen Schwerpunkte anders liegen. Unren-

881 Begründung zum Referentenentwurf zum 4. FMFG zu Art. 3 zu Nr. 10.

table Publikumsfonds könnten durch eine Fusion vor der Abwicklung bewahrt werden. Die Einsparungen ergeben sich vor allem durch die Reduzierung der Researchkosten. Außerdem könnten Fusionen die Transparenz des deutschen Investmentmarktes erhöhen. Bei Spezialfonds stehen die allgemeinen Verwaltungsausgaben im Vordergrund. Fusionierte Unternehmen haben darüber hinaus ein Interesse, auch ihre Individualfonds zu konzentrieren. Hierbei kommt es entscheidend darauf an, bilanzielle Vorteile der Spezialfondsanlage zu sichern und stille Reserven zu erhalten. Die Verschmelzung von Spezialfonds bedarf u. U. einer steuerrechtlichen Ergänzung, die die Fortführung der Buchwerte gewährleistet.

Trotz dieser unterschiedlichen Interessen sollte eine gesetzliche Regelung beide Anlageformen einbeziehen. Nur diese Lösung entspricht der bisherigen Systematik des Gesetzes. Der Gleichlauf der gesetzlichen Regelungen ist tragendes Prinzip des KAGG und unterstreicht den Charakter der Spezialfonds als fremdverwaltete Finanzanlage.

Auch der Referentenentwurf hat diese Interessenlage berücksichtigt. Die Neuregelung des § 21 Abs. 1 KAGG sollte sowohl für Publikums- als auch für Spezialfonds gelten. Eine Differenzierung war nicht vorgesehen. Die Vorschrift ist außerdem auf alle Fondstypen anwendbar. Zwar ist § 21 KAGG Bestandteil des 3. Abschnittes des Gesetzes, der die „besonderen Vorschriften für Wertpapier-Sondervermögen" zum Gegenstand hat. Die Verweisungen in den übrigen Abschnitten hätten die Regelung aber ohne Ausnahme mit einbezogen.

C. Die Befugnis zur Einbringung

I. Die Auswahl des Treuhänders

Besondere Bedeutung kommt der Stellung einer Fusionsregelung im KAGG zu. Mit dieser Problematik eng verbunden ist die Frage, welchem der Investmentpartner die Verschmelzungsbefugnis zustehen soll. Aus systematischer Sicht bestehen verschiedene Möglichkeiten, um die Neuregelung einzufügen. Grundsätzlich könnte jedem der Investmentpartner das gesetzliche Recht eingeräumt werden, Sondervermögen zu vereinigen.

Eine Verschmelzungsbefugnis für die Eigentümer i. S. d. Lösung Zinkeisens scheidet jedoch aus allgemeinen Überlegungen aus; denn einerseits widerspricht es dem Grundprinzip des KAGG, Verwaltungsentscheidungen auf die Anleger zu übertragen.[882] Andererseits ist diese Möglichkeit für Publikumsfonds nicht praktizierbar.

Denkbar wäre es, der KAG die Befugnis zur Verschmelzung einzuräumen. Alternativ kommt auch die Depotbank in Betracht. Der Referentenentwurf entscheidet sich zugunsten der ersten Möglichkeit. § 21 Abs. 1 S. 4 KAGG der vorgeschlagenen Neufassung regelt zwar nur die Voraussetzungen der Einbringung. Welchem der Treuhänder dieses Recht zustehen soll, geht nicht ausdrücklich aus dem Wortlaut hervor. Die systematische Stellung der Ergänzung lässt aber den Schluss zu, dass nur die KAG zur Einbringung befugt ist, da sie allein das umfassende Verwaltungsrecht hat. Die Übertragung von Befugnissen auf die Depotbank müsste ausdrücklich geregelt sein. In den folgenden Abschnitten sollen Vor- und Nachteile dieser systematischen Einordnung untersucht werden.

2. Potentielle Interessenkonflikte

Die Transaktionskosten sind bei der gewählten Lösung minimal. Die eigentliche Zusammenlegung erschöpft sich in reinen Buchungsvorgängen und die KAG kann von ihrem Weisungsrecht gegenüber der Depotbank Gebrauch machen. Gerade für Spezialfonds ist der Vorschlag des Referentenentwurfs ideal. Im Verhältnis zur KAG könnte sich der Spezialfondsanleger aufgrund seiner wirtschaftlichen Macht immer durchsetzen. Dem Ziel, Verwaltungskosten zu senken, wird in vollem Maße entsprochen.

Im Fall zweier Publikumsfonds drohen aber erhebliche Interessenkonflikte. Erstens stehen sich zwei Gemeinschaften von Anteilinhabern gegenüber, die nicht zwangsläufig die gleichen Interessen haben. Die Risiken der Verschmelzung entsprechen somit denen eines Insichgeschäfts im Fall der Mehrvertretung. Die Anlagegesellschaft kann beispielsweise ein Interesse haben, ertragsschwache Fonds vom Markt zu nehmen, die das Image der Gesellschaft beeinträchtigen. Die KAG könnte in diesen Fällen versucht sein, einen solchen Fonds mit einem erheblich größeren Fonds zu fusionieren. Auf diese Weise würde er „versteckt". Dem Anleger des Zielfonds wird somit ein Portfolio aufgedrängt, das sich potentiell negativ auf seinen eigenen Ertrag auswirkt.

Zweitens ist ein Interessenkonflikt zwischen der KAG und den Anlegern des zu verschmelzenden Fonds möglich; denn auch die KAG profitiert in besonderem Maß von der Verschmelzung, weil Einsparungen durch Senkung der fixen Verwaltungskosten im Researchbereich direkt nur ihr selbst zu gute kommen. Eine Pflicht zur Senkung der Verwaltungspauschale besteht nicht. Daraus ergibt sich die Gefahr, dass eine KAG ihre Sondervermögen im Sinne ihrer eigenen

882 4. Teil § 10F S. 216.

betrieblichen Belange umordnet, ohne das Interesse der Anleger zu beachten. Einem Einwand der Bankaufsicht, könnte sie immer mit dem Argument begegnen, das Sondervermögen sonst zu kündigen. Daher liege die Fusion im Interesse der Anleger.

Außerdem bricht die vorgeschlagene Regelung mit einem grundlegenden Prinzip des KAGG. Bereits in § 3 ist gezeigt worden, dass der Investmentgesellschaft nur die laufende Verwaltung des Sondervermögens zugewiesen ist. Die Entscheidungen über den individuellen Bestand des Sondervermögens sind grundsätzlich der Depotbank vorbehalten. Dadurch wollte der Gesetzgeber Interessenkonflikte bei Übertragung und Auflösung von Fonds vermeiden. Die Verschmelzung stellt eine vergleichbare Maßnahme dar, die ebenfalls zur Auflösung des Altfonds führt und einen weitreichenden Eingriff in die Rechte der Anleger bewirkt. Ihrem Charakter nach entspricht sie der Auflösung und Übertragung von Sondervermögen. Aus diesem Grund wäre es gerechtfertigt, die gleichen Prinzipien anzuwenden.

3. Alternativen zum Referentenentwurf

Alternativ könnte daher der Depotbank die Befugnis eingeräumt werden, zwei Fonds zu verschmelzen. Diese Lösung ließe sich problemlos in die Systematik des KAGG integrieren. Voraussetzung könnte auch hier der Vermögensübergang gemäß § 14 Abs. 1 KAGG sein. Die Verschmelzung müsste in diesem Fall in einem dritten Absatz dieser Vorschrift geregelt werden und wäre dann als selbstständige Entscheidungsalternative der Depotbank zu begreifen. Anstelle von Abwicklung und Übertragung könnte ein Fonds auch mit dem Sondervermögen einer anderen KAG verschmolzen werden. Hierdurch wird unterstrichen, dass die drei Möglichkeiten aus wirtschaftlicher Sicht gleichrangig sind.

Diese Lösung fügt sich erheblich besser in die ursprüngliche Konzeption des KAGG ein, und die oben beschriebenen Interessenkonflikte könnten vermieden werden. Sowohl dem zu verschmelzenden Sondervermögen als auch dem Zielfonds wird ein rechtlich ausschließlich verantwortlicher Treuhänder zugeordnet, sodass ein Insichgeschäft nicht notwendig wird. Dieser Lösung könnte der Vorwurf des Formalismus gemacht werden. Die Transparenz der Entscheidung wird aber durch die Beteiligung der Depotbank erhöht.

Die tatsächlichen Abhängigkeiten zwischen Depotbank und Anlagegesellschaften könnten allerdings gegen diese systematische Einordnung sprechen. Sofern gemeinsame konzerninterne Interessen bestehen, wäre auch hier die unabhängige Vertretung der Anleger gefährdet, da die Depotbank im Sinn der betrieblichen Ziele ihrer KAG handeln wird.

Trotzdem sollte die Tragweite des Prinzips der Gewaltenteilung auch im Rahmen der Fusion nicht unterschätzt werden. Auch in allen anderen Bereichen des KAGG kommt der gegenseitigen Kontrolle von Investmentgesellschaft und Depotbank erhebliche Bedeutung zu. Immerhin wird jeder Geschäftsvorgang der doppelten Verantwortung von zwei Kapitalgesellschaften unterworfen.

Aus der Sicht des Anlegerschutzes ist es im Ergebnis vorzuziehen, der Depotbank die Verschmelzungsbefugnis einzuräumen. Für die Alternative, der Investmentgesellschaft dieses Recht zu gewähren, sprechen demgegenüber die geringeren Kosten sowie die einfache Verfahrensdurchführung. Sofern man das Ziel der Marktkonsolidierung in den Vordergrund stellt, kommt gerade diesem Argument hohes Gewicht zu; denn eine Dynamisierung dieses Prozesses setzt ein entbürokratisiertes und einfaches Verfahren voraus. Trotz der Bedenken im Hinblick auf einen Mangel an Transparenz sowie potentiellen Interessenkonflikten spricht vieles für die Lösung des Referentenentwurfs. Dieses Ergebnis macht es aber erforderlich, die Rechte der Anleger erheblich zu stärken. Insbesondere an die Fusionsprüfung und die Kontrolle durch die BaFin sind hohe Anforderungen zu stellen. Die Fusion wird sonst zur internen Angelegenheit der KAG, die vom Anleger weder beeinflusst noch überprüft werden kann.

D. Die systematische Stellung

Überraschend ist die ursprünglich geplante systematische Einordnung der Verschmelzungsregelung in § 21 Abs. 1 KAGG. Dadurch wäre der neue Satz 4 als Einschränkung des Sacheinlagenverbots in Satz 3 zu verstehen gewesen. Dies ergibt sich ausdrücklich aus der vorgesehenen Ergänzung „vorbehaltlich der Regelung in Satz 4". Die Einbringung wird damit einer Naturaleinlage gleichgestellt.

§ 21 Abs. 1 KAGG behandelt aber die Einlage durch die Anteilinhaber. Der Anleger darf seine Verpflichtung zur Leistung in das Sondervermögen nicht durch Sacheinlagen erfüllen. Hieran ändert auch die Neufassung nichts. Durch die systematische Stellung der Einbringungsregelung wird aber der Eindruck erweckt, als erfolge auch hier eine Einlage des Anteilinhabers. Der Anleger kann aber gemäß § 18 Abs. 3 KAGG nur über seinen Anteilschein und nicht über die Gegenstände des Sondervermögens verfügen. Der Entwurf könnte deshalb so verstanden werden, dass dem Zielfonds die „alten" Anteilscheine als Einlage zugeordnet werden. Als Folge bliebe das „alte" Sondervermögen als Teil des neuen bestehen.

Der Zweck der Fusion muss aber gerade darin bestehen, das einzubringende Sondervermögen aufzulösen und in dem Zielfonds aufgehen zu lassen. Dieser

Vorgang kann uno actu nur durch den Treuhänder und zwar in eigenem Namen bewirkt werden. Eine Einlage i. S. d. § 21 Abs. 1 S. 3 KAGG liegt hierbei nicht vor. Aus dem gleichen Grund kann die Einbringung auch nicht als Übertragung aller Einzelgegenstände auf einen anderen Fonds gedeutet werden. In diesem Fall bliebe das alte Sondervermögen bestehen und müsste letztlich noch aufgelöst werden.

Vielmehr hätte die Neuregelung in der Fassung des Referentenentwurf ein eigenes Rechtsinstitut geschaffen. Der Verband des Altfonds muss mit der Einbringung aufgelöst werden. Der Anleger, der gerade keinen Einfluss auf den Vorgang hat, erhält keine neuen Anteilscheine gegen Einlage der alten, sondern es findet ein gesetzlicher Umtausch statt. Damit erfüllt die Einbringung alle Voraussetzungen einer Fusion im Sinn der oben erörterten Definition.[883] Es handelt es sich um eine „echte" Verschmelzung.[884] Ein eigener Absatz innerhalb des § 21 KAGG hätte systematisch für mehr Klarheit gesorgt. In dieser Hinsicht vorbildlich ist die Regelung des § 7b der schweizerischen Anlagenverordnung. In Abs. 1 S. 3 wird ausdrücklich normiert, dass der Altfonds mit der Verschmelzung ohne Liquidation aufgelöst wird.

Die systematische Stellung von § 21 Abs. 1 S. 4 KAGG-E als Ergänzung von § 21 Abs. 1 S. 3 KAGG hatte aber in anderer Hinsicht zumindest klarstellende Funktion. Der Entwurf hat ausdrücklich bestätigt, dass der Einbringung kein Verkauf der einzelnen Vermögenswerte vorausgehen muss. Vielmehr sollten die Anlagegegenstände direkt den Bindungen des Zielfonds unterworfen werden. Dieser Weg verstößt deshalb nicht gegen die Interessen der Anleger, weil Bewertungsstreitigkeiten im Gegensatz zur echten Sacheinlage vermieden werden können. Beide Fonds unterliegen den strengen Bewertungsvorschriften des § 21 Abs. 2-4 KAGG, die ein angemessenes Umtauschverhältnis zum Stichtag der Einbringung garantieren.

E. Der Tatbestand der Einbringung

Sofern der KAG die Befugnis eingeräumt wird, ohne Mitwirkung der Investmentpartner eine Verschmelzung vorzunehmen, sind an die Transparenz und Rechtssicherheit des Vorganges erhöhte Anforderungen zu stellen. Wie bei entsprechenden Rechtsinstituten des KAGG müssen bereits die tatbestandlichen

---

883 4. Teil § 9A, S. 196.

884 Art. 7b Abs. 1 S. 3 der schweizerischen Anlagefondsverordnung enthält eine ausdrückliche Regelung. Hiernach wird der Fonds ohne Liquidation aufgelöst.

Voraussetzungen streng formalisiert sein. Vor allem ist dem Informationsbedürfnis der Anleger Rechnung zu tragen.

1. Die Rechtsnatur der Einbringung

Die Befugnis der KAG zwei Fonds ohne Beteiligung Dritter zu verschmelzen, führt nicht nur zu potentiellen Interessenkonflikten. Auch dogmatisch verursacht sie gewisse Schwierigkeiten. Vor allem die Rechtsnatur der Einbringung ist zweifelhaft. Der knappe Wortlaut des Entwurfs gibt hierzu keinen Hinweis, obwohl der Begriff „Einbringung" in diesem Zusammenhang nur schwer einem rechtsgeschäftlichen Tatbestand zugeordnet werden kann. Nicht einmal seine Natur als Willenserklärung wird deutlich. Ein schuldrechtlicher Vertrag zwischen den beiden Sondervermögen kommt nicht in Betracht. Grundsätzlich wäre zwar unter Fiktion von Teilrechtspersönlichkeiten ein Schuldverhältnis auch zwischen den Sondervermögen eines Rechtsträgers möglich.[885] Entsprechendes gilt für zwei Miteigentümergemeinschaften im Falle der Miteigentumslösung. Einem gegenseitigen Verpflichtungsvertrag, der auf Verschmelzung gerichtet ist, steht aber § 10 Abs. 2 S. 2 KAGG entgegen.

Denkbar ist es, in der Einbringung einen Realakt im Sinne der Lösung Zinkeisens zu sehen[886], an den dann die weitreichenden Rechtsfolgen der Fusion geknüpft wären. Dieser Ansatz ist dogmatisch zumindest fragwürdig. Ein Realakt kann kaum einer behördlichen Zustimmung bedürfen. Außerdem bestehen Bedenken aus der Sicht des Anlegerschutzes; denn der Zeitpunkt der Fusion wie auch die genauen Fusionsbedingungen müssen rechtsverbindlich im vorhinein festgelegt werden. Eine Abhängigkeit von einem tatsächlichen Vollzug trägt erhebliche Unsicherheit in das Verfahren.

Auch eine echte Verfügung scheidet aus, da die KAG zumindest im Fall der Miteigentumslösung Eigentümerin beider Sondervermögen ist. Außerdem handelt die KAG immer im eigenen Namen. Daher kommt wohl nur eine einseitige „Einbringungsverfügung" in Betracht. Der Tatbestand der Einbringung wäre mit dieser Willenserklärung erfüllt.[887]

---

885 4. Teil § 10C.2, S. 209.

886 4. Teil § 10F.a), S. 216.

887 Denkbar ist außerdem eine Quasi-Verfügung im Sinne der Lösung Graulichs.Hiernach ist tatbestandlich ein dem Insichgeschäft ähnlicher Vertrag zwischen den fingierten Teilrechtsträgern der Fonds erforderlich. Ergänzend soll eine Ausführungshandlung erfolgen. Diese könnte hier in der Anweisung an die Depotbank liegen, die notwendigen Umbuchungen vorzunehmen. Praktische Differenzen ergäben sich aus diesem dogmatischen Ansatz aber wohl nicht.

Eine Verschmelzungsregelung unter Beteiligung der Depotbank hätte diese Unklarheiten vermeiden können. In diesem Fall wäre ein echter Verschmelzungsvertrag möglich. Nach dem Vorbild des Übertragungsvertrages könnten KAG und Depotbank die Fusion durch ein zweiseitiges Rechtsgeschäft herbeiführen. Die genauen Umstände wie Umtausch und Zeitpunkt der Verschmelzung wären hier verbindlich zu regeln.

2. Form und Frist

Überraschend an der Entwurfsfassung ist außerdem, dass die Einbringung an keine besondere Form geknüpft worden wäre. Im Gegensatz etwa zur Kündigung eines Sondervermögens gemäß § 13 Abs. 1 KAGG sollte offenbar eine formlose einseitige Erklärung der Einbringung ausreichen. Bereits im Interesse der Rechtssicherheit ist es aber erforderlich, eine bestimmte Form der Einbringung vorzuschreiben. Auf diese Weise kann zudem der Zeitpunkt der Wirksamkeit verbindlich festgelegt werden. Der Zugang bei allen Anteilinhaber kann allerdings nicht zur Voraussetzung gemacht werden, da insoweit die gleiche Interessenlage wie bei der ordentlichen Kündigung besteht.[888] Denkbar ist es daher sich an der Regelung des § 13 Abs. 1 KAGG zu orientieren. Der Zugang der Fusionserklärung wird dann durch eine Veröffentlichung in Bundesanzeiger und Rechenschaftsbericht ersetzt. Einzelheiten der Verschmelzung könnten hier verbindlich geregelt werden. Insbesondere der Stichtag der Fusion wäre auf diese Weise zu bestimmen. Hieraus ergeben sich dann die für den Anleger entscheidenden Informationen über die Umrechnung der Anteile.

Darüber hinaus sollte die Wirksamkeit der Einbringungserklärung an eine Frist geknüpft werden. Auch hier kommt eine Regelung in Betracht, die § 13 Abs. 1 KAGG folgt. Ein Anleger, der die Fusion ablehnt, erhält so die Möglichkeit, sein Investment durch Rückgabe zu beenden.

Der Gesetzentwurf sieht jedoch auch keinen zeitlichen Rahmen für die Fusion vor. Da keines der betroffenen Sondervermögen gekündigt wird, gilt die Frist des § 13 Abs. 1 KAGG nicht. Eine Verschmelzung wäre damit kurzfristig möglich. Der Anleger, der etwaige Vertragsanpassungen nicht akzeptiert, hat kaum Gelegenheit, die Anlage vor der Einbringung zu beenden.

888 2. Teil § 4A.3, S. 67.

F. Die investmentvertraglichen Voraussetzungen

1. Problemstellung

Die Übertragung eines Fonds ist „nach Maßgabe der bisherigen Vertragsbedingungen“ zu vollziehen.[889] Bei der Verschmelzung von Sondervermögen müssen demgegenüber unterschiedliche Investmentverträge angeglichen werden. Eine Beteiligung der Anleger ist auch hierbei nicht denkbar, sodass die Treuhänder „über die Köpfe der Anleger hinweg“ zu Anpassungen der Verträge befugt sein müssten. Auch hier liegt eine Gefahr für den Anlegerschutz. Jede Änderung greift in die ursprüngliche Anlageentscheidung ein. Der Anleger kann nur mit der Rückgabe seiner Anteilscheine reagieren, wenn er die Änderungen nicht akzeptiert. Denkbar wäre es, annähernd identische Vertragsbedingungen der beiden Fonds vorauszusetzen. Eine Konsolidierung des Marktes wäre mit einer solchen Regelung aber kaum zu erreichen. Außerdem ist zu berücksichtigen, dass einseitige Vertragsänderungen unter den Voraussetzungen des § 15 Abs. 2 KAGG ohnehin erlaubt sind.[890] Erhöhungen der Verwaltungsgebühr[891] sind sogar ohne Genehmigung der BaFin möglich.[892]

2. Die Anlagegrundsätze

Trotzdem dürfen die Unterschiede der zu verschmelzenden Fonds nicht zu groß sein. Dem Anleger eines kleinen hochspezialisierten Branchenfonds darf keine Anlage in einem breit streuenden und konservativ agierenden Wertpapierfonds aufgedrängt werden. Der umgekehrte Weg ist noch weniger zumutbar. Eine konkrete Grenzziehung ist jedoch nur schwer durchzuführen. Im Grundsatz hat auch der Referentenentwurf dieses Problem erkannt. In § 21 Abs. 1 S. 4 Nr. 3-5 KAGG verlangt er weitgehende Übereinstimmungen der Investmentverträge.

Besondere Bedeutung kommt Nr. 2 Fall 2 der ursprünglich vorgesehenen Neuregelung zu. Hiernach soll eine Einbringung nur dann möglich sein, wenn „die Anlagegrundsätze und -grenzen nach den Vertragsbedingungen nicht wesentlich voneinander abweichen“.

---

889 3. Teil § 7B, S. 142.

890 Baur, § 15 Rn 18, mit dem Hinweis, dass die Genehmigung der BAFin nicht in die Geschäftspolitik der KAG eingreifen darf.

891 Begründung zum 3. FMFG zu Nr. 19 (§15), BT – Drucksache 13/8933, abgedruckt bei Beckmann/Scholtz Nr. 582, S. 312.

892 S. Baur, § 15 Rn 36; Änderungen bedürfen nach einhelliger Meinung einer vertraglichen Grundlage. Demnach muss der Investmentvertrag einen Änderungsvorbehalt enthalten.

Auf dieser Grundlage könnten Schwesterfonds verschmolzen werden, die das gleiche Marktsegment abdecken. Diese Konstellation kann vor allem daraus resultieren, dass Anlagegesellschaften ihrerseits verschmolzen oder Fonds eines verbundenen Unternehmens übertragen werden. In diesen Fällen bestehen oft identische Produkte. Aber auch für den Fall, dass eine KAG ähnliche Fonds für verschiedene, exklusive Vertriebskanäle aufgelegt hat[893], bietet die Entwurfsfassung eine ausreichende Lösung. Bei Aufgabe der Differenzierung wäre auch hier eine Verschmelzung möglich.

Der Wortlaut lässt aber offen, wann eine wesentliche Abweichung der Vertragsbedingungen vorliegt. Der Entwurf verlangt keine Abwägung zwischen dem Nutzen der Fusion und dem Umfang der vertraglichen Änderungen. Vielmehr operiert er mit einem unbestimmten Rechtsbegriff, der der Konkretisierung bedarf. So wird eine wesentliche Abweichung immer gegeben sein, wenn es keine Überschneidungen im Portfolio gibt. Dies gilt selbstverständlich für den Sonderfall, dass Investmentfonds unterschiedlicher Gattungen verschmolzen werden sollen. Dieser Vorgang ist ohnehin nur denkbar, wenn das KAGG die Mischform zulässt. Ein Beispiel sind Immobilien-Wertpapier-Sondervermögen. Ein solcher Typenwechsel durch Fusion überschreitet aber in jedem Fall die Grenzen der Zumutbarkeit für den Anleger.

Eine wesentliche Abweichung liegt aus dem gleichen Grund auch bei Fonds mit unterschiedlichen geographischen oder branchenspezifischen Schwerpunkten vor. Es versteht von selbst, dass ein Japan-Fonds und ein Skandinavien-Fonds nicht fusioniert werden können.

Erheblich schwieriger sind die Fälle zu beurteilen, bei denen ein spezialisierter und ein weniger spezialisierter Fonds zusammengelegt werden sollen. Im Hinblick auf die Zielsetzung des Gesetzes, den Investmentmarkt transparenter zu gestalten, darf die Wesentlichkeitsgrenze hier nicht zu eng gezogen werden. Aufgrund des weitgefächerten Angebotes sind sehr unterschiedliche Konstellationen denkbar.

Einer ersten Fallgruppe sind Fonds zuzuordnen, deren vertragliche Anlagegrenzen sich als Teilmenge des zweiten Sondervermögens begreifen lassen. Jeder Anlagegenstand darf dann auch dem Zielfonds angehören. Eine Verschmelzung kann in diesen Fällen grundsätzlich erwogen werden. Gegen die Fusion eines sogenannten „Tigerstaatenfonds“ mit einem Fonds, der in asiatischen „Emerging Markets“ anlegt, ist wohl wenig einzuwenden. Einschränkungen können sich allerdings ergeben, wenn die Vergrößerung des Anlagespektrums ausnahmsweise zu einer Erhöhung des Risikos führt. Als Beispiel kann die Einbringung in einen Fonds gesehen werden, der auch spekulative Wertpapiere ent-

893 S. § 9 B I.

hält. Ein Rentenfonds darf beispielsweise nicht mit einem gemischten Wertpapierfonds verschmolzen werden, sofern dieser in risikoreiche Aktien und Derivate investiert.

Noch schwieriger wird die klare Abgrenzung, wenn es nur Überschneidungen zwischen den vertraglichen Anlagegrenzen gibt. Der zu verschmelzende Fonds müsste seine inkompatiblen Bestandteile verkaufen. Andererseits werden dem Anteilinhaber neue Anlagen aus nicht gewollten Marktsegmenten aufgedrängt. Allgemeine Kriterien können hier nicht entwickelt werden. Die KAG muss bei ihrer Entscheidung vor allem das Risikoprofil der Anleger berücksichtigen. Zum einen müssen die Fonds ein objektiv ähnliches Risiko aufweisen. Der risikobereite Anleger will im Zweifel keine Anlage in defensiven Papieren. Zum anderen ist aber gerade auch auf die Korrellierung der Portfolios zu achten, d. h. beide Fonds müssen eine parallele Entwicklung erwarten lassen. Anlagen, die negativ korrelieren, sind demgegenüber inkompatibel, da die Gewinnaussichten, auf die der Anleger gesetzt hat, beeinträchtigt werden. Im Zweifel ist aus Gründen des Anlegerschutzes auf eine Fusion zu verzichten.

3. Die Anlagepolitik

Der Gesetzentwurf verlangt in § 21 Abs. 1 S. 4 Nr. 2 Fall 2 KAGG außerdem, dass auch die Anlagepolitik der Fonds im Wesentlichen übereinstimmt. Dieses Kriterium weicht die Bestimmtheit der Regelung noch weiter auf.[894]

Soweit der Investmentvertrag die Anlagegrundsätze fixiert, sind diese bereits unter die oben besprochenen Vertragsbedingungen subsumierbar. Die „Anlagepolitik" bezeichnet somit nur die Schwerpunkte, die das Management selbstständig innerhalb der Anlagegrenzen setzt, um so Einfluss auf die Risikostruktur des Fonds auszuüben.

Der Vergleich der Anlagepolitiken erfordert einen Rückgriff auf historische Daten. Hier sind erhebliche Schwierigkeiten vorprogrammiert. Der Anlagepolitik liegen Ermessensentscheidungen der Fondsverwaltung zugrunde, die ohnehin in der Zukunft nicht bindend sind. Die Vorschrift kann daher wohl nur als Korrektiv zu Nr. 3 Fall 1 der Neuregelung zu verstehen sein. Die Regelung gibt aber auch dem Fondsmanagement die Möglichkeit eine Einbringung vorzubereiten, da sie neben dem Anlagevertrag auf das tatsächliche Portfolio eines Fonds abstellt. Fonds, die nur Überschneidungen in ihren Anlagegrundsätzen aufweisen, können durch eine abgestimmte Anlagepolitik angenähert und kompatibel gemacht werden.

---

894 Siehe IdW-Gutachten, S. 1273.

4. Die Verwaltungsvergütung

Auch bei der Verwaltungsvergütung können Unterschiede bestehen. Diese Problematik sollte § 21 Abs. 1 S. 4 Nr. 3 KAGG-E regeln. Die Vorschrift definierte die Voraussetzung, dass die Vergütungen der Treuhänder in gleicher Höhe berechnet werden. Außerdem bezog sie die Ausgabe- und Rücknahmeaufschläge in die Regelung mit ein.

Diese Leistungen werden üblicherweise als Prozentsatz des verwalteten Vermögens an die Treuhänder abgeführt. Ziel der Vorschrift war, Erhöhungen der Verwaltungsgebühr, die sich aus der Fusion ergeben könnten, zu vermeiden. Die laufende Verwaltungsvergütung kann aber ohnehin einseitig geändert werden. Nicht einmal die Zustimmung der BaFin ist hierfür erforderlich. Soweit die laufenden Verwaltungsgebühren betroffen sind, hat diese Voraussetzung also nur geringe praktische Bedeutung. § 21 Abs. 1 S. 4 Nr. 3 KAGG-E sollte außerdem sicherstellen, dass sich die Konditionen bei Ausgabe- und Rücknahme für den Anleger nicht verschlechtern.

Die Bedeutung einer zukünftigen Verschmelzungsregelung wird durch die Neufassung des § 18 Abs. 2 S. 2 KAGG potentiell erheblich erweitert. Demnach ist die Bildung von Fondsklassen möglich, die im Hinblick auf die Verwaltungsvergütung unterschiedliche Rechte haben. Diese Neuregelung könnte ihre größte Bedeutung erlangen, wenn auch Verschmelzungen von Fonds zugelassen werden. Sofern die unterschiedliche Vergütung einer Fusion entgegensteht, wäre eine Einbringung unter Bildung einer neuen Fondsklasse möglich. Die Vorteile der Verschmelzung könnten auf diese Weise realisiert werden, ohne dass der Anleger eine Veränderung seiner Kosten in Kauf nehmen müsste.

5. Die Rechte und Pflichten der Anleger

Neben den Anlagegrundsätzen und der Verwaltungsvergütung setzt eine Verschmelzung zweier Fonds voraus, dass auch die vertraglich vereinbarten Verwaltungsstrukturen kompatibel sind. Die Erstfassung des Entwurfs hatte hier vorgesehen, dass Rechte und Pflichten der Anteilinhaber gleichwertig sein müssen. Damit zielte der Entwurf in erster Linie auf vertragliche Regelungen zur Organisation des Fonds und der Fondsverwaltung. In jedem Fall darf eine Anpassung auch hier nicht zu einer Benachteiligung der Anleger des einzubringenden Fonds führen. Insoweit gelten hier ähnliche Maßstäbe wie bei der Beurteilung der Anlagegrundsätze.

Die Standardisierung der Investmentverträge erleichtert die Verschmelzung allerdings erheblich. Innerhalb einer Fondsgattung unterscheiden sich oft nur die Anlagegrundsätze. Regelungen i. S. d. § 15 Abs. 3 g-h KAGG sind daher meist identisch und bilden keine Hürden für eine Fusion. Dies gilt insbesondere für Vereinbarungen über die Rückgabe der Anteilscheine und die Erstellung der Rechenschaftsberichte. Selbst die Treuhandform muss kein besonderes Hindernis darstellen. Auch in dem seltenen Fall, dass einer der Fonds im Treuhandeigentum der KAG und der andere im Miteigentum der Anleger steht, wird keine Anlegergruppe benachteiligt. Beide Verwaltungsformen bieten das gleiche Maß an Sicherheit für den Anteilinhaber.[895] Die Treuhandformen sind im Sinn des Gesetzentwurfes gleichwertig. Mit der Einbringung ändert sich kraft Gesetzes nur die Zuordnung des Eigentums.

Aber auch in dem Fall, dass unterschiedliche Verwaltungsstrukturen vorliegen, kommt es in Betracht zwei Fonds unter Bildung zweier Klassen i. S. d. § 18 Abs. 2 S. 2 KAGG zu verschmelzen. Ohne die Verträge angleichen zu müssen, wäre es möglich, Sondervermögen, die in verschiedenen Währungen notieren, zusammenzulegen. Das Gleiche gilt bei unterschiedlicher Ertragsverwendung. Demnach könnten ein thesaurierender und ein ausschüttender Fonds ohne Problem verschmolzen werden.

Diese Möglichkeit ist aber auf die Fälle des § 18 Abs. 2 S. 2 KAGG beschränkt, da insoweit ein numerus clausus der Fondsklassen besteht. Sofern eine Klassenbildung nicht möglich ist, müssen die Interessen der Anleger an der Aufrechterhaltung der organisatorischen Regelung berücksichtigt werden. Hierbei gelten strenge Maßstäbe; denn aus wirtschaftlicher Sicht können unterschiedliche Produkte vorliegen, die dann inkompatibel i. S. d. § 21 Abs. 1 S. 4 KAGG-E wären. Laufzeitfonds etwa unterscheiden sich in ihrem Profil erheblich von herkömmlichen Sondervermögen. Allgemeine Grundsätze lassen sich aber nicht herleiten. Letztlich kommt es auf eine genaue Würdigung der vertraglichen Regelungen an.

6. Ergebnis und Folgerungen

Innerhalb der Fondspaare, deren Verschmelzung potentiell zu Kostensenkungen führen könnte, lassen sich drei Fallgruppen unterscheiden. Erstens bestehen häufig Sondervermögen mit identischen Anlagegrundsätzen. Im Hinblick auf das Risiko und die Portfoliostruktur bestehen aus der Sicht des Anlegerschutzes keine Bedenken gegen eine Verschmelzung. Auch die Regelung des Referentenentwurfs lässt in diesen Fällen eine Fusion zu. Neben der Übereinstimmung der Anlagegrundsätze muss zusätzlich auch die tatsächliche Anlagepolitik übereinstimmen.

---

895 1. Teil § 2B.4, S. 36.

Die zweite Fallgruppe umfasst Sondervermögen, die zwar im Hinblick auf ihre Anlagegrundsätze kompatibel sind, aber Unterschiede in der vertraglichen Organisationsstruktur aufweisen. In dieser Konstellation muss vermieden werden, dass den Anlegern des einzubringenden Fonds vertragliche Rechte beschnitten werden. Die Regelung des neuen Vertrages muss aus wirtschaftlicher Sicht gleichwertig sein. Meist garantiert die Standardisierung der Verträge eine Kompatibilität. In den wichtigen Sonderfällen des § 18 Abs. 2 S. 2 KAGG wäre darüber hinaus die Bildung von Fondsklassen im Zuge der Fusion möglich. Auch in diesen Fällen bestehen aus der Sicht des Anlegerschutzes keine Bedenken, da auf diese Weise die vertraglichen Rechte in den neuen Klassen konserviert werden. Der Referentenentwurf nimmt auf die Problematik unterschiedlicher Rechte und Pflichten der Anleger verschiedener Fonds keinen Bezug. Insbesondere macht er die Übereinstimmung der Verwaltungsorganisation nicht zur Voraussetzung der Einbringung. Eine Klarstellung wäre zu begrüßen. Auf diese Weise könnte sichergestellt werden, dass keinem der Anleger vertragliche Rechte beschnitten werden.

Erhebliche größere Probleme bereitet die dritte Fallgruppe. Sie umfasst Fonds bei denen Abweichungen bei den Anlagegrundsätzen vorhanden sind. Es besteht hier die Gefahr, dass dem Anleger ein Investment in einem Fonds aufgedrängt wird, den er nicht wollte. Der ursprüngliche Anlagevertrag muss angeglichen werden. Aber gerade diese Sondervermögen enthalten im Hinblick auf das gesetzgeberische Ziel der Marktkonsolidierung ein hohes Potential; denn in diesem Marktsegment existieren häufig zu kleine und unrentable Fonds. Kleine Spezialitätenfonds haben aber meist keinen identischen Schwesterfonds. Der Nutzen aus der Fusion solcher Sondervermögen muss daher mit dem Eingriff in die Anlageentscheidung des Anlegers abgewogen werden. Hierbei ist zu berücksichtigen, dass vor allem der Anleger durch schlechte Kostenstrukturen eines zu kleinen Fonds belastet wird. Dem Ziel der Marktstraffung sollte daher besondere Bedeutung beigemessen werden. Demzufolge dürften keine zu hohen Ansprüche an die Ähnlichkeit der Anlagegrundsätze gestellt werden.

Der Referentenentwurf definiert mit der „Unwesentlichkeit der Unterschiede" aber nur ein schwammiges Kriterium für die Kompatibilität der Anlagegrundsätze. Zwar könnte die Vorschrift für Flexibilität sorgen. Im Sinne der Rechtssicherheit wird es aber erforderlich sein, nochmals Fallgruppen zu bilden. Das bedeutet, dass letztlich das Problem auf die BaFin abgewälzt wird, da keine andere Kontrollinstanz vorgesehen ist. Als Maßstab der „Verschmelzbarkeit" sollten Risikostruktur und Korrelation der Portfolios dienen. Sofern die Einbringung mit einer Erweiterung des Anlagespektrums verbunden ist, sollte das Wesentlichkeitskriterium grundsätzlich großzügig ausgelegt werden. Die BaFin kann zudem von der KAG als Auflage verlangen, den aufschlagfreien Umtausch der Anteile in die eines Fonds mit vergleichbarer Volatilität anzubieten. Umgekehrt ist eine Erhöhung des Risikos nicht zuzumuten. Als Annäherung an die Korrelation der Fonds lassen sich historische Indices heranziehen. Hier ist darauf zu achten, dass ein möglichst hoher Gleichlauf besteht.

G. Die technische Durchführung und die Rechtsfolgen

Sieht man von den dargestellten dogmatischen Bedenken ab, bereitet die technische Durchführung der Einbringung kaum Schwierigkeiten. Sofern beide Sondervermögen von der gleichen Depotbank verwaltet werden, ist nur die Zusammenlegung der Konten und Depots erforderlich. In dem seltenen Fall, dass eine Anlagegesellschaft mit zwei Depotbanken zusammen arbeitet, ist zunächst der Depotbankvertrag des einzubringenden Fonds zu kündigen. Anschließend sind die Anlagegegenstände auf die andere Depotbank zu übertragen. Die tatsächliche Vereinigung der Anlagegegenstände hat aber keinen Einfluss auf ihre Zugehörigkeit zum Zielfonds. Vielmehr verlangt es der Schutz der Anleger, dass die Zuordnung des Altfonds zum neuen Sondervermögen als gesetzliche Folge der Fusionserklärung zu begreifen ist.

1. Die Zuordnung der Anlagegegenstände

Diesen Ansatz hat auch der Referentenentwurf verfolgt. An den rechtsgeschäftlichen Tatbestand der Verschmelzung hätten weitreichende gesetzliche Folgen angeknüpft. Die eingebrachten Vermögensgegenstände sollten nach der Fusion uneingeschränkt den Bindungen des Zielfonds unterliegen. Damit treten sie auch in dessen Haftungsverband ein.

Der Altfonds muss gleichzeitig aufgelöst werden. Eventuelle Ansprüche von KAG und Depotbank sind jetzt aus dem vergrößerten Sondervermögen des Zielfonds zu befriedigen. Offene Vergütungen sollten daher vor der Fusion entnommen werden. Im übrigen sind sie bei der Berechnung des Umtauschwertes zu berücksichtigen.

Die Anleger werden Berechtigte der neuen größeren Bruchteilsgemeinschaft des Zielfonds. Die Zusammenlegung der Sondervermögen einerseits und der Bruchteilsgemeinschaften der Anteilinhaber andererseits sind untrennbar miteinander verknüpft. Die Anlegerrechte erstrecken sich anteilig auf das gesamte Sondervermögen.

Die neuen Vertragsbedingungen setzen eine Änderung der Investmentverträge voraus. Die Befugnis zur Verschmelzung umfasst auch das Recht des Treuhänders zur einseitigen Vertragsanpassung. Diese Befugnis sollte nach den Vorschriften des Referentenentwurf bereits im Investmentvertrag gemäß § 15 Abs. 3 n KAGG abzusichern sein. Die Verschmelzung wäre somit nur zulässig gewesen, wenn beide Investmentverträge eine entsprechende Klausel enthalten. Die Verschmelzungsklausel hätte aber unter Berücksichtigung der Voraussetzungen des § 15 Abs. 2 KAGG auch im Nachhinein in den Anlagevertrag aufgenommen werden können. Die geänderten Rechte sind in neu auszugebenden Anteilscheinen zu verbriefen.

Im Fall der Miteigentumslösung muss die Verschmelzung zu einer weitreichenden Umordnung der Eigentumsverhältnisse führen. Wie im Fall der Mitberechtigung eines Neuanlegers kommt auch hierbei nur ein gesetzlicher Eigentumserwerb in Betracht.[896] Jeder Anleger erwirbt eine anteilige Mitberechtigung an jedem Anlagegegenstand des vergrößerten Vermögens.

2. Bewertung und Umtausch der Anteilscheine

Besonderer Bedeutung bei jeder Fusion von Investmentfonds hat die Einhaltung der Bewertungsgrundsätze des § 21 Abs. 2-4 KAGG. Die Übernahme eines Fonds bietet keine Verhandlungsspielräume. Die Anleger sind nicht Gesellschafter, die sich durch die Fusion eine Wertsteigerung ihrer Anteile erhoffen.[897] Aus diesem Grund muss eine Gesamtbewertung der Vermögensanteile zu einem genau definierten Zeitpunkt erfolgen. Der Wert der Neu- und der Altanteile muss in diesem Moment identisch sein.

Das Zertifikat verkörpert nur einen relativen Anteil am Sondervermögen. Durch die Verschmelzung sinkt dieser Anteil zwangsläufig. Der Quotient aus den relativen Anteilen am Altfonds und dem Gesamtfonds entspricht dem Quotienten aus Gesamtwert des Altfonds und Gesamtwert des verschmolzenen Sondervermögens. Aus dieser Gleichung lässt sich der relative Anteil am Gesamtvermögen berechnen

Der Referentenentwurf enthielt keine besondere Regelung für Sondervermögen, die nicht täglich bewertet werden. Sofern keine tägliche Kursermittlung stattfindet, ist im Interesse der Anleger zu verlangen, dass eine Sonderbewertung zum Stichtag vorgenommen wird. Vor allem bei Immobilien-Sondervermögen ist die Wertermittlung gemäß § 34 Abs. 3 KAGG, die auf der Grundlage der jährlichen Wertfeststellung erfolgt, kaum ausreichend. Die Sonderbewertung sollte daher analog § 27 Abs. 3 KAGG durch den Sachverständigenausschuss erfolgen.

896 1. Teil § 2B.2, S. 32.
897 4. Teil § 9C, S. 204.

H. Das Interesse der Anleger

Unter dem Gesichtspunkt der Vertragsangleichung ist das Anlegerinteresse bereits in die Untersuchung eingeführt worden. Dieser Aspekt verdient jedoch eine genauere Betrachtung, da alle Entscheidungen ohne Beteiligung des Anteilinhabers ergehen. Jede Fusion bedeutet einen mehr oder weniger großen Eingriff in die ursprüngliche Anlageentscheidung des Anlegers. In jedem Fall führt eine Verschmelzung zur Aufgabe des besonderen Fonds, für den er sich entschieden hatte. Außerdem wird seine Anlage anderen Vertragsbedingungen unterworfen.

I. Die Verteilung der Kostenvorteile

Diese weitreichenden Eingriffe in die ursprüngliche Anlageentscheidung widersprechen tendenziell dem Interesse des Anteilinhabers. Dem stehen zwar Kosteneinsparungen gegenüber. Wie bereits dargelegt, bringt eine Verschmelzung aber gerade auch der KAG erhebliche Vorteile. Ein Interessenkonflikt ist daher vorprogrammiert.

Der Anleger kann aus zwei Gründen von der Verschmelzung profitieren. Einerseits können Kosten gesenkt werden, die direkt dem Sondervermögen in Rechnung zu stellen sind.[898] Hierzu gehören vor allem Aufwendungen für die Rechnungsprüfung und Pflichtveröffentlichungen. Außerdem ergeben sich Größenvorteile bei der Abwicklung der Geschäfte. Diese Einsparungen sind leicht zu quantifizieren. Sie rechtfertigen aber nicht unbedingt die Aufgabe der gewählten Anlagentscheidung. Darüber hinaus kann durch eine Fusion oft die Abwicklung vermieden werden. Hierin liegt der zweite Vorteil für die Anleger. Die Abwicklungskosten werden dem Fonds in Rechnung gestellt, und auch der Ausgabeaufschlag wäre aus wirtschaftlicher Sicht verloren.

Demgegenüber kann die KAG ihre allgemeinen Verwaltungskosten senken. Hiervon ist vor allem der allgemeine Aufwand für das Management betroffen. Die Portfolioverwaltung muss nur noch für einen Fonds geleistet werden. Auch Researchkosten können gesenkt werden, soweit sie einem der Sondervermögen allein zurechenbar sind. Diese Kosten sind im allgemeinen durch die Verwaltungspauschale abgegolten. Direkter Begünstigter dieses Teils der Kostensenkung ist somit ausschließlich die KAG. Eine Verpflichtung, diese Einsparungen an die Anleger weiterzugeben, besteht nicht. Die KAG wird daher eine Verschmelzung immer dann anstreben, wenn sie eigene Kosten senkt. Die Einsparungen sind ohne Einblick in die Kostenrechnung der KAG nur schwer zu beziffern.

---

898 Siehe Fn 800.

2. Die Pflicht zur Interessenwahrung

Fraglich ist, wie dieser potentielle Interessenkonflikt bei einer Fusionsentscheidung zu behandeln ist. Die Begründung zum Gesetzentwurf nimmt nur auf volkswirtschaftliche Vorteile Bezug. Die Gesetzesergänzung führe zu höherer Transparenz, während der Anlegerschutz durch die engen Voraussetzungen gewährleistet werde.

Weder der Entwurf noch die Begründung gehen auf etwaige Vorteile der Anleger ein. Hierdurch wird suggeriert, die KAG könne ihre Sondervermögen im Interesse der Markttransparenz „umordnen". Der Anlegerschutz werde bereits durch die Erfüllung der gesetzlichen Voraussetzungen gewährleistet. Die Einbringung eines Sondervermögens wird damit in die Nähe einer Vertragsänderung i. S. d. 15 Abs. 2 S. 1 KAGG gerückt. Diese Vorschrift regelt die Befugnis der KAG, den Investmentvertrag einseitig zu ändern. Gemäß § 15 Abs. 1 S. 2 KAGG reicht es aus, „die Interessen der Anleger zu wahren". Die KAG kann auf diese Weise im Rahmen des § 15 KAGG eigene betriebliche Entscheidungen einseitig umsetzen. Die Erhöhung der Verwaltungsgebühr erfordert gemäß § 15 Abs. 2 KAGG nicht einmal die Genehmigung der BaFin.

Jede Einbringung ist aber Teil der teuhänderischen Verwaltung durch die KAG. Aufgrund der systematischen Stellung des § 21 Abs. 1 S. 4 KAGG-E gehört sie zur laufenden Verwaltung des Sondervermögens. Die Entscheidung unterliegt daher ohne Einschränkung der Interessewahrungspflicht aus § 10 Abs. 1 S. 2 KAGG. Hieraus folgt, dass bei jeder Einbringung nur die Interessen der Anleger zu berücksichtigen sind. Andernfalls bestünde das Risiko, dass die Anlagegesellschaften Kleinanleger mit werbewirksamen und exotischen Spezialitätenfonds locken, um nach kurzer Zeit eine Neuordnung i. S. ihrer eigenen Kostenstruktur durchzuführen.

3. Die Abwägung

Die Verschmelzung lässt sich mit der Übertragungsentscheidung der Depotbank vergleichen. Auch hier muss der Treuhänder allein im Interesse der Anleger handeln. Er hat in beiden Fällen eine komplexe Abwägung vorzunehmen. Die KAG darf wie die Depotbank nur Vor- und Nachteile der Anleger berücksichtigen. Der Eingriff in die Anlageentscheidung ist mit Kostenvorteilen der Anteilinhaber beider Fonds abzuwägen. Interessen der KAG dürfen keine Rolle spielen. Die fünf ausdrücklichen Voraussetzungen der Einbringung können nur eine zusätzliche Absicherung bieten und bilden den Mindestrahmen im Hinblick auf den Anlegerschutz.

Die Steigerung der Markttransparenz und die Senkung der Fixkosten der KAG sind vor diesem Hintergrund nur willkommene Nebeneffekte der Einbringung. Es besteht aber die Gefahr, dass die KAG ihre Eigeninteressen über die der Anleger stellt. Die gesetzlich verlangte „Wahrung der Anlegerinteressen" könnte in jedem Fall mit dem Hinweis belegt werden, der Fonds sei unrentabel gewesen und wäre sonst gemäß § 13 Abs. 1 KAGG gekündigt worden.

In Betracht kommt es deshalb, die Einbringung durch weitere Tatbestandsvoraussetzungen zu erschweren. Denkbar wäre es, die Verschmelzung nur dann zuzulassen, wenn dem Fonds sonst die Abwicklung droht. Dieses Kriterium ist aber kaum überprüfbar. Aus diesem Grund verlegt der Refentenentwurf die Problematik in den Bereich der gesetzlichen Aufsicht. Auf dieser Ebene kann die Einbringung überprüft werden. Das Anlegerinteresse ist hierbei als entscheidendes Kriterium der Einbringung zu berücksichtigen. Dieses Ziel müsste bei einer Neuregelung stärkere Berücksichtigung erlangen.

Die Reform des 4. FMFG stellt der BaFin ein weiteres Instrument der Ex-ante-Kontrolle zur Verfügung. Gemäß § 10 Abs. 1 S. 6 soll die Bankaufsichtsbehörde die Befugnis erhalten, Richtlinien für die Lösung von Interessenkonflikten zwischen Anlegern und KAG zu erlassen. Die KAG kann auf diese Weise verpflichtet werden, Vorteile der Einbringung für den Anleger darzulegen.

I. Die Zusammenführung mit einem Fonds einer anderen KAG

Der Gesetzentwurf erlaubte nur die Verschmelzung von Fonds einer KAG. Grundsätzlich wäre aber auch die Verschmelzung mit einem fremdverwalteten Fonds denkbar. Der Eingriff in die Anlageentscheidung des Anteilinhabers wäre in diesem Fall aber weitaus größer. Hier würde nicht nur der Fonds, für den er sich entschieden hat, aufgehoben. Gleichzeitig müsste auch die KAG ausgetauscht werden, der er sein Geld anvertraut hat. Eine derart weitreichende Entscheidung sollte nicht allein in der Befugnis der Anlagegesellschaft stehen. Die Gefahr eines Fondshandels würde auf diese Weise potenziert. Die Übertragung auf einen anderen Fonds ist daher auch in Zukunft nur unter Beteiligung der Depotbank möglich.

In vielen Fällen wird aber kein kompatibles Sondervermögen in der eigenen Fondsfamilie vorhanden sein, sodass dann wieder nur die Kündigung des Fonds in Betracht kommt. Bisher war es kaum möglich, eine neue KAG für ein unrentables Sondervermögen zu finden. Daher wäre ein solcher Fonds abzuwickeln. Der Referentenentwurf eröffnet aber auch in dieser Hinsicht neue Perspektiven. Die Fusionsbefugnis erhöht die Wahrscheinlichkeit eine KAG zu finden, die die Verwaltung fortsetzt. Nach der Übertragung ist die Einbringung in einen Fonds der neuen Investmentgesellschaft möglich. Grundsätzlich lässt sich auf diese Weise auch die Verschmelzung mit einem fremdverwalteten Fonds nachbilden.

Im Interesse des Anlegerschutzes ist diese Möglichkeit sehr zu begrüßen, da die Abwicklung auch dann vermieden werden kann, wenn eine „interne" Verschmelzung nicht möglich ist.

Die Investmentgesellschaften haben aber grundsätzlich die Tendenz, auch kleine Fonds weiterzuführen. Kündigungen von Fonds mit anschließender Übertragung auf eine andere KAG sind selten, da auch unrentable Sondervermögen nur ungerne der Konkurrenz überlassen werden.[899] Außerdem dienen kleine Spezialitätenfonds dem Image der KAG und runden das Fondsangebot ab. Die gleichen betriebswirtschaftlichen Bedenken stehen der Kombination aus Übertragung und Einbringung entgegen. Unrentable Fonds, für die kein geeigneter Fusionspartner im eigenen Hause vorhanden ist, würden daher auch in Zukunft nicht gekündigt.

Dieses Problem ließe sich jedoch mit Hilfe einer weiteren neuen gesetzlichen Möglichkeit in befriedigender Weise lösen. Seit In-Kraft-Treten des 4. FMFG ist es der KAG nämlich gemäß § 1 Abs. 6 S. 1 Nr. 6 KAGG erlaubt, auch Anteilscheine der Fonds fremder Investmentgesellschaften zu vertreiben. Diese Ergänzung verfolgt das Ziel, den Marktzugang von kleineren KAG zu erleichtern. Sie können ihre eigene Angebotspalette durch Fonds anderer Investmentgesellschften ergänzen und auf diese Weise zu einer Belebung der Konkurrenz beitragen.

Die Neuregelung kann sich aber auch bei der Verschmelzung von Investmentfonds als vorteilhaft erweisen. Denn aufgrund der Kombination von Fremdvertrieb und Verschmelzung wird es möglich sein, die Vertriebsrechte auch an einem gekündigten Fonds zu teilen. Ein solcher Fonds kann auf eine KAG übertragen werden, die einen ähnlichen Spezialitätenfonds verwaltet und die Sondervermögen verschmilzt. Beide Verwaltungsgesellschaften könnten gemeinsame Vertriebsrechte für den Fonds vereinbaren. Das wesentliche Argument, die Kündigung zu unterlassen, entfällt damit.

Diese Vorgehensweise wird erstmalig durch die Neuregelung des § 1 KAGG möglich. Aus der Sicht des Anlegerschutzes sind keine Bedenken zu erheben. Aus diesem Grund ist zu erwarten, dass neben der Verschmelzung auch die Übertragung erhöhte Bedeutung erlangen wird. Die gesamte Planung ist jedoch eng mit der BaFin abzustimmen.[900]

---

899 S. Fischer, Kleine Fonds werden nur ungern aufgelöst.
900 3. Teil § 7E, S. 149.

J. Die Genehmigung durch die Bankaufsicht

Die Anleger haben keine Mitwirkungsrechte bei der Einbringung. Wie bei allen anderen weitreichenden Verwaltungsentscheidungen der Treuhänder ist daher eine Kontrolle durch die BaFin erforderlich. Dieser Grundsatz gilt ebenso für die Übertragung wie für die Einbringung eines Fonds. Daher sah der Referentenentwurf in § 21 Abs. 1 S. 4 Nr. 5-E die Genehmigung der Bankaufsichtsbehörde als fünfte gesetzliche Voraussetzung vor. Wie im Fall der Übertragung handelt es sich hierbei um einen privatrechtsgestaltenden Verwaltungsakt.[901] Somit liegt eine echte Wirksamkeitsvoraussetzung für die Einbringungserklärung vor.

1. Die Bedeutung der Genehmigung

Im Fall der Einbringung kommt der Genehmigung allerdings besondere Bedeutung zu. Der Referentenentwurf sah keine Mitwirkungskompetenzen Dritter vor und hat damit Grundprinzipien des KAGG aufgegeben. Die Bankaufsicht übt daher die einzige Ex-ante-Kontrolle über die Verschmelzung aus. Nach der geplanten Regelung sollte weder die Depotbank noch der Aufsichtsrat eine Mitentscheidungsbefugnis haben. Die Überwachung wird noch weiter auf die BaFin verlagert.

Der Referentenentwurf betonte somit die staatliche Kontrolle. Er trug auf diese Weise der Tatsache Rechnung, dass vielfache Interessenverflechtungen auf dem Investmentmarkt bestehen. Eine Kontrolle durch private Dritte ist daher in weiten Bereichen ineffizient. Dies gilt z. B. für die Überwachung durch die Depotbank.

2. Der Umfang der Prüfung

Die Bankaufsicht muss wie bei der Übertragung die Rechtmäßigkeit der Einbringung in vollem Umfang überprüfen. Der Schwerpunkt ist hierbei auf zwei Aspekte zu legen.

Erstens hat die BaFin zu kontrollieren, ob die Voraussetzungen der gesetzlichen Regelung eingehalten sind. Folgt man dem Vorschlag des Referentenentwurfs kommt der Übereinstimmung der Anlageverträge besondere Bedeutung zu. Abweichungen dürfen nicht „wesentlich“ sein. Hierbei handelt es sich um einen unbestimmten Rechtsbegriff, der konkretisiert werden muss; eine Abwägung ist auf dieser Ebene aber nicht zulässig. Die BaFin wird in ihrer Verwal-

---

901 3. Teil § 7E, S. 149.

tungspraxis Fallgruppen bilden müssen, um die erforderliche Rechtssicherheit herbeizuführen.

Zweitens unterliegt auch die Abwägung der KAG als solche der Überprüfung durch die BaFin. Diesem Ziel sollte der Zusatz in der Fassung des Referentenentwurfs „bei der die Interessen der Anteilinhaber ausreichend gewahrt sein müssen" dienen. Maßstab ist aber auch hier § 10 Abs. 1 S. 2 KAGG. Die Investmentgesellschaft muss darlegen, inwieweit der Anleger von der Fusion profitiert. Sie muss die notwendigen Geschäftszahlen zur Verfügung stellen, sodass die Rentabilität des Fonds überprüft werden kann. Im Gegensatz zur Übertragung bestehen bei der Einbringung weitreichende potentielle Interessenkonflikte. Die Genehmigung verlangt daher eine Einzelfallprüfung und sollte einen weiten Ermessensspielraum voraussetzen.

Der Wortlaut des § 21 Abs. 1 S. 3 Nr. 5 KAGG-E sah vor, dass die Bankaufsichtbehörde die Genehmigung mit Nebenbedingungen versehen kann. Dadurch wird ihr Charakter als Ermessensentscheidung verwischt, weil diese Befugnis grundsätzlich nur für gebundene Entscheidungen erforderlich ist. Allerdings ist zu erwarten, dass eine entsprechende neue Vorschrift aufgrund der bisherigen Verwaltungspraxis ohnehin als Ermessensvorschrift interpretiert wird.[902]

Die Befugnis, Nebenbestimmungen zu erlassen, gibt der BaFin die Möglichkeit, die Zustimmung mit weitgehenden Informationspflichten zu verbinden. Außerdem könnte die Bankaufsicht auf diesem Wege sicherstellen, dass auch die alte Anlagepolitik gewahrt bleibt.

Aus Anlegersicht wäre es wünschenswert, wenn die erzielten Kosteneinsparungen weiterzugeben wären. Die derzeitige Gesetzeslage lässt für eine entsprechende Auflage der BaFin aber keinen Spielraum. Sie stünde dem Zweck des § 15 KAGG entgegen. Die Höhe der vertraglichen Verwaltungsentgelte unterliegt nicht der Genehmigung durch die Bankaufsichtsbehörde. Dadurch soll gerade staatlicher Einfluss auf originäre unternehmerische Entscheidungen eingeschränkt werden.

3. Spezialfonds

Die vorstehenden Überlegungen gelten für Spezialfonds nur in sehr eingeschränkten Maß. Der Spezialfondsinhaber kann auch bei der Fusion seinen wirtschaftlichen Einfluss ausspielen. Eine Fusion kommt de facto nur dann in Betracht, wenn der Anleger bzw. der Anlegerausschuss zustimmen. Interessenkonflikte der beschriebenen Art sind daher praktisch ausgeschlossen. Aus diesem Grund ist es auch nicht zwingend erforderlich, die Verschmelzung von Spezial-

902 3. Teil § 7E.1.b), S. 151.

fonds umfassend zu kontrollieren. Sofern das KAGG Genehmigungen durch die Bankaufsicht vorsieht, bestehen durchgängig Ausnahmen für dieses Marktsegment. Auch im Fall der Einbringung ist nicht ersichtlich, warum keine Sonderregelung für Spezialfonds geschaffen wurde. Das praktische Bedürfnis für Verschmelzungen besteht auch für institutionelle Anleger. Eine einfache Anzeigepflicht könnte das Informationsbedürfnis der BaFin ausreichend befriedigen.

K. Fortführung der Buchwerte und steuerliche Aspekte

I. Wirtschaftliche Bedeutung

Der Vorschlag des Referentenentwurfs kann zur Straffung des Marktes für Publikumsfonds beitragen. Aber auch die Verschmelzung von Spezialfonds wird rechtstechnisch abschließend geregelt. Wirtschaftlich ist die Fusion von Spezialfonds aber nur dann interessant, wenn der Vorgang erfolgsneutral abgewickelt werden kann.

Aus handelsbilanzieller Sicht sind bei diesem Vorgang keine Probleme zu erwarten. Mangels Realisierung der Gewinne kann die Verschmelzung erfolgsneutral als Tausch behandelt werden.[903] Schwieriger ist die Behandlung in der Steuerbilanz. Trotz der durchgreifenden Änderungen durch das Steuersenkungsgesetz können gemischte Wertpapierfonds nach wie vor erhebliche stille Reserven bilden.[904] Die Fortführung der Buchwerte müsste daher auch hier möglich sein, um das neue Instrument für institutionelle Anleger attraktiv zu machen.

Die Diskussion, ob die erheblichen steuerbilanziellen Vorteile für Spezialfondsanleger gerechtfertigt sind, soll an dieser Stelle nicht geführt werden. Sofern aber Einwände gegen die Steuerneutralität der Spezialfondsfusion mit der Begründung erhoben werden, vorhandene Steuerprivilegien würden verstärkt und die Besteuerung stiller Reserven sei gefährdet, laufen sie ins Leere. Denn auch aus fiskalpolitischer Sicht ist nicht einzusehen, warum die Einbringung zu Nachteilen führen soll.[905] Eine Verringerung der Staatseinnahmen ist nicht zu erwarten, da die Zusammenlegung durch Auflösung und Neuauflage keine echte Alternative bildet. Der ineffiziente status quo bestünde weiter, ohne dass die stillen Reserven aufgelöst würden. Die mögliche steuerliche Belastung durch Realisierung von Kursgewinnen wirkt prohibitiv für jedes Verschmelzungsvorhaben.

---

903 Kuhn, Schaber, S. 131.
904 3. Teil § 8A.6.b)(2), S. 173.
905 So aber die Begründung des Finanzausschusses, BT-DRS 1486/01, S. 56.

Die Rationalisierungsergebnisse sind aus volkswirtschaftlicher Sicht aber in hohem Maße wünschenswert; denn Kosteneinsparungen durch die Senkung von Reibungsverlusten steigern die Markteffizienz. Die Rationalisierungsgewinne könnten die bilanziellen Nachteile aber nicht ausgleichen, wenn eine Verschmelzung nicht steuerneutral durchgeführt werden kann. Eine steuerliche Regelung in diesem Sinn würde demnach betriebswirtschaftlich notwendige Maßnahmen behindern. Die Markteffizienz wird ungewollt belastet.

Darüber hinaus ist zu berücksichtigen, dass die bilanzrechtlichen Vorteile der Spezialfonds spätestens seit dem 1. FMFG als fester – wenn auch nicht unumstrittener - Bestandteil der Fondsbesteuerung gelten können. Gerade auch mit diesem Mittel sollte der Finanzplatz Deutschland gefördert werden. Auf die bilanziellen Vorteile für Großanleger nimmt die Begründung[906] zum 1. FMFG zwar keinen Bezug. Der wesentliche Impuls für das weitere Wachstum des Spezialfondsvolumens ging aber von den bilanzrechtlichen Wirkungen der Gesetzesänderung aus.[907] Dies wird mittelbar durch eine Stellungnahme des Finanzausschusses des Bundestages aus dem Jahre 1994 bestätigt.[908] Die damals diskutierte Streichung der bilanziellen Vorteile von Spezialfonds führe hiernach zur Abwanderung inländischen Kapitals.[909] Außerdem werde die Allokationseffizienz verschlechtert.[910] Der Finanzausschuss bestätigt so ausdrücklich die Bedeutung der bilanziellen Aspekte für die Kapitalmarktförderung.

Im Ergebnis kann gefolgert werden, dass eine Verschmelzung i. S. d. ratio legis des Investmentsteuerrechts ergebnisneutral durchzuführen sein muss. Es ist nur konsequent, die Fortführung standortpolitisch gewollter steuerbilanzieller Vorteile auch dann zuzulassen, wenn das betriebswirtschaftliche Erfordernis für Umstrukturierungen besteht.

---

906 BT-Drucksache 11/5411, A. Allgemeiner Teil I. Vorbemerkungen, abgedruckt bei Beckmann/Scholtz 582, S. 165.

907 Schaber, Maßgeschneidertes Investmentprodukt, S. 996; die Bedeutung der bilanziellen Vorteile wird durch die empirische Studie Pflaums bestätigt. Hiernach spielen 78,28 % der befragten Lebensversicherer bilanzielle Aspekte bei der Spezialfondsanlage eine relativ bedeutende Rolle; zitiert nach Maurer, Fn 162. Obwohl diese Untersuchung bereits wegen der speziellen Untersuchungsgruppe nicht repräsentativ ist, bestätigt sie die Bedeutung des Bilanzrechts für Spezialfonds.

908 BR-Drucksache 611/93.

909 Kritisch zu diesem Argument sowie zur bestehenden Gesetzeslage Schaber, maßgeschneidertes Investmentprodukt, S. 997.

910 Nach Ansicht von v. Gronau, S. 8, hatte bereits die Zulassung von Spezialfondsanlagen durch die Novelle des Versicherungsaufsichtsgesetzes das gleiche finanzmarktpolitische Ziel.

In Frage kann aus den erörterten Gründen nur der gesetzestechnische Weg stehen, wie die Steuerneutralität der Fondsfusion erreicht werden kann. Der Referentenentwurf sah keine ausdrücklichen steuerlichen Regelungen vor. Denkbar wäre es gewesen, eine besondere Vorschrift als bilanzsteuerrechtliche Ergänzung einzufügen. Die Fortführung der Buchwerte hätte dann abschließend und zweifelsfrei festgelegt werden können.

Das Fehlen einer klarstellenden Regelung hat zu einer Unsicherheit auf Seiten der Finanzverwaltung geführt, der letztlich die gesamte Regelung zum Opfer gefallen ist. Die Verschmelzung sollte aus diesem Grund als Tausch der Anteilscheine i. S. d. § 6 Abs. 6 S. 1 EStG gewertet werden.[911]

Die Einordnung als Tausch hätte einen Ansatz der neu erworbenen Anteilscheine zum gemeinen Wert zur Folge gehabt. Stille Reserven wären somit aufgelöst worden. Gegen diese Auslegung spricht aber, dass der Anteilinhaber de jure gar keinen Einfluss auf die Verschmelzung hat. Insbesondere der Publikumsanleger, der seine Anteile im Betriebsvermögen hält, hätte ohne sein Zutun seine stillen Reserven durch Bewertung zum Tauschkurs auflösen müssen. Dieses Maß an Unsicherheit ist mit dem Zweck der Anlage kaum zu vereinbaren.

Kuhn und Schaber[912] vertreten in konsequenter Fortfühung der Ansicht Zinkeisens[913], die entgegengesetzte Auffassung zur Position der Finanzverwaltung. Hiernach soll eine besondere gesetzliche Regelung zur Steuerneutralität der Verschmelzung zumindest für Spezialfonds gar nicht erforderlich sein. Die Zusammenlegung stelle nichts anderes als die Übertragung von Wertpapieren aus einem „normalen" Depot in ein anderes dar.[914]

Um Streitigkeiten dieser Art vorzubeugen, ist zu empfehlen eine eindeutige Regelung in das Gesetz aufzunehmen. In diese Richtung zielte bereits der Vorschlag des BVI[915], die Verschmelzung ausdrücklich nicht als Tausch zu bewerten. Auf diese Weise wird klargestellt, dass die Rechtsfolge des § 6 Abs. 6 S. 1 EStG nicht eintritt.[916] Die Fortführung der Bilanzwerte wäre auf diese Weise ge-

---

911 BT-DRS 1486/01, S. 56.

912 Kuhn, Schaber, S. 131.

913 Zinkeisen, S. 498 ff.

914 Obwohl diese Ansicht vom Ergebnis zu begrüßen ist, kann sie mit der Rechtsnatur des Sondervermögens nicht vereinbar. S. hierzu ausführlich § 10 F.

915 Archner, Das 4. FMFG, S. 807.

916 Die steuerlichen Folgen der Einbringung entsprechen insoweit dem von Zinkeisen, S. 502 ff, entwickelten Modell bei der erfolgsneutralen Fusion von Spezialfonds; hiernach verlassen die Fondsanteile bei der Verschmelzung nicht den Funktionszusammenhang des Fonds. Die Steuerverstrickung bleibe gesichert.

sichert. Auch eine zukünftige Regelung muss einen ähnlichen Passus enthalten, um die positiven Impulse für den Investmentmarkt in vollem Umfang auszuschöpfen.

Gewisse steuertechnische Probleme können sich allerdings bei der Fusion von Publikumsfonds ergeben. Der IDW weist in seiner Stellungnahme darauf hin, dass die Einbringung von Sondervermögen zu Verzerrungen und Verwässerungen von steuerfreien bzw. steuerpflichtigen Verlustvorträgen sowie bei Zwischen- und Aktiengewinnen führen könnte. Hieraus darf sich aber kein Hindernis für eine zukünftige Fusionsregelung ergeben. Auch Kuhn und Schaber[917] erkennen grundsätzlich die vom IDW formulierten Bedenken an. Zwei zu verschmelzende Fonds würden regelmäßig eine unterschiedliche steuerliche „Historie" aufweisen. Sie führen aber zutreffend aus, dass unterschiedliche steuerliche Belastungen im Vorhinein beseitigt werden müssten und könnten; denn nach der Verschmelzung könne es nur einen einheitlichen Anteilswert geben, der dem anteiligen Marktwert vor Steuern entspreche. Hierzu reiche es aus, jedem Anleger eine individuelle Steuerbescheinigung auszustellen, die seine anteiligen in der Vergangenheit angefallenen Gewinn- und Verlustvorträge sowie Aktien- und Zwischengewinne ausweist.

L. Gesamtwürdigung der Neuregelung

Der Referentenentwurf hat sich eines der drängendsten Probeme des deutschen Investmentrechtes angenommen: Die gegenwärtige Lage an den Kapitalmärkten verlangt ein effizientes Instrument zur Konsolidierung des Angebots. Das geltende Recht lässt es aber nicht zu, wünschenswerte Kosteneinsparungen zu realisieren. Aus volkswirtschaftlicher Sicht liegt Verschwendung von Ressourcen vor.

Der Vorschlag des Bundesfinanzministeriums enthielt eine unbürokratische und pragmatische Lösung. Neben der Genehmigung der BaFin ist de facto nur die Weisung an die Depotbank erforderlich, um zwei Fonds zusammenzulegen. Aber selbst die Verschmelzung mit einem Sondervermögen einer anderen KAG ließe sich nachbilden. Die Einbringung wäre hierzu mit einer Übertragung zu kombinieren. Insoweit war die Lösung des Referentenentwurfs sehr zu begrüßen.

Der Entwurf hat aber einseitig die Interessen der KAG in den Vordergrund gestellt. Die einzelnen Voraussetzungen der Fusion sollen den Anleger zwar schützen. Eine Verbesserung seiner Position wurde aber gar nicht erst in Be-

917 Kuhn, Schaber, S. 132.

tracht gezogen. Für die KAG sollte demgegenüber ein Anreiz geschaffen werden, um das volkswirtschaftliche Ziel der Angebotskonsolidierung weitest möglich umzusetzen.

Dies wird vor allem darin deutlich, dass die Investmentgesellschaft allein über die Einbringung hätte entscheiden können. Die Fusion wird als Teil der laufenden Verwaltung betrachtet. Eine Gleichstellung mit der Auflösung und der Übertragung erfolgt nicht, sodass weder die Depotbank noch der Aufsichtsrat ein Mitspracherecht haben. Aus Sicht der Anlagegesellschaften ist diese Lösung optimal. Der Anlegerschutz wird allein auf die BaFin übertragen. Die KAG kann versuchen, Fonds, die sich als wirtschaftliche Fehlschläge erwiesen haben, im eigenen Interesse „umzuordnen".

Auch die Begründung zum Referentenentwurf hebt nur das gesetzliche Ziel hervor, die Produktpalette der Kapitalanlagegesellschaften zu straffen.[918] Dadurch solle Transparenz für den Anbieter geschaffen werden. Dieses zweite Anliegen wird man als Redaktionsversehen auffassen können. Transparenter kann wohl nur der Markt in seiner Gesamtheit werden. Außerdem dient Markttransparenz dem Anleger und nicht dem Anbieter.

Die Neufassung vernachlässigt demgegenüber die Interessen der Anleger. Als Teil der laufenden Verwaltung unterliegt aber auch die Einbringung den besonderen Treuhänderpflichten. Die Investmentgesellschaft hat daher gemäß § 10 Abs. 1 S. 2 KAGG ausschließlich im Interesse der Anteilinhaber zu handeln. Die Verschmelzung darf nicht durch eigene Vorteile der KAG motiviert sein. Jeder Interessenkonflikt ist zugunsten der Anleger zu entscheiden. Diesen Aspekt betont weder der Wortlaut noch die Begründung des Entwurfs in ausreichender Weise.

Außerdem misst der Referentenentwurf dem Informationsinteresse des Anlegers nicht die notwendige Bedeutung bei. Wichtiger noch ist das Fehlen jeder Form- und Fristenregelung. Dadurch wird die Kenntnisnahme des Anlegers von der Fusion beeinträchtigt. Außerdem wird ihm die Möglichkeit genommen rechtzeitig aus der Anlage auszusteigen, wenn er die Fusion ablehnt. Aus diesem Grund wäre eine Regelung i. S. d. § 13 Abs. 1 KAGG zu begrüßen. Die Einbringung könnte auf diese Weise an eine Veröffentlichung in den Rechenschafts- und Halbjahresberichten unter Wahrung einer Drei-Monats-Frist geknüpft werden. Das Informationsbedürfnis des Anlegers könnte auf diese Weise gewahrt werden. Außerdem bestünde ein Überlegungsspielraum. Der Anteilinhaber könnte sich rechtzeitig aus der Anlage zurückziehen, wenn die Fusion seinen individuellen Interessen widerspricht.

918 Begründung des Referentenentwurfs zum 4. FMFG, zu Art. 3 Nr. 13.

Aus rechtsdogmatischer und systematischer Sicht wäre die Bildung eines eigenen Absatzes zu empfehlen. Ein Hinweis auf die Auflösung des Altfonds könnte für mehr Klarheit sorgen.

§ 12 Schlussbetrachtung

Die beispiellose Entwicklung des deutschen Investmentmarktes hat zu einem Mangel an Transparenz geführt. Ein umfassender Vergleich zwischen Rendite und Risiko der einzelnen Fonds ist dem Publikumsanleger kaum mehr möglich. Diese Einschätzung wird durch zahlreiche Stimmen im Schrifttum bestätigt. Hieraus lässt sich die volkswirtschaftliche These ableiten, dass der Markt für Publikumsfonds nicht mehr effizient ist und zu falschen Kapitalallokationen führt. Aber auch aus betriebswirtschaftlicher Perspektive hat das Überangebot Nachteile. Die Fortführung unrentabler Fonds führt zu unnötigen Kosten, die letztlich vom Anleger zu tragen sind.

Die Arbeit hatte jedoch nicht das Ziel, diese beiden wirtschaftswissenschaftlichen Thesen zu belegen. Ihre Auswirkungen lassen sich ohnehin kaum quantifizieren, da sie durch den anhaltenden Erfolg des Investmentmarktes überlagert werden. Vielmehr wurde der gesetzliche Rahmen untersucht, in den eine Straffung des Angebotes eingebunden ist.

In einem ersten Schritt sind die bestehenden Instrumente der Marktkonsolidierung vorgestellt worden. Hierbei kam es auch darauf an, Gestaltungspotentiale aufzuzeigen, die bisher ungenutzt sind. Mit der Verbreitung der neuen Fondstypen des KAGG könnte ihnen erhöhte Aufmerksamkeit gewidmet werden. Beispiele sind die vertraglichen Spielräume bei der Abwicklung von Laufzeitfonds oder die zeitlich gestufte Verteilung bei der Auflösung von gemischten Fonds.

Der Schwerpunkt dieses Teils der Untersuchung lag aber auf dem Anlegerschutz bei Kündigung, Auflösung und Übertragung von Publikumsfonds. In diesem Zusammenhang kommt dem Sondervermögen besondere Bedeutung zu. Sein Bestand sichert die Funktion zahlreicher Anlegerschutzmechanismen. Hieraus kann gefolgert werden, dass die gesetzlichen Regelungen des § 14 KAGG abschließenden Charakter haben. Die Lösung der besonderen Bindungen des Sondervermögens kommt nur unter den hier normierten engen Vorausetzungen in Betracht.

Demgegenüber ist § 13 KAGG nicht abschließend. Neben der ordentlichen Kündigung sind weitere Gründe vorstellbar, das Verwaltungsrecht der KAG zu beenden. Daher sind Aufhebungsvertrag und Kündigung aus wichtigem Grund zulässig. In diesen Fällen wird nur der Investmentvertrag gelöst. Der Anlegerschutz wird nicht beeinträchtigt, da das Sondervermögen nicht berührt wird. Wie in den übrigen Fällen der Vertragsauflösung, geht der Fonds gemäß § 14 Abs. 1 KAGG auf die Depotbank über.

Durch diesen Vermögensübergang bleibt das Sondervermögen auch dann bestehen, wenn die KAG aus dem Investmentdreieck ausscheidet. Die Depotbank wird übergangsweise mit der Verwaltung betraut. Aus diesem Grund müssen über den Wortlaut des § 14 Abs. 1 KAGG hinaus auch alle Bindungen und Verfügungsbeschränkungen fortgelten, denen die Investmentgesellschaft im Interesse des Anlegerschutzes unterworfen war. Der Vermögensübergang ist daher als Eintritt der Depotbank in die Rechtsstellung der KAG zu deuten. Hierin liegt eine beschränkte Gesamtrechtsnachfolge.

Im Anschluss an den Vermögensübergang hat die Depotbank den Fonds abzuwickeln oder auf eine andere KAG zu übertragen. Die Komplexität moderner Sondervermögen und die Schaffung neuer Fondstypen durch den Gesetzgeber erhöhen die Anforderungen an die Depotbank bei der Abwicklung. Der Wortlaut des Gesetzes ist aber auf einfache Wertpapier-Sondervermögen zugeschnitten. Daher wird vorgeschlagen, diese Regelungslücke durch Analogie zum AktG bzw. zum Recht der Bruchteilsgemeinschaft zu schließen. Beide Alternativen führen jedoch nicht zu sachgerechten Ergebnissen.

Vielmehr ist § 14 Abs. 2 S. 1 KAGG als eigenständige Regelung zu begreifen. Ihr Inhalt ergibt sich aus der Teleologie des KAGG. Aus der Sicht des Gesetzgebers von 1957 sollte die Abwicklung primär die Rendite der Anleger durch zügige Veräußerung sichern. Die neuen Formen der Fondsanlage verlangen jedoch eine deutliche Ausdehnung des Abwicklungsbegriffes. Der Depotbank muss ein gewisser Spielraum eingeräumt werden. Die Abwicklung ist als unternehmerische Aufgabe zu verstehen, die das Ziel hat, die Rendite der Anleger zu optimieren. Aus diesem Grund lässt sich der Rechtsgedanke des § 268 Abs. 1 S. 2 AktG ergänzend heranziehen. Hiernach sind in engem Rahmen selbstständige Geschäfte der Depotbank möglich.

Dieser Spielraum ist unter Berücksichtigung der besonderen Risiken der Abwicklungsphase zu konkretisieren und einzuschränken. Denn mit dem Übergang des Sondervermögens auf die Depotbank wird das System des Anlegerschutzes, das dem Investmentdreieck zugrunde liegt, aufgegeben. Die Depotbank vereinigt alle Befugnisse der Treuhänder auf sich. Die gegenseitigen Kontrollmechanismen fallen weg. Hieraus folgt, dass auch die Abwicklungstätigkeit engen Grenzen unterliegen muss. Vor allem neue Geschäfte der Depotbank sind nur noch sehr eingeschränkt zulässig. Sie darf ihren Verwaltungsmaßnahmen keine eigene Markteinschätzung mehr zugrunde legen. Nur vorübergehende Anlagen zum „Parken" erster Veräußerungserlöse sind erlaubt. Im übrigen hat ein zügiger Verkauf zu erfolgen. Die Besonderheiten der einzelnen Fondstypen sind hierbei zu berücksichtigen.

Alternativ zur Abwicklung kann die Depotbank das Sondervermögen gemäß § 14 Abs. 2 S. 2 KAGG auf eine andere KAG übertragen. Auch bei dieser Entscheidung hat sie ausschließlich im Interesse der Anleger zu handeln. Die Übertragung wird durch eine Vertragsübernahme vollzogen. Sofern für das Sondervermögen die Treuhandlösung vereinbart ist, geht das Eigentum kraft Gesetzes analog § 14 Abs. 1 KAGG auf die neue Investmentgesellschaft über. Die Bankaufsichtsbehörde muss die Übertragung genehmigen, wenn die gesetzlichen Voraussetzungen erfüllt sind. Ein Ermessenspielraum steht ihr nicht zu.

Die vorgestellten Instrumente lassen sich grundsätzlich zur Konsolidierung des Investmentmarktes verwenden. Fonds, die nicht oder nicht mehr auf das erhoffte Interesse am Publikumsmarkt stoßen, können gekündigt und aufgelöst werden. Kommt die Anlagegesellschaft selbst in Schwierigkeiten, bietet sich die Übertragung auf eine andere KAG an. Trotzdem macht die Praxis sowohl von der Auflösung als auch von der Übertragung vergleichsweise selten Gebrauch. Selbst Fonds, die eine unrentable Größe erreicht haben, werden in vielen Fällen fortgeführt.

In einem zweiten Schritt sind daher die Gründe untersucht worden, die einer Restrukturierung des Marktes entgegenstehen. Vor allem die ordentliche Kündigung liegt nur selten im Interesse der KAG. Ein großer Teil der Anleger wird sich nicht zur Wiederanlage in einem Fonds der gleichen Investmentgesellschaft entschließen. Dadurch verringert sich das Gesamtanlagevolumen, das von der KAG verwaltet wird. Demgegenüber kann ein Großteil der fixen Kosten auf die Anleger abgewälzt werden. Es besteht somit eine Tendenz auch unrentable Sondervermögen „mitzuziehen".

Aber auch die Kündigung eines Fonds stellt aus der Sicht der Anleger keine befriedigende Lösung dar. In diesem Fall bietet sich zwar eine Übertragung an. Es wird aber nur selten eine neue Investmentgesellschaft bereit sein, ein unprofitables Sondervermögen weiterzuführen. Der Fonds wird abgewickelt und der Anleger hat alle Nachteile zu tragen, die sich hieraus ergeben. Außerdem verhindert die restriktive Genehmigungspraxis der BaFin eine Übertragung i. S. d. § 14 Abs. 2 S. 2 KAGG.

Die Nachteile dieser Sachlage treffen vor allem den Anleger. Alle Kosten hat er mittelbar oder unmittelbar zu tragen. Ein Ausweg ließe sich durch die Zusammenlegung von Fonds finden. Die Untersuchung zeigt aber, dass de lege lata keine Möglichkeit besteht, Fonds zu verschmelzen. Auch die Einbringung durch Einzelübertragung ist nicht möglich.

Bei Spezialfonds besteht eine grundlegend andere Interessenlage. Der Schutz der Anleger spielt hier eine untergeordnete Rolle. Vielmehr versucht der Anteilinhaber bilanzielle Vorteile der Spezialfondsanlage auch nach der Kündigung zu wahren. Hierzu bedient er sich investmentvertraglicher Regelungen, die die Entscheidungsfreiheit des Treuhänders weitgehend beschneiden. Die Untersuchung zeigt die Zulässigkeit derartiger Vertragsklauseln.

Auch bei Spezialfonds kann die Zusammenlegung Rationalisierungsvorteile bringen. Aber auch hier ist de lege lata keine Möglichkeit gegeben, Sondervermögen zu verschmelzen.

Um Investmentfonds zu fusionieren, ist somit eine Ergänzung des KAGG erforderlich. Der Referentenentwurf zum 4. FMFG enthielt einen Vorschlag, der der Investmentgesellschaft eine entsprechende Befugnis gegeben hätte. Die KAG sollte die Möglichkeit erhalten, ihre Fonds im Sinn einer besseren Kostenstruktur neu zu ordnen. Tatbestandlich ist hierfür nur eine einfache Einbringungserklärung erforderlich. Im Hinblick auf das gesetzgeberische Ziel, den Fondsmarkt zu konsolidieren, ist dieser Ansatz als pragmatisch und effizient zu beurteilen.

Bedenken ergeben sich allerdings aus der Sicht des Anlegerschutzes. Die Kontrolle wird allein auf die Bankaufsicht verlagert. Außerdem berücksichtigt der Entwurf das Interesse der Anteilinhaber nicht in ausreichender Weise. Zahlreiche Interessenkonflikte zwischen der beteiligten Anlegergemeinschaft und der KAG sind denkbar. Darüber hinaus müssen bei der Einbringung die Investmentverträge angepasst werden. Der Entwurf enthielt aber nur unklare Kriterien, unter welchen Umständen zwei Fonds kompatibel sind. Außerdem lässt er das Informationsbedürfnis der Anleger außer Betracht. Ergänzungen wären hier wünschenswert.

Trotzdem hätte diese Ergänzung des KAGG einen erheblichen Fortschritt gebracht, der letztlich auch den Anlegern nützt. Es wäre zu erwarten gewesen, dass viele Investmentgesellschaften von der neuen Befugnis in hohem Maß Gebrauch gemacht hätten. Eine Konsolidierung des Marktes wäre ohne weitere Hindernisse möglich geworden. Insoweit bleibt zu hoffen, dass eine entsprechende Regelung in Zukunft die Verschmelzung von Investmentfonds zulassen wird.

Literaturverzeichnis

Altfelder, Stefan: Investmentfonds – endlich verständlich? – Plädoyer für ein Prinzipien geleitetes Steuerrecht, FR 6/2000, S. 299.

Andress, Ralf: Großer Appetit auf Branchenfonds, Die Welt v. 2. 2. 2001.

Angermeyer, Birgit: Investmentfonds als Instrument der Kapitalanlagepolitik von Versicherungsunternehmen, Vw 11/1996, S. 683.

Archner, Gernot: Das 4. FMFG aus der Sicht der Wertpapier-Investmentbranche, Die Bank, 11/2001, S. 800.

Assmann, Heinz-Dieter; Schütze, Rolf A.: Handbuch des Kapitalanlagerechts, 2. Aufl., C. H. Beck, München 1997.

Barocka, Egon: Investment – Sparen und Investmentgesellschaften, Deutscher Sparkassenverlag, Stuttgart 1956.

Baum, Günter: Schutz und Sicherung des Investmentsparers bei Kapitalanlagegesellschaften und Investmenttrusts, Diss., Mainz 1959.

Baumbach, Adolf; Hueck, Alfred: GmbH – Gesetz, 17. Aufl., C. H. Beck, München 2000.

Baums, Theodor: Der Aufsichtsrat – Aufgaben und Reformfragen, ZIP 1/1995, S. 11.

Baums, Theodor; Fraune, Christian: Institutionelle Anleger und Publikumsgesellschaft: Eine empirische Untersuchung, AG 3/1995, S. 97.

Baums, Theodor; Theissen, Erik: Banken, bankeigene Kapitalanlagegesellschaften und Aktienemissionen, ZBB 3/1999, S. 125.

Baur, Jürgen: Investmentgesetze, Kommentar, 1. Aufl., Walter de Gruyter, Berlin 1970
Zitiert: Baur, 1. Aufl.

Baur, Jürgen: Investmentgesetze, Kommentar, 2. Aufl., Walter de Gruyter, Berlin New York 1997
1. Teilband: Einleitung nebst Länder-übersicht; §§ 1-25j KAGG
2. Teilband: §§ 26-55 KAGG; Ausl-Investmentgesetz; Anhang; Stichwortverzeichnis
Zitiert: Baur.

Beckmann, Klaus; Scholtz, Rolf-Detlev: Investment, Ergänzbares Handbuch für das gesamte Investmentwesen, Stand 13. 11. 2000, Erich Schmidt Verlag, Berlin.

Beine, Günther: Die deutschen Investmentgesellschaften und das Investmentsparen – kritisch betrachtet, AG 12/1958, S. 281.
Berge und Herrendorf, Hans-Siegmund v.: Der Schutz des Investmentsparers, Diss., Köln 1962.
Brinkhaus, Josef; Scherer, Peter: Kommentar zum KAGG und AuslInvestmG, C. H. Beck, München, 2002
Buchholz, Christian: Die Kleinen machen dicht, Der Fonds, 8/2001.
Bury, Hans-Martin: Finanzplatz und Steuerreform, WM 1999, S. 1362.
Caemmerer, Ernst v.: Kapitalanlage- oder Investmentgesellschaften, JZ 2/1958, S. 41.
Canaris, Claus-Wilhelm: Bankvertragsrecht, 2. Aufl., Walter de Gruyter, Berlin New York 1981.
Carl, Dieter; Förster, Wolfgang: Das Recht der Investmentfonds, 2. Auflage, Luchterhand, Neuwied Kriftel Berlin 1994.
Clemm, Hermann; Huber, Klaus: Die Prüfung von Spezialfonds, Die Wirtschaftsprüfung 10/1989, S. 289.
Coing, Helmut: Die Treuhand kraft privaten Rechtsgeschäfts, C. H. Beck, München 1973.
Dehmer, Hans: Umwandlungsgesetz, Umwandlungssteuer-gesetz, 2. Aufl., C. H. Beck, München 1996.
Dietel, Rainer v.: Die Ausübung der Mitgliedschaftsrechte aus den Beteiligungen, die zu einem Sondervermögen gehören, Diss., Mainz 1963.
Dölle, Hans: Neutrales Handeln im Privatrecht, in Festschrift für Fritz Schulz, 2. Band, 1951, S. 268 ff.
Dürr, Wolfram: „Ethische Investmentfonds" in Deutschland, ZIP 5/1991, S. 286.
Dürr, Wolfram: Gedanken zur Bezeichnung von Investmentfonds und deren Anlagegrundsätzen, WM 1989, S. 933.
Eberstadt, Gerhard: Der Spezialfonds aus der Sicht der Anbieter, Kreditwesen 17/1978, S. 806.
Ebner v. Eschenbach, Hans-Christoph Frhr. v.: Die Rechte der Anteilinhaber nach dem Gesetz über Kapitalanlagegesellschaften, Diss., Erlangen 1959.
Ennecerus, Ludwig; Nipperdey, Hans-Carl: Allgemeiner Teil des bürgerlichen Rechts, 15. Aufl., J. C. B. Mohr, Tübingen 1959
Zitiert: Ennerus-Nipperdey.
Erichsen, Hans-Uwe: Allgemeines Verwaltungsrecht, 11. Aufl., Walter de Gruyter, Berlin New York 1998
Zitiert: Bearbeiter in Erichsen.
Finsinger, Jörg; Haas, Ferdinand: Bewertung von Investmentfonds, Vw 15/1997, S. 1060.

Fischer, Leo: Kleine Fonds werden nur ungern aufgelöst, in Die Welt v. 7. 3. 1997.

Fisher, Donald E.; Jordan, Ronald J.: Security analysis and portfolio management, 5. Aufl., Prentice Hall, Englewood Cliffs, N. J. 1991.

Fock, Till Henning; Stoschek, Uwe: Die Auswirkungen des geplanten Steuersenkungsgesetzes auf die Besteuerung von Investmentfonds und ihrer Anteilinhaber, FR 11/2000, S. 591.

Gericke, Karlheinz: Rechtsfragen zum Investmentsparen, DB 1959, S. 1276.

Gerke, Wolfgang; Rapp, Heinz-Werner: Strukturelle Neugestaltung des deutschen Investmentrechts, ZBB 2/1992, S. 85.

Geßler, Ernst: Das Recht der Investmentgesellschaften und ihrer Zertifikatsinhaber, WM-Sonderbeilage Nr. 4/1957.

Geßler, Ernst; Hefermehl, Wolfgang; Eckardt, Ulrich; Kropff, Bruno: Aktiengesetz, Kommentar, Verlag Franz Vahlen, München 1994.

Geyer, Otfried: Spezialfonds für Sozialversicherungsträger, Der langfristige Kredit 19/1991, S. 14.

Glaser, Hans: Investmentgesellschaften mit Anlagefonds für Wertpapiere und Sachwerte, DB 46/1959, S. 1278.

Gödicke, Vivian: Die Logistikbranche hat als Investment Kräftig zugelegt, in Die Welt v. 15. 3. 2001.

Goutier, Klaus; Knopf, Rüdiger; Tulloch, Anthony: Kommentar zum Umwandlungsrecht: Umwandlungsgesetz, Umwandlungsteuergesetz, Verlag Recht und Wirtschaft, Heidelberg 1996.

Gronau, Wolf-Dieter v.: Spezialfonds in der Bundesrepublik Deutschland, München 1985.

Großkommentar zum Aktienrecht: Walter de Gruyter, Berlin New York 1996; Zitiert: Bearbeiter in Großkommentar zum Aktiengesetz.

Grundmann, Stefan: Der Treuhandvertrag, insbesondere die werbende Treuhand, C. H. Beck, München 1997.

Gschoßmann, BernhardRechtliche Grundlagen des Investmentgeschäftes, München 1996.

Haarmeyer, Hans; Wutkze, Wolfgang; Förster, Karsten: Handbuch zur Insolvenzordnung, 1. Aufl., Verlag Jehle Rehm, München Berlin 1997.

Hachenburg, Max (Begr.): Gesetz betreffend die Gesellschaften mit beschränkter Haftung (GmbHG), Großkommentar, 8. Aufl., Walter de Gruyter, Berlin New York 1997
Zitiert: Bearbeiter in Hachenburg.

Häuselmann, Holger: Zur Bilanzierung von Investmentanteilen, insbesondere von Anteilen an Spezialfonds, BB 1992, S. 312.

Hehn, Elisabeth; Kloy, Jörg W.: KAGG – Novelle: Neue Absicherungsstrategien mit Futures und Optionen, Die Bank 5/1998, S. 314.
Heidelberger Kommentar: Kommentar zum Handelsgesetzbuch, 5. Aufl., C. F. Müller, Heidelberg 1999
Zitiert: Bearbeiter in Heidelberger Kommentar.
Hellner, Thorwald (Hrsg.); Steuer, Stephan (Hrsg.): Bankrecht und Bankpraxis, Bank-Verlag Köln, Stand 2001
Henn, Günter: Handbuch des Aktienrechts, 5. Aufl., C. F. Müller, Heidelberg 1994.
Hennig, Hans Jürgen: Steuerliche Änderungen des Investmentrechts durch das Steuerentlastungsgesetz 1999/2000/2001, BB 37/1999, S. 1901.
Hoffmann-Riehm, Wolfgang: Der Geltungsbereich der Investmentgesetze, BB 6/1972, S. 244.
Hopt, Klaus J.: Der Kapitalanlegerschutz im Recht der Banken, C. H. Beck, München 1975.
Hueck, Götz: Der Grundsatz der gleichmäßigen Behandlung im Privatrecht, C. H. Beck, München 1958.
Hüffer, Uwe: Aktiengesetz, 3. Aufl., C. H. Beck , München 1997.
IDW-Gutachten: Die Wirtschaftsprüfung, Heft 21/2001, S. 1271.
Kallmeyer, Harald; Dirksen, Dirk: Umwandlungsgesetz: Kommentar; Verschmelzung, Spaltung und Formwechsel bei Handelsgesellschaften, Schmidt, Köln 1997.
Kandlbinder, Hans Karl: Spezialfonds als Anlageinstrument, ein Leitfaden, Frankfurt am Main, Knapp 1991.
Kandlbinder, Hans Karl: Der Spezialfonds als Instrument für das Vermögensgeschäft der Assekuranz, Der Langfristige Kredit 12/1987, S. 404.
Kleeberg, Jochen M.; Schlenger, Christian: Handbuch Spezialfonds, Uhlenbruch Verlag, Bad Soden/Ts. 2000.
Klenk, Friedrich Ernst: Die rechtliche Behandlung des Investmentanteils, Diss., Köln 1967.
Kölner Kommentar zum Aktienrecht, herausgegeben von Zöllner, Wolfgang: Bd. 2 §§ 76-117 AktG, 2. Aufl., Carl Heymanns Verlag KG, Köln Berlin Bonn München 1988
Zitiert: Bearbeiter in Kölner Kommentar.
König, Markus: Anlegerschutz im Investmentrecht, Diss., Wiesbaden 1998.
König, Markus: Auflösung und Übertragung von Publikumsfonds in Deutschland, Arbeitspapier der Universität Osnabrück Nr. 77.
Kopp, Ferdinand O.; Ramsauer, Ulrich: Verwaltungsverfahrensgesetz, 7. Aufl., C. H. Beck, München 2000;
Zitiert: Kopp/Ramsauer.

Köster, Heiner: Der Schutz der Kapitalanleger nach deutschem und amerikanischem Recht, Diss., München 1974.
Kriege, Walter: Hinterlegungsordnung mit Nebenbestimmungen, 3. Aufl., C. H. Beck 1993.
Kronke, Herbert: Zur Funktion und Dogmatik der Leistungsbestimmung nach § 315 BGB, AcP 183, S. 113.
Kümpel, Siegfried: Bank- und Kapitalmarktrecht, 2. Aufl., Verlag Dr. Otto Schmidt, Köln 2000.
Kümpel, Siegfried; Peters, Martin: Aktuelle Fragen der Wertpapierleihe, AG 1994, S. 525.
Kuhn, Steffen; Schaber, Mathias: Zur Sacheinlage in Investmentfonds gem. 21 Abs. 1 KAGG-E, StuB 3/2002, S. 128.
Kuntze, Wolfgang: Ethische Investmentfonds, WM 22/1991, S. 929.
Larenz, Karl: Methodenlehre der Rechtswissenschaft, 6. Aufl., Springer, Berlin Heidelberg New York London Paris Tokyo Hong Kong Barcelona Budapest 1991.
Laux, Manfred: Die AS-Investmentrente, Sonderveröffentlichung des International Bankers Forum, 27. 3. 2001.
Laux, Manfred: Zur Zukunft der Altersvorsorge – das Altersvermögensaufbaugesetz aus der Sicht des BVI, Kreditwesen 2000, S. 1250.
Laux, Manfred: Investmentfonds vor dem dritten FMFG, Kreditwesen 1995, S. 1147.
Laux, Manfred: Entwicklung und Erfolg der Spezialfonds bis heute, in „Handbuch Spezialfonds“, herausgegeben von Kleeberg/Schlenger, Uhlenbruch Verlag, Bad Soden/Ts.
Laux, Manfred; Päsler, Rüdiger: Die deutschen Spezialfonds, Knapp, Frankfurt a. M. 2001.
Lenz, Tobias: Spezialfonds – Unterschiede zum Publikumsfonds und steuerliche Vorteile gegenüber der Direktanlage, DStR 1997, S. 45.
Lusser, Franz: Die Haftungsverhältnisse bei Anlagefonds, Diss., Zürich 1964.
Lutter, Marcus (Hrsg.): Umwandlungsgesetz, Kommentar, 2. Aufl.. Verlag Dr. Otto Schmidt, Köln 2000
Zitiert: Bearbeiter in Lutter.
Lutter, Marcus; Hommelhoff, Peter: GmbH-Gesetz, Kommentar, 15. Aufl., Verlag Dr. Otto Schmidt, Köln 2000.
Martin, Rudolph: Kritische Betrachtungen zur Lehre vom Sondervermögen, AcP 102, S. 444.
Mätzener, Urs Balthasar: Die Auflösung und Liquidation von Anlagefonds, Diss., Bern 1972.

Maurer, Raimond: Kontrolle und Entlohnung von Spezialfonds als Instrument der Vermögensanlage von Versicherungsunternehmen, Veröffentlichungen des Instituts für Versicherungswirtschaft der Universität Mannheim, VVV Karlsruhe 1996.
Mössle, Klaus: Spezialfonds - Quo Vadis?, in „Handbuch Spezialfonds“, herausgegeben von Kleeberg/Schlenger, Uhlenbruch Verlag, Bad Soden/Ts.
Müller, Gunter: Die Rechtsstellung der Depotbank im Investmentgeschäft nach deutschem und schweizerischem Recht, Thèse No. 591 de l'Université de Genève, Benningen 1969.
Müller, Klaus: Die Überwachung der Geschäftstätigkeit der Kapitalanlagegesellschft durch die Depotbank, DB 1975, S. 485.
Münchener Kommentar: Münchener Kommentar zum Bürgerlichen Gesetzbuch, 3. Aufl., C. H. Beck, München 1993;
Zitiert: Bearbeiter in Münchener Kommentar.
Nägele, Alexandra; Schaber, Mathias; Staber, Georg: Die steuerliche Behandlung stiller Reserven bei der „Umwandlung“ von Spezialfonds, DB 1996, S. 1949.
Neuburger, August: Das Gesetz über Kapitalanlagegesellschaften, AG 5/1957, S. 97.
Obermayer, Klaus: Kommentar zum Verwaltungsverfahrensgesetz, 3. Aufl., Luchterhand, Neuwied 1999.
Obermeyer, Manfred; Hess, Harald: Insolvenzordnung, C. F. Müller, Heidelberg 1995.
Obst,Georg (Begr.); Hintner, Otto: Geld-, Bank- und Börsenwesen, 40. Aufl., Schäffer-Poeschel, Stuttgart 2000.
Ohl, Karl: Die Rechtsbeziehungen innerhalb des Investment-Dreiecks, Duncker und Humblot, Berlin 1989.
o. V.: Fondsbranche trotz Turbulenzen an den Börsen weiter auf auf Wachtumskurs, Pressemitteilungen des BVI 4/2001.
o. V.: Eichel verschont die Investmentfonds, Die Welt v. 5. 2. 2000.
o. V.: Vermögensverwalter sollen fusionieren, FAZ v. 5. 2. 1999.
o. V.: Wie Rankings und Ratings Fondsanlegern helfen können, Financial Times Deutschland v. 12. 12. 2000.
o. V.: Das Angebot an Spezialitätenfonds nimmt weiter zu, FAZ v. 12. 11. 2000.
o. V.: Fondsbranche freut sich über Kompromiss bei Beitragsgarantie, Handelsblatt v. 8. 12. 2000.
o. V.: In der Flut der Investmentfonds suchen Anleger das rettende Ufer, Frankfurter Rundschau v. 28. 12. 2000.
o. V.: Den Investment-Dschungel lichten, Börsenzeitung v. 4. 1. 1997.
o. V.: Deka-Fonds mit 'roll-over'statt Auszahlung, Die Welt v. 9. 2. 1996.

o. V.: Siemens nimmt die Vermögensverwaltung in die eigenen Hände, FAZ v. 13. 1. 1993.
o. V.: Nur wenige Große können überleben, Handelsblatt v. 17. 6. 1998.
o. V.: Branchenfonds – ein Spiel mit hohem Risiko, Die Welt v. 22. 3. 2000.
o. V.: Exotische Fonds sind kostspielig, Handelsblatt v. 10./11. 9. 1999.
o. V.: Wertzuwächse offener Fonds sind oft nicht gerechtfertigt, Die Welt v. 28. 10. 1999.
o. V.: Debatte um offene Immobilienfonds, Handelsblatt v. 23. 9. 1999.
o. V.: Die Auslese überstehen, Wirtschaftswoche v. 10. 8. 2000.
Päsler, Rüdiger H.: Steuerliche Rahmenbedingungen für Spezialfonds sowie Vertragsbedingungen, in „Handbuch Spezialfonds“, herausgegeben von Kleeberg/Schlenger, Uhlenbruch Verlag, Bad Soden/Ts.
Pahlke, Armin; Franz, Willy: Kommentar zum Grunderwerbsteuergesetz, 2. Aufl., C. H. Beck, München 1999.
Palandt, Otto (Begr.): Bürgerliches Gesetzbuch, 60. Aufl., C. H. Beck, München 2000;
Zitiert: Bearbeiter in Palandt.
Pannwitz, Hans-Curt v.: Verfügungsmacht und Verfügungsbeschränkung der Kapitalanlagegesellschaft nach § 8 Abs. 1 und 2 KAGG, München 1961.
Paul, Thomas: Rezension von „Jürgen Baur, Investmentgesetze“, WM 19/1999, S. 941
Zitiert: Paul, Rezension Baur.
Paul, Thomas: Rechtliche Rahmenbedingungen für Spezialfonds, in „Handbuch Spezialfonds“, herausgegeben von Kleeberg/Schlenger, Uhlenbruch Verlag, Bad Soden/Ts.
Zitiert: Paul.
Paul, Thomas; Päsler, Rüdiger H.: German Investment Law, Fritz Knapp Verlag, Frankfurt am Main 1999.
Platzek, Heinz-Jörg: Spezialfonds – maßgeschneidertes Investmentprodukt für in- und ausländische Unternehmen, Der langfristige Kredit 19/1991, S. 598.
Podewils, Max: Investmentgesellschaften in der Bundesrepublik, Diss., Köln 1961.
Pötzsch, Thorsten: Das dritte Finanzmarktförderungsgesetz, WM 1998, S. 949.
Rao, Pavan Ajju: Die Verbesserung des Anlegerschutzes im Investmentrecht durch die Bildung von Risikoklassen, Diss., Frankfurt am Main, 1995.
Redeker, Konrad; v. Oertzen, Hans-Joachim: Verwaltungsgerichtsordnung: Kommentar, 13. Aufl., Kohlhammer, München 2000.
Reuter, Gerhard: Investmentfonds und die Rechtsstellung der Anteilseigner, Diss., Frankfurt am Main 1965.

RGRK: Das Bürgerliche Gesetzbuch mit besonderer Berücksichtigung der Rechtssprechung des Reichsgerichts und des Bundesgerichtshofs, 12. Aufl., Walter de Gruyter, Berlin New York 1978
Zitiert: Bearbeiter in RGRK.

Röhricht, Volker; Westphalen, Friedrich Graf v.: Kommentar zum Handelsgesetzbuch, Verlag Dr. Otto Schmidt, Köln 1998.

Rohwedder, Heinz; Fuhrmann, Hans; Koppensteiner, Hans-Georg; Rasner, Henning; Rittner, Fritz; Wiedmann, Harald; Zimmermann, Klaus: Gesetz betreffend die Gesellschaften mit beschränkter Haftung (GmbHG), Kommentar, 2. Aufl., Verlag Franz Vahlen, München 1990.
Zitiert: Bearbeiter in Rohwedder.

Rössner, Michael-Christian; Arendts, Martin: Die Haftung wegen Kontoplünderung durch Spesenschinderei (Churning), WM 8/1996, S. 1517.

Roth, Günter: Das Treuhandmodell des Investmentrechts, Athenäum Verlag, Frankfurt am Main 1972.

Beck, Heinz (Begr.); Samm, Carl-Theodor (Hrsg.): Gesetz über das Kreditwesen, Kommentar nebst Materialien und ergänzenden Vorschriften, C. F. Müller, Heidelberg, Stand: 4/2001.

Schaber, Mathias: Spezialfonds: Trotz Publizitäts- und Prüfungspflichten Vorteile gegenüber der direkten Kapitalanlage, BB 6/1996, S. 313.

Schaber, Mathias: Spezialfonds: maßgeschneidertes Investmentprodukt oder ein Fall für das Gesetz zur Bekämpfung des Missbrauchs und zur Bereinigung des Steuerrechts?, DB 20/1994, S. 993.

Schäcker, Hanns-Erhard: Entwicklung und System des Investmentsparens, Frankfurt am Main 1961.

Schäfer, Frank A.: Anlegerschutz und die Sorgfalt eines ordentlichen Kaufmanns bei der Anlage von Sondervermögen durch Kapitalanlagegesellschaften, Diss., Baden-Baden 1987.

Scheurle, Florian: Investmentfonds: Änderungen durch das dritte FMFG, DB 1998, S. 1099.

Schimansky, Herbert (Hrsg); Bunte, Hermann-Josef (Hrsg); Lwowski, Hans-Jürgen (Hrsg): Bankrechts-Handbuch, C. H. Beck, München 1997
Zitiert: Bearbeiter in Schimansky.

Schmidt, Karsten: Großkommentar zum Aktienrecht, §§ 241 – 255, Walter de Gruyter, Berlin New York 1996;
Zitiert: Karsten Schmidt in Großkommentar zum Aktienrecht.

Schuler, H.: Kapitalanlagegesellschaften, ihre Sondervermögen und Anteilscheine, NJW 1957, S. 1049.

Schulze-Osterloh, Joachim: Das Prinzip der gesamthänderischen Haftung, C. H. Beck, München 1972.

Siara, Georg; Tormann, Wolfgang: Gesetz über Kapitalanlagegesellschaften vom 16. April 1957, Frankfurt am Main 1957.

Soergel, Hs. Th. (Begr.): Bürgerliches Gesetzbuch mit Einführungsgesetzen und Nebengesetzen, 12. Aufl., Kohlhammer, Stuttgart Berlin Köln Mainz 1987 Zitiert: Bearbeiter in Soergel.

Sögtrop, Friedrich W.: Wertentwicklung und Wertfestsetzung der Anteile offener Grundstücksfonds, Kreditwesen 1979, S. 380-384.

Sögtrop, Friedrich W.: Zur Übertragung von Immobilien-Sondervermögen zwischen Kapitalanlagegesellschaften, Der langfristige Kredit 1991, S. 634.

Sorgenfrei, Ulrich: Steuerlicher Transparenzgrundsatz und DBA-Berechtigung deutscher offener Investmentfonds, IStR 1994, S. 465.

Sorgenfrei, Ulrich; Tischbirek, Wolfgang: Zur Situation von Immobilien – Spezialfonds nach dem Finanzmarktförderungsgesetz, WM 1990, Teil I S. 1809, Teil II S. 1859.

Staudinger, Julius v. (Begr.): Kommentar zum Bürgerlichen Gesetzbuch mit Einführungs- und Nebengesetzen, 13. Aufl., Sellier – de Gruyter, Berlin 1995, Zitiert: Bearbeiter in Staudinger.

Steck, Kai-Uwe: Regulierung von US – amerikanischen Investmentgesellschaften (Investment Companies) unter besonderer Berücksichtigung des National Securities Markets Improvement Act of 1996 (NSMIA) und anderer aktueller Rechtsanpassungen, Diss., Frankfurt am Main 2000.

Szagunn, Volkhard; Haug, Ulrich; Ergenzinger, Wilhelm: Gesetz über das Kreditwesen, Kommentar, 6. Aufl., Verlag W. Kohlhammer, Stuttgart Berlin Köln 1997.

Tegethoff, Georg: Das Treuhandgeschäft der westdeutschen und amerikanischen Banken, Westdeutscher Verlag, Köln 1963.

Thiel, Jürgen: Der Schutz der Anleger von Wertpapierfonds nach deutschem und amerikanischem Recht, Verlag Peter Lang, Frankfurt am Main Bern 1982.

Tibo, Frank: Steuersenkungsgesetz – Besteuerung von Erträgen aus Wertpapier – Investmentfonds, DB 2000, S. 2291.

Weber, Martin: Deutsches Kapitalmarktrecht im Umbruch, NJW 44/1994, S. 2849.

Wendt, Peter: Treuhandverhältnisse nach dem Gesetz über Kapitalanlagegesellschaften, Diss., Münster 1968.

Widmann, Siegfried; Mayer, Dieter: Umwandlungsrecht, Stollfuß, Bonn Berlin, 42. Aktualisierung.

Wolf, Manfred: Prinzipien und Anwendungsbereich der dinglichen Surrogation, JuS 1975, S. 710, JuS 1976 S. 104.

Zeyer, Fred: Selbständige Vermögensverwalter nutzen Fonds zur Profilierung, FAZ v. 21. 12. 1998.

Zeyer, Fred: Das Netz der staatlichen Aufsicht ist eng gespannt, FAZ v. 18. 10 1999.

Zinkeisen, Klaus: Die erfolgsneutrale „Fusion“ von Spezialfonds, DB 1996, S. 497.

Zitelmann, Ernst: Sondergut nach deutschem Internationalprivatrecht, in Festschrift für Gierke, Weimar 1911, S. 255.

Zitelmann, Rainer: Aktienanlagen hängen Immobilienfonds ab, in Die Welt v. 15. 5. 2000

Zöllner, Wolfgang: Wertpapierrecht, 14. Aufl., C. H. Beck, München 1987.

Abkürzungsverzeichnis

a. A.	anderer Ansicht
a. a. O.	am angegebenen Ort
a. F.	alte Fassung
Abs.	Absatz
AcP	Archiv für civilistische Praxis
AG	Aktiengesellschaft; auch Die Aktiengesellschaft
AktG	Aktiengesetz
Alt.	Alternative
Anh.	Anhang
Anm.	Anmerkung
Aufl.	Auflage
AVB	Allgemeine Vertragsbedingungen
BaFin	Bundesanstalt für Finanzdienstleistungsaufsicht
BAKred	Bundesaufsichtsamt für das Kreditwesen
BB	Betriebsberater
BFH	Bundesfinanzhof
BGB	Bürgerliches Gesetzbuch
BGH	Bundesgerichtshof
BRAO	Bundesrechtsanwaltsordnung
BStBl	Bundessteuerblatt
BTDrucks.	Drucksachen des deutschen Bundestags
Buchst.	Buchstabe
BVB	Besondere Vertragsbedingungen
BVerwG	Bundesverwaltungsgericht
BVI	Bundesverband deutscher Investmentgesellschaften
CDU	Christlich Demokratische Union
CSU	Christlich Soziale Union
DB	Der Betrieb
Diss.	Dissertation
DStR	Deutsches Steuerrecht
EGInso	Einführungsgesetz zur Insolvenzordnung
Einl.	Einleitung
Erglfg	Ergänzungslieferung
f.	folgende

FAZ	Frankfurter Allgemeine Zeitung
ff.	folgende
FFG	Gesetz über Angelegenheiten der freiwilligen Gerichtsbarkeit
FMFG	Finanzmarktförderungsgesetz
Fn	Fußnote
FR	Finanz-Rundschau
GG	Grundgesetz
GmbHG	Gesetz betreffend die Gesellschaften mit beschränkter Haftung
GrEStG	Grunderwerbsteuergesetz
h. L.	herrschende Lehre
h. M.	herrschende Meinung
HGB	Handelsgesetzbuch
HintO	Hinterlegungsordnung
Hs.	Halbsatz
i. S. d.	im Sinne des
i. V. m.	in Verbindung mit
IAS	International Accounting Standard
InsO	Insolvenzordnung
IStR	Internationales Steuerrecht
JZ	Juristenzeitung
KAG	Kapitalanlagegesellschaft
KAGG	Gesetz über Kapitalanlagegesellschaften
KStG	Körperschaftsteuergesetz
KWG	Gesetz über das Kreditwesen
Lit.	litera
m.	mit
m. E.	meines Erachtens
m. w. N.	mit weiteren Nachweisen
Mio.	Million
n. F.	neue Fassung
NJW	Neue Juristische Wochenschrift
o. ä.	oder ähnliches
OTC-Geschäft	Over-the-Counter-Geschäft
PFV	Positive Forderungsverletzung
RGZ	Entscheidungen des Reichsgerichts in Zivilsachen
Rn	Randnummer
S.	Seite
s.	siehe
s. a.	siehe auch
SGB	Sozialgesetzbuch

StPO	Strafprozessordnung
u. U.	unter Umständen
UmwG	Umwandlungsgesetz
UmwStG	Umwandlungs-Steuergesetz
v.	von
VAG	Gesetz über die Beaufsichtigung der privaten Versicherungsunternehmen und Bausparkassen
VerglO	Vergleichsordnung
Vorbem.	Vorbemerkung
VVV	Deutsche Versicherungszeitschrift für Sozialversicherung und Privatversicherung
Vw	Versicherungswirtschaft
VwGO	Verwaltungsgerichtsordnung
VwVfG	Verwaltungsverfahrensgesetz
WM	Wertpapiermitteilungen
ZBB	Zeitschrift für Bankrecht und Bankwirtschaft
ZIP	Zeitschrift für Wirtschaftsrecht und Insolvenzpraxis
ZPO	Zivilprozessordnung
ZVG	Gesetz über die Zwangsversteigerung und die Zwangsverwaltung

Frankfurter wirtschaftsrechtliche Studien

Herausgegeben von
Theodor Baums, Andreas Cahn, Friedrich Kübler, Hans-Joachim Mertens,
Eckard Rehbinder, Gunther Teubner

Band 1 Tomas Brinkmann: Unternehmensinteresse und Unternehmensrechtsstruktur. Aufgaben und Grenzen eines normativen Regulativs unternehmenspolitischer Prozesse. 1983.

Band 2 Rüdiger Hahn: Behinderungsmißbräuche marktbeherrschender Unternehmen. Eine Untersuchung der Beeinträchtigung von Wettbewerb und Marktstruktur durch horizontalen Nichtleistungswettbewerb als Gegenstand der Mißbrauchaufsicht nach § 22 Abs. 4 S. 2 Nr. 1 GWB. 1984.

Band 3 Peter Buchmann: Registerpublizität und Gläubigerschutz bei der Einmann-Gesellschaft. 1984.

Band 4 Christian Joerges/Eugen Hiller/Knut Holzscheck/Hans-W. Micklitz: Vertriebspraktiken im Automobilersatzteilsektor. Ihre Auswirkungen auf die Interessen der Verbraucher. 1985.

Band 5 Annette Boerner: Die Haftung des herrschenden Kommanditisten. 1985.

Band 6 Dirk H. Mahler: Rechtsmißbrauch und einstweiliger Rechtsschutz bei Dokumentenakkreditiven und "Akkreditiven auf erstes Anfordern": Eine rechtsvergleichende Untersuchung. 1986.

Band 7 Brigitte Kratz: Ausländische Eingriffsnorm und inländischer Privatrechtsvertrag. 1986.

Band 8 Dimitris Tsibanoulis: Die genossenschaftliche Gründungsprüfung. 1987.

Band 9 Jürgen Braun: Rechtsfragen des Transport-Unfall-Informations- und Hilfeleistungs-Systems der deutschen chemischen Industrie. 1987.

Band 10 Thomas Pfeiffer: Die Bedeutung des privatrechtlichen Immissionsschutzes. Eine Untersuchung zu §§ 1004, 906 BGB. 1987.

Band 11 Michael Bothe/Josef Brink/Christian Kirchner/Albrecht Stockmayer: Rechtsfragen der internationalen Verschuldungskrise. Voraussetzungen, Formen und Verfahren internationaler Umschuldungsmaßnahmen und Umschuldungsvereinbarungen. 1988.

Band 12 Felix Dörr: Die fehlerhafte GmbH. 1989.

Band 13 Rolf Trittmann: Anwendungsprobleme des Haager Beweisübereinkommens im Rechtshilfeverkehr zwischen der Bundesrepublik und den Vereinigten Staaten von Amerika. Exklusive Regelung zur Überbrückung der Unterschiede zwischen dem kontinental-europäischen und anglo-amerikanischen Zivilprozeßrechtssystem? 1989.

Band 14 Margaretha Sudhof: Dreieckige Rechtsverhältnisse im Wirtschaftsverwaltungsrecht - Am Beispiel von Konkurrentenklagen. 1989.

Band 15 Michael Weigel: Schriftformklauseln in Allgemeinen Geschäftsbedingungen. 1989.

Band 16 Hans-Peter Schröder: Der sichere Weg bei der Vertragsgestaltung. 1990.

Band 17 Matthias Haas: Haftungsfreizeichnungsklauseln in Allgemeinen Geschäftsbedingungen. Eine rechtsdogmatische und ökonomische Analyse. 1991.

Band 18 Andreas Hahn: Instandhaltungsverträge. Begriffe, Einordnung, Rechtsfolgenbestimmung, Auswirkung auf die Kautelarpraxis. 1991.

Band 19 Jürgen Götz: Der Entherrschungsvertrag im Aktienrecht. 1991.

Band 20 Friedrich Wächtershäuser: Das Gesellschaftsrecht des internationalen Joint Ventures. 1992.

Band 21 Christina Escher-Weingart: Nutzungsausfall als Schaden und sein Ersatz. 1993.

Band 22 Jean-Claude Zerey: Rechtliche Probleme der Finanzierung von *Leveraged Buyouts* und *Tender Offers* durch Banken in den USA und in der Bundesrepublik Deutschland. Eine rechtsvergleichende Studie über die Rolle der Banken bei Unternehmenskontrolltransaktionen in den USA und in der Bundesrepublik Deutschland. 1994.

Band 23 Markus Bauer: Gläubigerschutz durch eine formelle Nennkapitalziffer - Kapitalgesellschaftsrechtliche Notwendigkeit oder überholtes Konzept? Eine rechtsvergleichende Untersuchung der Gläubigerschutzkonzepte des amerikanischen und deutschen Kapitalgesellschaftsrechts. 1995.

Band 24 Marion Vollmann: Minderheitenschutz im aktienrechtlichen Beschlußmängelrecht. Eine Bestandsaufnahme und Vorschläge zu einer rechtspolitischen Reform. 1997.

Band 25 Lydia Klose-Mokroß: Gläubigerschutz im Kapitalgesellschaftsrecht am Beispiel der Lehre von der verdeckten Sacheinlage. 1997.

Band 26 Stephan Aubel: Der vereinfachte Bezugsrechtsausschluß. Aktionärs- und Gesellschaftsinteressen beim vereinfachten Bezugsrechtsausschluß nach Maßgabe des § 186 Absatz 3 Satz 4 AktG. 1998.

Band 27 Kurt Peter Dittrich: Die Privatplazierung im deutschen Kapitalmarktrecht. Eine Untersuchung der Vorschriften des Auslandinvestmentgesetzes, des Wertpapier-Verkaufsprospektgesetzes und des Gesetzes über Kapitalanlage-Gesellschaften unter Berücksichtigung des Rechts der Vereinigten Staaten von Amerika und des Vereinigten Königreichs. 1998.

Band 28 Viola Sailer: Aktienrechtliche Minderheitskompetenzen zwischen Mißbrauch und unternehmerischer Entscheidungsfreiheit. 1999.

Band 29 Marc Zimmerling: Kapitalerhaltung und Konzernfinanzierung. Eine Untersuchung der kapitalerhaltungsrechtlichen Problematik aufsteigender Sicherheiten im Konzern. 1998.

Band 30 Joachim Wichert: Die Finanzen der Kommanditgesellschaft auf Aktien. 1999.

Band 31 Kerstin Andrea Müller: Produktverantwortung und ihre Durchsetzung. Eine kartellrechtliche Beurteilung von Selbstverpflichtungen im Umweltrecht aus deutscher und europäischer Sicht unter besonderer Berücksichtigung der Altautoentsorgung. 1999.

Band 32 Bettina Friedrich: Konvergenzen im Gesellschaftsrecht. Recht-Fertigung durch Status- und Befundsicherung. 2000.

Band 33 Rudolf Lemke: Haftungsrechtliche Fragen des Ratingwesens – ein Regelungsproblem? 2000.

Band 34 Klaus R. Roller: Die Vergütung des Aufsichtsrats in Abhängigkeit vom Aktienkurs. 2000.

Band 35 Bettina Bokelmann: Personelle Verflechtungen über Aufsichtsräte. Aufsichtsratsmitglieder mit hauptberuflicher Vorstandsfunktion. 2000.

Band 36 Kai-Uwe Steck: Regulierung von US-amerikanischen Investmentgesellschaften (Investment Companies). Unter besonderer Berücksichtigung des National Securities

Markets Improvement Act of 1996 (NSMIA) und anderer aktueller Rechtsanpassungen. 2000.

Band 37 Kristofer Bott: Wissenszurechnung bei Organisationen. 2000.

Band 38 Ursula Lenzen: Unerlaubte Eingriffe in die Börsenkursbildung. 2000.

Band 39 Martin Schulz: Verfassungsrechtliche Vorgaben für das Kollisionsrecht in einem Gemeinsamen Markt. Eine rechtsvergleichende Untersuchung zu den Grenzen einzelstaatlicher Anknüpfungsmethoden im internationalen Vertrags-, Delikts- und Gesellschaftsrecht am Beispiel der Vereinigten Staaten von Amerika. 2000.

Band 40 Maximilian Koch: Diversifizierung und Vorstandskompetenzen. 2001.

Band 41 Corrado Wohlwend: Die Hauptversammlung im Wandel der Kommunikationsformen. 2001.

Band 42 Michael Rozijn: Der Unternehmensmaklervertrag. Zur Anwendung des allgemeinen Maklervertragsrechts auf Mergers & Acquisitions-Dienstleistungen. 2001.

Band 43 Konstantinos N. Kyriakakis: Die Überwachung einer US-amerikanischen Aktiengesellschaft durch institutionelle Anleger. 2002.

Band 44 Uta Fredebeil: Aktienemissionen. Das underwriting agreement (der Übernahmevertrag) und seine spezifischen Klauseln. 2002.

Band 45 Michaela G. Döbler: Die Einführung des WTO-weiten Erschöpfungsgrundsatzes in das Markenrecht der EU und der USA. 2002.

Band 46 Jan Liersch: Regulierung des Blockhandels an den organisierten Aktienmärkten der Vereinigten Staaten, Großbritanniens und Deutschlands. 2002.

Band 47 Sascha Lotze: US-amerikanisches Kapitalmarktrecht und Internet. Aufsichts- und haftungsrechtliche Fragen des Internet-Einsatzes bei Wertpapieremissionen und im Wertpapierhandel. 2002.

Band 48 Boris Trautmann: Die Konkurrenz von Haftpflicht- und Versicherungsanspruch. Ein Beitrag zur ökonomischen Analyse des Rechts unter Berücksichtigung von Unsicherheit und Verhaltensanomalien. 2002.

Band 49 Matthias Möller: Rechtsformen der Wagnisfinanzierung. Eine rechtsvergleichende Studie zu den USA und zu Deutschland. 2003.

Band 50 Heiner Feldhaus: Die Eignung zur erheblichen Kursbeeinflussung bei der Ad-hoc-Publizität. Eine rechtsvergleichende und interdisziplinäre Untersuchung unter Berücksichtigung der europarechtlichen Vorgaben. 2003.

Band 51 Matthias Janke: Gesellschaftsrechtliche Treuepflicht. Neubewertung der richterrechtlichen Generalklausel im Rahmen einer rechtsvergleichenden und ökonomischen Analyse. 2003.

Band 52 Katrin Thoma: Eigengeschäfte des Vorstands mit der Aktiengesellschaft. Eine vergleichende Untersuchung zum englischen, U.S.-amerikanischen und deutschen Recht. 2003.

Band 53 Mathias Stöcker: Rechtsfragen grenzüberschreitender Unternehmenszusammenschlüsse - unter besonderer Berücksichtigung des Falles Daimler/Chrysler - 2003.

Band 54 Otto Korte: Zur mißbräuchlichen Wahrnehmung der aktienrechtlichen Anfechtungsbefugnis. 2003.

Band 55 Wilhelm Wilderink: Die Auflösung, die Übertragung und die Verschmelzung von Investmentfonds. 2003.

Band 56 Anja Birkenkämper: Rechtsfragen feindlicher Übernahmen. Jurisitische Nachlese zum Fall Krupp/Thyssen. 2003.

Band 57 Manuel Lorenzo Alonso: Die Neuausrichtung der Zwischenstaatlichkeitsklausel der Art. 81, 82 EG. Folgen der neuesten Entwicklung des Gemeinschaftsrechts für die Zwischenstaatlichkeitsklausel - unter besonderer Berücksichtigung des Bankenbereichs. 2003.

www.ingramcontent.com/pod-product-compliance
Ingram Content Group UK Ltd.
Pitfield, Milton Keynes, MK11 3LW, UK
UKHW021931290926
8980IPUK00016B/1575

9 783631 511831